中小学心理健康教育
教师专业培训系列用书

丛书主编　朱永祥

丛书副主编　庞红卫

- 教育部重点课题"中小学教师心理辅导理念与技能形成的实验研究"研究成果之一
- 教育部专项任务项目"我国学校发展性辅导模式的研究与实践"研究成果之一

心理咨询技术与应用

Technique and Application of Counseling

主　编　刘宣文
副主编　琚晓燕　张英萍

宁波出版社
NINGBO PUBLISHING HOUSE

目 录

序	(001)
点燃热情(代序)	(003)
前言	(005)

第一编 心理咨询技术篇

第一章 心理咨询的一般过程
- 第一节 如何做好心理咨询前的准备工作 (003)
- 第二节 如何开始心理咨询 (010)
- 第三节 如何结束心理咨询 (016)
- 第四节 如何撰写心理咨询记录 (022)

第二章 心理咨询一般技术的应用与辨析
- 第一节 场面构成技术 (026)
- 第二节 倾听技术 (032)
- 第三节 简述语意技术 (037)
- 第四节 情感反应技术 (040)
- 第五节 具体化技术 (046)
- 第六节 共情技术 (050)
- 第七节 探询技术 (059)
- 第八节 立即性技术 (061)
- 第九节 自我表露技术 (067)
- 第十节 面质技术 (071)
- 第十一节 角色扮演技术 (077)
- 第十二节 空椅子技术 (081)

第二编　心理咨询理论发展篇

第一章　焦点解决短期心理咨询理论与技术
　　第一节　焦点解决短期心理咨询的理论基础 ……………………………（093）
　　第二节　焦点解决短期心理咨询的常用技术 ……………………………（105）
　　第三节　焦点解决短期心理咨询案例解析 ………………………………（121）

第二章　游戏治疗的理论与技术
　　第一节　游戏治疗的理论基础 ……………………………………………（128）
　　第二节　游戏治疗的常用技术 ……………………………………………（141）
　　第三节　游戏治疗案例解析 ………………………………………………（147）

第三章　家庭治疗的理论与技术
　　第一节　家庭治疗的理论基础 ……………………………………………（157）
　　第二节　系统式家庭治疗的策略和技术 …………………………………（161）
　　第三节　家庭治疗案例解析 ………………………………………………（174）

第四章　沟通分析治疗的理论与技术
　　第一节　沟通分析治疗的理论基础 ………………………………………（179）
　　第二节　沟通分析治疗的常用技术 ………………………………………（191）
　　第三节　沟通分析治疗的案例解析 ………………………………………（205）

第五章　认知行为治疗的理论与技术
　　第一节　认知行为治疗的理论基础 ………………………………………（209）
　　第二节　认知行为治疗的主要理论与技术 ………………………………（213）
　　第三节　认知行为治疗案例解析 …………………………………………（237）

第六章　完形治疗的理论与技术
　　第一节　完形治疗的理论基础 ……………………………………………（245）
　　第二节　完形治疗的常用技术 ……………………………………………（259）
　　第三节　完形治疗案例解析 ………………………………………………（265）

第三编　　心理咨询技术应用——个案精选篇

癔症、疑病症、强迫症的辅导
　　催眠疗法治疗癔症性失明案例 …………………………………… (273)
　　对一名职高女生神经症(癔症)的干预报告 ……………………… (277)
　　一个摆脱头痛的女生 ………………………………………………… (282)
　　男孩"爱清洁"的背后 ………………………………………………… (289)
恐怖症、社交恐惧症、人际关系障碍等行为问题的辅导
　　对一名高中生学习恐惧心理的干预报告 ………………………… (294)
　　一个爱说谎的孩子的转变 ………………………………………… (298)
　　严冬过后便是春——社交恐怖辅导个案一例 …………………… (305)
　　他不再怕"鬼"了 …………………………………………………… (311)
　　一例社交恐惧症的个案咨询报告 ………………………………… (316)
　　一名盲生恐惧症的个别矫正 ……………………………………… (327)
　　运用多种疗法调整"学校人际关系不适应"一例 ………………… (333)
　　她爱笑了 …………………………………………………………… (343)
青春期辅导
　　一个声称自己有病的学生 ………………………………………… (349)
　　我是最耀眼的人 …………………………………………………… (354)
　　多给普通同学一点关爱——关于一个高中文科女生的心理辅导个案 … (360)
离异家庭、家庭教育问题辅导
　　老师,我该怎么办?——离异家庭子女心理障碍咨询案例 …… (368)
　　一个离家出走的女生 ……………………………………………… (373)
　　让孩子远离冷漠的伤害 …………………………………………… (379)
　　离家的小燕子又回来了——一例离家出走的女孩个案干预报告 … (388)
　　她从哀痛中走来 …………………………………………………… (395)
　　我想跟着妈妈"去"——记对一个学生的"悲伤辅导" …………… (404)
　　随风潜入夜　润物细无声——对一个女生"心病"的干预 ……… (409)
　　十七岁那年的雨季——一个优等生自我意识发展的辅导个案 … (416)
生涯辅导
　　亮出最精彩的我 …………………………………………………… (427)

参考文献 ……………………………………………………………… (436)
后　记 ………………………………………………………………… (440)

序

朱永祥

浙江省学校心理健康教育在近几年取得了很大进展：省、市、县(区)、校四级心理健康教育管理与咨询机构逐步建立；持有省级心理健康教育上岗证书的近万名教师在各级各类学校从事着专职或兼职心理健康教育活动；越来越多的学生摆脱传统观念的束缚而愿意主动走进学校心理咨询室接受教师的专门心理辅导；更重要的是，许多校长和教师已经意识到学生心理健康教育的重要性和必要性。在工作实践和大量调研的基础上，省中小学心理健康教育指导中心逐渐形成了今后的工作思路：在继续做好学生心理咨询和疏导工作的同时，突出学生心理问题的早期预防、早期发现和早期干预。

美国心理学家坎普伦将心理危机预防分为三个层次。一级预防是尽可能控制直至消除导致人产生心理问题和心理疾病的各种不健康社会环境因素，让学生生活在较为和谐的家庭、社会和学校环境中；二级预防是注重早期发现和早期诊断，在学生心理问题和心理困惑还没有加重之前及时予以干预，防止衍变成严重的心理疾病；三级预防是对已经患有心理疾病的学生及时进行心理咨询和辅导，防止极端事件的发生。目前我省的学校心理健康教育工作基本沿着这个思路进行设计，但重点还在后两者，对于根源性预防则关注较少。学生产生各种心理问题，都可以从学校、家庭和社会生活中追溯根源。学校和家长过分强调考试分数和升学率，采用频繁的考试、分数排名、提倡竞争、额外补课、超负荷练习、题海战术等做法，必定会加重学生的学业负担和心理压力，恶化人际关系，严重的还会导致厌学、上学恐惧乃至逃学现象。而家庭矛盾和家长不恰当的教育方式，也会对孩子的心理健康产生负面影响。因此根源性预防应成为学校心理健康教育的一个重要内容。

既然学校教育教学和管理工作中许多不科学、不明智的做法可能会引发学生的心理问题，校长和广大教师有必要反思自己在日常工作中有哪些行为、做法、措施和态度在有意无意地伤害学生的心灵,引发他们的不满和焦虑,也有必要学习和掌握基本的师生沟通交往原则、技巧和相关学生问题的科学处理方式方法。有鉴于此,我们组织有关专家和一线教师编写了这套《中小学心理健康教育教师专业培训系列用书》,既可用于学校心理健康专职和兼职教师的专业培训,也可作为校长和其他学科教师了解心理健康教育常识的阅读材料。希望该套丛书能对推动学校心理健康教育工作,促进学生身心和谐发展有所裨益。

作者系浙江省教育科学研究院副院长、
浙江省中小学心理健康教育指导中心办公室主任

点 燃 热 情

(代序)

钟思嘉

2004年的岁末,我在浙江师范大学讲授第一门课:咨询原理,从此展开了为期两年的海峡两岸教授合作项目——浙江省首届中小学心理健康教育骨干教师高级研修班。经过一年多的时间,我在与中小学老师的互动、交流中发现了新手老师的学习困境。我感到,一些老师除了在心理咨询基础知识上需加强学习之外,还存在着如何整合理论和实务之间的差距的困扰。举例来说,有的老师反映他们较难将所学的理论和技术融会贯通,有的老师则反映针对不同的来访者很难在操作上灵活应对。这就像我的一些初学心理咨询的学生一样,理论如何应用于实践是他们最感困难的问题。虽然在学习过程中这都是正常的现象,但是当我准备向老师推荐一些具备整合性质的心理咨询书籍作为补充教材时,发现这方面的材料很少,尤其是提供给中小学心理健康教师使用的参考书籍。

之后,曾与刘宣文教授交流这种缺憾,他也深有同感。只是没有预期到,他把我们当时的讨论摆在心上,并且没有预告地默默写作,不到半年的时光竟完稿出书。回想去年为他的《学校发展性辅导》一书作书评时,心中还有准备,此次作序却唯有惊喜。我不得不为他的用心和努力鼓掌喝彩。

本书具有完整的结构。首先介绍咨询前的准备工作、如何开始和结束咨询工作,以及如何撰写来访者记录,这是学习心理咨询的重要基础,却也是常被忽视的一块内容。其次,介绍学校心理辅导老师心理咨询的常用技术,包括一般技术和特殊技术的功能和运用要领,并结合案例进行相关的训练辨析,供老师们在学习后自我训练。

与一些同类书相比,本书并不尝试去介绍太多的理论流派,因为有些流派的理论和技术不仅需要长期的训练,而且也不太适合运用在中小学学生的辅导中。因此,本书介绍的流派虽不多,但都是目前运用很广且在儿童和青少年的咨询干预上有显著效果的理论和技术。一些理论在内地相关书籍中尚少见,如焦点解决短期心理咨询、家庭治疗、完形治疗和游戏治疗等。更可贵的是,本书在介绍某一理论时,不仅有相关概念、理论模型的介绍,而且对其中的技术及其操作有详细的实例说明。

另一特色是,本书精选了一些优秀的中小学老师心理辅导个案报告。提供报告的老师都是一线的心理辅导老师,所选个案涉及的问题也都是中小学老师经常碰到的。个案报告中除了具有参考价值的咨询方法外,还有简要的启示及辅导优缺点评析。对这些个案的研究将会给我们的实际咨询工作带来新的启发。

我相信,本书可以为心理辅导老师架起理论和技术沟通的桥梁,而个人再度不揣才疏学浅为序,一方面为纪念刘教授与我的绵长情谊,另一方面也期望他的精神能点燃该领域专家写作和出版更多心理咨询专业书籍的热情。

作者系台湾著名心理学教授、资深心理咨询专家

前　言

　　学校心理咨询是关注学生心灵和精神的工作,在于助人自助。要发挥心理咨询的功能,就要提高咨询师的素质,因为咨询师的素质与咨询的效果有密切的关系。关于咨询师的素质,在欧美国家无疑是有明确要求的。在美国,心理咨询师必须具有心理学或教育学硕士或博士学位,即使是有硕士学位的人当咨询师,也要经过较长时间的专业训练与实习。在我国,心理咨询越来越受到国家教育部门及各级各类学校的重视,其他行业和领域也在积极呼吁心理咨询工作的全面开展。目前,受训的咨询师人数和比率在不断地增加。但是,学校咨询师的素质和效能,却因青少年行为问题日趋严重、心理问题的日渐增多而受到怀疑。事实上,心理咨询是一项高尚的工作,同时更是一个专业要求很高的职业,咨询师既要掌握娴熟的咨询技术,又需在咨询过程中展现自身的人格力量。

　　如何培养、提高咨询师和广大中小学教师的咨询理念与技能,是我国学校开展心理健康教育工作特别是实施发展性辅导中亟待解决的关键问题。这个问题不但困扰着学校心理咨询实践工作者,而且已直接影响到我国学校心理咨询工作顺利推进与深化的进程。咨询师作为学校心理健康教育工作的专业力量,掌握咨询理念与技能的重要性毋庸置疑。但作为一般的任课教师为什么也要接受这方面的训练呢?这主要基于以下三个理由:第一,随着信息技术的飞速发展,教师在传统意义上"传道、授业、解惑"的职能逐渐削弱,而扮演心理医生角色、关注学生人格发展的要求则越来越突出,心理咨询已被列入教师的角色功能之中。第二,在学校心理咨询研究领域,旨在促进全体学生人格健全发展为目标的发展性辅导已成为一种发展趋势。要实现发展性辅导的功能,仅仅依靠个别的心理咨询员是不够的。它必须倡导全员参与,充分发挥每个教师的作用。第三,一般教师在营造健康、良好的"成长环境"上具有重要作用。

然而,在我国心理咨询理论研究领域还很少有研究涉及这一主题。传统上,我国应用于基础教育领域的心理咨询策略基本上沿用精神分析治疗、行为主义治疗和人本主义治疗等几大流派,而对于目前世界上发展迅速的一些新的咨询模式或较推崇的流派(诸如焦点解决短期咨询、完形治疗、家庭治疗、沟通分析治疗、游戏治疗等)的介绍和引进比较少,而且多停留在理论的介绍方面,可操作性不强,这就大大限制了中小学心理咨询的视野,也使心理咨询不能真正作为学校日常工作的一部分而予以足够的重视。心理咨询工作在西方的发展已有悠久的历史,而在我国内地则刚刚起步,因此我们需要与国际接轨,及时吸收国外一些先进的咨询理念和技术,以自己的实践进行本土化工作。只有这样,我们的学校心理咨询工作才能不断发展,始终保持新鲜活力。

有鉴于此,本书对学校心理咨询的技术进行梳理与研究,不求面面俱到地反映每种咨询技术和每个咨询流派的技术,而是选择一些常用的技术以及目前世界上比较推崇的几个新的咨询流派的技术结合案例一起进行论述,方便广大一线的中小学辅导老师学习和实践。本书强调实际应用性,紧紧围绕心理咨询技术和应用展开,共分三大块:

第一编为心理咨询技术篇,主要介绍心理咨询的一般过程和技术。在进行心理咨询之前,首先要了解咨询前要做一些怎样的准备工作、如何开始和结束咨询以及如何撰写心理咨询记录,这些是做心理咨询工作必须了解的。学校心理辅导老师还需要熟练掌握心理咨询常用技术。心理咨询的技术包括常用技术和一些特殊的技术。心理咨询的常用技术包括场面构成技术、倾听技术、简述语意技术、情感反应技术、具体化技术、共情技术、探询技术、立即性技术、自我表露技术和面质技术等。这些技术是心理咨询过程中一般都会运用到的技术,因此需要心理辅导教师在运用这些技术时能达到自动反应的程度。心理咨询技术还有一些特殊的技术,如角色扮演技术、空椅子技术,这些技术在一些特殊的情况下使用,而且是非常有用的技术。为了帮助广大一线的心理辅导老师学习和应用这些技术,本编不仅阐述了这些技术的运用要领和功能,还结合了大量的案例进行相关的训练辨析,举一反三,方便老师们自己学习和训练。

第二编为心理咨询理论发展篇,主要介绍目前世界上新发展的或较推崇的理论流派的理论和技术。略览国内大部分心理咨询理论和技术的著作,可以看出,国内对心理咨询理论和技术的介绍大多局限于精神分析、行为主义、人本主义等几大传统流派,对其他一些诸如游戏治疗、家庭治疗、焦点解决短期心理咨询等流派的提及是少之又少,即使有所提及,也是停留在单纯的理论介绍上,而对于其中的技术及其如何应用鲜有论述。从近年世界上心理咨询的发展来看,心理咨询工作者在咨询过程中,不再局限于某种理论流派和技术,而更多地采用折中主义的咨询倾向。在这种咨询倾向的影响下,焦点解决短期心理咨询、家庭治疗、完形治疗、游戏治疗、认知行为治疗、沟通分析治疗等一些富有特色的技术开始大放异彩,并被广泛应用于学校心理辅导领域中。焦点解决短期咨询(solution focused brief counseling)是近年来形成并在世界范围迅速崛起的一个短期咨询学派,其一些朝向改变的咨询技术使得SFBC尤其适合学校环境中的心理咨询。游戏治疗(play therapy)在国外是一个很受儿童治疗师欢迎的心理治疗学派。由于它的游戏性和对儿童来访者的有效性,它是最有作用的儿童心理辅导和治疗方法之一。家庭心理治疗是指将家庭作为一个整体进行心理治疗的方法,它属于广义的集体心理治疗范畴。由于家庭对青少年心理咨询的重要性,因此我们将家庭治疗也列入本书架构中。沟通分析治疗强调个体的发展是与他人互动时发生的,作为唯一一种沟通性的心理治疗,沟通分析治疗对于学校环境中青少年的人际关系辅导尤其具有意义。认知行为治疗的理论假设即是认知、情绪和行为有明显的交互作用,它结合认知治疗和行为治疗的优点,进行认知改变的同时进行行为塑造,这对很多青少年的问题行为咨询有明显的疗效。完形治疗是对传统心理治疗理念的一大反动,完形治疗发展起来的"空椅子法"、"角色互换法"、"夸张身体语言"、"角色扮演"等一些富有创造性的技术使得完形治疗越来越引起国际心理咨询界的瞩目。鉴于这几大心理咨询流派对学校心理咨询的实用价值,特介绍这些理论与技术供广大中小学辅导教师研习和参考。心理咨询技术的学习首先需以其相关的理论背景为基础,否则难以理解其用意。因此本书在介绍各流派技术之前,先介绍该流派的理论基础,然后与案例相结合,说明常用技术的使用要领,最后再用一个完整的案例展现技术的实际应用。这种编排方式的主要目的是方便广大中小学老师了解在实际情境中该如何使用这些技术。

  本书第三编为心理咨询技术应用——个案精选篇,是精选了中小学老师优秀的辅导个案报告统编而成。作者都是中小学一线的心理辅导老师,学生的问题也是中小学老师经常碰到的问题,因此他们的个案咨询方法一方面可以为我们提供参考和借鉴,另一方面也利于我们结合上面所学思考还可以用什么方式来咨询。本书精选的个案问题广泛,包括癔症、疑病症、强迫症等较重的心理问题的辅导,也包括青春期性心理发展问题、家庭教育问题、哀伤复原等发展性问题的咨询。由于国内对焦点解决短期咨询、完形治疗、家庭治疗等理论介绍的匮乏,这些辅导个案中很少使用上述的技术,因此我们特设了专家点评,对这些辅导个案的优缺点进行点评,以给读者提供一定的参考。

本书的编写实出于我们对我国学校心理咨询现状的忧思和对未来的期望。随着学生的心理问题日益复杂化、多样化,许多一线的中小学教师凭着一腔热情投入到中小学心理辅导工作中,这让我们一则以喜、一则以忧。喜的是这么多老师有如此的热情,全心全意为学生的发展尽力;忧的是还有许多老师没有接受过心理咨询的相关培训和学习,不能确定对学生的咨询能否起到效用。更多的学校辅导老师向我们反映可供他们学习的可操作性较强的心理咨询方面的书太少……有感于此,我们特编写这本书,以求抛砖引玉,能有更多相关的书供广大中小学教师学习和参考。

路漫漫其修远兮,吾将上下而求索。学校心理咨询工作这条路就决定了我们必须不断地学习,不断地实践。以此与广大从事学校心理咨询工作的同仁共勉!

第一编

心理咨询技术篇

本篇提要

　　本篇主要介绍心理咨询的一般过程和技术。在进行心理咨询之前，首先要了解咨询前要做一些怎样的准备工作、如何开始和结束咨询以及如何撰写来访者记录，这些是做心理咨询工作必须了解的。学校心理辅导老师还需要熟练掌握心理咨询的技术。心理咨询的技术包括常用技术和一些特殊的技术。心理咨询的常用技术包括场面构成技术、倾听技术、简述语意技术、情感反应技术、具体化技术、共情技术、探询技术、立即性技术、自我表露技术和面质技术等，需要咨询老师在运用这些技术时能达到自动反应的程度。心理咨询技术中，还有一些特殊的技术，如角色扮演技术、空椅子技术等。这些技术在一些特殊的情况下使用，也是非常有用的。本编不仅阐述了这些技术的运用要领和功能，还结合大量的案例进行相关的训练辨析，可供老师们自学和训练。

第一章　心理咨询的一般过程

第一节　如何做好心理咨询前的准备工作

有人说心理咨询是一门科学,有人说是一门艺术,有人说心理咨询是在寻找一种"登天的感觉",更多的人给心理咨询工作蒙上了神秘的色彩。作为一名心理咨询师,我们应该怎样看待心理咨询工作?心理咨询前要具备哪些物质条件?心理咨询的环境如何布置?这都要求我们在心理咨询前做好观念上和物质上的准备工作。

一、深刻理解心理咨询工作的本质——观念的准备

(一)心理咨询中的助人工作是什么

个体在成长的过程中为了发展,为了适应环境,为了丰富自己的生命色彩,必定会面临各种各样的生活事件或问题。这些问题的产生,可能是由于缺乏一些必要的知识、合理的认知或信念,例如一个女孩缺乏性知识,以为坐了男孩坐过的凳子就会怀孕,因此整日惶惶不安。或是因为情绪方面的困扰产生问题,例如面临考试,心情紧张、焦虑;与人发生争执,情绪激昂、气愤;因受别人欺负而觉得自卑、丢脸等。或是行为方面的问题,如读书时注意力不能集中、打架成性等。当然,个体的困扰常常不单是一个方面出了问题,因为观念、情绪和行为是互相关联的。这样看来,生活中的个体有困扰产生是极其平常、自然的事情。在一般情况下,个体会设法动员自身的力量去处理,当自己无法处理时,求助的行为就产生了。有了求助者,也就有了助人者。助人者可以是家人、朋友、同学、老师、心理咨询师、医护人员……而心理咨询师是其中最为特殊的助人者。

1. 助人是一种专业

首先,我们必须澄清:心理咨询助人的工作虽然经常以语言的方式进行,但并不等于简单的说话、聊天,它是要通过"助人关系",即接纳的、支持的、信任的咨询关系,帮助来访者透过自我探索,增加其对自身的问题以及由该问题所衍

生出的情绪、想法与行为的觉察和认识;透过与咨询师深刻的人际互动经验,提供来访者一个超越自己的实验室,重新肯定自我的价值。心理咨询之所以会产生效果,是因为来访者在这个历程中改变了看自己、看别人、看事物的观念,对自己的问题和原有的情绪、行为模式产生了领悟,有机会修正自己不健康的情绪经验。助人是一种专业,有自己一整套的理论和方法体系,有自己的行业规范和限制,有严格的职业道德。绝对不是有些人认为的那样,两个人在一个保密的空间内谈谈心就是心理咨询。作为初学者,要认清,从事这个职业绝不仅仅是因为"喜欢帮助别人",也绝不是在一时的兴趣和好奇心的驱使下满足自己猎奇的欲望。我们必须树立一种职业操守和严谨的专业精神,把助人作为一种职业和工作来对待。

2. 助人是一种关系

咨询关系是助人工作最基础的平台,只有在这个平台上,咨询才会发生作用。在这种关系中,两个个体共同在解决其中一个人的困扰,以期使有困扰的个体增进能力,克服生活中的困扰,或更有效地做决定,促进其成长。因此,这两个人只是在为其中一人工作,所以助人关系并不是互惠的,它不同于朋友关系。在朋友关系中,双方可以自由地分享他们所想到的、有兴趣的、共同关心的话题,也可以热心地给对方忠告、建议。台湾学者林家兴在《快意人生——50种心理治疗须知》一书中,将聊天和心理治疗的区别做了如下说明:"心理治疗是一种有计划、有目标、有重点、有保密的谈话。而聊天则是没有计划、没有目标、没有重点、没有保密的谈话。心理治疗的时候,咨询师通常会和来访者一起讨论治疗计划,制定可行的治疗目标,有效利用谈话时间,并且竭尽所能替来访者保密谈话的内容。相反的,聊天则是无拘无束,可以是天马行空,也可以是张家长李家短,时间短则数分钟,长则通宵达旦。在聊天的时候,大家最喜欢听的通常是他人的隐私和秘史。参加聊天的人不仅没有保密谈话的内容的义务,反而有到处逢人相告的习性。"当然,咨询过程也不像两个完全陌生的人的第一次会面,它比陌生人会面更具有明确的目的性和坦诚、信任的特点。

3. 助人是一种历程

助人工作当然有它的目的,即是要促使来访者迈向成长的目标,解决问题,增进应对危机的能力。但其最重要的不是最后的结果,是在于咨询师如何协助处于困境中的来访者觉知自己与环境的关系,引导其以新的或另一种较客观、正确、健康的观点看待自己与环境的关系,并能引发其采取有效的行动来解决问题。来访者更希望从被协助、引导的过程中,由于自身的参与及学习,进而能自我探索、自我挑战并采取行动,自己解决自己的问题,达到助人的真正目的——助人自助。因此助人的过程重于结果。

(二)心理咨询中的助人工作需要什么

一个有效的助人者是怎样的一个人?关于这一点,每位心理咨询学者或专家都有一套看法。综合起来,有几项是共同的,分述如下[①]。

1. 对人关怀、有兴趣

这里并非指对人好奇,探求隐私,而是指喜欢与人在一起,对人及与其有关的事物有兴趣,特别是对人的精神世界的兴趣,关心"人"甚于关心其问题或事件。

2. 身心成熟

身心成熟的助人者情绪稳定,较能保持心理的平衡,对事物有较客观、成熟的看法,如此对助人工作有正向的影响与意义。

3. 具有自我觉察能力

一个能省察自己的人比不能省察自己的人更适合从事助人工作。能自我觉察的助人者较能分辨他自己的需求、感受、价值等,以有别于来访者,也较能协助他人发展其自我觉知的能力。具有自我觉知能力的咨询师不断地询问自己:"我到底在做什么?""为何会这样做?""为何会有这样的感受?""我真的了解对方吗?还是我在投射自己的需求或感受?""这是谁的困扰——我的还是求助者的?"助人者不断地检查、清理自己与助人关系的状况,才能避免主观的介入,并能促使潜能发挥及有效行为的产生。

4. 弹性的态度

有弹性并非指什么都无所谓,或任何行为都赞成。弹性是指包容力,对于不同的看法、意见及行为能包容,而不是用一套僵硬的标准来衡量求助者。在助人过程中,助人者会发现来访者有自己独特的人生观,助人者如能以弹性、开放的态度去接纳,才能建立咨询关系,真正了解对方,有意义的助人工作才能进行。

5. 敏锐的观察力

求助者有时不敢直接地表明自己的情绪、困扰或期望,而用简洁或隐含的方式表达,助人者需培养敏锐的观察力,用第三只耳朵、第三只眼睛来洞察对方的言外之意,才能真正协助来访者。

---

① 黄惠惠.助人历程与技巧.增订版.台北市:张老师文化事业股份有限公司,1998.14~15

6. 真诚的态度

助人者真心关怀、诚意助人的态度对求助者是最大的鼓励,也是使求助者放下防卫的最好办法。

7. 沟通能力

沟通能力在助人过程中扮演非常重要的角色,助人者借由沟通表达他对求助者的关怀、了解,以及双方共同关心的主题。沟通能力至少包括两大部分:一是倾听的能力,用心去听及观察对方所说的、所表现的;另一是反应能力,把自己所听到、观察到、感受到的反映给对方,或是把自己的想法、意见反映给对方做参考。沟通的方法不仅仅是语言的,还有非语言的。

8. 丰富的知识

包括专业知识与生活知识。专业知识方面需要心理学及社会学方面的知识。在心理学方面,需要了解正常与不正常行为的区别,了解身心发展、学习理论、动机、人格发展、情绪、认知等概念及系统理论。而在社会学方面,则至少要了解角色、组织及文化对行为的影响。当然,咨询的理论及各种方法也都是必须学习的。另外一个层面的知识是生活知识。助人工作是与人类的生活有关的,因此咨询师需要有相当的生活体验、足够的生活知识,这样才能真正体会求助者的感受与困扰,才能提出真实的生活经验与对方分享或让对方做参考。

(三)心理咨询中的助人工作需要我们改变什么

作为新手,通常对自己的工作充满了无比的信心和热情——我们是医治人类心灵痛苦的使者,我们体验着一种职业的崇高感和使命感。但是,助人的工作是特殊的,不是一蹴而就的,我们必须探讨一下新手咨询师所面临的问题,以做好观念上的准备。

1. 处理好自身的焦虑问题

无论是否受过系统的专业训练,新手咨询师在职业生涯的初期都会有既盼望又担心的矛盾情绪:"我应该说什么?如何说?我能够帮助对方吗?如果犯错,该怎么办?来访者会不会退缩?如果无法赢得来访者的信任,我该怎么办?"这些问题总盘旋在心中。其实,存在某种程度的焦虑,说明我们对于来访者的未来及自己的能力感到不确定。新手咨询师出现焦虑是再正常不过的现象,所以,首先要做的是坦然面对并接受自己的焦虑。但太多的焦虑会破坏我们的信心,并妨碍咨询的进行。我们要能认清并有意识地去处理这些焦虑,而不是以伪装来逃避焦虑。一种最直接的办法是与自己交流,对焦虑的事情一一澄清,进行自我激励;另一种办法是与自己的督导或同行进行交流和讨论,在讨论中获得宝贵的意见和支持,因为他们也可能会有相同的焦虑。

2. 避免追求完美,坦然面对自己所受的限制

初学心理咨询,有的新手倾向于把自己放在巨大的压力之下,经常暗示自己说:"我必须是完美的咨询师,否则会给我的来访者带来严重的伤害。""专业中的所有知识我都应该知晓,否则,别人问到时会以为我资格不够。""我应该能帮助所有来咨询的人,否则说明自己的能力不足。""如果来访者的问题经过咨询并未见效,那一定是自己的水平有问题"……

虽然我们理智上很清楚人不可能完美,但在情绪上我们常常不允许自己犯一点点错误。在这时,我们要告诉自己:不需要追求完美,也不一定要通晓所有的事情,若有一点不知道,也无须感到可耻。在面临比较棘手的来访者时,不需要为了追求完美而虚张声势,如果把过多的精力集中在维持完美上,会消耗掉自己很多能量。所以,坦然面对比伪装自己要好得多。笔者曾有过这样的一个经历:当时是在一所大学的心理咨询中心实习,一个来访者前来咨询自己是否有同性恋的问题,我想到了很多问题:"我是应该承认我缺乏处理这方面问题的知识或技术,还是假装行,以免他看出我是个新手?如果我坦白自己无法接待来访者,他会对咨询中心产生不良印象吗?对于同性恋的问题,如何处理自己的价值观对咨询的影响?"最后,我决定坦然地承认自己无法处理,转请其他的咨询师来处理。在我们没有经验的情况下,期望自己知道所有事情与技术,会加重自己的负担。与其花费很大力气仅仅为了维护我们的形象,还不如坦然地承认自己的不足。承认不完美需要勇气,但对问题的开放是有价值的。Kottler和Blau(1989)[1]在《不完美的治疗者》一书中谈到:咨询教育者必须鼓励坦白开放地讨论犯错,并把犯错当作个人成长与专业能力能够增进的机会。

3. 接受咨询效果的滞后性和缓慢性

新手咨询师在未能看到努力的结果时,会感到焦虑无比。这是因为我们总期望自己的咨询能达到"妙口回春"、"立竿见影"的效果。由于来访者的困扰是

---

[1] (美)Gerald Corey著,李茂兴译.咨商与心理治疗的理论与实务.台北市:扬智文化事业股份有限公司,1995.38

环境与个体各种因素交互作用的结果,甚至是长年累月积累下来的负面经验,我们怎能奢望几次会谈就收到"药到病除"的效果?这就是说咨询的效果是缓慢的、滞后的,甚至是模糊的。新手必须做好观念上的准备,学会忍受这种不知结果的模糊状况,至少在咨询的初期应有这样的忍耐力。因为在咨询的初期,来访者开始进行自我探索时,会逐渐体验到更多自身的负向经验和痛苦,他们更加心乱如麻,甚至会叫着说:"天啊!咨询之前我还比较好,现在我觉得更痛苦,也许我一无所知还会好一些!"此外,有时即使看得见的效果,也只能在咨询结束后几个月才看得见。

科里(Corey,1991)[1]在本书中曾谈到自己的一些经验:

"我曾在一所大学的咨询中心担任专职的个别与团体咨询师,这一年我在专业方面的努力最多,之后则教授各种心理学课程。我发现,教书令人满足,大部分的时间都相当令人兴奋,对照之下,咨询工作则吃力不讨好。到咨询中心接受辅导的学生都体验不到奇迹般的治疗效果,而有些学生则每星期都陈述着相同的抱怨。他们看不到效果,一心想寻找答案,想寻找使感觉变好的公式或想获得一点激励。这种情形使我对自己感到怀疑。我对于强化作用的需求是如此之大,以至于对某些来访者,我有反治疗(antitherapeutic)的现象。我需要他们能够需要我,说我是有疗效的咨询师,向我确认他们已有正向性的改变等等。我记得那个时候我曾经把一位沮丧的男学生转介给其他咨询师,而却努力说服一位漂亮的女生继续接受咨询。了解自己内心动机的动态化并非易事,后来感谢几位同事向我面质点破,使我能够坦白澄清哪些需求被满足。最后,我发现许多来访者在我们共同的努力下,都的确有了成长与改变。他们乐于为承担自己的责任去冒险,而我变得更乐于跟他们在一起,即使我一点也不知道治疗的结果究竟如何。"

这些经验告诉我们,必须忍耐不知道来访者是否进步,以及自己是否对他们有帮助的模糊状态。咨询师要获得自信心的唯一途径是允许自己去感受怀疑,对咨询的效果感到不确定,以及疑惑自己是否想继续成为一位咨询师。当我们对于自己的表现变得不再那么焦虑时,就能在治疗关系中更加关注来访者。

4. 做自己的主人,避免过分卷入

没有经验的新手往往忽略了自己的重要性,或过分执著于专业角色而隐藏

---

[1] (美)Gerald Corey 著,李茂兴译.咨商与心理治疗的理论与实务.台北市:扬智文化事业股份有限公司,1995.43

自己,或为了与来访者产生共鸣而过分袒露自己。在这两种情形下,我们都不是自己的主人。

先讨论第一个极端情形。咨询师为了固守自己专业者的角色,或为了遵循书本中、培训课程中的一些教导,时时在提醒自己:"我应该随时倾听来访者,一直关怀对方(不论内心真正的感受如何)。""我应该喜欢所有的来访者。""这是咨询的初期,不能用高级共情或面质的技术。""我必须将自己完全地投入,否则就不是一位合格的咨询师。"等等。这样,我们呈现在来访者面前的将是某种僵化的角色,而不是我们自己,无法将所言所行与内心深层的想法统一,即使对来访者产生负面的感觉,仍戴上亲切的假面具,强迫自己不让冷漠的感觉盘上心头。

在这种极端的情形下,咨询师不愿意讨论自己对来访者的感觉,也不愿意谈论咨询的进展情形。他们的焦点过于集中在来访者身上,一味地询问或探索对方,而没有敞开自己的心胸,袒露自己的感受,这使得坦诚对话失去珍贵的来源。

另一个极端的情形则是咨询师主动展现其本性,为了达到共情的效果而过度反应,与对方分享自己的问题,包括过去的与现在的,以致注意的焦点从来访者身上转移到自己身上,将咨询师和来访者之间的任何差距都模糊掉了。他们宁愿自己被视为朋友而不是咨询师。这种过分的卷入反而会使来访者关闭自己,毕竟,咨询关系不是朋友关系,而是高度专业化的职业关系。

二、良好的咨询场所——物质的准备

心理咨询是一项专业的工作。在咨询过程中,不仅咨询师个人影响着来访者,工作的场所也在影响来访者,这是一个必须留意的问题。一个良好的咨询场所至少应具备以下条件:

1. 专业的形象

咨询室给人的感觉应自然且具有专业形象,门面的设计要巧妙到位,门口要有指示牌和标志,咨询室内的沙发、壁画、花等布置都要注意一个原则,即让来访者感到舒适又简洁大方。

2. 保密的功能

咨询室是否细心地考虑到私密性和保密性,也会影响来访者对咨询师的信任和开放程度。影响保密性的因素很多,包括隔音是否良好、进出的门是否分开、咨询师的业务是以个别咨询为主还是以团体咨询为主、等候室是否与其他来访者共用,以及咨询室是否位于安静人少的地方等。还有一个特别需要强调的问题,虽然咨询室的保密性很重要,但在咨询时锁门是很不明智的做法,因为这会使某些来访者感到紧张,或使门外的人浮想联翩。通常的做法是在门外挂块"请勿打扰"之类的牌子,起到避免干扰的作用。

3. 适当宽敞、安静的空间

心理咨询需要一个十分安静的空间,最好让来访者从外面走进咨询室就有一种逐渐放松的感觉。咨询室不宜太小,否则给人局促的感觉,当然过大也是不合适的。

4. 舒适的坐椅

咨询师与来访者绝大部分的时间是坐在椅子上谈话,因此咨询室应至少配备两三把舒适的、有靠背和扶手的椅子。舒适的坐椅可以让人很快地放松,不需要频频变换姿势去安顿不舒服的身体。

5. 充足的设备

一个可以发挥咨询功能的咨询室,需要具备的办公设备包括一部具有答录功能的电话机、一张可以供写字用的书桌、一张可以放置面巾纸与茶水的茶几,以及两个时钟(一个给咨询师看,一个给来访者看)。咨询师还可以视需要添加其他设备,例如传真机、饮水机、书架、台灯、杂志架等。

 头脑风暴

1. 把自己的烦恼写下来,体验当求助者的感受。如:"我觉得自己什么都做不好,尤其是与别人比较起来,更是一无是处……""我有时觉得自己很厉害,有时又很自卑,患得患失。"

2. 选择心理咨询这项工作,你想满足自己哪些心理需求?尽可能写下来。

第二节　如何开始心理咨询

初学者总是以为,初次会谈仅仅是了解、收集来访者的资料而已。然而,最重要的是能够建立一种舒适、接纳的气氛,让来访者能够放心、开放地讲自己的故事,并建立双方对咨询负责的一个"基本规范"。每一个来访者都会给咨询师带来不同的挑战,所以需要咨询师弹性地处理每一个初次会谈的情境。但我们仍可以提供有关初次会谈的相关建议,这些建议对初学者是相当有帮助的。

一、"雾里看花"——初次会谈遇到的困难

第一次会谈,是使来访者和初学的咨询师都害怕的典型情景。此时两个人会互相评估对方,双方都极度关心对方在想什么。

就来访者而言,他因请求专业协助而忐忑不安,会因对咨询结果茫然不知而焦虑不已,会因暴露自己而感到担忧害怕。就如同对自己的问题束手无策一样,他带着万分害怕的情绪与期望前来,而这些害怕与期望已被来访者渲染与夸大;来访者也可能害怕被认为是个"发疯"的人,或者害怕被视为弱者或依赖的人;他通常无法确定别人对他的期待是什么,也惧怕泄漏高度隐私和具有伤害性的信息给陌生人。

来访者为了平衡这些令人窒息的害怕,将可能对咨询的效果和咨询师的能力产生不切实际的期望。有些来访者相信咨询师能透视他们的心思,他们预期咨询师有奇迹般的魔力,只要短短几次会谈,就能解决他们的问题。更糟糕的是,来访者往往需要夸大这些期望,才足以抵消他们的害怕情绪。

来访者的害怕与期望,在初次会谈中,将对咨询师产生强而有力的影响。来访者的问题可能让咨询师强烈地感到自己的学识与能力不足,来访者的问题也会增添咨询师的压力,催促咨询师表达对他的了解,提供给他协助。这频频的催促将抓住咨询师所有的注意力,而使咨询师过早地给予来访者一些建议、保证或行动计划。

咨询师除回应来访者的知觉外,也会体验到初次会谈带来的焦虑不安,害怕泄漏无能的一面,害怕不知该说些什么的场面,害怕无法掌握会谈的进程,更糟的是,害怕深具敌意又严重干扰会谈进行的来访者。咨询师的焦虑不安,再加上来访者的害怕与期望,使得双方的交流与互动受到相当大的阻力。

二、"拨云见雾"——如何处理初次会谈中的焦虑

1. 处理自己的焦虑

在这样的情况下,咨询师要学会有意识地调整自己,以最有效的方式克服这些困难。

首先,咨询师在会谈进行之前,应适度地调整座位的安排,熟悉咨询室的布

置,这将使自己在会谈中更加舒适、从容。咨询师若有熟练的会谈技巧,也可提高面对来访者的信心。如:介绍自己时不会感到不好意思,而是信心十足地引导来访者到咨询室,说明两人的座位等,这都可以提高咨询师对自己专业角色的自信心与从容感。

其次,咨询师没有必要给自己的头脑上加上太多的枷锁,在一些问题上,咨询师还是可以选择的。如:不需要回答来访者的每一个问题;咨询师说的每一件事都是可以再修正的;咨询师可以再问来访者一些自己没有听清的信息,或再澄清他感到的模糊不清之处;沉默并不一定都不好,因为沉默可以给来访者机会思考某一主题,或鼓励来访者再深入探讨该主题;当咨询师对某件事感到困惑时,表达自己的感受是适当的反应;当咨询师对会谈的方向有了疑惑,他可以稍做停留,让来访者引导或重复自己的叙述,或要求来访者详细说明;每位咨询师总会有片断记忆上的失误,而忘记来访者前来求助的理由,在这种情形下,咨询师不必惊慌,只要温和地询问,将能使记忆鲜活起来。

2. 处理来访者的焦虑

假如来访者的非言语行为显示出不安,如"坐卧不安",不断地转移话题,总是避免目光接触,说话断断续续,言词闪烁不定,我们可以推测:来访者的焦虑正在干扰会谈的进行。

处理来访者的焦虑,牵涉到一个"最佳焦虑"的观念,就是咨询师要制造一种情景、气氛,这种情景、气氛不会因来访者带有过多的焦虑而使之心力交瘁、欲振乏力,但却足以激起来访者表达自己的真正感受的动机。咨询师要在"充分探讨来访者的敏感问题"与"使焦虑维持在来访者能力范围内"之间取得一个平衡。以下的叙述,具有让来访者安心的功效:

"很高兴你能来找我,看起来你很关心这些问题。事实上,这种关心是着手处理问题的第一步。"

"向陌生人谈论如此隐私的事情,是需要相当大的勇气的。"

还有一些方法可以用来协助来访者,如:清楚地说明咨询师需要的资料,可以大大降低来访者的焦虑;流畅、明确地转换主题,也有相当的帮助;澄清和概述听到的信息,可以使来访者知道咨询师能了解他所说的话,而使他安心。如:

"让我先确定一下,我了解的是……"

"我得到的看法是这样的,令你困扰的问题是……"

"我对最后一点有些疑惑,是否能请你再澄清?"

假如咨询师觉得当自己注视对方时,来访者显现局促不安,眼光游离不定;假如咨询师认为来访者的会谈焦虑程度已令他心慌意乱、手足无措,咨询师就得改变会谈的主题,改变方法,减缓或加快会谈速度,甚至提早结束会谈。这样的做法可能导致无法获得需要的资料,但是来访者再来会谈的可能性却大大提高。

还有一种情况是,咨询师时常会遇到看不出有任何困扰的来访者,因而难以确定他们为何而来。在这种情形下,咨询师应该采用的方法是鼓励来访者产生焦虑,如告诉他想不通他因何而来;或者,寻找他可能的敏感之处,深入探究,直到能确定他已经开始不自在、不舒坦。如此一来,咨询师便能探知引发来访者困扰的原因所在。

三、"以小见大"——初次会谈中的细节

1. 如何穿着打扮

咨询师的穿着打扮不宜太正式,也不能过于时尚,应大方、得体和干净。每个来访者可能都有不同的穿着审美标准,在这样的情况下,不穿过分夸张的衣服及保持一个相对普通的发型和发色,是比较明智的选择。另外,在一个来访者的若干次咨询过程中,咨询师变换发型和穿衣风格也是要冒风险的。

2. 如何接待来访者

由于机构、人力和咨询师的不同,从严格意义上来说,接待来访者有三种不同方式。

一种是由接待人员出来招呼来访者,并带领来访者走进咨询室。这是指那种机构较大、人力较足的诊所或医院,设立有专人接待来访者。

二是由咨询师亲自招呼,并带领来访者走进咨询室。如果机构较小,人力较不足,通常由咨询师亲自接待来访者是十分适当的,一方面借此表示对来访者的尊重,另一方面也可以避免来访者找不到咨询室。

三是来访者自行走进咨询室。当机构非常小,也没有秘书或助理人员时,通常会允许来访者自行走进咨询室。

在学校心理咨询中,由于机构较小,人员力量不充足,最常用的是第二种和第三种方式。

3. 如何介绍自己和称呼来访者

咨询师要事先想好,在和来访者见面的时候,如何做适当的自我介绍。由于"心理师"、"咨询师"等称呼在学生中听起来过于庄严和正式,一般而言,让来访

者以"某老师"来称呼自己更合适。如:"我姓王,你可以叫我王老师。"

咨询师要以平等尊重的方式称呼来访者。对于来访的学生,可以称呼其为某同学或以名字称呼。不宜以小名、绰号、亲戚称谓来称呼来访者。如果来访者要求咨询师用特别的方式互相称谓,咨询师应与来访者一起探讨如此称呼的意义,再决定是否同意其要求。如来访者问:"我能称呼您'姐姐'吗?"咨询师可以问:"为什么不愿用'老师'而用'姐姐'来称呼我呢?"

4. 如何建立基本架构

"基本架构"是心理分析学派的专有名词,是指咨询师在咨询初期与来访者协商和明确心理咨询的相关规范,包括时间、地点、费用、职责、工作方式等。具体说明如下:

(1)了解来访者心理咨询的经验。咨询师可以例行地询问每一位新来访者,是否曾经有过心理咨询的经验,谈了几次,是不是还在继续,后来为什么结束的,是如何结束的。了解来访者接受咨询的背景之后,咨询师可以针对来访者的状况适度地说明本次心理咨询,并且澄清一些可能的误解。

(2)说明咨询的时间与次数。每次谈话的时间一般为40~60分钟,每次会谈时间应尽量保持一致。一般的频率为每周一次。至于会谈的次数,可以根据问题的实际情况灵活协商。

(3)说明保密的原则和限制。告诉来访者:"我们在这里的谈话是保密的,没有经过你的同意,我是不会告诉别人的。但是,谈话内容如果涉及伤害自己、伤害别人、虐待儿童,或是危害公共安全的事情,就需要告诉有关单位来帮助我们,你是否同意这些规则。"

(4)来访者的职责。告诉来访者在咨询中他必须说话,这样来访者自己和咨询师可以有机会了解他的想法和感觉。咨询师可以说:"你的工作就是要按时来,要讲话,要想到什么就说什么。我的工作是从不同角度来帮助你了解你自己,对于我说的这些你有什么疑问吗?"如果来访者对于基本架构都没有问题,咨询师就可以开始心理咨询了。咨询师的第一句话可以是:"你怎会想到来咨询?""你要不要先说说你自己,什么原因让你想要来咨询呢?"

四、"云开雾散"——明确初次会谈的目标

沃尔伯(Wolber,1988)曾经提到初次会谈的基本目标,以及初次会谈时需

要收集到的资料,我们将一一列出,作为进行初次会谈的指引。①

初次会谈的基本目标:

1. 建立咨询关系

(1)提供适于会谈的情绪、气氛;

(2)确立会谈的目标;

(3)澄清对咨询的误解;

(4)处理不适当的动机;

(5)处理来访者的抗拒,使他准备好接受咨询。

2. 从来访者身上收集相关资料

(1)倾听来访者的口语信息;

(2)将注意力集中于挑选的资料上。

3. 形成暂时性的临床诊断

4. 评估假设性的动力

例如:内在冲突、防御机制、遗传问题、人格特质上的扭曲等。

5. 形成假设性的问题原因

6. 评估来访者目前已拥有和可能有的优缺点及资源

(1)评估来访者生活中成功与失败的地方;

(2)决定来访者求助的动机;

(3)探讨来访者顿悟的层次;

(4)形成暂时性的预设。

7. 做咨询安排

(1)选择暂时性的最佳目标;

(2)选择暂时性的咨询方法;

(3)决定接受来访者,或转介给另一个咨询师;

(4)安排适当的咨询时间。

8. 安排必要的咨询和心理测验的实施

五、"来日方长"——如何结束初次会谈

一般在初次会谈时,应预留大约10分钟做准备结束的工作。咨询师可以对

---

① J.S.Zaro 著,陈金定编译.咨商工作实务.台北市:心理出版社股份有限公司,2000.4~13

来访者说:"我们还有10分钟就要结束今天的谈话,我想利用剩下的10分钟,告诉你我的一些想法,以及讨论以后的安排。"咨询师对会谈时间掌握得越清楚,越能有效地进行心理咨询。

在对来访者的问题有了一个大概的了解和诊断之后,咨询师可以用这10分钟左右的时间,简明扼要地说明咨询师对来访者问题的了解与诊断,并回答可能的疑问,或者针对来访者的问题与诊断,提供适当的建议,如转介等。

对于需要接受心理咨询的来访者,咨询师尽可能与来访者谈妥大概需要多久或几次的心理咨询,以及每次会谈的时间。约定会谈时,最好安排每周一次,每次固定在星期几的几点钟。并向来访者说明,如果有特殊变动要提前互相沟通。

对于拒绝续约的来访者,咨询师在恳切说明心理咨询的需要之后,如果来访者仍然决定不再来,咨询师应予以尊重,并且告诉来访者,如果他改变主意,欢迎他继续联络。有些来访者需要一点时间去思考,或与家人讨论接受心理咨询的决定,这是可以理解的,也应予以尊重。

 头脑风暴

来访者第一次会谈时,并没有主诉特别的问题,只是觉得学校有这个资源,就来用用看,但是谈话内容不固定,主题跳来跳去,我们要如何看待这些来访者?

第三节　如何结束心理咨询

初次会谈结束后,咨询师依据不同的治疗流派的不同假设,运用各种技术推进心理咨询,进入深层探索阶段。不同流派理论基础不同,假设不同,适用的情境也不同,"八仙过海,各显神通",每一种流派都有自己的特色和既定的进程,这些将在后面的章节中分别介绍和说明。这一节我们就走入具有共性的一个阶段——如何结束心理咨询。

初学的咨询师大都会希望咨询工作能够顺利结束,而且期望来访者能顺利解决所有的问题,同时学会如何去处理新的困扰。很遗憾,这种情形很少出现。对初学者而言,处理结束的问题是个棘手的工作。他们常到来访者宣布要结束咨询时,才发现自己对此问题掉以轻心;或者当来访者开始有了改善时,他们就急着想结束咨询关系;或者在该结束时,因为不知如何结束及不知何时该结束而持续咨询关系。初学者所犯的第一个错误,就是在咨询一开始,从未考虑到结案的问题。在这一节,我们将提出一些指导性的原则,以帮助咨询师决定如何结束咨询关系,同时也会提出一些较实用的建议。

一、何时结束心理咨询更合适

何时结束咨询关系更合适呢?这是一个复杂的问题。从理论上来讲,假如咨询师认为来访者的进步情形已达到咨询的目标,或此时来访者已不再有任何改善的可能,可以考虑结束咨询关系。但事实上并没有那么简单。顺利的结束是建立在恰当的咨询目标的基础上的,有些来访者求助的问题含糊不清,例如来访者抱怨自己所处的人际关系,对人际关系的冷漠感到不满,但是这些抱怨没有任何重点,而且在咨询过程中也从未就具体的咨询目标和咨询师达成过任何共识,那么这时想要完美地结束就是不可能的。实际上,十分完美地达成咨询目标也是可遇而不可求的,但合理的差距是能被接受的,有时,我们只能尽最大的努力尽可能地达到目标。一般而言,结束咨询关系时我们可以考虑以下几点:

1. 来访者的症状是否减轻?
2. 与家人的关系是否改善?
3. 工作或学习效率是否提高?
4. 是否更能够处理失落和挫折?
5. 咨询关系是否有显著的改善?

假如继续咨询已不再使来访者有明显的改善,再继续咨询的价值就值得质疑。即使来访者继续接受咨询会有进步,但是倘若来访者的进步情形十分缓慢,那么,中止咨询可能对来访者较为有利,而且他还可以选择以后再继续接受咨询。但是有时显著的突破可能会出现于迟缓的进步之后,因此,仔细考虑仍是必要的。

有时候咨询师可能会认为,因为来访者缺乏改变的动机,所以继续咨询不可能带来显著的进步。虽然来访者自动寻求咨询的理由很多,但是有些来访者并没有期望咨询能带来改变或自我发展。初学的咨询师将来会有机会碰到这样的来访者:因为害怕独自面对未来的问题而愿意继续接受咨询;希望有人替他们做决定或避免自我改变而接受咨询。有时候来访者虽有改变的动机,但因婚姻、财务、工作等问题而动弹不得。所有这些因素都会影响继续咨询的可能性。

咨询师决定是否中止咨询时，必须考虑以下的因素：来访者可预期得到的改变、咨询花费的时间、需付出的努力及费用。对初学的咨询师而言，这是个复杂的问题。因此，初学者可能需要督导协助，才能考虑周详。

Maholick 和 Turner(1979,引自 Ward,1989)[①]曾提出七项要点，用以协助咨询师评量来访者准备结束咨询关系的准备程度，陈述如下：

1. 评量来访者最初的问题或症状是否已获得改变；
2. 评量驱使来访者求助的动机是否已消除；
3. 评量来访者因应的能力是否已提高；
4. 评量来访者对自己及他人的了解和评价是否有提高；
5. 评量来访者与他人交往的层次是否已提高，以及其爱人与被爱的状况；
6. 评量来访者计划及实施计划的能力是否已提高；
7. 评量来访者休闲及享受人生的能力是否已提高。

二、如何结束心理咨询

咨询师在处理这一问题时，第一步通常是向来访者详细说明他考虑结束咨询的理由。咨询师通常是依据已达成及未达成的目标、已产生的改变和已达到的成就或未改善的情形来向来访者解释。

乍看之下，这似乎是件相当简单的工作。然而，要想有效地完成这项工作，可说是极其困难，尤其是当来访者根本未想到此事或持反对意见时。初学的咨询师因为考虑到来访者可能会有负向反应，或者认为来访者有足够的理由来反对他，咨询师就应该彻底去探讨来访者的想法和情绪。虽然来访者的反应可能因个人的特殊情况及咨询关系而不同，但是来访者通常将咨询师结束咨询的建议视为自己的失败，他可能感到被拒绝或被放弃。在这种情形下，咨询师应该探讨来访者的感受，即使来访者并未自动提起。

咨询师与来访者皆有足够的机会针对结束咨询的问题交换彼此的意见。有些来访者会因结束咨询而有解脱的感觉，因为他们认为已没有继续接受咨询的必要，但害怕自动提出会伤了咨询师的心。其他的来访者则可能觉得自己被咨询师放弃，从而急速使问题产生。我们无法细数来访者每一种可能的反应，然而

---

① J. S. Zaro 著，陈金定编译.咨商工作实务.台北市：心理出版社股份有限公司,2000.11~5

我们建议,咨询师在提起此问题之前,可以先想想来访者可能产生的反应,如此一来,咨询师就可以预先设想到处理来访者反应的方法。

咨询师与来访者讨论咨询结束的问题,并不意味着咨询就必须结束。来访者可能不同意咨询师的看法,因而提出更迫切的问题,企图改变咨询师的决定。咨询师向来访者建议结束咨询以及对此问题的讨论,将有利于未来持续的咨询工作。例如,咨询师与来访者交换彼此意见后,一些顽强的来访者可能因而改变他们对咨询的态度和行为。由于来访者的改变,使咨询工作再度有了进展或开始有了转机。另一方面,咨询师也可能会发现,来访者早已不满意咨询工作,只是不愿提起此事。通过彼此对咨询问题的讨论,可以澄清一些误解,使咨询有更进一步的进展。

对任何咨询师、新手或专家而言,最难以处理的,或许是来访者坚持继续咨询这个问题,尤其是当觉得继续咨询已不再产生任何效果,甚至有害来访者的成长、独立、问题解决能力的时候。处理这类来访者的问题的关键,在于多方面咨询督导,而且须有充足的时间与来访者彻底讨论这个问题。在某一些情况下,咨询师必须准备与来访者结束咨询关系,甚至在来访者强烈反对或来访者感觉被拒绝的情况下,也仍须坚持己见。即使是对能力最好的咨询师而言,这也是一种很大的考验。对初学的咨询师而言,他们更可能会因为来访者的反应而怀疑自己的决定。

心理咨询的结束一般由来访者主导,心理咨询的目标之一在于增进来访者的独立性,选择结束心理咨询本身便是来访者迈向独立自主的一大步。

来访者提出结束心理咨询的时候,心情是复杂而矛盾的,例如来访者可能会觉得害怕、犹豫、期待和失落等。咨询师可以通过下列方式来帮助来访者顺利地处理结案时的困难(Blau,1988)[①]:

1. 告诉来访者会想到和讨论结束咨询是一件自然的事情,因为心理咨询总有结束的时候,把想要结束咨询的想法和感觉拿出来谈是有帮助的。

2. 告诉来访者不需要等到症状完全消失或确知咨询已完成才可以结束心理咨询。只要来访者觉得已经有明显的改善,或主观感觉可以结束咨询时,就可以提出来讨论。

[①]林家兴,王丽文.心理治疗实务.广州:广东世界图书出版公司,2003.229~230

3. 告诉来访者如果有需要，可以先安排一段"尝试结束咨询的时间"，如果尝试的结果很顺利，就自然而然达到结束咨询的目标。如果尝试的结果是觉得自己还没有准备好结束咨询，那么可以继续原来的心理咨询。

4. 告诉来访者在结束之后，如果有需要可以安排一次或几次会谈，来评估结束是否适当，以便做最后的决定。

5. 告诉来访者如果在决定结束会谈之后，认为结束咨询的决定是不成熟的，那么来访者仍然可以在任何时候回来继续心理咨询。

6. 有些来访者可能会希望用渐进方式达到最后结束咨询的目的，亦即咨询师可以将会谈的密集度逐渐拉长，从每周一次拉长到每月一次后再结案，这也是可以考虑的结束方式之一。

三、处理心理咨询结束问题的意义

1. 处理好结案可避免来访者重复过去的失落

来访者与咨询师的人际关系是一种非常独特的关系。咨询师扮演两种角色，一个是与来访者演对手的主角，一个是帮助来访者演戏的导演。在咨询关系中，来访者有机会重现他的人格特质与人际互动模式，包括来访者如何与人建立特殊关系，人际关系如何出现问题，以及如何恶化或改善人际关系等。

在心理咨询期间，咨询师协助来访者看清楚自己的问题，也尝试各种有效的行为方式。等到心理咨询要结束的时候，这对来访者是一个考验，考验他是否能够用适当的方法与咨询师说再见，如果咨询关系的结束没有处理，来访者很可能重复过去人际挫败与失落的经验。因此，咨询师在面临结束心理咨询之前，应有计划地与来访者讨论有关结案的事情，包括提醒来访者会谈还有几次，想到结案来访者有什么感受，以后见不到咨询师有什么感觉。

有些来访者会因为即将与咨询师分手，而能发现更深的或过去未了的问题，或者对结束治疗有强烈的情绪。这些在平时来访者可能不会提出来，因为在潜意识里，来访者总是认为心理咨询是不会结束的，咨询师会永远在，等到真正要结束时，来访者被迫去检视过去分别的经验，有机会探索分别的意义及其影响，并且学习好好和咨询师说再见。因此，咨询师尽可能在真正结束咨询前，安排几次会谈时间，专门来处理有关失落与分别的经验。有些来访者或许只需一两次的会谈，即可以适当地处理结案的事情，有些来访者或许需要延长咨询时间,以便有更多的时间来探索人生中的失落经验,并学会从中成长。

2. 处理好与咨询师的分手有助于来访者咨询效果的提升

咨询关系是真实存在的,也是来访者在人生经验中所得到的比较正向的、有深刻意义的经验。这样美好的关系,来访者虽然想要永远拥有,可是在现实生活中是不可能的,因此,来访者势必面临失去咨询师的体验。这个体验如果处理得好,可能提升来访者的自我功能和信心,并且有助于处理过去的失落和创伤,有助于处理将来人生中不断要发生的生离死别。这个与咨询师分手的体验如果处理不当,便会使整个心理咨询的效果大打折扣。因此,咨询的结束可以让来访者明白生活中的问题还是得自己去调适和努力,增强自我改变的责任感。

四、结束心理咨询是危机也是转机

许多心理咨询的结束都是心不甘情不愿的,都是匆匆地说再见。这是常见的现象。因此,咨询师可以教育来访者如何正确地使用心理咨询以及如何地结束。在初次会谈的时候,咨询师要提醒咨询是会结束的,询问来访者对结束咨询有何感觉,是否已经做好了心理准备,过去是否有类似分手困扰的经验想谈一谈等等。

在结束的时候,咨询师可以与来访者一起回顾咨询的经过与收获,把来访者的进步功归于来访者的努力和辛劳,告诉来访者其是一个很有心想改变自己的人,鼓励来访者勇敢地突破和超越自己的困难,告诉来访者将来如果有需要,欢迎其再回来。

综合本节的讨论,我们认为处理结案的良好方式,包括下面四个要点:

1. 结案需要适当且较长的时间来处理,应以一种双方可以接受的速度,而不是戛然而止。

2. 当双方决定了结案的日期,就不宜再改变。这同样具有咨询效果,它传递着一种真实的人际规范,了解并适应这种规范可以帮助来访者成长。

3. 协助来访者处理与咨询师的分别是重要的咨询主题。离别的情绪仍是讨论的主题,要鼓励来访者坦然面对自己的情绪,和来访者充分讨论它,并且给来访者缓冲的时间(如延长最后几次咨询的时间间隔)。同时,配合结束后的随访也是一个办法,比如告诉来访者结束咨询后仍可以定期以信函等方式和咨询师联络。

4. 帮助来访者顺利结束,是咨询成功的最后检验。结案的过程是咨询最后的关键,这一步处理好了,前面的努力才不会白费。

头脑风暴

作为咨询新手,你是否忽略了结案的过程?我们还可以通过哪些方法来处理来访者的离别情绪?除了来访者,咨询师对结案的情绪是否也需要处理?

第四节 如何撰写心理咨询记录

本节将讨论有关咨询记录的相关问题,包括心理咨询是否一定要做记录、心理咨询记录的目的是什么、撰写记录要遵循哪些原则、心理咨询工作常用的记录有哪些,以及心理咨询记录的表格如何设计。

一、撰写心理咨询记录的目的

在一些正规的心理咨询机构,心理咨询记录基于使用目的而有不同的性质。如:可以是行政报表,作为申请薪酬支付的凭证;也可能是服务记录,来说明心理师做了哪些工作,服务了多少来访者等;还有一种情况是法律文件,作为日后处理争议与各种纠纷的证明文件。

作为学校心理咨询服务机构,我们的心理咨询记录的主要作用有以下四点:

1. 作为一种备忘记录

如果在某个阶段同时接待了若干个来访者,写心理咨询记录可以防止与来访者会谈的内容因时间久了而忘记或张冠李戴,使咨询师回忆起当初会谈的情景和内容;也为会谈结束后反思自己在谈话中的得与失提供线索。

2. 咨询中心的规定

机构为了了解咨询师的工作量以及便于业绩考核,规定咨询师撰写有关来访者的数量、服务类别、会谈次数、诊断或问题类别,以及咨询时间和地点的记录,这是合理而适当的一种做法。因此,为了上级或咨询机构的要求而撰写的资料,应比来访者会谈材料简练得多。

3. 接受督导与自我检讨改进的需要

新手咨询师要寻求专业上的进步,来访者是最宝贵的资源。这样就需要详细的心理咨询记录,真实地再现咨询师在会谈过程中与来访者互动的对话,从而分析咨询师的优缺点。所以,建议这样的记录不要放在正式机构的心理咨询记录里。

4. 为了个案研讨之用

许多心理咨询辅导与心理卫生机构为了处理特殊来访者的问题,以及提升咨询师的专业能力,会定期或不定期举办个案研讨会,并且将心理咨询记录作为个案研讨的主要资料来源。咨询师为了日后的个案研讨做准备,便在每次的会谈之后撰写详细的心理咨询记录。严格地说,为了符合咨询伦理与专业道德,要将心理咨询记录作为机构外公开的个案研讨用,应事先征求来访者的同意。在得到来访者的口头或书面同意后,咨询师方可将记录以书面或录像录音的形式作为个案研讨的材料,并且也应使用化名。如果因各种原因无法与来访者取得联系,应将名字改为化名,并把咨询记录中不宜公开的部分改写,使之更适合个案研讨之用,不足之处再做口头补充。

二、撰写心理咨询记录的原则

1. 尽量事后记录

当场记录会干扰会谈,一般是结束一次咨询后由咨询师凭记忆写下咨询的大致过程。如果因为某种需要而要使用录音录像设备,必须事先征得来访者同意。同样,如果出于某种原因,在咨询过程中咨询师要做简要笔录,也应事先和来访者说明,确保记录不会影响对方的表述。

2. 内容要简明扼要

过分详细地记录会谈过程是不可能也是没有必要的,我们要了解的只是咨询中的关键信息。同时,记录要尽可能地有条理,而不是详尽的谈话记录。

3. 客观描述而不是主观臆测

心理咨询记录中涉及来访者的陈述应使用原话,以确保资料的客观性。同时,咨询师的解释和评论可以在专门的项目中填写或在记录中加以清晰的标注。

4. 避免将重要他人的资料写进心理咨询记录

心理咨询记录记的是来访者的情况而不是其他人的。特别要注意不要将来访者提到的重要他人如父母等的个人信息,如工作单位、姓名等写进心理咨询记录,以防不必要的麻烦。

5. 适当注明资料来源

有时并不是所有的心理咨询记录中的信息都是来访者直接提供的,也会有第三方的陈述,应在记录中加以清晰的说明。

三、心理咨询记录的表格设计

心理咨询记录中一般包含下列信息:

1. 来访者人口学信息:姓名,性别,年龄,工作单位,籍贯,婚姻,家庭结构,有无家族疾病史等;

2. 来访者健康状况:总体健康状况,饮食和睡眠情况,有无重大躯体疾病史;

3. 来访者教育和工作背景,对于学生,还要记录学业情况;

4. 来访者成长经历:出生时的状况(是否足月顺产等),成长经历中的重要往事和大致生活历程;

5. 来访者社会适应功能:学习生活总体适应情况,人际关系情况等;

6. 来访者求助主诉;

7. 来访者陈述;

8. 咨询师观察;

9. 其他人提供的信息;

10. 诊断和评估(包括心理测验的情况);

11. 咨询目标的制定;

12. 咨询过程;

13. 结束咨询(含目标达成状况的评估);

14. 其他需要记录的情况。

在学校内的咨询记录,可参照以下表格进行,当然也可根据实际需要自行设计。

心理咨询记录表

姓　名		性　别		学校和年级		籍　贯	
爱　好							
健康状况							
饮食和睡眠							
教育经历及学业状况							
成长经历							
社会适应功能							
来访者主诉							
来访者陈述							
咨询师观察							
其他人提供的信息							
诊断和评估							
咨询目标制定							
咨询过程（可另附纸）							
结案评估							
其他							

第二章　心理咨询一般技术的应用与辨析

前一章我们初步了解了心理咨询的整体过程,在这个过程中,是否能运用各种各样的技巧来推动心理咨询的进行,对于咨询效果非常重要。这一章,我们将通过一些案例来介绍心理咨询一般技术的应用。

第一节　场面构成技术

前面在"如何开始心理咨询"一节中,我们对心理咨询开场时的基本架构做过简单的讨论。场面构成技术的实质就是建立咨询的基本架构,特别是对于那些没有咨询经验的来访者来说,在咨询开始时就建立一个双方共同遵守的基本架构和基本规范是首要的任务。他们往往对心理咨询抱有某种过高的期望或幻想,或对心理咨询的理解存在偏差,咨询师需在咨询开始时的适当时刻对以上内容做出客观的说明。

一、场面构成技术的内涵

场面构成技术也称结构化技术,是指咨询师就咨询过程的本质、目标、原则、限制、咨询师的角色与限制、来访者的角色与责任等做出恰当说明的一种技术。

具体来说,结构化技术包括四方面的内容。

1. 说明心理咨询的性质

有些来访者认为接受心理咨询就像病人看病一样,可以药到病除、立竿见影,找到咨询师就可以使自己的问题一了百了,这些都是对咨询的性质了解不够所形成的偏见。如果来访者流露出上述想法,咨询师需解释清楚,咨询是一个助人与自助的过程,它通过双方的人际关系互动,共同对问题加以探讨,来促进来访者的自我探索,而不是谁为谁做决定的问题。如:

来访者:老师,在我人生关键的转折点上,我不知道是听从父母的意见去选择学医,将来继承家业,还是去学自己热爱的油画。我想您经验丰富,能为我做出正确的选择!

咨询师:听起来你对自己专业的选择很矛盾,也很焦虑。但是我想你对心理咨询还有一些偏颇的认识。心理咨询最大的价值是通过引导你进行自我探索,使你能够自己对自己的未来做出选择,而不是替你做出选择。这样说你明白吗?**(结构化技术,说出了心理咨询的性质)**

来访者:就是还得要自己做出选择!

咨询师:听起来你有些失望,咨询不是你所想象的那样。不过,我还是愿意和你一起探讨一下你的困惑!

2. 说明心理咨询的保密原则

保密原则是心理咨询中最重要的原则之一,也是咨询师必须遵循的职业道德之一。在心理咨询一开始,强调保密原则可以减少来访者不必要的焦虑。同样,必要时也需简单说明保密原则的限制。

3. 说明咨询师的角色和限制

(1)角色与责任。让来访者了解,咨询师不能担当解决问题的责任,也不能强迫来访者做符合咨询师期待的事,也不可能代替来访者做决定。在咨询过程中,咨询师通过人际互动,用自己的热忱、专业知识和技巧协助来访者,不做不切实际的保证。

(2)关系的限制。让来访者了解,咨询师与来访者不能以朋友、师生、伴侣、父母、知己等关系来进行会谈,如果在会谈中咨询关系发生一些意外,双方应以真诚的态度加以探讨。如:

来访者:在我接受咨询后,我很想和你成为知己,我可不可以要你的私人电话?

咨询师:听你这么说,你对我很信任,我感到很欣慰。但是,心理咨询中的咨访关系不同于朋友或知己,如果我们能够在咨询期间一直很好地保持咨访关系的话,我想将更能保证我们咨询的效果。

4. 说明来访者的角色和责任

(1)时间的责任。让来访者了解每次会谈的时间限制(如50分钟),并准时依约前来会谈。如有变故,须提前告知。

(2)行为的责任。让来访者了解在会谈中自己有责任诉说,说出自己的故事,并与咨询师合作,达成咨询的目标。来访者并非被动等待咨询师的建议。

(3)过程的责任。让来访者了解大概要会谈几次,以及以什么样的方式进行。

我们举一例子。

来访者:我今天来,是想让你了解我感情上遇到的一些问题和矛盾,好替我拿个主意。

咨询师:我很乐意听你的故事。听起来,你好像认为,我知道了你的问题,我就可以帮助你解决问题。

来访者:没错。因为你是感情方面的专家,可以帮我找出问题的根源,告诉我该怎么办!

咨询师:我的确受过这方面的训练,也处理过不少感情的问题。不过,我的责任不是给你意见,而是帮助你深入探讨你的问题。当你对自己有更清楚的了解后,你就知道该如何解决问题了。(结构化技术,说明咨询师的角色与责任)

来访者:是这样的?

咨询师:听起来你还是有些疑惑。其实,在咨询的过程中,你不是被动地听我分析,而要主动地让我知道你的想法、感觉,因为这都是解决你的问题的重要线索,有时还会做一些活动。不知道你听我这么说,有什么想法?(结构化技术,说明来访者的角色和责任)

二、场面构成技术的功能

1. 场面构成技术使来访者对咨询的架构、方向以及咨询关系的性质、咨询过程有一个初步了解,为咨询的进行建立良好的心理环境和规范保证。

有经验的咨询师都有这样的体会,严格遵循咨询的基本架构比没有或违反架构,咨询的效果要好得多。当咨询师和来访者在互动中共同建构了一个基本架构后,双方的心理上都无形中有了一个契约和约束。双方都明白,是否遵循咨询的时间、方向及各自角色和职责,直接关系到咨询的效果,双方会有意识地去约束自己的行为。而如果没有这些架构,来访者无形中会觉得咨询其实是这样的随意,没有什么方向及规则,也会慢慢对咨询失去信心。所以,结构化技术是为咨询建构了良好的心理环境。同时,对基本规范的维持,本身就具有治疗的效果。

2. 明确来访者的责任,减少咨询关系中的暧昧性,协助来访者积极调动自己的内部资源。

咨询的目的是"助人自助"。当来访者明确了自己的责任后,才能意识到自己才是心理咨询的主角,才能慢慢减少依赖性和那些不切实际的期望,才能有意识地去调动自己内部的资源,也只有这样,咨询的效果才能发生。如果来访者一直把希望寄托在咨询师的身上,而自己只等着坐收渔利的话,也无须谈咨询的效果了。所以,结构化就像咨询过程的一个骨架一样,能给双方一种约束和力量,有了这种约束和力量,才能保证咨询的正常进行。

三、场面构成技术训练辨析

结构化技巧宜在咨询的初期使用,也可以随着来访者的谈话,弹性地分散在咨询的过程中,或者在咨询的初始阶段不断地强化。使用结构化技巧要注意以下几点:

1. 不要过度使用结构化技巧,也不宜急着做完,以免破坏会谈气氛和咨询关系。

有人认为,结构化技术就是在咨询的起始阶段把所有相关的时间、过程、各自角色的基本架构一口气讲清楚。事实上,我们可以在一开始建构一些基本的架构,根据来访者的谈话,在觉察到他们的谈话中流露出对咨询的一些错误认识或疑惑时,抓住时机进行结构化,这样效果会更好一些。

2. 使用结构化技巧不要僵硬死板,不能忽略来访者的感受,否则会使来访者产生一种被拒绝、被忽视的感觉而导致焦虑和抗拒。

我们来看一个实例。

来访者:我有一些问题想和你谈谈,不知可不可以?

咨询师:当然可以,我们一次谈话是50分钟,这次谈不完再约下次,只谈一次是不够的。你的问题是什么?(**过早做结构化技术**)

来访者:就是压力大呀!尤其是快要高考了,每门功课都觉得一塌糊涂,一看书就头昏脑涨的,这是决定命运的一场考试呀,我真不知道怎么办才好!

咨询师：你放心，我们的谈话内容绝对保密。你以前有没有去咨询过？(僵硬没有弹性的结构化技术。咨询师只顾自己做结构化，完全忽视来访者已开始的话题)

来访者：自己的事，不好意思找人讲，你是专家，一定要帮助我解决这些问题呀！

咨询师：事实上你比我更清楚自己的情况，主意要你自己拿，我不可能代替你做决定。(急于界定自己的角色和责任，而且语气生硬，来访者有被拒绝的感受，可能导致来访者的抗拒)

来访者：我会不会很麻烦你呀！不好意思……

咨询师：不会麻烦。如果你都清楚了各自的角色与任务，我看我们先约8次，谈不完可以考虑增加。如果没有什么问题请在这里签字，谢谢。(过度地使用结构化技巧，使咨询失去了人性化的特色，使来访者觉得刻板而导致焦虑抗拒，有损咨询关系的建立)

我们再来看一个使用较恰当的例子。

来访者：我有些问题想跟你谈一谈，不知道可不可以？

咨询师：我很乐意跟你谈，是哪方面的问题？

来访者：就是压力大呀！尤其是快要高考了，每门功课都觉得一塌糊涂，一看书就头昏脑涨的，这是决定命运的一场考试呀，我真不知道怎么办才好！

咨询师：听起来你现在状态不太好，的确压力很大！你有没有找人谈过这些问题？(先支持来访者，接着了解来访者有无咨询的经验)

来访者：自己的事，不好意思找人讲。

咨询师：我很高兴你现在坐在这里，这表示你在碰到难题的时候，能为自己找资源，这是很积极而且负责的态度，在我们的会谈中，你的积极参与是很关键的。快要高考了，所以压力很大？(以肯定来访者的意愿来协助他投入咨询过程，增加来访者对了解自身的角色和责任的理解)

来访者：我不知道自己是不是应该放弃这次高考？你是专家，你一定知道解决问题的办法。

咨询师：你很想很快找出问题的症结，并且希望有效地解决它，这是我们共同期望的。你来求助的时候，有没有想过咨询是怎样一回事？就是你想

象中它是怎样进行的……(与来访者共情,协助来访者建构咨询的性质与咨询师的角色)

3. 使用结构化技术要避免一些空虚的劝慰。

例如,以下是三个咨询师对同一个来访者的不同反应。

来访者:老师,我从来没有找过心理辅导老师,这次鼓起了很大的勇气才走进来的,心里还是有些怕怕的。

咨询师1:你的这种害怕,其实是一种逃避,也就是不愿意面对自己的问题的一个借口。如果你能鼓起勇气,就能突破害怕的心理,否则一味地逃避,问题仍旧解决不了。

咨询师2:其实咨询没有什么好怕的,当然,告诉陌生人你内在的秘密的确会有些难堪,可是,为了解决你的问题,你就必须如此做。一开始总会有困难,一两次后就不会有这种害怕的感觉了。

咨询师3:我想当你了解了心理咨询的性质后,对你的担心会有帮助。首先,我们在这里所有的谈话都是保密的,这是心理咨询最基本的原则。然后,在我们谈话的过程中,你要尽量讲出自己的真实感受,我的责任是引导你对自己的问题进行深入的探索,帮助你为自己做出正确的决定……

评析:咨询师1没有使用结构化技术,只是试图分析来访者的行为,因此对来访者的焦虑没有帮助。

咨询师2没有使用结构化技术,只是试图安慰与鼓励来访者。

咨询师3正确地使用了结构化技术,说明咨询的性质与各自的职责,以减轻来访者的恐惧和担心。

下面我们来看一个完整的例子。

咨询师:你好!请到这边坐下来。我姓谈,你就称呼我谈老师好了,不知道怎么称呼你?

来访者:我叫江小雨,你叫我小雨好了。

咨询师:小雨,不知你以前有没有过心理咨询的经验?

来访者:我是第一次来心理咨询。

咨询师:哦,我想应该让你了解一下心理咨询是什么样的更好一些!心理咨询主要是在老师的引导和帮助下,通过有效、深层次的自我探索,使你对自己的问题有更好的领悟,以便做出选择和决定。**(结构化技术)**

来访者:其实,我很想从你这里得到一些很好的建议!

咨询师:我能感受到你很想一下子解决自己的问题。这需要一个过程,建议是次要的,而你的积极参与是最关键的!你要能把自己内心真实的感受都讲出来,以便我们对问题有更好的探讨。而且我们的咨询一般是50分钟左右,每周一次,你听了这些还有什么疑问吗?

来访者:可以试试看!

咨询师:好,那我们就开始,能告诉我,是什么原因促使你来咨询的吗?

来访者:……

 操作练习

1. 用结构化技术回应下列来访者的叙述。

来访者:我对咨询不是很清楚,似乎不是我们两人坐在这里谈那么简单,不知道我的看法对不对。还有,我想知道,你到底能帮我什么,应该不只是给我建议吧,这些我已经听够了。

咨询师:_____

2. 三人一组,以初次见面为情景,练习使用结构化技术。其中一个人扮演咨询师,一个人扮演来访者,第三个人扮演观察员。然后交换角色,并谈谈各自的感受。

第二节 倾听技术

尼克尔斯如是说:"倾听是一种艺术,通过倾听,我们使用共情穿越我们之间的距离……真诚地倾听意味着悬置记忆、欲望的评价——并且,至少是在一小段时间内,是为另一个而存在。"[①]辛普金逊(Simpkinson)认为:倾听和被倾听

---

① (美)Sherry Cormier,Paula S. Nurius 著,张建新等译.心理咨询师的问诊策略.第5版.北京:中国轻工业出版社,2004.97

是我们所有人每天都需要的"重要的心理营养"，我们的很多求助者在他们的生活中没有得到足够的注意和证实，而生活在一种"慢性心理营养不良"的状态中。

倾听是所有咨询反应和策略的先决条件，是咨询过程中最先做出的反应。咨询师如果不能很好地倾听，来访者可能就会因为得不到鼓励而不能进行深入的自我探索，双方就有可能讨论错误的问题，或者咨询师就可能过早地提出干预策略。心理咨询中有一句话"心理咨询的过程就是出租自己耳朵的过程"道出了倾听的重要性。但是，做到真正的专注和倾听并不容易。

一、倾听技术的内涵

倾听技术是指咨询师全神贯注地聆听来访者的叙述，认真观察其细微的情绪及体势的变化，体察其言语背后的深层次情感，并运用言语和非言语行为表达对来访者叙述内容的关注和理解。

专注与倾听技术是咨询师在整个咨询过程中所用的基本技巧，可分为两个层面。第一个层面是指咨询师身体的专注与倾听，另一个层面是指咨询师心理的专注与倾听。所谓咨询师身体的专注与倾听，是指在咨询过程中，咨询师的全身姿势传递出他对来访者的关切，愿意聆听并陪伴来访者共同经历问题的始末；所谓咨询师心理的专注与倾听，是指咨询师不只倾听来访者的言语内容，而且也注意来访者语言叙述中语调的抑扬顿挫、声音的高低强弱，以及伴随来访者言语行为的另一种无声的力量——非言语行为。

1. 咨询师身体的专注与倾听

身体的专注是指咨询师非言语的肢体行为所传达出的对来访者的重视和关切。这在会谈的起始阶段非常重要，我们可以用英文字母R、O、L、E、S来概括其主要内容。

（1）R(relaxation)，是指放松，放松与自然的身体姿势，传递出咨询师的平和、安详、自信，使来访者备感安全与放松。如果咨询师双拳紧握、双眉紧锁、双肩紧扣，将让双方都觉尴尬，无从谈起。

（2）O(openness)，是指开放，身体姿势的开放，代表无条件地包容与接纳，也会带动来访者身体与心理的开放，增加来访者的安全感。咨询师的身体若呈现畏缩、封闭，会让来访者慌乱、退缩而无力，也会引起来访者支吾以对，心思涣散。

（3）L(leaning)，是指身体微微前倾，通常在来访者谈到重点、关键或表情语调有所变化的时候，咨询师身体很自然地前倾，以传达出咨询师专注于来访者的谈话内容，好像在说："我了解你所说的……""我对你的谈话内容非常投入……"

如果咨询师身体后仰,紧贴椅背,冰冷的距离散发出咨询师的冷漠与傲气,这种姿态将扼杀来访者的勇气,让来访者因气馁而心生畏惧,无力再谈。

(4)E(eye contact),是指眼神接触,传达出对来访者的尊重与重视。如果咨询师的眼波闪烁不定、飘忽游离,会让来访者不但心思涣散、注意力无法集中,而且还会猜想:"我是不是说太久了?""他是不是不屑于听我的谈话?"但要注意,在目光接触中,咨询师不能长时间地直视对方,这更容易使对方产生不自然感和压迫感,咨询师可以采用倾听时平视对方眉心而说话思考时不定时地移走目光的方式。

(5)S(squarely),是指面对来访者。座位的安排能有助于双方自然地互相面对。"面对来访者"不是指咨询师与来访者正面而坐,但也不是指为了减少压力并排而坐,这样来访者与咨询师的目光接触和交流将产生困难。一般的格局是来访者与咨询师中间放一张茶几,两把椅子成90度角,借着茶几的缓冲,给来访者安全的人际空间。来访者有了前攻后退的足够空间,才会愿意敞开心扉。

2. 咨询师心理的专注与倾听

(1)观察与解读来访者的非言语行为。咨询过程中会出现大量的非言语行为,它蕴藏的信息往往比言语行为来得更丰富、真实。因为言语行为是一种任由来访者操控的适应性反应,这些反应都不可避免地带有社会期待的色彩,而非言语行为是一种自然流露,是来访者内心的真实声音。当言语行为与非言语行为互相矛盾时,非言语行为往往更能传达真实的信息。

(2)倾听与了解来访者的言语,从来访者的叙述中了解事情的过程、来访者的情绪和态度。

(3)倾听与了解来访者的环境背景,了解来访者问题发生的背景脉络以及所谈到的重要他人。

(4)适当而简短的反应。对于听到的信息给予简短的回应,鼓励来访者继续说下去。如:"请继续说。""然后呢?""嗯哼……"或根据谈话的内容说"你当时默不作声是考虑到……"等等。

二、倾听技术的功能

倾听技术的主要目的是了解来访者的主要问题并传达给来访者一种被关注和尊重的感觉。因此,倾听更多的是从身体语言和表情传达出来的。具体地说,倾听技术的主要功能包括:

1. 建立良好的咨访关系,向来访者传达自己真切的关注和尊重。

2. 鼓励来访者开放自己,坦诚表白,讲自己的故事。

3. 专心聆听与观察来访者言语与非言语行为,深入其内心世界。

有的来访者来咨询的目的是希望能有一个被倾听的机会,因为其内心的烦恼在身边没有途径可以宣泄。对于这些来访者来说,倾听就显得尤为重要。

三、倾听技术训练辨析

专注与倾听贯穿于心理咨询的任何阶段,并结合其他技术(具体化、情感反应、简述语意、复述等)共同使用,是心理咨询中最重要的技术,也是一种咨询态度。从某种意义上说,整个心理咨询过程也是专注与倾听的过程。使用专注与倾听技术要注意以下几点:

首先,不能急于贴标签,下结论。有些初学者往往在未真正了解来访者所叙述的事情真相之前,为了显示自己经验之丰富,盲目提供咨询意见,给来访者贴上一个标签,这样无形中让来访者心理上产生一种无助感,抑制来访者的自我开放。我们来看下面的案例。

来访者:我真不知道哪里不对劲!我似乎不能集中精神在功课上或其他事情上,而且这种情况越来越糟。(咨询师目光游离,身体向后靠在椅子上)晚上总是睡不着,满脑子都是上课被提问,考试考不好,常常在梦中惊醒。即使睡着时,也像醒在那里一样。

咨询师:(生硬地)你们是不是快期末考试了?

来访者:是的。

咨询师:(做恍然大悟状)噢,你可能患了考试恐惧症。

来访者:真的吗?我现在的成绩一落千丈,怎么赶都赶不上,并且我似乎越来越控制不住自己了。上周六回家时,就和我妹妹大吵了一顿。

"考试恐惧症"就是这位咨询师对来访者的诊断结果,而这种诊断是在还没有收集足够信息的情况下做出的。这不但没有起到咨询效果,反而会使这位同学越发害怕,"原来自己真的患上了心理疾病",使一颗本来已经疲惫的心更加无助。

其次,不能流露对来访者问题的轻视。有些咨询师在咨询中,总认为来访者的问题是小题大做、无事生非、自寻烦恼,因而流露出轻视、不耐烦的态度。这说明咨询师并没有真正放下自己的参照系去看待他人的行为问题,还不具备忍受模糊情境的特质。

再次,不能急于教育或做道德评价。这也是心理咨询区别于德育等其他教育的根本所在。有些咨询师习惯性地对来访者的所言所行做出正确与否或道德上的评判。比如"你讲话怎么会有这么多的口头禅"、"你这种想法是不符合社会道德的",或"这件事上明明是你错了,你还说别人的不对"、"你这种价值观念是不正确的"等等。这与心理咨询的理念是背道而驰的。心理咨询是一个助人与自助的历程,咨询师不能在一旁说三道四,把自己的价值观念或社会的是非标准强加给来访者。

来访者:我们的班主任老师是一个虚伪的人,她表面上喜欢我,骗取我对她的信任,可背地里为了她的儿子能保送进重点中学,利用职权出卖了我!(愤愤不平地捶桌子)老师平时总是对我们说,待人要真诚,为什么她自己就不能真诚待人?

咨询师:(打断来访者的谈话)你怎么能用"骗取"来形容老师呢?

上例中的咨询师的言语是个别辅导中最忌讳的。

 操作练习

1. 自我训练:培养倾听的心

(1)在开始练习之前,准备三件可以吃的小东西,如葡萄干或巧克力之类。舒适地坐下来,轻轻地闭上眼睛,注意力集中在牙齿上。如果出现遐想,就让思绪飞翔。开始慢慢地举起一颗葡萄干放入嘴中,慢慢地咀嚼,观察你的胳膊抬起、拿葡萄干放入嘴中的过程……想你的手是怎样拿葡萄干的……注意它在你嘴里的感觉……当你咀嚼时,尽可能慢地感受它的滋味。注意体验当你慢慢咽下时,你的舌头和喉部的感觉。

重复以上的过程,然后注意你在吃葡萄干的过程中意识到了什么,你经常意识到什么。

(2)安静舒适地躺下。从你的脚尖开始,然后慢慢地向上移动到你的头顶,进行全身扫描。集中注意力在你感到紧张和疼痛的部位,把手放在上面,让它停留几分钟,深呼吸。随着你的呼吸和意识,注意你身体的这些部位发生的变化。你不要试图去改变任何东西,仅仅意识到这个部位,并接受它。就这样停留一会儿,看这个部位发生了什么变化。

2. 现场训练

(1)体验不专注的感受:两人一组交谈,一人主动谈话,一人表现出不专注的状态,3分钟。

(2)体验专注的感受:两人一组交谈,一人主动谈话,一人表现出专注的状态,3分钟。

(3)非言语行为的观察练习:三人一组,一人主动谈话,一人听,一人当观察员,3分钟。观察员描述观察结果(不加解释)。

第三节 简述语意技术

有时来访者只是陈述事实内容,咨询师可以用自己的话,简要地复述来访者谈话的主要内容,不但可以向来访者表明咨询师正在认真地了解他,也可借此检验自己是否正确把握了来访者话中的含意。

一、简述语意技术的内涵

简述语意(paraphrasing),又称释义或说明,是指咨询师把来访者的主要言谈、思想加以综合整理,再反馈给来访者。

来访者:以前考试的时候不管会不会我都靠自己的实力,这次考试是别人传小抄经过我这里,被老师发现,老师就认为我在作弊。

咨询师:小抄不是你的,老师误会了你。

来访者:对啊,我跟老师说我没作弊,老师说带小抄不是作弊是什么。我很想跟老师说小抄不是我的,可是我不敢。

咨询师:你想向老师说明真实情况但又不敢。

来访者:……

有时当来访者的叙述冗长、内容繁多,咨询师必须确定他对来访者的了解是否就是来访者想要表达的内容。此时咨询师可以使用简述语意技术,提纲挈领,将他所了解的重点传递给来访者,以确定两人的互动是在有共鸣的基准线上进行,以免造成"你走你的阳关道,我过我的独木桥"的状况。

有时候来访者因受问题或情绪困扰过久,刚来到咨询室时思维混乱、语言杂乱无章、叙述的内容五花八门,让咨询师觉得眼花缭乱。简述语意技术可以协助咨询师将来访者的叙述分门别类、归纳、比较,从中理出重要的咨询方向。如:

来访者：我无法想象,简直是五雷轰顶!我竟然一直蒙在鼓里!(激动地)我男朋友竟然和其他的女孩约定两年后做恋人!对,是在他的邮箱中发现的……那天,我在他的邮箱中看到一封信。虽然我们经常吵架,但并没有到感情破裂的地步,他有时还表现出对我特别好的样子,他竟然在感情上背叛了我,而且另外一个人竟然是我的一个好朋友……(哭泣)我彻底绝望了,为什么所有的人都背叛了我?我的朋友,我的恋人?

咨询师：你和男朋友经常吵架,但你认为感情并没有破裂;可是他却背着你和其他的女孩子有了约定,而这个女孩也是你的好朋友。

来访者：对,是这样的。为什么所有的事情都发生在我身上?我发现以后,就径直找到我的男朋友去质问他……

最有效的简述语意包括以下三个关键点：

1. 使用来访者的姓名及代名词"你";
2. 使用来访者最重要的语句;
3. 咨询师对来访者所谈到的语言的本质加以浓缩,使其明朗化。

二、简述语意技术的功能

简述语意技术其实是咨询师向来访者确认自己对来访者问题的了解,具体地说,简述语意的功能包括：

1. 检查咨询师对来访者问题的理解程度。
2. 来访者有机会重新解释自己的思想,重新探索自己的问题,深化谈话内容。如：

来访者：我总觉得自己什么都做不好。我想我在各方面都应该做得最好、最优秀……我希望别人在谈起我时会说：这姑娘什么都行,又聪明又能干,特讨人喜欢。可是,总是事与愿违,我似乎什么都没做好,老师不喜欢我,同学关系也不满意,我快烦透了。

咨询师：你希望自己做什么都能做好,让别人都觉得自己挺聪明、挺能干,希望别人喜欢自己。

来访者：嗯,差不多吧,我什么都想做得十全十美。

咨询师：听上去你愿做一个完美的、无可挑剔的人。

来访者：嗯。(点头)我是这样希望的……

咨询师两次发言用的都是简述语意技术。第一次是对来访者前面的大量谈话内容的总结，使来访者对自己的问题的实质进行思考；第二次说明使双方对问题实质的认识得到了深化，并进一步确定了下面谈话的方向。

三、简述语意技术训练辨析

简述语意适用于心理咨询的初期。使用简述语意技术时，咨询师应注意：

1. 能够抓住来访者言语或思想的实质进行简述。

我们来看三位咨询师不同的反应。

　　来访者：我和女朋友已经相爱半年了，可我父母有不同意见，我母亲喜欢我女朋友，但我父亲反对我大学里谈恋爱。我为此很烦恼，书也看不进，晚上常失眠，不知怎么办好！

　　咨询师1：你的父亲反对你和女朋友的事。

　　咨询师2：你和女朋友彼此相爱，你母亲也同意，但你的父亲不赞成，因为他不希望你在大学期间谈恋爱，是这样吗？

　　咨询师3：父亲反对你恋爱，你非常恨他。

咨询师1只抓住了问题的一个方面，并没有对来访者的思想实质进行简述；咨询师2能够用简明的话语把来访者的思想反馈给他；而咨询师3不仅没有把准问题的方向，而且太主观武断。

2. 避免加入咨询师自己的意思。如上面的例子里咨询师3的反应就是不合适的。简述语意技术简述的应该是来访者自己的意思。

3. 不要在咨询过程中长时间地只用简述语意技术，那样会使来访者觉得咨询师是鹦鹉学舌，会谈原地打转，没有进展。

操作练习

1. 评价下列咨询师对来访者的反应是否恰当。

　　来访者：我碰到任何问题都会慌乱不已，注意力无法集中，没办法思考，因此真正的实力无法发挥出来，真是气死人。今年的高考就是这样。当试卷发下来后，我的头就开始慌乱，然后脑中一片空白，即使考的题目看过，也背过，可是，就是想不出答案。考完后，真是懊恼死了。我那几个朋友，成绩没有我好,却个个上榜,真是气人,我觉得好丢脸。

咨询师1:你容易紧张,所以今年高考时因为实力没发挥出来而没考上,你觉得很生气。因为能力比你差的朋友都考上了,让你觉得很没有面子。

咨询师2:你容易紧张,今年高考时因为过度慌乱而没考上,你为此而生气,因为依你的实际能力你应该可以考得上。

咨询师3:你的实力比你的朋友高,可是你却没有考上,为此你觉得丢脸。

2. 角色扮演训练。

(1)组成演练小组;

(2)确定来访者、咨询师和观察员的角色;

(3)决定角色扮演的话题,以现在或过去的人际关系的冲突做题材。会谈时,咨询师要针对来访者所说的内容使用简述语意技术。

第四节 情感反应技术

人类很早就被教导要控制自己的情感,要不露声色。有时,来访者在叙述自己的故事时,情绪没有被清楚地传达出来,但是已经存在于来访者心中的情绪,在故事中扮演了重要的角色。情绪往往说明有隐而未见的心理需要。来访者探索自己的情绪,有助于提高自我觉察能力,从而更趋近于他自己的核心问题。

一、情感反应技术的内涵

情感反应技术是指咨询师辨认、体验来访者言语与非言语行为中明显或隐含的情绪情感,并且反馈给来访者,协助来访者觉察、接纳自己的感觉。

格林贝格与萨弗朗(Greenberg & Safran,1990)将来访者对情感的觉察分为几个层次:①

1. 情感出现,但是未被觉察到;
2. 情感出现,但是只有部分被觉察到;
3. 情感出现,但是没被转化为语言;
4. 情感出现,并且被转化为语言;

---

① 陈金定.心理咨询技术.北京:世界图书出版公司,2003.53

5. 情感出现,被转化为语言,知道引发情感者为何人何事,也知道处理情感的可能行动、需求与期望。

来访者在情感信息处理的过程中,因为对情感信息的觉察与处理状况的不同,而对情感的觉察有不同的层次。一些以情感为取向的心理治疗学派认为,来访者的问题在于对情感的觉察受阻碍,因而无法表现健康的适应行为。这些学派将协助来访者觉察与表达情感视为促进来访者顿悟、产生行为改变的咨询重点。情感反应技术可以帮助来访者重新检视自己的经验,进入自己的感觉,觉察、接受与表达自己的情感。

情感反应技术的要点有:

1. 从来访者已表达的言语或非言语的沟通出发,明确指出他的感受和情感。
2. 咨询师指明来访者的感情时可以说:"看来你好像觉得……""听起来,你的意思似乎是……"
3. 内容借着简述语意可以更明确,例如:"当……时候,你好像觉得……"
4. 在会谈情境中,如果能及时指出"此时此地"的感情,使用情感反应技术效果会更好一些。

我们来看一个例子。

来访者:我前一阵子觉得心情很不好,很乱很乱,还去做头发,买衣服,想换个心情。前几天我以前的男朋友打电话给我,跟我讲到半夜一点多,后来怎么也睡不着。

咨询师:你觉得心情很混乱,听上去似乎以前的男朋友勾起你很多的感触。**(反映来访者混乱的情绪)**

来访者:他打电话是要告诉我他下个月要结婚了,我们以前在一起的感觉不错,我自己也搞不清楚自己,我很怀疑如果他约我出去,我们会怎样!他都要结婚了!

咨询师:他在结婚前打电话跟你长谈,使你担心好像会旧情复燃。**(反映来访者担心的情绪)**

……

我们再来看同样一个案例,咨询师不当的情绪反应。

来访者:我前一阵子觉得心情很不好,很乱很乱,还去做头发,买衣服,想换个心情。前几天我以前的男朋友打电话给我,跟我讲到半夜一点多,后来怎么也睡不着。

咨询师：你以前的男朋友怎么会打电话给你？(询问来访者，而非情感反应)

来访者：他打电话是要告诉我他下个月要结婚了，我们以前在一起的感觉不错，我自己也搞不清楚自己，我很怀疑如果他约我出去，我们会怎样！他都要结婚了！

咨询师：他在快要结婚之前给你打电话，你觉得这代表什么意思？(**暗示来访者怀疑其前任男友的动机，讨论的中心由来访者转到了其前男友的身上**)

……

来访者在面谈中往往会出现混合情感或矛盾情绪，如既爱又恨的感情，既有吸引力又有排斥力，如"我很想去找个女朋友，可心里又有些怕，感到很矛盾"。发现来访者身上的这些混合情绪的含义及其影响的程度，对于咨询来说意义颇大。富有技巧的咨询师常善于寻找来访者困扰中的矛盾情绪而予以突破，帮助来访者尽快地觉察自己的问题。

来访者：我对妈妈很孝顺，哥哥弃她于不顾，都是我在照顾她。可是，只要我有一点不顺她意，她就骂我不孝，或威胁说要离家出走。我实在受不了她，很想搬到外面住。哥哥就是因为受不了她的脾气，故意找个在外地的工作，让我妈管不到他。他现在倒清静多了，可是却苦了我。我跟哥哥提过，希望他分担照顾妈妈的责任，但是，哥哥不肯。他说，就是因为受不了妈妈才离开，哪有自投罗网的道理。我真的不懂，他怎么可以那么自私！我现在有一个很要好的女朋友，我们想订婚。她一直想认识我的家人，可是，我妈妈这个样子，我怎么敢带她回家？我担心女朋友如果知道我妈妈的个性，不敢跟我结婚。其实，即使我们两人将来结婚，妈妈这种个性，叫我们如何跟她相处！我不知道该怎么办。

咨询师：妈妈挑剔的个性，让你觉得好辛苦。哥哥自私的想法，让你觉得很无奈。除此之外，你担心妈妈的个性会坏了你的婚事。这么多的问题困扰着你，你真是感到好无助。(**情感反应技术，咨询师指出来访者同时存在的多种甚至矛盾的情感，协助来访者觉察自己真实的感觉**)

二、情感反应技术的功能

1. 情感反应技术的基本作用就是引导来访者理清其模糊不清的主观情绪世界,达到对自己的整体性认知。

2. 协助来访者了解自己的感受并接受这些感受。

3. 情感反应也有稳定来访者在会谈当时心情的作用,让来访者感觉到咨询师对自己深切的体谅和理解,增进来访者的安全感和对咨询师的信任。例如,"换句话说,你讨厌他的莽撞粗鲁","你对妈妈有一种既亲又嫌恶的感情","本来你就对他有些不中意,现在反而是他先提出分手,你感到自尊心受到很大伤害"……咨询师利用这些语词所做的情感反应,对稳定来访者的情绪,拉近咨询双方的心理距离具有积极的作用。

三、情感反应技术训练辨析

情感反应重在反应来访者内在的情绪或情感层面,而不是要重视来访者所传达的认知层面的内容,所以情感反应和我们前面讲到的简述语意不同,但有时又很容易混淆。下面我们来看几个训练辨析,体会它们之间的区别。

【例一】

来访者:我,我一直认为您会帮助我决定选择哪一个新的系……(叹息)如果由我做决定,恐怕又会遭到挫折了。

a:你一直想转系,可是对能不能适应却没有把握。

b:听上去你现在有些消沉,同时自己很想摆脱这个困境。

【例二】

来访者:你认为我到底该怎么办?逃走?反抗?或者只是屈服?只有忍耐!

a:你好像无法摆脱……

b:你觉得现在的自己没有机会解决目前的问题,感到沮丧。

c:你很想逃避它……

d:你的确在苦恼、困扰,一直无法摆脱掉。

【例三】

来访者:你说奇怪不奇怪,我跟您谈话的时候,很焦虑,真是莫名其妙,为什么会这样呢?

a:你会经常感到焦虑吗?

b：你现在跟我交谈感到很焦虑，这件事让你很困扰。

c：能不能请你多谈一谈对于我的感受？

d：你告诉我，你感到焦虑、恐惧，可是你一直在笑。

在例一中，b属于情感反应。b把"积极的情感"和"消极的情感"都反应了。a的回答使用了简述语意的技术，忽略了来访者想要表达的内在的情绪层面。

在例二中，b和d都属于情感反应。b可能为来访者带来更深的洞察，不过，也可能使来访者气馁，虽然如此，b仍然不失为一句好的回答。因为一旦探讨来访者的情感后，咨询师可以因此获得更有用的信息。而且这样的反应可以给来访者带来慰藉、同情和解答。在进到下一个步骤之前，让来访者充分表达其情感，这是最好的办法。a使用简述语意技术，可以把握来访者真实状况的重要部分。c的回答有点冒险，除非有内容作为后盾，否则这种回答是最不恰当的。d也是一种情感反应，但也许涉入不会比b深入。

在例三中，也有两个情感反应的技术，即b和d。b的好处是把握了此时此地的立即性。d的好处是指出了复杂的情感。如果情感已被验证、被知悉、被承认，则a的回答不失为好的质问。因为a针对情感反应，给予来访者有探究的余地。然而，在会谈的初期使用这种问法，并不恰当。

情感反应技术往往用在咨询之初，但也可在咨询的整个过程中穿插使用。例如，当咨询师认为有必要通过对来访者的情感反应来增加来访者的自我觉察与自我探索时。使用情感反应技术要注意：

1. 不宜打断来访者，尤其在来访者思考时，不要贸然介入，最好在来访者谈话告一段落时使用。

2. 要尽量避免直接询问来访者感受，这可能会引起来访者的防御性反应。

3. 反应情感的深度要适当。太浅了，来访者会觉得没有被理解；太深奥了，又会造成来访者的困惑与不解。

4. 反应的意义广度要恰好能让来访者正确了解自己，咨询师不宜加入主观的观点。

 操作练习

1. 根据下列情境，辨识来访者的情绪，并写出作为咨询师的合适的反应。

【情境一】

来访者:哼!组长最偏心了,好做的工作都叫别人做,每次都把最困难的留给我。

【情境二】

来访者:我那两个宝贝弟弟当着我朋友的面大吵大闹,还大打出手,我怎么劝、怎么拉都阻止不了,那时我真恨不得有个地洞钻进去呢!

【情境三】

来访者:算了,不管我怎么做,都不会有人相信我的,反正大家都认定我是坏蛋,就坏到底吧!

2. 自我练习

在这个学习活动中,呈现给你三段求助者的实际信息。对于每个信息请使用情感反应技术,并使用各种认知学习策略。你可以通过先大声自我提问,然后进行隐蔽谈话的方式来内化这些学习策略。练习的结果应该是你可以大声说出,或者写下这些情感反应的句子。先给出一个例子。

来访者(50岁,刚失业的工人):[用大声的、批评的声音说,愤怒地、双眉紧锁地抱怨,眼睛盯着天花板]瞧,我现在能做什么?我已经失业一年多了,没有钱,没有工作,还要负担家庭。我的知识和技能就这样被废掉了。

自问1:来访者使用了什么情感词?

没有。

自问2:来访者的非言语行为暗示了什么情感?

厌恶、愤怒、难过、受挫、怨恨、失去勇气。

自问3:在相同程度上描绘来访者情感的其他形容词是什么?

似乎是两种感受——愤怒和气馁,愤怒在两者中显得更强些。

自问4:与求助者使用的感官词相匹配的合适语句是什么?

"我看……""我清楚你……""从我的角度来看你……"这些句子与来访者的语句"瞧"相符。

自问5:与来访者情感有关的情境和背景是什么?

失业、无经济来源、没有工作机会。

实际的情感反应回答:我能看得出你由于失业很生气,对未来很沮丧;或者,看起来你对于失去工作和稳定的收入很难过。

【情境一】

来访者(8岁):[语调平稳,慎重选词,来回两边看,紧闭双唇,红着脸]我不喜欢再待在家里。我希望与我的朋友及她的父母住在一起。我告诉我母亲说,说不定哪一天我就会离开,但是她根本不听我的。

自问1:来访者使用了什么情感词?

自问2:来访者的非言语行为暗示了何种情感?

自问3:什么是精确和类似的可替换的情感词?

自问4:与来访者使用的情感词相匹配的句子是什么?

自问5:与来访者情感有关的情境和背景是什么?

实际的情感反应回答:_____

【情境二】

来访者(一位青少年):[粗哑而高声地说]看,学校中有那么多该死的规定。我要离开这该死的地方。我看这地方是肮脏的。

自问1:来访者使用了什么情感词?

自问2:来访者的非言语行为暗示何种情感?

自问3:什么是精确和类似的可替换的情感词?

自问4:与来访者使用的情感词相匹配的句子是什么?

自问5:与来访者情感有关的情境和背景是什么?

实际的情感反应回答:_____

第五节 具体化技术

由于来访者表达的大部分信息出自内部的参照系,它们可能是模糊而混淆的,这就需要咨询师确认对来访者信息知觉的准确性,并检查咨询师从来访者的信息中听到的内容是否准确。

一、具体化技术的内涵

具体化技术是指咨询师聆听来访者叙述时,若发现来访者陈述的内容有含糊不清的地方,咨询师以"何人、何时、何地、有何感觉、有何想法、发生什么事、如何发生"等问题,协助来访者更清楚、更具体地描述其问题。来访者描述自己的问题时,可能会因为自尊、面子、过去的痛苦经验或其他原因,只提取某一部分对自己有利的信息,因而描述的内容模糊不清。咨询师可以借用开放式的问句,如:"你的意思是……""你说你觉得……你能说得更具体点吗?""你是怎么知道的?""你所说的……是指什么?""你能给我举个例子吗?"等等,来触动来访者的信息处理过程,鼓励来访者从记忆中提取更多客观的信息。举例说明如下。

　　来访者:我再也不想看到他,我对他一片真诚,处处为他着想,没想到他竟然这样对待我。"衣要新,人要旧",他连这个道理都不懂,有了新朋友,就忘了我这个旧朋友,甚至把我一脚踢开,真是忘恩负义。

　　咨询师:你们之间似乎发生了一些事,让你很生气。**(情感反应技术)** 你能具体谈一谈吗?**(具体化技术)**

　　总结起来,具体化的技术有四个关键点。首先,要确认来访者的言语和非言语信息的内容——求助者告诉你些什么?第二,确认任何需要检查的含糊或混淆的信息。第三,确定恰当的开始语,如:"你能描述……""你能澄清……"或"你是说……"等,并用疑问口气而不是陈述口气进行具体化。最后,要通过倾听和观察来访者的反应来评估具体化的效果。

我们可以思考下列认知学习策略:

1. 来访者告诉我什么?
2. 来访者信息中有没有需要进一步核实或遗漏了的内容?如果有,它们是什么?如果没有,下一步更适合的反应是什么?
3. 我用何种方式开始澄清?
4. 我如何知道我的反应起了作用?

我们来看具体的例子。

　　来访者(15岁的高中生):我的成绩正在走下坡路,我不知道为什么,我对任何事情都感到失望。

　　自问1:来访者告诉我什么?

　　她感到失望、沮丧。

　　自问2:有任何含糊或遗漏的信息需要检查吗?如果有,那是什么?如果没有,决定做不同的反应。

　　是的,有几个。一是她对什么都感到失望,另一个是这种失望的感受对她意味着什么。

自问3：我怎样开始进行具体化？

可以这样问："你是说有某些事情很特殊吗？"或"你能描述这种感受吗？"

大声说出或写下实际的澄清反应。

"你是说一些特别的事情使你感到失望吗？"或"你能描述失望的感受像什么吗？"

二、具体化技术的功能

具体化技术是为了进一步了解来访者的问题和想法，具体来说，包括：

1. 避免漫无目的的谈话，使咨询双方始终围绕主题。

2. 协助来访者进一步了解问题，产生顿悟。当来访者表述含糊不清时，往往反映出其思维的混乱。具体化技术可以帮助来访者进一步明确自己的感受和想法。

3. 促使来访者进行实际有效的问题探讨、问题解决及行动计划。具体化技术可以帮助盲目抱怨的来访者从含混不清的情绪中走出来，进行建设性的思考。

三、使用原则及注意事项

1. 不宜事无巨细地询问而失去咨询的方向与重点。具体化的内容应该是有针对性的，否则会让来访者感到厌烦。

2. 有时来访者语言不详可能是一种防御，具体化可能会引起来访者的抗拒，咨询师对此要有敏感的觉察。这些抗拒往往反映出来访者内部的冲突，如果解决得好，会成为咨询的突破口。

3. 应少问"为什么"。"为什么"用得太多也会使谈话流于理性思考而阻碍来访者的情绪表露，并且会使来访者产生被审问的感觉而使用更多的防御。

4. 与共情技术共同使用，才不会使对话像是在质问。

四、具体化技术训练辨析

有的时候，来访者会说一些与他自身环境背景有关的词汇，这些词汇往往具有特定的含义，咨询师一经发现就应及时了解其含义，避免来访者含糊、概括地进行界定。试看一下下列三位咨询师的不同反应。

来访者：我听说，虽然现在社会比以前开放很多，可是男人对女人的要求还是不变。

咨询师1：你能告诉我这些话是谁说的吗？男人对女人的哪些要求一直未变？

咨询师2：男人对女人的要求不能随着社会的变化而改变，让你觉得失望。

咨询师3：虽然时代在变，可是有些男人的观念还是不变，他们是既得利益者，当然不肯放手。

来访者的叙述中有两个地方需要澄清。第一，这些话来访者是从哪里得知的？第二，男人对女人的哪些要求一直未变？所以，咨询师1正确地使用了具体化技术。咨询师2使用的技术是初层次共情技术，不是具体化技术。咨询师3回应的内容是对男人的批判，不是使用具体化技术协助来访者澄清含糊的地方。

有时，来访者所谈的经验、行为与感受模糊不清、概括或过度简化时，使用具体化技术可以使问题更加明朗、清晰。例如：

来访者：有时我真想彻底地摆脱它。

咨询师：听起来好像你要与什么分开并独立。

来访者：不，不是那样。我不要独处。我只是希望能从不得不去做的所有工作中解脱出来。

在这个例子中，咨询师对来访者的最初信息过快地得出了不确切的结论。而如果咨询师在假设信息包含某种信息之前进行澄清反应，那么会谈进程就会更顺利，如下面的例子：

来访者：有时我真想彻底地摆脱它。

咨询师：你能为我描述"彻底地摆脱它"的意义吗？

来访者：我有太多的工作要做——我总感到落在他人之后，负担很重。我想摆脱这种难过的感受……

在此例中，具体化帮助双方明确了求助者说出的和咨询师听到的信息内容。双方都没有依赖未做探讨和确认的假设和推论。熟练的咨询师应当对接收和加工的信息进行具体化，以便确定信息的准确性，否则，便不能纠正不准确的信息，不能检验被曲解的假设。

操作练习

来访者1(一个四年级学生):我不想做这些该死的作业。我不要学习这些数学,反正女孩子不需要知道这个。

自问1:她告诉我些什么?

自问2:有任何含糊或遗漏的信息需要我检查吗?如果有,是什么?

自问3:我如何听到、看到或捕捉到开始进行反应的方式?

实际的具体化的回答:_____

来访者2(一位中年男人):我对于现在的身体残疾感到沮丧。我感到再也不能像过去一样做事。它不仅影响到我的工作,而且影响到我的家庭。我感到似乎我对他人没有任何作用了。

自问1:他告诉我些什么?

自问2:有任何含糊或遗漏的信息需要我检查吗?如果有,是什么?

自问3:我如何听到、看到或捕捉到开始进行反应的方式?

实际的具体化的回答:_____

第六节 共情技术

一、初级共情技术的内涵

共情(empathy)一词,中文有许多种译法,如移情、同情、同感、共感、同理心等。简而言之,共情技术是指咨询师一边倾听来访者的叙述,一边进入来访者的精神世界,并能设身处地、感同身受地体验这个精神世界,然后跳出来以语言准确地表达对来访者内心体验的理解。

伊根(Egan)把共情分为两种类型:一种是"初级的共情",一种是"高级的准确的共情"。[1]盖兹达、阿斯伯里、拜尔策、切尔德和渥特兹(Gazda, Asbury, Balzer, Childers & Walters, 1984)曾将考夫卡与贝伦松(Karkhuff & Berenson, 1967)[2]的五个层次同理心回应归纳成四个层次。这里将四个层次的共情回应说

---

[1] 钱铭怡著.心理咨询与心理治疗.北京:北京大学出版社,1994.34
[2] 陈金定著.心理咨询技术.北京:世界图书出版公司,2003.149

明如下。

层次一:咨询师没有专注与倾听来访者言语与非言语行为,因此回应的内容不能反映来访者表面或隐含的信息,对来访者问题的探讨没有帮助。

层次二:咨询师回应的内容,只反映来访者表面的想法与感觉,而且反映的情感并非关键性的感觉,因此对来访者问题的探讨没有帮助。

层次三:咨询师回应的内容,能够完全反映来访者的想法与感觉,没有缩减或过度推论来访者表达的内涵,不过,无法反映来访者深层的感觉。

层次四:咨询师回应的内容,能够反映来访者未表达的深层想法与感觉。这种回应,可以协助来访者觉察与体验先前无法接受或未觉察到的感觉。举例说明如下。

> 来访者:人老了就是没有用。我的儿子、女儿都已经长大成人,有自己的事业。现代的人很忙碌,这一点我是可以谅解的。(皱眉、低头、眼睛看地下)只是,我希望他们要常回来,不要只在逢年过节才回来。我年纪已经这么大了,什么时候要走没有人可以预料得到。平时也该常打电话,否则我走的时候谁会知道?(语气低沉、叹气)

(第一层次)咨询师:你为什么感到如此伤心?

(第二层次)咨询师:你能够理解自己的子女,这很不简单。

(第三层次)咨询师:子女为了事业很忙碌,你能够理解,但又觉得自己很凄凉。

(第四层次)咨询师:你虽然嘴上说可以谅解现代人的忙碌,可心底里却在怨恨他们回家太少。

从上例可见,第一层次的回答中,咨询师似乎根本没有留意来访者所说的话,而他问来访者为何如此伤心,是个很不妥当的问题,反映了他不但没有留心倾听,而且还完全忽略了来访者所表达的重要感受。

第二层次的回答中,咨询师的反应虽然在内容上和来访者表面所说一致,但他只注意了来访者表面的感受,故在反应中只有内容上的复述,缺乏感情的回应。

若要在咨询过程中产生有效的结果,咨询师最起码要具有第三层次的共情,也就是初级共情。在此层次,咨询师的反应与来访者所表达的意义和感受比较一致,但未能对来访者较深的感受做出反应,即没有对隐藏于言语背后的感受做出共情反应。

第四层次中,共情的程度较高,即高级共情。在咨询师的反应中,他所表达的感受已深于来访者所能表达的,即咨询师把来访者深藏于言语背后的感受也表达了出来,因此来访者可由此来体验和表达起初未察觉和未能表达的感受,同时也因此可以掌握到这些感受背后的含义。

我们先来谈谈初级共情。做到初级共情,需体验下列步骤。

1. 转换角度,真正设身处地地使自己"变成"来访者,用他的眼睛和头脑去知觉、体验、思维。按罗杰斯的看法,共情就是"体验他人的精神世界,就好像那是自己的精神世界一样"。

2. 设身处地地倾听来访者。

3. 还要能够适时地回到自己的世界,借助于知识和经验,把从来访者那里知觉到的东西做一番整理,理解他们。

4. 用言语的和非言语行为做出反应,引导来访者对其感受做出进一步的思考。

5. 在反应的同时留意对方的反馈信息,必要时应直接询问对方是否感到自己被理解了。

二、初级共情技术的功能

1. 有助于建立良好的咨访关系。初级共情可以传达理解和关注,使来访者有被尊重的感觉。

2. 修正咨询师对来访者的理解。共情反应是否正确,可以从来访者那里得到反馈。

3. 疏导来访者的情绪,鼓励他继续说下去。

4. 协助来访者自我表达、自我探索,理清来访者的自我概念。

三、初级共情的训练辨析

下面我们来看不同的咨询师对来访者的共情回应。

【情境一】

来访者正在找工作,刚接到面谈通知,他说:"我恐怕这次面谈又会不成功,像以前几次一样又没希望了。"

咨询师1：不会的，你只要有信心，就会成功。

咨询师2：你为何不去找那些面谈成功的同学聊聊，也许你就能知道一些窍门了。

咨询师3：不要这么悲观嘛！你怎么会这样想呢？

咨询师4：由于过去失败的经验，你担心这次也会失败，好像不太有信心的样子。

咨询师5：对于一个刚出校门的人，第一次找工作本来就比较困难，就是失败了，也不算什么。

咨询师1和5都是试图在安慰来访者，并不是在表达共情。也就是说，咨询师没有跳出自己的参考框架，进入来访者的内心世界去体验他的感受，而是站在旁观者的角度对他进行鼓励和安慰，这和朋友之间的聊天没有什么区别，无法达到共鸣的效果。

咨询师3不仅没有表达共情，甚至有责难的意思，表达出对来访者感受的轻视和不信任，忽略来访者想法和行为的差距，只是被动地接受来访者消极的行为，不想与他有更进一步的关系。

咨询师2的反应是一种建议而不是共情，也没有摆脱自己的参考框架。

只有咨询师4的反应比较恰当，能够进入来访者的参考框架去感受他的情绪、情感，并能用较准确的语言反馈给来访者。

【情境二】

来访者：其实我已经长大了，可是爸妈老是把我当小孩子看，什么事都过问，都盘查。我知道他们是关心我，但是我很想自己试试看、闯闯看呀！

咨询师1：这就是天下父母心，总是爱自己的孩子，你要好好珍惜。

咨询师2：你是不是曾经做过什么事让他们不放心呢？

咨询师3：其实父母都是如此，他们这样做才会安心，你不必太在意，等你长大为人父母时，就能体会了。

咨询师4：你觉得父母过度操心，让你无法独立试试看。

很显然，只有咨询师4达到了初级共情，咨询师1、2、3的反应只会让来访者感到一种说教和安慰，甚至是一种不信任，阻碍良好的咨访关系的建立。

咨询的过程无时不贯穿着对来访者的支持和共情，在使用共情技术时，一定要注意以下几点：

1. 共情不等于同情。同情心是给予对方物质上的帮助及精神上的抚慰，它带有怜悯的成分，所表达的是一种不平等的人际关系。共情却是充分理解对方，进入对方的精神世界。因为共情并不等于认同和同意对方的行为和看法，只是表示理解到对方的主观感受和看法。如，咨询师常常会在回应对方的过程中说"因为……你觉得……"，而非"事实上你……"，这是两个完全不同的概念。例如：

来访者：我和女朋友交往一年多了，我们感觉都很好，可是她的父母反对我们在一起。

咨询师1：那真是一件令人痛心的事！**（没有进入来访者的世界里，而是从自己的参考系出发表示一种同情）**

咨询师2：女友的父母反对你们交往，这让你觉得很苦恼。**（共情，站在来访者角度感同身受）**

2. 共情不等于理解。如"我很理解你的想法，要是我也会那样想"这样的话语并不能带来与来访者之间真正的共鸣。

3. 避免假装理解。虽然有时咨询师很专注地倾听，但来访者的叙述仍会使咨询师困惑不解，或咨询师因其他因素而分心，此时不应该虚伪地应和，而应真诚地表示："对不起，我有些跟不上，能否请您再说一次？"或用试探性的口气回应，如："您好像是说……吗？""你的意思是不是……呢？"

4. 避免空洞的说教和虚弱的保证。如"你应该对自己有信心"，"阳光总在风雨后"等等。

5. 避免鹦鹉学语式的模仿。下面是一个较为极端的例子。

来访者：我感到害怕极了。
咨询师：你感到害怕极了。
来访者：我真的感到害怕极了。
咨询师：你真的感到害怕极了。
来访者：为了两块钱，我可以从那窗户跳下去。
咨询师：为了两块钱，你可以从那窗户跳下去。
来访者：我要跳了。

咨询师：你要跳了。

来访者：(砰！重物落地的声音)

咨询师：砰！

以上我们谈到的都是初级共情，也就是伊根所说的第三层次，而更深层次的共情即高级共情与初级共情有什么区别呢？

四、高级共情技术的内涵

高级共情技术是指咨询师将来访者在叙述的内容中隐含的、说了一半或暗示的部分，即来访者谈话背后真正的感受、体验和想法，用语言表达出来，促使来访者以新的观点来思考自己及自己与所处环境的关系，使自己得到某种程度的领悟。这与我们在第一个阶段讲到的初级共情有所不同。两者的区别在于：初级共情是针对来访者明确表达的感受、行为及困难予以共情、了解，而不去深究隐藏、暗示的部分，为的是在咨询的初期建立良好的关系，鼓励来访者多谈，充分收集资料。当关系较稳固时，就不能总是停留在来访者的参考体系中原地踏步，要使用高级共情把来访者的真正问题或感受点拨出来，才能导向问题的有效解决。

我们来看一个例子，体会初级共情和高级共情的异同。

来访者在公司已工作了七八年，态度认真负责，工作绩效也不差，可提升的机会总是和他失之交臂。在咨询的过程中，很明显可以看出，造成这种结果的主要原因可能是他内向、木讷和不够自信的性格，这使得他的上司不容易注意到他。

来访者：我不知道怎么搞的，我工作努力、负责，总是把事情做到最好，有时还比别人好，但是两次升迁机会就是没给我。一切努力好像都是白费，我不知道还要怎样做才好。

咨询师1：你自己做事那么认真卖力，可是一直没有升迁的机会，让你觉得很气愤。**(初级共情)**

咨询师2：你那么努力工作，却没有得到预期的结果，的确令人很难过、很泄气。同时，似乎你又觉得很不公平，对前途有些失望和迷茫，是这样吗？**(高级共情，抓到来访者没有表达出来的情感)**

五、高级共情技术的功能

1. 将来访者隐含、未直接表达出来的意思提出来与来访者沟通,做进一步探讨。

2. 协助来访者从另一种参考架构思考自己的问题,达到某种程度的领悟,为咨询开辟另一条道路。

六、高级共情技术的训练辨析

【情境一】

来访者:我男朋友最近要出国念书。这一去需要5年才能拿到学位。他的父母坚持他拿到学位后才能结婚,他是听话的孩子,所以要我等他5年。5年不算短,美国又很远,时间与距离是感情的杀手。说实在的,我正渐渐对这段感情失去信心。我已经30岁了,年纪又比他大,本来我就不看好这段感情,现在果真如我所预料的一样,没有好结局。

咨询师1:男朋友要你等他5年,你已经30岁,又比他大,你认为感情禁不起时空的考验,恐怕你们不会有结果。这正如当初你所预期的一样,你觉得好感慨。

咨询师2:男朋友要你等他5年完成学业。因为时间与空间容易让感情生变,因此你对这段感情已没有信心。这段感情正如当初所预料的一样,没有好结果。

咨询师3:男朋友没替你着想,竟然要你等他5年,这种无情的要求,令你觉得好辛苦。这段感情正如你所预期的那样脆弱,你悔不当初。

咨询师1使用的技术是初级共情。
咨询师2使用的技术是简述语意技术。
咨询师3使用的技术是高级共情,反映了来访者深层的想法与感觉,包括对男朋友的丝丝哀怨,以及对这段感情悔不当初的感觉。

【情境二】

来访者:从大一开始,我就喜欢上班上的一位女同学。她长得非常好看,功课又好,家中又富有。(眉头紧皱,音量变小)我只敢从远处遥望她,不敢主动接近。其实有几次机会,可以增进彼此的关系,可是,当她靠近我时,我就不自主地退缩,(双手交叉放到胸前,上半身往前缩)然后借故跑开。每当听说她有男朋友的时候,我就难过到觉得人生没有希望。当听到她跟男朋友分手的消息,我就兴奋异常,然后告诉自己,要好好把握机会。可是,因为自己胆怯,到最后还是被别人捷足先登,就在这种情况下过了3年。(右手握拳,往胸前捶打)我现在已经大四了,转眼机会就没了,可是不知为什么,还是提不起勇气对她表白。(皱眉)

咨询师1:3年过去了,你已经丧失了很多机会。我知道你是因为退缩才这样。不过,第一次都是比较困难。只要你鼓起勇气,突破第一次障碍,未来的路自然顺畅多了。你的机会已经不多,如果再不鼓起勇气的话,可能会终身遗憾。

咨询师2:由于你的退缩,3年来没有机会跟你喜欢的女孩交往。眼看就要毕业,可是仍然无法鼓起勇气采取行动,因而焦虑不已。

咨询师3:这位女同学的家世与外表让你自卑,所以你一直没有勇气追求她。眼看着就要毕业,转眼机会就无,内心虽心急如焚,却无能为力。你痛恨自己的胆怯、焦虑。

咨询师1是对来访者的鼓励,而非共情。
咨询师2使用的是初级共情。
咨询师3回应的内容,正确反映了来访者深层的想法与感觉,所以能够协助来访者进一步了解自己,属于高级共情。

高级共情的使用要注意以下两点:
1. 在咨询中不应太早高级共情,应在咨询关系较稳固时使用。
2. 要接纳来访者的这些深层想法和感受,而不应做任何评判性的表述。

操作练习

1. 下列情境,用初级共情的技术回应。
(1)首先用"你觉得……(情绪字眼)因为……(事实内容简述)";
(2)再以平常较自然的口吻了解体会到的感觉与内容,并说出来。
请先看下面一例。

【情境一】

来访者(一个中学生)：班上秩序不好，老师怪我不负责，要我把不守规矩的同学报告给他，可是那些同学受处罚后，都骂我"多管闲事，马屁精"。到底要怎样做才好？

咨询师的反应

第一步：你觉得左右为难，因为不管怎样做，老师或同学都会怪你。

第二步：你夹在老师和同学之间左右为难，不知如何是好。

【情境二】

来访者：我不想念书了，我现在晚上打工可以学很多东西，而且很实用，学校上的课都很理论，以后也不一定用得上。

第一步：＿＿＿＿＿＿＿＿＿＿＿＿＿＿＿＿＿＿＿＿＿＿＿＿＿＿＿＿

第二步：＿＿＿＿＿＿＿＿＿＿＿＿＿＿＿＿＿＿＿＿＿＿＿＿＿＿＿＿

【情境三】

来访者：学校为我们做了心理测试，我有一项得分特别高，虽然知道这个分数不代表什么，但是心里还是觉得别别扭扭的，觉得自己是不是真的有点问题。

第一步：＿＿＿＿＿＿＿＿＿＿＿＿＿＿＿＿＿＿＿＿＿＿＿＿＿＿＿＿

第二步：＿＿＿＿＿＿＿＿＿＿＿＿＿＿＿＿＿＿＿＿＿＿＿＿＿＿＿＿

2. 分别使用初级共情和高级共情回应来访者的叙述。

【情境一】

来访者是高三毕业生，她希望在毕业典礼时当致谢词的代表，但是没有被选中。

来访者：我知道我自己很喜欢在那个场合代表全体同学致辞，我的意思是大家都可以公平争取，但是学校选了小丽。她是个好学生，说话流利，人缘很好，可毕竟没有人天生就注定当代表的。我是真的这么想，虽然我的功课比小丽好，但是我没有她那么有人缘，事实上，我真的没什么好生气的。

初级共情：＿＿＿＿＿＿＿＿＿＿＿＿＿＿＿＿＿＿＿＿＿＿＿＿＿＿

高级共情：＿＿＿＿＿＿＿＿＿＿＿＿＿＿＿＿＿＿＿＿＿＿＿＿＿＿

【情境二】

来访者是高中二年级女生，参加活动认识了一个高中三年级的男生，两个人一见钟情，生活因此改变，天天电话不停，夜夜公园漫步，到了不能分离的地步。她因此功课退步,五科不及格,人也变得恍恍惚惚。父母知情后,去找班主任。班主任威胁她说如果不断绝来往要记大过,父母也警告再有电话或见面就要打断双腿。来访者左右为难。

来访者:我不能离开他,他也不能没有我,我们已经互许终身了。但是父母、老师都反对,想拆散我们,你说我该怎么办?

初级共情:_____

高级共情:_____

第七节 探询技术

当咨询师对来访者的问题有所疑惑时,可以使用探询技术来对问题有进一步的了解。

一、探询技术的内涵

探询技术(exploration)是指咨询师针对来访者的问题或处境提出一些询问,协助来访者对个人的反应做详尽的说明、明确的叙述,使来访者对问题有进一步的澄清与了解。①

探询是一个以讨论为基础、以启发为目标的积极的思维过程。因此,它对咨询师在帮助来访者认识与思考其当前困难、挫折与自我成长的关系时,要求如下:多提问题,少加评论;多做启发,少做说教;多鼓励对方讲话,少讲个人意见;多提开放式问题,少提封闭式问题。当然,咨询师在探询技术中并不必然采取被动、消极的态度,完全认同来访者所讲的每一句话。与此相反,咨询师要学会以提问来表达自己的不同意见,以讨论来加深来访者认识面临困难与自我成长之间的辩证关系,使其开阔视野,增加自信,发展自我。例如:

来访者:我们同宿舍的同学对我有误解,她们都排挤我,真不想再把她们当朋友了。

咨询师:听起来你很无奈,你说说看,室友怎样误解你了?(**共情并探问问题**)

来访者:我和我们班男生关系较好,她们总怀疑我在男生那里说她们

---

① 张德聪等著.咨商技术.台北市:空中大学出版社,2001,90

的坏话,因为她们虽然表面上打扮得漂漂亮亮,但内务搞得很差,一个比一个懒。

咨询师:室友误解你在背地里说她们的坏话,你觉得很委屈。不知你是否尝试过和她们进行沟通? **(共情并探问来访者曾经试过的方法)**

来访者:试过了,根本就没有用,她们不相信我。

咨询师:看来你也作了努力,可不可以说说你是如何沟通的?

二、探询技术的功能

1. 协助来访者澄清问题,提醒来访者自己遗漏或不想面对的部分。
2. 给咨询师提供收集资料的机会。
3. 拓展来访者对事件的不同观点和不同层面的思考。

三、探询技术训练辨析

当咨询师通过倾听与共情,基本了解清楚来访者的情况,需要进一步对来访者的冲突进行讨论的时候,就可以使用探询技术。当然,咨询师也可以运用探询技术作为对来访者的冲突原因进行深入了解的手段,同时展开讨论。但总的来说,探询技术的使用需要建立在良好的咨访关系的基础上。

在运用探询技术的时候,应注意以下几点:

1. 要对来访者提出的问题多做讨论,少做评论和暗示。例如:

来访者:我的主管对我有偏见,以致常找我工作上的毛病,真不想干了。

咨询师:听起来你的主管很差,那你离职后想再找什么工作? **(认同来访者的想法,但引导讨论新职,有暗示同意离职的意思)**

2. 咨询初期,少用封闭式探问,多用开放式探问。
3. 探问要配合共情技术使用,避免使来访者有被拷问的感觉。
4. 使用探问技术要避免仅仅满足咨询师自己的好奇而岔开主题。

 操作练习

下面的情境,用探询技术回应来访者的叙述。

【情境一】

来访者:总觉得父母把自己当小孩对待,什么事都要过问,实在受不了。

咨询师:_____

【情境二】

来访者:年轻的时候不知道珍惜金钱,赚多少就用多少,向来不知道要投资理财。现在有妻有子,每天一张眼,就有好几张口等着吃饭。真担心哪天工作没有了,没有钱度日。

咨询师:_____

【情境三】

来访者:我很希望在班上交到一位知心朋友,但一直都没有找到,不知道您有没有什么方法教教我?

咨询师:_____

第八节　立即性技术

在咨询过程中,来访者带着各种各样的困扰来找咨询师协助,双方在互动的过程中不可避免会出现一些状况,如双方关系中的暗流、不平常的心理状态或情绪状态等,阻碍咨询工作正常、有效地进行。因此,咨询师应对这些状况进行"立即"、"坦诚"、"真诚"的沟通与处理。只有处理完这些阻碍咨访关系发展的因素,心理咨询才能走上正常有效的轨道。

一、立即性技术的内涵

立即性(immediacy)也称即时化、即时性,指咨询师对在咨询过程中影响咨询关系的言语、行为、情感、不平常的心理状态予以敏感的觉察和坦诚的沟通与处理。例如:

(来访者已经是第三次来晚了,对此咨询师有些担心)

咨询师:我意识到,你现在准时到这里有些困难,对此我感到不太舒服。我现在对你何时能来以及是否能来进行咨询,感到不能把握。我想,我也不能确定知道你是否还很愿意来这里咨询。你对这个问题是怎么想的呢?

立即性反应本身不是目的,而是一种帮助咨询师和来访者进行更好地配合的手段。如果把追求立即性作为目标,那它起到的作用常常不是帮助而是干扰。立即性主要处理那些如果不加以解决就会妨碍咨询关系和治疗联盟的问题。所以,立即性大致可分为两种类型:关系的立即性和此时此刻的立即性。①

1. 关系的立即性

它所要处理的是咨询关系中负向的因素,这些因素影响了咨询工作的进行,此时必须先消除关系中的暗流,使双方关系更清楚、更真诚,才能有效地继续工作,而不是对这些负向的因素视而不见,听之任之。例如:

(1)双方的关系中出现了不信任或紧张。不论是咨询师怀疑来访者的动机或所叙述内容的真实性,还是来访者对咨询师的不信任或不满意,都会使会谈不真实、不实际,自然不会有好的咨询效果。针对这样的情况,咨询师要做出立即性的处理。如咨询师的反应:"我感觉到几次谈话中,你考虑很多,说得很少,不是那么投入,不是那么敢跟我谈,是不是我有什么地方使你感到不大信任,我们交流一下好吗?""我感觉我们俩越说越快,好像很紧张,是否我们暂停缓和一下,也许会好一些?"

(2)来访者有依赖现象。来访者把咨询师看成是"救星",期待咨询师负起整个咨询过程的责任。例如有一位来访者在跟咨询师谈完她的婚姻困境后,期待咨询师能将她那位在外金屋藏娇的先生找回来和她团圆,此时咨询师可以对此做如下反应:"我了解你在婚姻中所受的痛苦与委屈,你也很期待先生回头,全家团圆,但你似乎认为这应该是我的责任,而不是你应该做点什么来改善。"

(3)来访者在谈话时出现不适当行为。如,长时间地沉默或长时间滔滔不绝地谈话,傲慢自夸,认为自己比咨询师要好,不同意咨询师说的任何事情或经常送给咨询师礼物等。在助人关系以外的世界里,人们通常会忽略这些行为,尽可能避开这些人,而没有真实的回馈。但在咨询过程中,咨询师要对这些问题有一个真诚的反应,让来访者得知自己和别人是如何有摩擦的,自己的行为是如何影响别人的。例如,当一个来访者在滔滔不绝地说了15分钟后,咨询师可以真诚地回应:"我现在觉得有点不太高兴,因为我们没有目标。你今天好像比较喜欢说故事,而不是谈出些东西来。你觉得呢?"

(4)双方吸引现象产生。例如来访者与咨询师彼此产生不寻常的好感,而使

---

① 黄惠惠.助人的历程与技巧.台北市:张老师文化事业股份有限公司,1991.135

得关系不单纯,妨碍咨询工作的进行。此时咨询师可以这样处理:"我觉得从一开始,我们就谈得很投机,彼此也很欣赏,很愉快;但从另一个角度来看,这也是一种阻碍,我们一直避免深入讨论你的困扰,不知你是否也有相同的感觉？"

(5) 谈话缺乏重点和方向感——感觉被"困"住了。咨询师可以这样处理:"我现在觉得,我们本次会谈有点像用坏的唱片。我们就像唱针在同一纹道内做无谓的运动,没有真正放出任何一点音乐,也不知道向哪个方向走。"

2. 此时此刻的立即性

它所指的是涉及咨询师与来访者在此时此刻发生的状况,并不涉及双方关系的发展状况。例如一位来访者平常都是垂头丧气地和咨询师谈话,今天却神采奕奕,此时咨询师反应:"我感觉今天你的精神和往日不大一样,好像开朗了许多,是不是发生了什么事？"如果此时咨询师没有觉察或不先处理,还继续谈原来的话题,很可能会没有效果。又如在会谈中,来访者那种自大的表情和高傲的语调让咨询师无法"忍受",妨碍着咨询师真正地去了解来访者,这时咨询师就应该和来访者坦诚地讨论:"我自己也不清楚为何如此,当我看到你那种认为没什么了不起的表情时,就会觉得有点不舒服,无法平静地听你说。"这样的反应也许很具挑战性,但如果是真诚的交流,来访者自然可以接受。

运用立即性技术需具备三种能力:

(1) 觉察能力。在会谈中,咨询师要能觉察出与来访者之间的关系状况。

(2) 沟通能力。立即性沟通由三种技巧综合而成。第一,共情。立即性不是以责备的方式去沟通,而是以理解的态度去进行。第二,自我表露。立即性不只是觉察、处理来访者的部分,也包括咨询师本身在咨询关系中的状况及双方互动的情况。第三,面质。立即性处理的是关系中不利的状况,以及来访者或咨询师本身的防御、扭曲等阻碍行为。

(3) 自我肯定的能力。立即性挑战的焦点对象除了来访者外,也包括了咨询师本身,因此咨询师要对自己有信心。例如:

来访者:你今天没有帮助我些什么,你没有给我任何好的建议。我不知道为何还要自找麻烦,跑到这里来。

咨询师:我现在也觉得蛮沮丧的,因为我花了很多时间和精力在我们的会谈里,但对你来讲好像还不太够。我们不如现在就来讨论一下这个问题。(立即性技术,处理关系中的不和谐音符,提升洞察、挑战)

二、立即性技术的功能

1. 公开表达咨询师对自己、对来访者以及两者间的关系的现时感觉,而这些感觉以前从来没有直接表达过。

2. 针对此时此刻相互关系中的某些方面展开讨论或提供反馈,包括分享咨询师的感受和情感,以及咨询师在互动过程中观察到的一些事情。立即性不是用来向来访者描述所有的感受或观察,而是将那些正在发生的、可能影响来访者对咨询师感受的事情加以公开讨论。立即性是引起公开讨论的一种手段,以增强双方的工作联盟。

3. 帮助来访者进一步认识自己与他人的关系,以及这种人际关系出现问题的背后原因。立即性技术可以向来访者示范如何讨论和解决他们在咨询之外的人际关系问题。

三、立即性技术训练辨析

立即性技术宜在关系较稳固时使用,而且要注意是否有咨询师投射的问题,要用真诚的态度沟通,不要使来访者有被指责的感觉。为了掌握有效的立即性技术,可以考虑遵循下列认知策略。

1. 现在正在发生着哪些事情——我,来访者,过程和我们之间的互动——需要我们进行讨论?

2. 我如何形成以"此时此地"的方式对这个问题进行立即性反应?

3. 我如何以描述性而非评价性的方式讲述这个情境或行为?

4. 我如何识别这个情境或行为的具体效应?

5. 我将如何得知我做出的立即性反应是否对来访者有用?

我们来看一个例子。

来访者小鹤是将要毕业的大学生,正在为是找工作还是回学校学习的决定而挣扎。在每周咨询之外,她都会用大量的电子邮件和电话来"淹没"她的咨询师。咨询师对此感到厌烦,想要逃避。因此在咨询中,当她谈到她与人联系时遇到大的困难(如别人不做出任何回应)时,咨询师决定使用立即性技术。

咨询师自问1:现在发生了什么事情需要进行讨论?

我——我有要摆脱小鹤的想法。

她——她在咨询之外,出现了使用邮件和电话来"淹没"我的行为,我假设这也可能发生在她生活中的其他人身上——这背后很可能存在着焦虑和不确定的感受。

我们之间的互动——随着她要求我给予她更多的时间和精力,我发现自己正在尝试退缩,并给她更少的帮助。

自问2:我如何以"此时此刻"的方式做出讨论这个问题的立即性反应?

使用现在时,并从我意识到的那些内容开始,例如:"我意识到,我对你的一些感觉,可能与你和其他人的交往方式有联系。"

自问3:我如何以描述性而非评价性的方式叙述这个情境或行为?

使用"我"字句,为自己的感受承担责任。叙述她使用电子邮件和电话的行为,而不要过多地责怪她。

自问4:我如何识别这个情境和行为的具体效应?

描述我在这个过程中看到的事情——随着她使用电子邮件和电话,要求我付出更多的时间和精力,我发现自己正在退后,给予更少的帮助,并且猜测这是否也是她与别人交往时遇到困难的一部分原因。

自问5:我将如何得知,我的立即性反应是否对求助者有用?

我将会在我做出立即性反应后,马上询问她的反馈。

咨询师立即性反应:小鹤,我意识到,我的一些感受可能与你对学习或工作的决定有关,也与你试图与他人联系时他人缺乏回应有关。如果你愿意听的话,我现在和你分享这些感受,好吗?

来访者:好的……

咨询师:我发现,当你每天通过电子邮件和电话问我你该怎么做的时候,你是在要求我给予你更多的时间,而我变得想要远离你,并向你付出更少的时间和精力。我猜想对于这个决定,你的焦虑程度比我所知道的更高。因此,你以这样的强度来接近我,而当这种情况发生时,我实际上在远离你。我想这是否也是当你在生活中联系他人遇到困难时所发生的情况?(停顿)对于我的话,你有什么想法?

来访者:哦,这可是一大堆要消化的东西。我想我从没有这样想过,我没有意识到那会有什么影响。你说我对于接下来要做的事情感到非常不确定,这是准确的。我对于自己做决定的能力从来没有多少信心。在我的成长过程中——我想也许是因为我是家里的"宝贝",家人常常为我做出了许多决定。现在,我的父母都去世后,我要完全靠自己,这令人恐惧。

来访者的反应显示,她从咨询师的立即性反应中获得了收获,能够开始谈单独做决定的想法。

总之,咨询关系的模式或状态,事实上就是咨询师或来访者日常生活中人际关系的一种再现。因此,立即性的处理,不仅只是在处理目前的关系或反馈当前的状态或事件,使得咨访关系更清楚、更真实、更有意义,它更是在处理来访者的某些根源性的困扰或问题,如依赖性、防御性等,因此这是一种很有价值的技巧。

 操作练习

1. 这里是一些立即性反应的例子,请你想象一下当时的情境,并加以练习。

(1)"每次当我提起学习的成绩,就像现在,你似乎就要回避这个话题。"

(2)"我发现,在这次谈话中,当谈起你的学习成绩时,你就停止了谈话。"

(3)"我刚才是触碰到敏感神经了,还是说还有些其他的东西有助于我更好地理解这些?"

(4)"我意识到,了解更多的有关我和我的背景及资格信息,现在似乎对你来说是非常重要的。我觉得,你正在担心我能在多大程度上帮助你,以及你和我在一起能感到多大程度的舒适。你对我所说的话有什么看法?也许你也有一些东西想告诉我,如果是这样,我很愿意听。"

(5)"我注意到现在我的身体很紧张,你也很紧张地看着我。我感到我们彼此还不太习惯,我们似乎正以一种非常戒备和小心的方式相处。我不是非常确定这是怎么回事。你对这个有什么反应?"

2. 对下列情境进行立即性反应。

【情境一】

来访者幼年时与父亲相处得很不好,所以对权威人物很抗拒,常表现出退缩、不合作的态度。他正在与咨询师谈他的学校生活,咨询师问了几个问题,他都回答"不知道"、"不清楚",使得谈话无法顺利进行,这时,你的反应是什么?

立即性反应:_____

【情境二】

来访者:别的同学告诉我,老师你很会帮助人,但是我很怕我的问题太小了,说出来让你笑话。

立即性反应:_____

来访者:打从很小,我就告诉自己,一切都要靠自己,不能去求人帮忙,找人哭诉求助是丢人的事。

立即性反应:_____

第九节 自我表露技术

自我表露技术是咨询师有时会采用的一种技术,即咨询师向来访者表露自己的一些隐私的信息,以达到拉近咨询师与来访者的距离,并为来访者提供一定的启发意义的目的。

一、自我表露技术的内涵

自我表露亦称自我揭示、自我开放或自我暴露,是指咨询师讲出自己的感觉、经验、情感和行为,与来访者共同分担,以增加彼此的人际互动。

自我表露通俗地讲就是向来访的另一方表露自己半私人、私人和隐私性质的信息。在心理咨询的会谈中,最初只重视来访者的自我表露,认为这在咨询中是必需的,是使心理咨询成功的必备条件。社会心理学的研究观察到,当一个人向另一方做出一定的自我表露时,常常引发另一方做出相同水平的自我表露,随着这一过程的进行,双方的关系变得愈来愈密切。如果一方的自我表露未能引起另一人的自我表露,前一方的自我表露趋于受抑制。由此人们也开始重视咨询师的自我表露,认为这与来访者的自我表露是同样重要的。

咨询师以表露自己的相关经验来协助来访者了解自己先前没有觉察到的部分,提供来访者倾听他人经验的机会。当来访者很难达成深层自我了解时,这样的自我表露就很有用。例如,一个来访者提及离开她相恋几年的男朋友时,一切都很好,但是咨询师怀疑她可能潜藏着不一致的感觉,就可能会说:"我记得以前我离开自己亲密的伙伴时,曾经有过不确定的感觉,不知道自己是不是做了正确决定,改变真的让我觉得害怕。"以此期望来访者通过倾听咨询师的经验,能更了解自己对所处处境的感觉。

由于单独看自己的经验较具威胁性,咨询师的自我表露还能让来访者在不具威胁性的情况下看自己的经验,想想自己的行为背后是不是也有类似的原因,起到一种示范的效果。

另外,自我表露能改善助人关系中的权力平衡,引导来访者对探索和洞察自我有更多的参与,助人关系更清楚地变成是两个个体共同探索人生重要议题的关系。

咨询师的自我表露内容有正向和负向的区分。正向的自我表露是咨询师提出自己的优点或正向经验的描述,负向的自我表露则是提出个人的缺点或负向经验。有研究表明,若咨询师的自我表露提供的是与他们自己有关的负面信息的话,来访者感到了其更多的共情、温暖和信任,这种感受比那些仅仅得到有关咨询师好的方面的信息的来访者更为明显。

二、自我表露技术的功能

咨询师的自我表露技术的主要功能在于:

1. 可以使来访者感到咨询师对自己的信任,并拉近双方的距离。
2. 当咨询师讲述与来访者类似的经验时,可以起到对来访者的示范和启发作用。
3. 当咨询陷入停滞状态时,使用自我表露技术能使咨询效果出现转机。

三、自我表露技术的使用时机

1. 当咨询师发现自己有一些与来访者类似的经验,而且可能会对来访者有所助益时。
2. 当来访者陷入一种停滞状态而难以突破时,咨询师的自我表露能带来意想不到的效果和启发。

四、自我表露技术使用的注意事项

1. 不要因为与来访者分享自己的经验,咨询师反成咨询的主角。
2. 咨询师自我表露的次数不宜太频繁,否则反而显得不够真诚。

3. 咨询师必须确定自我表露的内容有助于来访者,而非满足自己的需要。

4. 自我表露并非咨询的终极目标,所以咨询师的自我表露应与咨询的某些目的有所关联。

5. 咨询师自我开放的程度,要随着彼此的亲密程度有所调整。

我们来看一个具体的案例(祝新华,1999)。

> 来访者(学生):老师,我控制不了自己,每天都想着我们班的一个男同学。他学习好,相貌也好,我们班好几个女同学都对他有好感,都想跟他接近。但他好像对谁都是一样的不冷不热,我每天上课时眼神都在他身上,我想不去看他,但做不到。
>
> 咨询师(辅导教师):那你一定不好受啦?
>
> 来访者:是啊,每次我们在教室内碰面,或是在其他什么地方相遇,我都会心跳加快,激动好半天。我好像觉得他对我也有意思,因为每次见到我他会冲我笑一笑。真的,老师你说他是不是对我也有意?
>
> 咨询师:你感觉呢?
>
> 来访者:我觉得他对我有意,不然他不会对我笑的。
>
> 咨询师:假使他真的对你有意,你想让他为你做什么呢?
>
> 来访者:那他就该大胆约我出去呀,像看电影什么的。我一定会答应的,真的。而且我们还可以一起做作业,让他帮助我。我们要是能一起考上大学,在同一地方上学就好啦!老师,你是不是觉得我在胡思乱想?
>
> 咨询师:我不觉得你是在胡思乱想,因为我也有过类似的经历。
>
> 来访者:真的?(眼睛睁得大大的,显得很兴奋)
>
> 咨询师:老师像你这么大的时候,也曾喜欢过班里的一个男同学,也曾到了茶饭无心的地步,也曾觉得他对我有意,并产生过许多美好的幻想。
>
> 来访者:那后来呢?
>
> 咨询师:后来我与一位我最敬爱的老师谈了我的苦恼。她在耐心听我讲完后对我说,你这么大的女孩子是很容易患单相思的,所以这是很正常的事情,也是青少年心理发展的特点。但爱情只有在双方同时产生共鸣时才有意义,才有味道。你现在这样放纵你的感情,而那个男同学却在一门心思地准备高考,你们现在谈情说爱是不会有共同基础的。你如果要想使那个男同学看得起你,就去跟他竞争学习成绩,一同考上大学。到那时你就会有

追求爱情的资本,也许到那时你不会再对他感兴趣啦!还真说不定的噢。

来访者:那后来呢?

咨询师:后来我真的将所有心思都放在学习上,考试成绩一路上涨。结果你知道怎么样?

来访者:怎么样?

咨询师:我考上的大学比那个男同学的还好,他曾主动来找我交朋友,但我对他可没有……

在上述对话中,辅导老师巧妙而自然地运用了自我表露技术,使学生看到她单相思的危险,并下定决心加以改变。重要的是,辅导老师没有像一般家长和教师那样闻"恋"色变,教训学生要以学习为重,不要让感情的放纵误了自己的前程,与此相反,她首先肯定该学生的想法是合乎情理的,并将自己早年的类似经历告诉学生。这里自我表露技术的使用,使学生一下子与教师产生了同感与共鸣,也使得学生愿意接受辅导老师的意见。最后,辅导老师并没有直接告诉学生应该做什么,而是让她自己去觉悟。这种同感、启发式的思想交流较往常那种干巴巴、冷冰冰的教训学生要有效得多。

操作练习

这里是一些例子,请你想象一下当时的情境,并看看是否适合使用自我表露技术,如果你有类似的经历,尝试如何表达。

1. 来访者:我小学的时候成绩还比较好,但是进了初中后,成绩就开始下降了。每次考试我妈都说我,我都不知道该怎么办。

咨询师:_____

2. 来访者:我在初中的时候爸爸妈妈就离婚了,我那时很自卑,为什么别人的家庭这么美满,偏偏我的家庭却是这样,到现在我还是无法释怀。

咨询师:_____

第十节　面质技术

在探索阶段里,咨询师不仅只是倾听,与来访者共情,协助来访者探索,还要细心观察来访者所说的内容及其沟通方式,发现他无法觉察、不愿改变的不一致、矛盾、防御以及不合理的想法和行为,并点出来挑战来访者,让来访者清楚阻碍自己成长发展的根本原因。

一、面质技术的内涵

面质技术又称对立、对质、对峙、对抗、正视现实技术等,是指咨询师指出来访者身上存在的矛盾,构成对来访者的一种挑战,以动员他的能量为了其自身的利益向着更深刻的自我认识和更积极的行为迈进。

卡可夫(Carkhuff,1969)曾谈到:"面质的时候,来访者被迫去考虑要做的改变的可能性,要这么做,来访者尽可能去用还没有用的资源。""面质……让来访者的生活产生危机,这个危机让来访者需要做决定,看他是要维持现状或是做个承诺,让自己尝试达到更高层次,让自己能充分地生活。"

下面我们来看一个实例。

来访者:我跟男朋友相识5年,原本打算年底结婚。但是,半年前,因工作关系,我认识了别单位的一位男同事。因为我们两个单位需要合作办理一个大案,有3个月的时间,我跟那位男同事朝夕相处。不知怎么搞的,我竟然对他产生了感情。他对我也一样。这几个月来,我过得很痛苦。(脸上露出一些笑意)我的男朋友似乎知道些什么,最近大献殷勤。那位男同事知道我已经有论及婚嫁的男友后,说他尊重我的选择,不过要我考虑清楚,因为他不能没有我。这几天,我为了这件事烦死了。我对他们两个人都有情,选A,B的重要性就提高,选B,A的重要性就提高。我真不知道该怎么办!

咨询师:你夹在两个你都喜欢的男人中,不知该选择谁,左右为难,觉得好痛苦。**(初级共情)** 当你说到自己很痛苦时,我却发现你的脸上露出了笑容,似乎你的感觉并不是你所说的那样。**(面质技术)**

来访者:我有在笑吗?我不知道,我只知道自己很痛苦。(脸上再次出现笑容)

咨询师:当你再次说到你觉得很痛苦时,你的脸上又露出笑容。(**面质技术**)

来访者:可是我没有感到我在笑。我的确觉得很痛苦,怎么可能笑呢?

咨询师:我的话似乎让你感到生气。(**立即性技术**)

来访者:没错。被两个男人疼爱着、争宠着,的确是一种幸福,(面露微笑)不过,也很痛苦,因为我要放弃其中一个,我会舍不得。

咨询师:夹杂在两个男人之间,被迫做选择固然让你感到痛苦,可是成为两个男人争夺的对象,你的重要性提高了,让你觉得很得意。(**高级共情**)

来访者:你说得没错。被两个男人爱着、宠着,让我觉得很得意,那是我一直渴望的感觉。自从3年前我的男朋友对我很放心后,我再也没有尝试过被宠爱的感觉,让我……

面质技术主要是帮助来访者意识到他们的想法、言谈、行为中存在的矛盾和不协调。在实际的咨询过程中,这种矛盾或不协调也许是一种防御行为,这时是使用面质的最佳时机。现将这样的情境总结如下。

1. 不一致

包括言语与表情的不一致、所谈言语前后不一致、言语与行为之间的不一致。

(1)言语和表情之间的矛盾

来访者:我对我们之间的关系就这样结束感到高兴,这样或许更好。(说话的速度很慢,音调也很低)

咨询师:你说对关系的结束很高兴,但你的语气同时又暗示出你可能还有一些其他的感受。

(2)所谈言语前后矛盾

来访者:他与很多人交往,我并不为此烦恼。但是我想,我们的关系对他来说应该意味着更多的东西。

咨询师:开始时,你说你感到他的行为没有什么,而现在你又觉得难过,因为你们的关系对他来说不像对你那么重要。

(3)言语信息和行为之间的矛盾

来访者说"咨询对我来说是非常重要的",但是却取消了后两次咨询。

咨询师的面质:"几个星期以前,你还说咨询有多么重要,现在你却取消了我们原定的两次咨询。"

2. 扭曲

有时,当我们发现某些事实是我们不能或不愿面对的时候,我们会将它加以扭曲,使我们逃避而免于痛苦和挫折。例如,一个学生自己不用功,不守校规,而害怕与老师接近,就说老师是个冷漠不亲切的人,事实上,大家都知道这位老师是一个相当关心学生的人。

遇到类似情形,咨询师发现来访者陷入扭曲的世界里,可以用另一种参考架构来挑战他、提醒他。例如:

你不要老是认为生活是痛苦的,何不把它当作是一种挑战呢?

事实上,你所做的只是一种自我怜悯,并不是自我控制。

你可以想想念书除了拿学位、得好成绩外,是否也是发挥自己潜能的机会?

你不是不愿去做,而是不知道怎么去做。

3. 挑战来访者不合理的思考框架

咨询师在协助来访者探索的过程中,会发现很多来访者的思考方式就是其困扰的主要因素。挑战来访者自限式的思考是促使其行为改变的最有力方法之一。既然这些非理性的想法阻碍问题的解决,那么以合理的想法来取代它们是处理问题的最有效的方法了。我们看一个例子。

来访者:我决定不申请那份工作了。

咨询师:怎么了?

来访者:嗯……它并不是我真正想做的。

咨询师:从上星期到现在,变化实在太大了,上星期你认为那就是你想要的。

来访者:是呀!但我想那已经过去了。(暂停)

咨询师:我从你身上看到你的模式,我想你对自己一直这样说:"我喜欢这份工作,但是我认为自己不够好无法承担,如果我尝试去做,也许会失败、丢脸,那就糟了。所以我宁愿留在原地做原来的工作,即使我并不怎么喜欢它。"你认为我说得对吗?

来访者:是的,我不得不承认你说得对。

挑战一个人不一致的地方是有威胁的,必须十分小心。我们可以遵循以下几个步骤:

(1)观察来访者。咨询师在进行面质时必须收集足够的证据,敏锐觉察来访者不一致的地方并确信自己的觉察。

(2)以来访者的个性或准备状态为基础,判断是否适合使用面质。咨询师需要评估咨询关系,评估来访者的类型、来访者是否觉得安全、支持系统是否稳固得足以对抗面质,而不使关系破裂。

(3)决定意图。咨询师需要考虑为何要用面质,想要完成什么样的目标,是提升觉察,还是达到领悟,或是处理抗拒;还要检视面质的需要是来自来访者所陈述的内容还是咨询师自己的问题。

(4)呈现面质。呈现面质时不做判断是很重要的,因为面质不是批评而是鼓励来访者更深层地检视自己。我们建议使用包括两个部分内容的语句:"在一方面……,但另一方面……","你说……但你也说……","你嘴上说……但行为表现上似乎……","我听到……但我也听到……"等。

二、面质技术的功能

面质技术的使用在于其时机的把握,面质技术使用得好可以引发来访者进一步成长,使用得不好则会破坏与来访者的关系。使用得当的面质技术的主要功能在于:

1. 让来访者透过自己言语和非言语的不一致,觉察到自己尚未留意的现象。

2. 协助来访者对自己某些破坏性或不合理的行为进行公开、真诚的挑战,推进咨询的进行,确立目标及设计行动计划。

3. 帮助来访者学习自我面质,进一步增加自我探索和自我成长的能力。

三、面质技术训练辨析

注意下列的认知学习策略,将有助于我们学习面质技术。

1. 在与来访者交流的过程中,我看到、听到和掌握的矛盾或混乱信息有哪些?
2. 我对这名来访者进行面质的目的是什么?此时进行面质是否有用?
3. 我怎样来总结矛盾或歪曲中的各种元素?
4. 我将怎样才能知道面质反应是否有效?

我们来看一个例子①。

来访者(说话缓慢,声音软弱):对我来说,教训儿子是件困难的事,我知道我太纵容他,我也知道对他需要给予一定的约束。但我就是不能这样做。基本上说,我允许他做自己喜欢做的事情。

咨询师:(内部认知对话过程)

1. 在与求助者交流的过程中,我看到、听到和掌握的矛盾冲突或混合信息有哪些?

矛盾存在于两个言语信息之间以及言语信息和行为之间:求助者知道应该给儿子一定的约束,但实际上没有给他任何约束。

2. 我对这名求助者进行面质的目的是什么?此时面质对这个来访者是否有用?

我的目的是要指出,这个家长对儿子实际做的与他想要做但还没能够做的事情之间存在着矛盾,并在面质的同时给予他支持。如果此时没有任何线索显示,使用面质反而会使他更具防御性。

3. 我怎么来总结矛盾和歪曲中的各种元素?

4. 我将怎样才能知道面质是否有效?

观察来访者的反应,看他是否承认这种矛盾的存在。

咨询师的面质反应:威廉,一方面你觉得约束会有助于你的儿子,同时你又让他我行我素。你怎样把这两者结合起来?

来访者:你说得对,我确实觉得他会得益于一定的约束。他现在变得越来越骄纵,他要被惯坏了。这一切我都明白。可是,我就是"狠不下心来"让他做什么事。

从来访者承认存在矛盾冲突的反应中,咨询师可以肯定面质反应是有用的,但需要对其矛盾冲突做进一步的讨论,以帮助求助者解决情感混合行动中的冲突。

---

① (美)Sherry Cormier,Paula S. Nurius 著,张建新等译.心理咨询师的问诊策略.第5版.北京:中国轻工业出版社,2004.185~186

使用面质技术,要注意以下几点:

1. 要以温暖、尊重、关怀为基础,让来访者面对面质时感受到被支持而不是觉得被攻击。我们来看一个例子。

　　来访者:被女朋友甩了,这下子又恢复单身,真棒!
　　咨询师1:与相交这么多年的女朋友分手,还这么高兴,不对吧!**(有点讽刺的意味)**
　　咨询师2:我看到你嘴上说"真棒"时,脸上表情是沮丧的,要不要说说看你现在的感受是什么?**(针对言语与非言语的不一致提出面质)**

2. 要避免运用面质来发泄或表达愤怒,进而显示自己的专家地位。如:"你刚才还说听我的话,现在怎么就自作主张了呢?像你这样我有什么办法!"

3. 要避免连珠炮式的无情攻击。如:"你说你爱她,可你为什么最终又离开了她?你自认为自己是爱情至上者,为什么就不能排除父母的反对意见呢?你不是认为自己是个品行优秀的青年吗?可为什么在她有病,急需你关怀、帮助、照顾的时候,你反而在她的心上捅了一刀?"

操作练习

用面质技术回应下列来访者。

【情境一】
　　来访者:我希望能很骄傲地从医学院毕业,希望在班里名列前茅,取得成功。但没完没了的聚会妨碍了我,使我不能全力以赴。
　　咨询师:_____

【情境二】
　　来访者:有什么稀罕,分手就分手。他也不替我想想看,我们在一起10年了,当时我才25岁,如今我已经35岁了,他才觉得我们个性不合,要跟我分手。我就不相信没有他,我就找不到人嫁。我相信我还有本钱,还有人爱。(声音发抖,音量减弱)
　　咨询师:_____

【情境三】

来访者：我没有关系，你既然要写论文就把跟我约的时间取消吧。
咨询师：_____

第十一节　角色扮演技术

角色扮演技术是一种较为特殊的咨询技术，并不是每次咨询中都适合使用。但是角色扮演技术却是一种有助于来访者理解其他角色行为和学习新行为的有效技术。

一、角色扮演技术的内涵

角色扮演技术是指运用戏剧表演的方法，将个人暂时置身于相关人物的社会位置，并按照这一位置所要求的方式和态度行事，以增进人们对他人社会角色及自身原有角色的理解，从而学会更有效地履行自己角色的心理咨询技术。

角色，按照社会学的概念，指社会团体期许的特定类别的人应该表现出的行为表现。可以看出，角色是被他人界定赋予的，所以一个人能够适当地扮演被期待的角色，或是表现出符合预期的行为，才会被他人肯定和接纳。个人在获得或选择一个角色之后必须对该角色有所认知，也知道社会对该角色的期待，能接纳该角色并具有角色技巧去实践它。否则，当个人不能适当地实践或扮演某一角色时，则将发生社会适应困难；若个人不能接纳该角色行为，或有两个以上的角色行为不能兼顾，则可能造成个人内心的冲突，形成自我适应问题。对于角色适应的困难，可以从两个方面得以澄清：1.觉察自己认知和情绪两方面的角色，把握自己对这个角色期待与角色行为的敏感度；2.觉察他人对该角色的知觉及认识状况，以及与他人的人际关系及双方情绪上的反应。[1]因此，角色扮演可以帮助来访者通过清楚的沟通和适当的社交训练活动，知道自己应该扮演或是被期待的是什么角色，表现适当的角色行为，以避免人际角色冲突的发生。角色扮演技术已广泛使用到教学、训练、团体辅导、个别辅导、心理治疗、心理剧等领域。

在个别辅导中，运用这一技术的目的在于透过角色扮演，将来访者日常生活中所遭遇的困扰情景再度表现出来，让来访者现身说法，设身处地地重新体

---

[1] 吴秀碧编.角色扮演在辅导上的应用.台湾"教育部",2000.18

验与诠释过去的经验,从而发现问题,觉察与宣泄情绪,学习新行为或预演即将面对的情景。

角色扮演技术使用的程序与步骤:①

1. 对角色扮演的适用性进行评估,即此情此景是否合适采用角色扮演技术,来访者是否愿意配合;
2. 角色扮演的说明,向来访者说明角色扮演的方法和作用;
3. 扮演前的暖身活动,如描述场景或做一些小练习;
4. 进行角色扮演;
5. 演出后的讨论,主要是讨论双方的感受和收获;
6. 讨论后修正再演出。

二、角色扮演技术的功能

具体来说,角色扮演技术有以下几个功能:

1. 协助来访者澄清了解自己,宣泄情绪

当来访者对自己在某个人际互动过程中所表现的行为、想法或情绪感到迷惑不解或无所知觉时,咨询师可以扮演该情景中的相关角色,与来访者重演事件发生的过程。借着咨询师的催化,来访者觉察过去未觉察的情感、想法和信念,使情绪得到认定和宣泄。例如:一位来访学生在班上是所谓的"欺负大王",总是无端地对同学进行攻击,还自称没有愧疚感。在咨询中谈到这种情况时,咨询师运用角色扮演的方式,让来访者重演欺负同学的情景,咨询师扮演受欺负的同学。借着咨询师的提示和催化,来访者体察被自己否认的感觉,把自己内心深处的感受说出来,正视自己(其实他内心有着一种深深的不安),然后讨论怎样处理。

2. 促使来访者澄清对他人的感受,修正对他人的了解

人与人之间的相互了解,需要透过想象中的角色扮演行为。有时来访者执著于自己的立场,而忽视了自己的行为对他人所造成的影响。若能由咨询师扮演来访者在生活中的角色,而由来访者扮演相关的角色,两人重新回到已经发生的互动情景,在这样一种特殊的环境,与特殊的对象重演生活中特殊的场景,也许会使来访者体验到特殊的感觉。来访者站在对方的立场,体验自己行为所

---

① 吴秀碧编.角色扮演在辅导上的应用.台湾"教育部",2000.42

造成的影响、他人对其行为的影响，以及他人对其行为所产生的感受，这些都有助于问题的解决。如上例中的来访者，虽然他知道欺负其他学生是不好的，但却没有改变自己行为的想法。面对这样的来访者，可由来访者扮演被欺负的同学，咨询师扮演来访者的角色。在模拟情景中，由于现身说法，来访者深刻地体验到自己的行为对其他同学造成的影响和恐惧，这是他从未设想过的，再辅以其他言语和非言语的引导，将收到事半功倍的效果。

角色扮演有时也用来对咨访关系进行立即性的澄清。在咨询师与来访者的互动关系中，可能因某种因素使得双方产生不利的变化，或者使咨询陷入一种僵局。这时双方可互换角色进行扮演，以便使咨询关系更清楚、更真诚，也使双方了解彼此的角色与任务，使咨询工作有效地进行。

例如，那些被动来访的学生，每次都很少主动谈话，很多情况都是咨询师引导谈话进行，面对咨询师的建议，他们常常回答"是的，但是……"。此时咨询师可以邀请来访者做一个游戏，让其扮演咨询师，咨询师模仿来访者的抗拒行为，让来访者体验对方的感受，并询问如何辅导这位被动、抗拒的来访者。这种角色互换的方法，常可以使抗拒的来访者体会咨询师的角色、任务，进而改善咨询关系。

3. 协助来访者预演与学习新的行为、想法与感觉

在咨询过程的行动阶段，咨询目标在于协助来访者拟订具体计划，改变行动。此时来访者对自己的问题有较清楚的了解和认识，对自己有信心，情绪稳定且愿意尝试新的行为。这时，咨询师必须布置适当的情景进行角色扮演，引导来访者熟练行动策略，并预见可能遭遇的问题与行为的后果。这里分两种情况：一是以新的行为、感觉与想法面对原来的旧情景，预演与学习新的应对方式；二是来访者需要面对一个新的情景，但是不知道如何应对，这时要训练来访者的应对技巧。

三、使用角色扮演技术的注意事项

1. 在扮演前，咨询师与来访者需要充分的沟通，使双方对即将扮演的角色有充分的了解。

2. 最好由来访者自愿地演出。为了减轻来访者在扮演时的心理压力，可由来访者决定在演出时何时喊停。

3. 提醒来访者在扮演过程中注意体会自己内在的经验与感受。

4. 在扮演后,咨询师与来访者需就扮演过程及体验到的感受进行分享与讨论,必要时针对讨论内容做修正,然后扮演一次。

我们来看一个实例:

支雨从小就很害怕父亲,觉得父亲是一个相当严肃的人,所以很少和父亲沟通。但是他又很羡慕别人可以和父亲自由自在地聊天,很想改变与父亲的互动方式。

咨询师:支雨,到现在为止,我们共同讨论了一些调整与爸爸关系的方法,不知你觉得这些办法是否可行?

来访者:我真的很想试试看,但是我还是有一些担心,不知自己能不能做得到。

咨询师:看来你似乎不太有把握能不能做得到。好,没关系,我们可以先用角色扮演的方式来练习与爸爸的沟通,也许你比较有勇气去尝试。

来访者:角色扮演?

咨询师:对,我暂时先扮演你的爸爸,我们来练习一下好吗?

来访者:好哇,可以试试看。

咨询师:爸爸什么时候最轻松,适合谈心?

来访者:晚餐后,爸爸会坐在沙发上看报纸,这时他看起来最轻松愉快。

咨询师:好,我们开始进行角色扮演,你可以把我当作你的爸爸,我们来练习打开话匣子,你可以选择一件最想跟爸爸沟通的事情。在我们练习的过程中,你要细心体会当时的内心感受。若有些值得讨论的,你可以随时喊停。你现在清楚了吗?

来访者:好的,可以开始了。

咨询师:我们开始。现在是晚餐后,爸爸穿着休闲服在沙发上看报,你看到爸爸坐在沙发上,你可以坐在爸爸的旁边。爸爸看你一眼问:"有事吗?"

来访者:有,爸爸,我想跟你聊一聊……

咨询师:哦,什么事?**(进行扮演)**

……

咨询师:好,我们先在这暂停。支雨,你能不能说说刚刚与爸爸谈话的感觉?

来访者:刚开始有点害怕与尴尬,后来就比较能进入情况了,把内心的话讲出来真好……

四、使用角色扮演技术的时机

以个别咨询的发展历程来看,角色扮演较适宜的时机在于咨询的中期和后期,也就是在咨询师和来访者有较稳定的咨访关系,咨询师对来访者的特质、问题有了初步的了解,来访者的心理准备度较高时,采取角色扮演技术来帮助来访者真实地面对自己,预演行动计划,较为可行。

操作练习

两人一组,以下列情境为背景,用角色扮演技术为主解决来访者的困扰。

【情境一】

来访者:跟女朋友分手是情非得已的。如果不是到了不能挽救的地步,我是不会这样痛下决心的。我去意已决,只是她还在做困兽之斗。我女朋友向来有点神经质,我不知道该如何启齿。我担心弄不好,事情会更糟。

【情境二】来访者是一位不满父亲管教的青少年。

【情境三】一个即将去求职面谈的毕业生,对求职面谈很担心。

第十二节　空椅子技术

在不同的心理治疗学派中,如心理剧、完形治疗、沟通分析法等,空椅子技术是一种重要的治疗技术。虽然不同治疗学派有不同的理论基础,但空椅子技术旨在处理个人内和个人间的冲突的特点却是相同的。我们来看这样一个真实的案例:

有个叫杰姆的11岁的美国男孩,一天在玩游戏的时候,家里的门铃响了。当他正要起身去开门时,他妈妈大声叫他不要开门,但他偏偏开了。于是,他妈妈的男朋友走了进来,用手枪打死了他的妈妈。从此,不仅杰姆的哥哥姐姐责怪他害死了母亲,他的同伴也都回避他。他变得沉默寡言,有时会表现出一种暴怒,学习成绩更是一落千丈。到了18岁时,一个夏日的下午,他站在街头,用手枪打死了一个人,打伤了几个人。后来,在监狱里他接受了一种心理治疗:治疗者要他想象他已经死去的母亲正坐在一张"空椅子",并要求他对着"空椅子"谈话。尝试了几次后,他变得越来越激动。最后他突然说"是我杀死了你",并在他妈妈死后第一次哭了。治疗者以此帮助他接触和接受自己的真实感情。后来,杰姆在社交、学习上都获得了明显的进步,在监狱外的适应也很成功。

下面我们就空椅子技术的内涵及操作使用做一介绍。

一、空椅子技术的内涵

空椅子技术是指咨询师为了处理来访者个人内或个人间的冲突,使用不同的椅子代表来访者个人内或个人间不同的冲突力量,并使他们之间进行模拟对话,让不同的力量由冲突达到协调,进而使来访者人格得到统整,与外在环境和谐相处。空椅子技术看似与角色扮演技术相同,但强调的重心却不同。前者主要是解决一些内部的冲突,而且有特定的道具,所以我们还是把两种技术分开来叙述。我们用下面的例子来说明空椅子技术的操作方法。

来访者为女性,大学毕业后担任中学教师,但不甘心,连续两年考研都没有考上,非常自责,抱怨自己用功不够。

来访者:都怪我不用功,如果自己再刻苦一些的话,就不会这么丢脸!

咨询师:你很自责,也觉得很羞愧。(**情感反应**)告诉我,你怎样不用功了?

来访者:我应该挤出更多的时间复习考研的功课,多收集一些资料和信息,不应该放纵自己,睡懒觉,看电视。

咨询师:你似乎可以找到一些理由责备自己。

来访者:不过,有时也会安慰自己。工作那么忙,学生的作业那么多,还要应付上面的检查,还要照顾到男朋友的情绪。两周才有一个睡懒觉的机会,自己也够累了,考不上是情理之中的事,这次没考上可以下次再来。

咨询师:内心另一个声音的反驳,让你安心多了。(**初级共情**)

来访者：可是刚安慰过自己，另一个声音又在骂我说，不要找理由了，你的同事跟你一样，人家又有家庭，也有工作，还兼行政，不也考上了！

咨询师：内心两个声音此起彼落，让你觉得好冲突。**(情感反应)** 我想我们来做一个空椅子的活动，或许对你的冲突有帮助。这里有两把椅子，一把代表内心责备的声音(优胜者)，一把代表保护的声音(失败者)。你要将内心的冲突具体呈现出来，让双方对话，就像那两个声音在互相指责一样。现在请你挑选两把椅子。(来访者挑选椅子)

咨询师：现在请你闭上眼睛，体验自己的感觉，看看此刻哪个声音更强，你就成为那个声音。

来访者：(优胜者)(音量提高)你不觉得丢脸吗？看看你的同事，人家比你忙，竟然可以考上，而你却没考上。你们都在同一所学校教书，你知道所有的同事会怎样看你吗？只怪你不用功，不要再找任何理由了。

咨询师：告诉她你对她的期待。**(空椅子技术)**

来访者：(优胜者)我期待你不要看电视了，连新闻报道也不要看；我期待你不要再睡任何一个懒觉了，即使两个星期才有一次机会；我期待你能把工作和学习的时间合理安排，挤出更多的时间读书……

咨询师：更具体地让对方知道你的要求。

来访者：……

二、空椅子技术的功能

1. 协助来访者进行内在对话，觉察自己真正的需求

完形治疗学派认为，由于某些因素，当个人无法充分地与环境接触时，个人无法从环境中取得满足他需求的所需资源，完形的过程就会被阻滞在某个阶段，其中可能出现两极现象，即两种力量的冲突状态。一种力量是指自我中的正义的、责罚的、权威的部分，常用的语言是"你应该怎么样"、"为什么不这样做"；另一种力量是自我中未被察觉的部分，通常也是被否认的部分，常用逃避、拖延、破坏等技巧逃避第一种力量的命令，常使用的语言是"是的，但是……"这两种声音交替出现，使个体处于异常矛盾的状态。空椅子技术可以使这些内在不同的声音具体化地呈现出来，如来访者"本我"、"自我"、"超我"的冲突状态，个人内在"进取性自我"和"被动性自我"，"好孩子"对抗"坏孩子"等，让它们进行

充分的对抗冲突,最后使两极协调,觉察自己内在的真正需求。

2. 协助来访者未完成事件的完成

未完成事件是指个人与环境互动时,某种以情绪为基础的需求无法被成功地满足,只是编码在记忆中。由于这些情感在知觉领域里并没有被充分体验,因此就在潜意识中徘徊,而在不自觉中被带入现实生活中,从而妨碍来访者与他人间的有效接触。未完成事件常会一直持续存在着,直至个人勇于面对并处理这些未表达的情感为止。当咨询师发现来访者存有未完成事件时,可以安排一张空椅子在来访者面前,协助来访者表达心中未表达的情感,尤其是那些无法针对相关角色表达的情绪和想说的话,以此宣泄来访者的情绪,使未完成事件得到完成,不再消耗来访者的心理能量。

三、空椅子技术训练辨析

空椅子技术的使用是在来访者和咨询师的情绪状态达成一致时,也就是说,已经有了充分的暖身活动,来访者对咨询师比较信任,情绪情感较和谐的时候。只有这样,来访者才能在咨询师的引导下进入身临其境的状态,空椅子技术的效果才能发生。

在使用空椅子技术中,要对来访者进行适时的引导,而不是任来访者闭上眼睛空想。

我们来看看针对前面的案例,另一位咨询师是如何使用空椅子技术的。

来访者为女性,大学毕业后担任中学教师,但不甘心,连续两年考研都没有考上,非常自责,抱怨自己用功不够。

来访者:都怪我不用功,如果自己再刻苦一些的话,就不会这么丢脸!

咨询师:你很自责,也觉得很羞愧。(情感反应)

来访者:我应该挤出更多的时间复习考研的功课,多收集一些资料和信息,不应该放纵自己,睡懒觉,看电视。不过,有时也会安慰自己。工作那么忙,学生的作业那么多,还要应付上面的检查,还要照顾到男朋友的情绪。两周才有一个睡懒觉的机会,自己也够累了。

咨询师:对于你这样的情况,我们来做一个空椅子的活动,或许对你的冲突有帮助。这里有两把椅子,一把代表内心责备的声音(优胜者),一把代表保护的声音(失败者)。你要将内心的冲突具体呈现出来,让双方对话,就像那两个声音在互相指责一样。现在请你挑选两把椅子。

(来访者挑选椅子)

咨询师:现在请你闭上眼睛,体验自己的感觉,看看此刻哪个声音更强,你就成为那个声音。

来访者:(优胜者)(音量提高)你不觉得丢脸吗?看看你的同事,人家比你忙,竟然可以考上,而你却没考上。你们都在同一所学校教书,你知道所有的同事会怎样看你吗?只怪你不用功,不要再找任何理由了。

咨询师:(沉默状)

来访者:(优胜者)我期待你不要看电视了,连新闻报道也不要看;我期待你不要再睡任何一个懒觉了,即使两个星期才有一次机会;我期待你能把工作和学习的时间合理安排,挤出更多的时间读书……

来访者:……

在上例中,咨询师犯了两个错误:一是没有与来访者进行充分的情感交流和共情,来访者还没有真正理清两个"我"到底是什么;二是在使用过程中没有进行指导,只保持沉默,让来访者冥想,这样空椅子的效果不易产生。所以,使用该技术的关键在于创设出一种出神入化的情境,让来访者真正进入角色寻找两个冲突的"我",并通过咨询师的引导深入潜意识层面。

综合上面的叙述,空椅子技术的使用可以遵循以下几个步骤:

1. 找出两极,即优胜者与失败者;
2. 让两极接触,即表达双方的感觉与想法;
3. 陷入僵局;
4. 两极协调,即让双方知道彼此的需求、功能;
5. 统整两极于人格中。

下面我们来看一个使用空椅子技术的完整案例。①

来访者,30岁,雇员,女性。来访者觉得丈夫对她的关心不如婚前那样。虽然她一再忍耐,可是最近丈夫的行为让她忍无可忍,以下是使用空椅子技术的一部分。

---

① 陈金定.心理咨询技术.北京:世界图书出版公司,2003.569~573

来访者:我们结婚6年,生了一个孩子,当初经过许多波折才能在一起,所以我特别珍惜这段感情,我期待他也这样。可是,没想到结婚才3年,他就跟以前不一样了。

咨询师:你先生不再像以前那样关心你,让你觉得好难过。(初级共情技术)

来访者:我的确很难过,我的婚姻可能保不住(哭泣)。以前只要我有需要,他一定陪在我身边嘘寒问暖,让我好感动。可是不知道从什么时候开始,我生病时没人陪我看病,孩子生病时,只有我一个人着急。下班后,只有我一个人照顾孩子,他却常常逗留在外,非得等到11点以后才愿意回家。这个家好像只是我一个人的,跟他无关。

咨询师:结婚才3年,他对你的态度就判若两人,不再关心你跟孩子,让你孤立无援,你觉得好痛苦。(初级共情技术)

来访者:我是痛不欲生。最近他变本加厉,甚至彻夜不归,总是告诉我公司忙需要加班,可是加班哪有加到不回家的道理。我怀疑他有外遇,可是我不想拆穿他的谎言,免得大家撕破脸。最近我真的无法再忍受,我觉得我快要发疯了。

咨询师:为了这个家,你容忍先生对你的欺骗,可是最近他变本加厉,让你忍无可忍,逼得你快要发疯。(简述语意技术)

来访者:(哭泣,点点头)当初我是第三者,抢了别人的男朋友。我家人很不认同我的行为,可是我执意跟他在一起。后来,我千辛万苦说服他们,他们才答应我嫁给他。如果我的婚姻毁了,岂不让人笑话!

咨询师:为了保留你的面子,你只好委屈自己,忍受先生的欺骗,免得婚姻破裂,让人家看笑话。(简述语意技术)

来访者:(哭泣)所以,我一直告诉自己这是我的选择,我不能后悔,不能让别人看笑话。

咨询师(**找出两极**):似乎你内心有两个声音,一个声音告诉你,要忍耐,这是你自己的选择,不能后悔,不能让别人看笑话(优胜者)。另一个声音告诉你,你已经忍受不了了,你快要疯了(失败者)。这两种声音此起彼落,让你非常痛苦。我现在有个想法,就是让两个声音对话,看看这样做能不能帮你。(**空椅子技术**)

来访者:那要怎么做?

咨询师：在这里有一些垫子，请你从里面挑选两个，一个代表"要忍耐"的声音，另一个代表"受不了"的声音。每一次某个声音说话时，你就坐到代表那个声音的垫子上。现在请你挑选两张垫子代表你内心的两个声音。(来访者挑选两张垫子)把它们两个的距离摆好。(来访者照着做)此时此刻，你觉得哪一边想先说话，你就坐到那边的垫子上。**(空椅子法，处理个人内的冲突)**(来访者坐到忍耐的垫子上)。

来访者(忍耐)：我……不知道怎么做？

咨询师：你现在是"要忍耐"的声音，你对面坐的是"受不了"的声音。"要忍耐"要想办法说服"受不了"，告诉它"要忍耐"是对的，"不忍耐"是错的。**(空椅子技术)**

来访者：我懂了。

咨询师：你觉得哪边的力量比较强，就先从那边开始。

【让两极(优胜者与失败者)接触(表达双方的感觉与想法)】

来访者(忍耐)：我告诉你，你必须要忍耐，因为是你自己想要的。当初你父母、你哥哥与妹妹曾告诉你，他既然会抛弃以前的女朋友，迟早也会抛弃你。这种喜新厌旧的男人一点也不可靠，他们反对你跟他来往，是为了保护你。当时，你还因为家人不帮你而气愤，所以更加强了要跟他在一起的决心。当时你曾狠狠地告诉他们，你一定会证明给他们看，一定要让他们后悔。如果你现在不忍耐，后果一定不堪设想，到头来还是落人口实，你的家人一定会看你的笑话。你一定要忍耐，你一定要忍耐。

咨询师：交换，坐到另一边，看看对方有什么回应。**(空椅子技术)**

来访者(受不了)：可是，我已经无法再忍耐了。(右手紧抓左手手臂)你知道我每天多累、多难过、多无助吗？前几天孩子生病时我也生病，我已经筋疲力尽还要照顾他。当时我真想两个人一起死掉算了，因为我已经彻底地绝望了。我真的没办法再忍了。(右手仍然紧握着左手)

咨询师：再多说一点无法忍耐的原因。**(空椅子技术)**

来访者(受不了)：我……想不出来。

咨询师：我注意到你的右手紧抓着你的左手手臂，现在继续做这个动作，如果你愿意的话，你可以把右手的力量加强，看看会有什么体验。(约35秒后)如果你的左手能够说话，你觉得它会说什么？

来访者(受不了)：我觉得很生气，很委屈，我不想再忍受下去。

咨询师:对它(忍耐的声音)说。**(空椅子技术)**

来访者(受不了):我觉得很愤怒,我为什么要委屈自己?没错,婚姻是自己挑选的,所以我为自己负责。没面子就没面子,为什么要为了面子委屈自己。我还年轻,才30岁,我有自己的未来,为什么要为了一次的错误而拿一生偿还?我一定要说出来,我一定要让先生知道我已经受不了。我不想再忍耐了。离婚就离婚,我不能为了面子牺牲自己的一生。

咨询师:交换,坐到另一边,看看对方有什么回应的话。**(空椅子技术)**

来访者(忍耐):你生气,我也生气。你就是这样,老是说不听。告诉你目前只有忍耐才能帮助你渡过难关。如果你不忍耐,你知道你会惹出多少事吗?你的家人会蒙羞,你的朋友会瞧不起你,人家会说你受到了报应。你的孩子要怎么办?没错,你还年轻,可是你敢告诉别人你离过婚,你抢了人家的男朋友,后来遭到报应让别的女人抢了你的丈夫吗?你敢告诉别人你生过一个孩子吗?你敢让别人知道这一切吗?只要忍耐,这一切糟糕的事都不会发生。你不忍耐,就等于承认犯错,你犯错就会惹出很多的事来。

咨询师:交换。**(空椅子技术)**

来访者(受不了):(右手紧握拳头,然后看着咨询师)我觉得它说得没错。如果我不忍耐,就等于让别人知道我犯错,那会引起很大的风波,我觉得很丢脸,也让家人蒙羞。

咨询师:似乎你被说服了。换个方式,你要对自己说:"我一定不能让别人知道我犯错。我一定要忍耐,否则很丢脸。"重复几次,看看会发生什么事。**(空椅法——觉察技术)**

来访者(受不了):我一定不能让别人知道我犯错,否则很丢脸,所以我一定要忍耐。

咨询师:再说一次,大声点。**(空椅法——觉察技术)**

来访者(受不了):(音量提高)我一定不能让别人知道我犯错,否则很丢脸,所以我一定要忍耐。

咨询师:再说一次,大声点。

来访者(受不了):(音量提高)我一定不能让别人知道我犯错,否则很丢脸,所以我一定要忍耐。(大声哭泣)为什么我不能犯错?为什么我不能犯错?

咨询师:告诉我,谁不准你犯错?**(具体化技术)**

来访者：(哭泣)是……是我爸爸。我爸爸不准我犯错,如果我犯错,就会被打个半死。

(来访者之所以会产生两极的接触干扰,是因为内投了父亲的信念)

……

咨询师：说说看你现在的感觉。**(探问技术)**

来访者：我觉得比较轻松。其实,有些事情我以前就知道,只是体会没有这一次深刻。经过这个过程,我能够体会我爸爸的心境,也看到自己对待先生跟儿子的一些不当的行为。我希望不要像以前一样逼迫自己,但是我不知道能不能做到。

 操作练习

两人一组,一人扮演咨询师,另一人扮演来访者。咨询师对来访者咨询时,请使用空椅子技术及前几章所学的技术,并且全程录音。然后讨论咨询师使用空椅子技术的效果。角色互换,重复以上的步骤。可采用以下案例：

来访者,男,18岁,高中毕业没考上理想的大学,自己想在社会上拼一把,而父母坚持要他复读,说没有知识和文凭,在社会上是无法生存的,他自己也有些犹豫。

第二编

心理咨询理论发展篇

本篇提要

本篇主要介绍目前世界上新发展的或较推崇的理论流派的理论和技术。从近年世界上心理咨询的发展来看,心理咨询工作者在咨询过程中不再局限于某种理论流派和技术,而是更多地采用折衷主义的咨询倾向。在这种咨询倾向的影响下,焦点解决短期心理咨询、游戏治疗、家庭治疗、沟通分析治疗、认知行为治疗、完形治疗等一些富有特色的咨询技术开始大放异彩,并被广泛应用于学校心理辅导领域。心理咨询技术的学习首先要以相关的理论背景为基础,因此本编在介绍各流派技术之前,先介绍该流派的理论基础,然后与案例相结合,说明常用技术的使用要领,最后再用一个完整的案例展现技术的实际应用。这种编排方式能方便老师们了解在实际情境中如何使用这些技术。

第一章 焦点解决短期心理咨询理论与技术

焦点解决短期心理咨询(solution focused brief counseling,简称SFBC)是近年来形成并在世界范围迅速崛起的一个短期咨询学派,属于后现代建构主义咨询流派中的一种。SFBC是一种正向目标解决导向的治疗模式,强调的是建构治疗的历程而不是单纯的问题解决。因此,这种正向未来导向、关注目标和解决历程的模式非常适合学校环境中的心理咨询。SFBC还发展出了一系列富有特色的咨询技术,如水晶球问句、例外询问、评量性问句等,这些朝向改变的问句使得SFBC在后现代咨询流派中独树一帜,令人侧目。

在此首先引介SFBC的理论与技术,以期这种聚焦于解决的咨询理念能为学校心理辅导拓展出新的视角。

第一节 焦点解决短期心理咨询的理论基础

一、焦点解决短期心理咨询的发展背景

焦点解决短期心理咨询,即SFBC是在20世纪80年代早期,由Steve de Shazer和Insoo Kim Berg夫妇及其同事在美国密尔沃基(Milwaukee)的短期家庭治疗中心(brief family therapy center,BFTC)创立的。然而,谈到SFBC的起源,必须首先介绍心智研室社(mental research institute,MRI)这个机构,因为BFTC的成员早期都出自MRI。这个机构的创建主要是承继心理治疗大师密尔顿·艾瑞克森(Milton Erickson)的策略学派的观点。

从策略学派开始,MRI逐渐扩展,加入了结构学派的做法以及其他一些模式。到1974年,MRI出版了重要文献:*Chang*:*Principles of Problem Formation and Problem Resolution*(Watzlawick et al,1974),此书出版后立即震撼美国心理咨询界,短期策略咨询法因此盛行。

Steve de Shazer和Insoo Kim Berg夫妇及其同事在密尔瓦基建立短期家庭

治疗中心，最初也是为了承袭MRI的经验。他们很重视咨询实践的讨论、观察及研究，然而他们发现其实没有任何一种策略是绝对正确的。他们在进行家庭治疗中注意到，如果引导家庭成员去谈咨询期间所产生的微小但是良好的改变，整个家庭会越来越注意治疗中具体的改变，并引导出令全家满意的解决方法。他们对这样的结果感到惊讶，因为这些改变竟然在咨询的前一两次就可以发生。后来这成为SFBC咨询理念非常重要的一部分。此后，SFBC不断发展，并结合了系统观和后现代哲学观的理论观点，其影响开始渗透到心理咨询、教育、经营、健康管理等各个方面。

每个心理咨询流派的创立和发展都有其社会发展的背景和理论上的渊源，体现了人们对于自身和社会的需求。我们分析了SFBC的缘起和发展过程，认为SFBC的发展背景主要基于三个：一是短期咨询的兴起；二是系统观和建构主义观点的影响；三是后现代哲学观的影响。

（一）短期咨询的兴起

SFBC是短期心理治疗的一种。短期心理治疗在美国受到重视是基于两个理由：一是节省心理治疗的费用问题。二战以后，随着社会的迅速变迁，人们生活节奏的加快，要求心理治疗更为经济和时效。传统的心理治疗花费的时间较长，费用较高，人们迫切需要更经济的心理疗法。二是短期心理治疗的效果受到许多心理治疗专家很高的评价。20世纪70年代以来，心理治疗者不断地运用新方法、新策略和新技术来加快来访者改变的进程。有些研究者认为，治疗过程中往往是前几次治疗对来访者的改变有重大作用，因此，完全可以缩短后面的疗程以增加时效。但是随着短期咨询的发展，研究者开始采取改变作用于来访者的策略的方法来增加其经济性和有效性，即基于以下理念的改变来缩短疗程(Littrell, John M., Malia, Julia A, 1995)[①]：一是关注来访者现在的问题，而不去探索来访者深层次的历史和原因；二是认为来访者拥有解决自身问题的必要资源，在治疗者的指导下可以自己建构解决历程；三是认为小改变不可忽视，可以引起来访者现有思维、情感和行为方式的改变。因此，可以让来访者自己通过小改变引起更大的改变。SFBC也就是基于这种短期咨询的假设之上发展起来的，

[①] Littrell, John M., Malia, Julia A.. Single-session brief counseling in a high school[J]. Journal of Counseling & Development, 1995, 73(4):451~458

其中心任务就是从来访者现存问题出发,帮助来访者从自己身上寻找改变的资源和解决方法,从而推动积极的改变。因此SFBC受到瞩目,是以其治疗效果做后盾的。

(二)系统观和建构主义观点的影响

SFBC最早脱胎于策略学派和结构学派,因此深受系统观和建构主义观点的影响。系统观强调的是系统的平衡、系统内的互动和反馈。与策略学派和结构学派看问题的角度不同,SFBC把焦点放在探讨问题不发生的状况,就像一个"阴阳太极鱼形图",策略学派和结构学派关注"黑"的问题部分,而SFBC的做法却是从"白"的部分扩展,由于整个系统是平衡的,一旦"白"的部分扩大,"黑"的部分就减少,整个系统的改变就发生。这种"四两拨千斤"的效果在SFBC的实证研究中得到支持。同时,SFBC还深受建构主义理论的影响。建构主义者的基本观点在于我们现实的意义是通过人与人之间相互作用建构起来的。他们认为在治疗中,治疗者不是充当别人生活的"专家",而是一个共同的发现者,即引导孩子或家庭构建对现状的另一种视角,为他们选择其他可取的反应或行为提供可能。

(三)后现代哲学观的影响

此外,SFBC作为一种治疗模式,还深受其时代哲学观——后现代思潮的哲学观的影响。后现代思潮是西方国家由现代工业社会转入"后工业社会"的过程中对现代西方文化精神和价值取向的一次重要变革。后现代主义在理论上强调社会建构主义,即个体的改变是以环境和社会的改变为基础的。同时,后现代主义十分强调语言在意义构建中的作用,认为人们是通过语言表达使他们的生活得以改变。在后现代思潮的时代背景下,心理治疗由重工具和技术的趋势转而向人本化和言语化的方向发展。SFBC正是适应这种转变的治疗模式,这种强调合作和建构的治疗模式显然更能适应现代社会转变中的价值取向。

二、SFBC的基本理念

SFBC的创始人之一Dr.I.K.Berg是韩国裔,她将东方思想中的阴阳太极概念融于SFBC的信念中,相信任何事都有阴阳两极、正反两面。SFBC的魅力,正如Seligman(2002)在介绍当代心理学的主流——积极心理学中提到的:"过去的心理治疗耗费太多来访者的能量在探索自己的过去,心理治疗应该从发现来访者的正向能力与资源着手。"认识SFBC,首先要从认识SFBC的基本精神开始。

(一)SFBC的基本精神

SFBC的基本精神强调以下几点。①

1. 事出并非定有因

"问题发生的原因是什么?"这是心理辅导老师在面对学生时经常会问的一个问题。这个问句背后潜藏的内在假设是"事出必有因",找出原因似乎就可以解决问题。然而,辅导老师在执著于探究问题的原因时,常常使得问题陷于僵局而无法解决。SFBC主要是以"可以做什么让问题不再继续下去"这样的问句来取代传统的"问题发生的原因是什么"的问句,将焦点专注于朝向问题解决的过程而非探索原因的过程。"了解原因"在焦点解决短期心理咨询过程中并不是完全必要的,重要的是"解决"的历程。

2. "问题症状"有时也具有正向功能

SFBC认为一个问题的存在,不见得只呈现出病态或弱点,有时也有正向功能。例如,一个小孩在学校里打架滋事、问题不断,看起来似乎是个问题学生,然而,深入探究其家庭背景,老师发现孩子的父母早已离异,互不往来,只有在孩子出事时,父母双方才会一同来学校。孩子希望父母能重修旧好,因此他通过打架滋事来完成他的梦想。

在这个案例中,打架滋事是问题症状,但是隐藏在背后的却是一个正向的期待。SFBC认为协助学生寻求更好的方法取代打架滋事,而又能保有其正向的期待,才是解决问题的关键。

3. 二人同心,其利断金

SFBC认为,在咨询过程中,来访者和咨询师是一直处于合作的互动关系。焦点解决短期心理咨询认为没有抗拒的来访者,只有不知变通的咨询师。咨询师是解决问题"过程"的专家,来访者则是最了解问题的专家,两者合作,就有机会使问题迎刃而解。

4. 不当的解决方法常是问题所在

SFBC认为问题本身不是问题,而是解决问题的方法不当导致问题的出现。因此SFBC的咨询策略不是问题解决导向(problem solving),而是解决发展

---

① 许维素著. 焦点解决短期心理咨商. 台北市:张老师文化事业股份有限公司,2003.4~10

(solution development)导向的。例如,一个中学生不喜欢家长对自己管束太多,因此他采取和家长"对着干"的态度来反抗家长对自己的管束,结果使亲子关系更加紧张。在这个案例中,问题之所以产生,是因为他以无效的解决方式,循环地产生了自我挫败的结果。

因此,SFBC认为在面对每个问题时,应考虑问题的多面性及特殊性,发展弹性的问题解决方法。

5. 来访者是他自己问题的专家

在SFBC的基本精神中,并不以精神病理的观点看待人们的行为,不将来访者视为没有行为思考能力的个人;相反的,焦点解决短期心理咨询强调相信来访者本身具有所有改变现状的资源,强调利用来访者本身的资源来达到改变的目标。SFBC认为来访者是他自己问题的专家,而咨询师只是"引导"来访者运用自己的能力及经验去改变,而不是"制造"改变。

6. 从正向的意义出发

SFBC强调人们的正向力量,而不是去看他们的缺陷;强调的是人们的成功经验,而不是他们的失败;强调的是人的可能性,而不是他们的限制。

例如,一个学生认为自己很笨,每天都用功读书但仍读不好,考试考不好,因此老是被父母骂。他觉得自己脑子肯定很笨,将来没什么希望了。

在这样的案例中,可以引导来访者去看到自己可以为获得好成绩而用功读书的正向力量,或是来访者能够来心理咨询室寻求改变的勇气和毅力,也可以让来访者去回顾以前读书的经验中比较有成就感的事件。这种从正向意义出发的做法比较能避免让来访者陷在失败的沮丧经验中,让来访者发现自己身上的正向力量。

7. 滚雪球效应

SFBC看重小的改变,认为这好比"滚雪球效应",原先只是山上的一颗小石头,开始往下滚,越滚越大,到了山下就会变成大雪球,具有足以造成山崩的气势。因此,SFBC认为咨询师要引导来访者看到小改变的存在和价值,并愿意促使小改变的发生和持续。

8. 找到例外,解决就在其中

当来访者进入咨询室时,他可能完全笼罩在他自己的问题中,陷在抑郁中无法自拔。在面对这些来访者时,SFBC的精神在于经过来访者的叙述,找到例外的可能,如:"何时会不那么抑郁?""曾做过些什么让你的心情好一点?"来访者可能会说"插花的时候",这时咨询师就可以针对来访者在从事插花活动时的情况,找到例外情境,深入探讨例外情境何以发生,可能就在其间发现了改变的途径。

通过研究来访者做了什么而使例外情境发生,并加强、加多例外情境的发生,使这些小小的例外情境变成改变的开始,逐步发展成更多的改变。这是焦点解决短期心理咨询的基本精神之一。

9. 重新建构来访者的问题,创造改变

一位来访者说:"我不喜欢目前的处境,生活一团混乱,找不到可以谈心的朋友,学习也很糟糕,和室友又相处不好,家里人也不关心我……"

面对这样的来访者,SFBC的理念是澄清来访者的目标,协助来访者重新建构问题。如咨询师可以问来访者:"你在生活中想要些什么?"而非谈论什么是来访者不要的,这样可以帮助来访者停止抱怨,正视问题的解决。

10. 时间和空间的转变有助于问题解决

一对夫妇前来寻求帮助,妻子渴望能够开始拥有自己的空间并外出就业,不再完全以先生的意见为意见,先生却无法接受她的改变,两个人开始在生活中有了争吵。太太觉得先生太霸道,完全不顾虑她的需要;先生觉得太太很自私,有时晚上还要工作,孩子没人照顾。

经过讨论,咨询师发现他们在卧房里吵得最凶,常常一讨论就会以吵架收场,但在客厅讨论则不怎么会失控,因为有孩子在场。可见空间上的不同会形成改变的可能。因此,咨询师以改变时间和空间为契机,协助这对夫妇为他们的问题寻求解决的方向。

整体而言,SFBC的基本精神在于这是一个包括改变、互动与达到目标的整体模式。雷德帕思和哈克(R. Redpath & M. Harker,1999)认为SFBC是指一种与来访者个人及家庭一起合作,指向帮助来访者解决发展历程的短期咨询模式。SFBC的基本精神奠定了其理念基础。

(二)SFBC的理念

正如SFBC名字本身所揭示的,SFBC强调的不是解决问题而是构建解决问题的历程。其主要治疗任务是帮助来访者想象他的生活会有怎样的改变,以及如何促使这些改变发生(Wallace J. Gingerich, Todd Wabeke, 2001)[①]。受后现代主义哲学观的影响,SFBC是一种正向目标解决导向的治疗模式,强调的是建构治疗的历程而不是单纯的问题解决,认为来访者个人是建构解决历程的最大资源。此外,SFBC还强调一种系统观和变化的观点,即小改变可以产生大改变,个体改变可以引起整个系统的改变。这正是SFBC的理念基础。具体地说,我们认为SFBC的理论基础主要可以概括为以下三点:

1. 正向思考,由"例外"带来问题解决

SFBC认为一个人的思考方向会影响其思考的内容,进而影响其对问题解决的决策及效能。如果个体越把焦点放在正向、已有的成功解决方法并迁移到未来类似情境中,则越能使改变朝预期的方向发生。因此,SFBC是目标导向,而不是问题导向。同时,SFBC认为任何人都不可能无时无刻地处在问题情境中,总有问题不发生的时候,即所谓的"例外","例外"常常可以作为问题解决的指引。

2. 小改变带动大改变,个体的改变可以引起其他个体甚至是整个系统的改变

这是一种基于系统观的考虑,即从小的改变着手,事情往往比较容易成功。SFBC认为,成功的经验对来访者非常重要,可以使来访者产生信心和力量去处理更困难的问题,进而带动整个情况的改变。同时,在一些团体治疗或家庭治疗中,团体或家庭中某一成员的改变也必然会影响其他成员的互动,进而会带来其他成员及整个团体或家庭的改变。

3. 来访者是自己的问题的专家,拥有解决自身问题所需的能力

建构主义认为,意义与经验是交互建构的,改变对于不同的个体意义是不同的。人们生活的意义是通过与环境的交互作用建构起来的,有其处理问题的独特方式和丰富的资源。在这个前提下,咨询师的工作之一不是一再地教导来访者该做什么、该怎么做,而是协助来访者发现其资源,构建自己改变的目标及历程。

三、SFBC的基本流程

在了解SFBC的基本精神和基本理念之后,我们要了解SFBC咨询的流程。

SFBC的会谈时间和一般的治疗一样,大约为60分钟。然而,有所特别的是,它将60分钟的治疗分为三个阶段(SFBC的基本流程见表1-1):(一)建构解决的

[①] Wallace J. Gingerich, Todd Wabeke. A solution-focused approach to mental health intervention in school settings. Childrence Schools, 2001,23(1):33~47

对话阶段(约40分钟);(二)休息阶段(约10分钟);(三)正向回馈阶段(约10分钟)。

表1-1 SFBC的基本流程①

(一)建构解决的对话阶段 (约40分钟)	(二)休息阶段 (约10分钟)	(三)正向回馈阶段 (约10分钟)
·对话架构 ·赞美 ·目标架构(正向开场与设定目标) ·例外架构 ·假设目标架构	(与幕后观察咨询的协同者讨论)	·信息提供 ·家庭作业

(一)建构解决的对话阶段

建构解决的对话阶段(约40分钟)的主要任务是建立良好的咨访关系、构建目标及解决历程。这个阶段的流程大致可分为三个步骤:目标架构、例外架构和假设目标架构。这一阶段的三个架构有其一定的流程结构(见图1-1)。

图1-1 建构解决的对话阶段流程图②

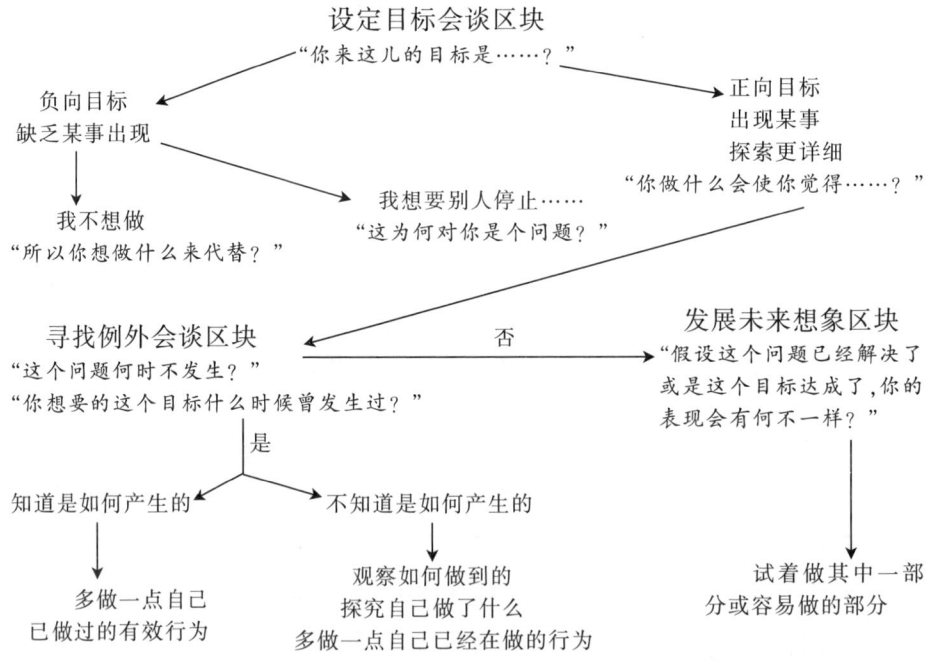

①许维素等著.焦点解决短期心理咨商.台北市:张老师文化事业股份有限公司,1998.30
②张莉莉.焦点集中解决治疗模式在青少年咨商中的应用.咨商与辅导,1999(150):17

不同的架构有不同的目的,但是在第一次会面时,咨询师有必要向来访者说明咨询师的角色与咨询的程序,让来访者对咨询有适当的了解而不至于太意外。常见的说明如:

> 我将会和你先谈40分钟左右,谈的内容是有关你个人的情况以及你想要的目标。40分钟后,我们会暂停几分钟,在这个时候,我会离开这个咨询室一下,仔细思考你的一切,然后我会回来。再回来的时候,我会告诉你我的一些想法,也会给你一些回馈和建议。

1. 目标架构

在第一阶段的三个架构中,"目标架构"的主要目的是邀请来访者进入咨询的对话,澄清他想要的目标。这个架构中的典型问句是:"你到这里来的目的是……?"或者"是什么事情把你带到这里来的?"目的是不希望来访者的目标只是遥不可及的希望,或毫无建设性的抱怨,而是具体可行的目标。

2. 例外架构

"例外架构"则是邀请来访者去谈他的问题何时不会发生,或是发现他自己曾经有过的解决方式。人的行动是需要鼓励与信心的,如果这些鼓励与信心能够建立在发现自己可以做得到的基础上,则自我赞美的力量会更大于别人对他的赞美。常见的典型问句是:"这个问题什么时候不发生?""你想要的这个目标什么时候曾发生过?"例外架构常运用于以下情形:

(1)当来访者说了一个"目标",而不是一个问题时,问来访者:"什么时候你做过一些你想要它发生的事?"例如:"你希望你可以向你男友说出你的需要。你什么时候曾经向男友说过一点你的需要、你的想法?"

(2)当来访者述说问题时,问来访者:"什么时候问题不会发生?"例如:"听到你说你考试的时候都会很紧张、很害怕,有没有一些你考试比较不紧张、不害怕的时候?"

(3)当来访者提到有些事情有好转的时候,或是情况有所不同的时候,问来访者:"事情是怎么样可以比较好,比较不一样?"例如:"你刚提到每到假日的时候,你和你的女儿相处会比较好一点,是发生了什么事或是你做了什么,可以让你和你女儿在假日的时候会相处得好一点?"

3. 假设解决架构

"假设解决架构"则是邀请来访者进行脑力激荡,假想如果问题已经解决或是目标达成之时,他会是什么样子,跟现在会有什么不同,并鼓励来访者去做目前可以做到的一小部分,使来访者由"问题可能可以解决"的认知中,找出问题解决的线索。假设解决架构通常用在当来访者很难用正向的架构来看目标和自己的问题,或比较难找到例外的时候。典型的问句是"当这个问题已经解决了,你的行为会有什么不一样?"当然,咨询师还可以运用创新和多样化的方法来发展。如奇迹式问句:"如果有一天,你睡觉醒来后有一个奇迹发生了,问题解决了,你怎么知道?是否会有什么事情变得不一样?你身边的人会怎么知道你的不一样?那时,你又会做些什么?"

(二)休息阶段

休息阶段(约10分钟),又称为"治疗中断",这是SFBC最具特色的一个环节。"治疗中断"的最初是因为治疗者要与治疗小组协商,但在现今的应用中,治疗小组已不多见,治疗者暂停一下,主要是自己回顾一下谈话的过程,以便在最后阶段为来访者组合一些有用的信息;同时"治疗中断"的另一功用是可以给来访者一个缓和的机会,降低他们的抵抗情绪,使来访者在等待中形成一种预期,提高他们对后面信息的接受程度。SFBC的研究者还发现,休息阶段还给来访者提供了一个自行回顾与思索的空间,并常会在咨询师回到咨询室时告诉咨询师,说他在休息阶段回想了刚刚的对话,并思考咨询师所询问的一些问题,而又有了一些新的体验与发现。因此,休息阶段给咨询师和来访者都提供了一个思考的空间。

(三)正向回馈阶段

休息约10分钟后,咨询师回到咨询室,进行正向的回馈。正向回馈阶段(约10分钟),主要是对来访者的表现予以总结和鼓励,肯定来访者自身的力量,并布置一项家庭作业,旨在帮助他们保持这种改变。正向回馈主要分为三个部分:(1)赞美;(2)信息提供;(3)家庭作业。以下就是一个正向回馈的例子:

"对于你如此关怀你的孩子,我深深感动。这些年来因为你先生离开,使你的责任远远超过一般的母亲,你能这样熬过来,可以明显看出你的韧性和坚强。你的儿子因为你而没有父亲,你觉得是你的错,又觉得不应该为了补偿他而做得太多,但是我觉得这些想法与行动都是因为你爱你的儿子爱得很深、很深。"(赞美)

"我知道你很想善尽母亲的责任,一直想为你的孩子多做一点。不过

'太多'可能不见得很好,就好比每天吃许多巧克力蛋糕,总会坏了胃口。所以,我想你或许可以开始放下让自己当一个照顾孩子无微不至的母亲的期望。我更高兴你会开始找一些朋友出去走走、聚聚,或是做些运动、看看书来调节心情,而不是一直在家里惦记你的孩子。"(信息提供)

"所以我相信,鼓励你多尝试将生活重心放在自己身上,对你和你的儿子是有好处的,例如你可以继续多找朋友外出,做一些让自己愉快的事,再看看当你多做这些事情时,你和你的儿子在相处上会有什么不一样。"(家庭作业)

从SFBC的基本流程可以看出,焦点解决短期心理咨询是一个有系统的、具有目的性的过程。SFBC的整体流程也是其基本理念的体现,即:SFBC聚焦于解决而非问题本身,SFBC强调的是正向、解决导向以及未来导向的谈话;同时,SFBC强调"例外"的存在,这种例外的存在可以供咨询师和来访者共同建构解决的方案;再者,来访者是自己问题的专家,拥有解决自身问题所需的能力。因此改变是咨询师与来访者的经验相互建构产生的,是一个持续不断发生的过程。

四、SFBC在学校心理辅导中的适用性

传统的学校心理咨询强调病理式的医学处理模式,旨在补救和预防,咨询者往往是专家。与此相反,SFBC不强调诊断,而是强调由来访者自己构建解决的历程;咨询者不是作为专家,而是作为辅助者、合作者、指导者。这种正向未来导向、关注目标和解决历程的模式很自然地与学校环境相适用。

(一)学校环境的特殊性

学校环境作为一个育人的环境,其来访者(即学生)及关系网络与一般的来访者及其关系网络相比,具有不同的特点:

第一,从来访者来说,学校环境下的来访者即学生,他们在生理上和心理上的发展还不完全成熟,具有很强的可塑性。而且他们的问题大多是发展性心理问题,如课堂行为问题或学习上的问题,极少有严重的心理问题。学校环境下的来访者的特殊性还表现在很多学生不是自己来咨询的,而是教师或学校管理者介绍来的,这在心理咨询中称为"非自主的来访者"(involuntary client)。这类学生对咨询往往怀有一种敌意、抗拒、怀疑的态度,因此在咨询过程中往往采取一种攻击性的行为方式,或者干脆保持沉默。由于无法取得与来访者的合作,使得

传统心理咨询往往对这类来访者束手无策。SFBC由于其正向性而十分适合解决学生的发展性问题,也由于其人性化和建构性角度的考虑而增强了来访者的自我控制感。

第二,从相互作用的人际关系来说,学生往往比一般来访者具有更广泛和支持性的社会支持系统。首先,家庭是学生最忠实的支持系统。在学生的心理问题的产生、维持和解决中,家庭往往扮演着最重要的角色。因此有研究者认为应把家庭治疗纳入到学校心理咨询中来。其次,随着学生进入学校接受教育,教师和同学对学生产生的影响也不可低估。师生关系、同伴关系作为学校中的支持网络对学生产生日益巨大的作用。因此,就学校心理咨询而言,如何发挥好学校和家庭两大支持系统的作用,对于咨询是否具有成效有关键作用。

(二)SFBC的适用条件

SFBC作为一种咨询模式,对来访者、治疗者、环境和人际关系等都有一定的要求。de Shazer认为其SFBC模式的适用条件如下[①]:1. 相互作用的人际关系。必须有任务导向(task orientation)即有一定的目标导向,或集体导向(collective orientation)即所有参加者为同一目标而努力。2. 物理环境。包括一个咨询室和一个与它相通的观察室,在两个室之间应有一扇门、一个单向镜,有内部通话设备,以及录像和录音设备等。3. 咨询者团队。一个咨询者在咨询室与来访者谈话,其他咨询者在单向镜后观察,这些咨询者可以是咨询师、研究者、指导员等。4. 来访者。可以是一个个体,一个家庭或者一个团体。

在学校环境中,有相互作用的人际关系网络,有教师作为咨询者团队成员,有一定的物理环境,其条件与SFBC的适用条件基本相符。因此,将SFBC运用于学校环境下的心理咨询不仅是合适的,而且是可行的。

尽管SFBC应用于学校环境下的心理咨询不可避免地会存在一些缺陷,但从上述的学校和SFBC双方面考虑,我们认为SFBC是十分适合于学校环境下的心理咨询,尤其是适合学校、咨询者和家庭合作的一种理想模式。这个模式有助于咨询师在更大的群体中创造出更大的改变,并把这种整合的信息传递给家庭。

---

① Kral, Ron. Family therapy in the schools. Guidence & Counseling, 1990, 5(3):19~31

第二节　焦点解决短期心理咨询的常用技术

SFBC认为整个咨询的过程就是一种专业的介入。咨询过程中,咨询师以焦点解决导向的介入技术,使来访者对自己的问题情境的知觉、看法、思考和感受都能有所转变。SFBC的技术都着眼于利用来访者本身的力量和资源协助来访者体验改变,经由经验已经发生的小改变,维持、扩大并累积成大的改变。本节就以下一些技术的使用做简单的介绍①。

- 一般化技术(normalizing)
- 咨询前改变的询问(pre-session change)
- 预设性的询问(presupposition questions)
- 评量性询问(scaling questions)
- 振奋性鼓舞(cheerleading)
- 奇迹询问(miracle questions)
- 改变最先出现的迹象询问(first sign)
- 关系询问(relationship questions)
- 例外询问(exception questions)
- 赞美技术(compliment)
- 任务/家庭作业(tasks/homework)
- EARS询问技术(eliciting, amplifying, reinforcing, start again)

一、一般化技术

(一)基本概念

一般化技术是指咨询师就来访者所述,提供相关的专业信息给来访者,让来访者觉得其遭遇具有普遍性,以减少或疏解来访者的焦虑情绪。通常,咨询师会告诉来访者很多人都是这样的,都可以走过来,是一种发展阶段常见的暂时性的困境,而不是病态的、无法控制的灾难,由此使来访者减少恐惧感,能接纳自己的问题。

---

① 技术和案例主要引自于萧文教授的《心理咨询与治疗高级研修班培训资料》,未出版

(二)功能

一般化技术主要有以下功能：

1. 咨询师提供来访者一般化的信息，可以协助来访者知觉的改变。

2. 可以协助来访者减少或疏解焦虑情绪。

3. 释放来访者被恐惧或焦虑所占据的心理能量和空间，以信心、勇气、决心与行动来代替。

(三)使用时机

一般来说，一般化技术适用于如下情境：

1. 来访者所提的问题是一般人也会遭遇到的。

2. 来访者所提的问题属于发展性的问题。

3. 来访者扩大问题的严重性或情绪激动时。

(四)使用原则

一般要以来访者的参考架构为主，再加入其他可能的看法、解释或观点，而不是直接去驳斥来访者的观点。

(五)应用范例

【范例一】

来访者：我的孩子一定是"厌学症"啦，我快要疯掉了！

咨询师：你的孩子近来没有去上学的情形，让你最近的心情不太好。许多孩子在感到上学有困难时，父母都会这样担心。

【范例二】

来访者：毕业到现在一直没有工作，一直找不到工作，我想我一定找不到工作。

咨询师：你目前还没有找到你想要的工作，让你觉得很失望，许多刚毕业的人都要经历这个找工作不太顺利的阶段，尤其是对一些不是那么热门的工作领域。

【范例三】

来访者：我的儿子上高中一年级，最近每天放学后就往外面跑，要到晚上10点左右才回来，问他去了哪里，他就说到同学家，我不知道他怎么会这个样子。到底哪里出了问题？

咨询师：高中是青少年发展的一个重要阶段，通常比较会想和同龄人、同伴在一起，是一种很正常的需求，许多青少年到了这个阶段不是往外面跑就是待在家里猛打电话。

二、咨询前改变的询问

(一)基本概念

SFBC的基本假设之一认为:"改变持续存在而且无可避免。"实际上,经常可以看到来访者来第一次会谈之前,既已存在一些改变的事实。咨询前的改变是有帮助的,可提供作为达到咨询目标的基础。

咨询前改变可视为"例外"的一种形式,咨询前改变是来访者既存的力量与资源,等待发现、提醒与开发。焦点解决的会谈倾向于建立属于来访者自己的解决方法,此一方向暗示着来访者是自己的问题的主要资源,很多方法来源于来访者本身。

(二)功能

咨询前改变的询问技术主要有以下几项功能:

1. 来访者咨询前已经做的解决方法,对来访者而言是他自己做过的,而且是在自然状态下发生的,因此比较容易鼓励其采用并执行。

2. 咨询前改变的询问有利于提高来访者的自尊。来访者发现解决自己的问题的方法,有助于咨询师给予来访者足够的信心,促进来访者的自我知觉(即"原来我有能力改变自己")。

(三)使用时机

一般来说,咨询前改变的询问是在咨询的开始时提出的。但是要注意要使咨询前改变的询问尽量在自然、顺畅的情境下产生,不必急着在咨询一开始就询问关于咨询前改变的信息,可以等待适当的时机。

(四)使用原则

1. 咨询前改变可视为"例外"的一种形式,询问的重点在于发生时有什么不一样的地方,如何发生,效果如何,是否有所帮助等。

2. 可以配合关系询问,邀请来访者从别人的角度看自己的改变情形,增加互动的改变契机。

3. 协助来访者从咨询前改变的信息中找出其中较为详细、明确的做法,鼓励来访者持续地做下去。

(五)应用范例

【范例一】

咨询师：这是我们的经验，许多人注意到从他们预约咨询到他们来第一次会谈的这段时间，事情又比较好一些。你注意到你的情况有这种比较好一些的改变吗？

【范例二】①

咨询师：喔，今天来这里，你想要有什么样的改变？**（目标）**

来访者：嗯，我不确定。当我打电话和你预约的时候，我刚好走出很糟糕的情况，我可能被自己吓倒了。我知道我酒喝得太多了。所以，总之，我就是少喝一些，目前已经有四天了，而且看来似乎是到目前为止我做的事。

咨询师：所以，你是怎么做的？

来访者：我知道，我就是喝太多，而我必须做点什么。

咨询师：所以，你是怎样设法四天不喝酒的？

来访者：我做的一件事就是打电话到这里。然后我决定，如果我打算正视这件事，我最好当场立刻开始。所以，我就停止了喝酒。

咨询师：那对你来说有什么不一样吗？

来访者：有，那真的是不一样，我是一个相信自己能解决自己的问题的那种人。但是，这是第一次我觉得我需要一些帮助。对我来说，接受任何一个人的帮助真的是一件很困难的事，那就是我不愿意去匿名的戒酒团体的原因。我不想听到关于其他人的问题，而我也不想去向陌生人泄漏自己的秘密。

咨询师：所以，你现在是怎样设法让自己四天不喝酒的？

来访者：不容易，我会告诉你。但是我感觉又比较容易一些了。

咨询师：你是怎么有这个想法的，这次咨询要从头开始，有一些人当他们准备接受咨询的时候他们喝得更多。你的行为让我觉得你像另一种人，不畏艰难、毅然果断，并会坚决地去实行。是吗？

来访者：嗯，我从来没想过我自己像那种人。但是，我总是知道关于我喝酒的事我必须做点什么，所以，我就决定现在应该是开始的时候。

咨询师：嗯，假如你的太太在这里，如果我问她，她注意到你有什么不一样的地方，你想她会说关于这四天你有什么不一样？**（关系询问）**

来访者：她或许会说，我比较放轻松一点。我知道近来我一直战战兢兢的。

咨询师：所以，你必须做什么你才能够维持在这个目标上？

---

① 引自于萧文教授的《心理咨询与治疗高级研修班培训资料》，未出版

三、预设性的询问

(一)基本概念

SFBC认为咨询是咨询师与来访者之间互动的对话,彼此所使用的语言会影响对方的谈话方向。预设性的询问是指引导来访者从不同参照架构思考问题,咨询师使用一些积极性的语言以产生暗示性,企图影响、改变来访者的知觉。

(二)功能

预设性的询问技术主要的功能是:强调正向、建设性的思考,暗示来访者往可能改变的方向思考,如目标、例外、解决方法等,而不是陷在问题的思考当中。

(三)使用时机

1. 咨询会谈一开始,即可以应用。
2. 会谈陷入困境时可以应用。
3. 在咨询过程中,经常可以应用。

(四)使用原则

使用预设性的询问,目的在于引导来访者将焦点关注于想要改变的目标而不是问题,同时让来访者在潜移默化中意识到自己是改变的主体,只要达到这个目标,形式可以多样。但是如果在咨询一开始时使用要注意语气,避免让来访者觉得唐突。

(五)应用范例

【范例一】

咨询师:你来这里的目的是……?

暗示:来访者今天来是有一个目的、目标的,这个目标是重要的,而且来访者可以清楚地把它说出来。

【范例二】

咨询师:你今天来,想要改变的是什么?

暗示:来访者今天是想要改变,会谈的方向是和改变的目标有关的内容,而不是问题。

【范例三】

咨询师:面对这样的事,你想我可以帮你什么?

暗示:来访者需要为自己负责,咨询师只是帮他的忙,咨询师如何帮得上忙,则需要来访者来告诉他。如此一来,来访者的自主性就渐渐增长。

四、评量性询问

(一)基本概念

评量性询问就是利用数值的评量(如1—10),协助来访者将他的观察、印象和预测以比较具体的方式加以描述。

(二)功能

1. 可使描述具体化、行动化。
2. 可用来作为咨询进展的指标,从中比较出不一样的变化。
3. 通过评量性询问,咨询师可以协助来访者以直觉表达他们过去经验的观察,并评量未来的可能性。
4. 评量性询问可以应用在许多方面,它可以用来接近来访者对任何事的知觉,包括自尊、咨询前改变、自信、愿意为改变付出的努力程度以及咨询的进展等。

(三)使用时机

1. 需要评量来访者咨询前的改变情况时。
2. 需要请来访者对所抱怨的事件的严重程度提供数字的评量时。
3. 需要评量来访者对于改变保持的信心时。
4. 在持续的会谈中,咨询师希望得到咨询进展的反馈时。

(四)使用原则

1. 评量性问句通常会限定来访者评价的时间范围,如今天、下周的某一天等。
2. 评量性询问的过程通常会和赞美、鼓励、简述语意等技术结合使用,这样才不会太生硬。

(五)应用范例

【范例一】

情境:评量咨询前的改变

咨询师:在一个从0到10的量表上,如果0表示非常的不好,而10表示非常好,你对现状的评量是多少?

【范例二】

情境:评量动机

咨询师:在一个从0到10的量表上,0表示你不想做任何事发现解决的方法,只想坐着等一些改变发生;10表示你愿意做任何事发现解决的方法。从0到10,

你愿意做的位置在哪里?

【范例三】

情境:评量信心

咨询师:在一个从0到10的量表上,0表示你没有信心发现解决方法,10表示你很有信心发现解决方法,从0到10,现在你会说你有多少信心会发现解决方法?

【范例四】

情境:评量咨询进展

咨询师:在一个从0到10的量表上,0表示你是在我们刚开始一起工作的时候,10的意思是表示问题解决的状态,今天你的位置在哪里?

来访者:嗯,大概5的样子。

咨询师:好,你是在5的位置。在你生活中发生了什么让你觉得是在5的位置? 当你往上再升一格,如从5到6的时候,你想在你的生活中会有什么不同? 当你移动到6的位置的时候,你的同事会注意到什么改变,让他们觉得你是在6的位置? 还有其他什么?

五、振奋性的鼓舞

(一)基本概念

只要是表达对来访者的支持都算是一种振奋性的鼓励。咨询师在来访者旁边为他喝彩、加油、支持与肯定,尤其是在当来访者找到例外、解决方法时格外重要。

(二)主要功能

1. 向来访者表示肯定、支持。

2. 有助于营造正向、积极、乐观、期待改变的气氛。

(三)使用时机

咨询过程中有机会就可使用振奋性鼓舞。

(四)使用原则

振奋性鼓舞的使用要符合实情,不要过度或虚假地鼓励,同时要注意言语和非言语动作的配合。

(五)应用范例

【范例一】

咨询师:真好。

【范例二】

咨询师:好棒,你是怎么做到的?

【范例三】

咨询师:你是怎么想出来的? 你很有创意,想出这么个好方法。

六、奇迹询问

(一)基本概念

SFBC的重点是在于来访者想要什么不一样的生活,而不在于探究问题的成因。奇迹询问是指依照来访者的参照架构想象问题解决了、不存在时的景象。奇迹询问专注未来导向,引导来访者去看他们自己的问题不再是问题时他们的生活景象,其重点在于找出适合来访者自己的解决方法。

(二)主要功能

1. 协助来访者找寻咨询目标。
2. 协助来访者找寻解决方法。
3. 协助来访者构想未来的景象以引出和问题解决有关的信息。

(三)使用时机

1. 当来访者觉得自己的问题是不能解决的,对此不抱希望时应用。
2. 当来访者不确定自己的咨询目标时应用。

(四)使用原则

在陈述奇迹询问时,要注意以下几点:

1. 讲话语气要慢一点,用比较柔和的声音,让来访者有足够的时间从问题焦点转换到解决焦点。

2. 经由介绍罕见的或奇特的奇迹询问,清楚地、戏剧性地向来访者表示要开始建构解决方法的过程。

3. 因为这个问句是描述未来的,因此尽量用未来导向的字词,如:"什么将会不一样?""会出现什么样的奇迹?"

4. 在使用奇迹询问时,要使来访者转移到解决方法上来,要经常重复使用这个句子:"一个奇迹发生,使你来这里的问题解决了。"

5. 奇迹询问是激活想象,来访者通常给的答案不见得符合良好形式的目标特征,咨询师的任务是持续提出一系列相关的询问,以协助来访者更清楚地表达他们符合良好形式目标特征的未来景象。

(五) 应用范例

【范例一】

奇迹询问

咨询师:现在,我想要问你一个奇怪的问题,假设在今天晚上,你睡觉的时候,全家很安静,奇迹发生了,奇迹是使你来这里的问题解决了。可是,因为睡着了,你不知道奇迹已经发生了,那么,当你明天早上醒过来,什么会不一样?有什么事情会告诉你奇迹发生了,而且使你来这里的问题解决了?

【范例二】

水晶球问句

咨询师:如果在你面前有一个水晶球,可以看到未来,想象一下,当你的问题解决了,你会看到你的生活有什么不一样?

【范例三】

拟人化问句

咨询师:当你的问题解决了,如果我是你寝室桌上的台灯,我在寝室看着你,我会看到你和你的室友在寝室里做什么?你们的互动方式会有什么不一样?

【范例四】

结局式问句

咨询师:如果这是最后一次会谈,当你离开这个咨询室的时候,你会希望看到自己变成什么样?

【范例五】

咨询师1:想象一下,我手上有一支魔术棒,你不知道,我轻轻地挥动一下,你和你男朋友的关系"变好了",你怎么看出你们的关系改善了?

来访者1:他会在下班之后,花比较多的时间陪我,而不是把时间都花在他的朋友身上,在外面混。

咨询师2:我们假设,如果想象真的发生了,你想,他可能会说你有什么不一样的地方吗?

来访者2:他可能会说,我不会在钱的方面唠叨,他会在下班之后花比较多的时间陪我,而不是把时间都花在他的朋友身上,在外面混。

七、改变最先出现的迹象询问

(一)基本概念

SFBC的基本假设之一是,小改变可以引发大改变。改变最先出现的迹象询问是要引导来访者从最先出现的改变迹象描绘,逐步展开解决问题的行动步骤。

(二)主要功能

1. 如骨牌效应显示的,小的改变是成功的一半。
2. 小的目标和成功可以带动来访者解决问题的信心与动机。

(三)使用时机

1. 在来访者陈述完想要改变的目标时应用。
2. 在来访者陈述完假设问题解决时的情景时应用。

(四)使用原则

这个技术可与后面提到的例外询问、关系询问等结合使用。

(五)应用范例

【范例一】

咨询师:奇迹开始发生之后,你会注意到第一件或最先出现的小小的改变迹象是什么?还有什么别的不一样?

……

咨询师:上述所描述的迹象,过去是否曾经发生过?

【范例二】

咨询师:如果假设奇迹发生了,你会做的第一件小的事情是什么?谁会是第一个看到这件事的人?他会看到什么小小的改变?

八、关系询问

(一)基本概念

传统的咨询只关注来访者自己,不关注来访者和其他人的互动关系。焦点解决短期心理咨询认为,每个人都是在社会情境(social content)中的,一个人的行为肯定与某个情境(或人)有关系。关系询问是指询问来访者关于重要他人对他、对事件或对于改变的可能看法(De John & Berg,1998)。

(二)主要功能

1. 通过询问来访者重要他人会怎么看来访者或来访者有什么不一样的地方，可以协助来访者以互动的关系形态来描述他期待的改变和咨询目标。

2. 可以提供来访者暂时跳离自己的立场，尝试从别人的观点看自己。

(三)使用时机

1. 在目标架构、澄清目标时应用。

2. 在目标不清楚、不符合良好目标形式时应用。

(四)使用原则

在使用关系询问时，正向设计问题很重要，这会牵引来访者改变思考的方向。

(五)应用范例

【范例一】

来访者：我希望我的心情好一点。

咨询师：当你的心情好一点的时候，别人(或你的好朋友)会注意到你与什么不一样的地方？或别人会看到你在做什么？

【范例二】

来访者：我希望我对学习的态度能积极一点。

咨询师：当你的学习态度比较积极一点的时候，你想你的老师(或同学)会看到你和平常有什么不同？

【范例三】

来访者：我很孤单，只有小狗陪伴我。

咨询师：如果你的小狗会说话，假如你的问题解决了，你猜，它会说你的生活有什么改变？

九、例外询问

(一)基本概念

SFBC的基本假设之一是，凡事都有例外。例外是指那些在来访者过去的生活经验中，当问题可以合理地期待发生时，但是不知怎么却没有发生；例外也是指问题严重程度比较轻微的时候；例外也可以是假设问题解决的景象中的解决方法或行动。

来访者抱怨的问题一定有例外存在，只是被来访者忽略了。咨询师的责任是协助来访者找出例外,引导来访者去看抱怨的问题没有发生或没那么严重的时候,到底发生了什么事。这就是例外询问。

(二)主要功能

1. SFBC利用来访者的资源,从来访者所抱怨的问题例外之中寻找协助来访者的解决方法。这种解决方法来源于来访者自己,比较容易被来访者接受和执行。

2. 通过来访者自己的力量找到解决方法,可以增进来访者的自信与自尊,增强来访者解决问题的力量。

(三)使用时机

在奇迹询问中如果来访者有较为清楚的对于问题解决时的景象,就可以很自然地转入例外的探讨上。因此,例外询问是在来访者对自己的问题有一定的澄清和了解的基础上寻找具体的解决方法。

(四)使用原则

1. 首先要区分例外是有意发生的还是无意间发生的。例外是有意的(来访者做了什么使例外发生)还是随机无意间发生的(不清楚原因,无法描述问题未发生的细节),会影响之后给予来访者的回馈与内容。

2. 例外探讨要以遵从来访者、倾听来访者为基础,让来访者觉得自己是解决问题的专家。同时要简述并肯定来访者在例外探寻中的力量和成功。

3. 探索例外的方式,可以从来访者身上去觉察例外,也可以从来访者的重要他人的状况中去觉察。

4. 在例外经验的探寻中,问最近的例外经验对来访者帮助最大,因为才发生不久的例外,来访者比较容易记得细节,而且对于再次发生的可能性也较具说服力。

5. 在例外询问中,要注意追求细节,找出问题发生与未发生之间的差异,例如谁、什么、何时、在哪里发生,如此才能判断该例外是有意的(有计划的)还是无意间发生的。

6. 找到例外,虽然是通向解决的方式,但是,不能太快下结论,需要对例外详加探讨。尤其对新手而言,很容易一找到例外就给建议去做,但却不见下文。

(五)应用范例

【范例一】(Berg & Miller,1992)

咨询师:嗯,我对你没有喝酒的日子感到好奇。你是怎么做的?**(例外询问)**

来访者：在这之前，我从来没有想过这种事，所以，我不确定我是不是能够正确地告诉你。

咨询师：你提到，你星期天不喝酒。

来访者：我好几年没有那样做了。我怎么做的？我必须这样做。我就是决定我不要碰任何酒精的东西。然后，我不去想它。所以，我告诉自己这是不能选择的事。

咨询师：啊，那是令人惊讶的事。你是怎么做到的？(**赞美,肯定来访者的力量**)

来访者：不要给我那么多的信任，我必须很辛苦地面对它。

咨询师：那更加令我感到惊异，在哪里你需要那么辛苦地面对？(**追问细节"在哪里"**)

来访者：有时候，当我外出参加有供应酒的聚会或会议的时候，我会被激起诱惑。当时，我确信我只喝可口可乐，远离那些喝酒的人，把兴趣专注在人们身上。我试着至少找到一个人和他讲话，然后，就专注在他讲的话上面。

咨询师：那是令人吃惊的。你是怎么知道那么做是有帮助的？

来访者：那不是那么容易的事，我试过许多方法。我下定决心在星期天的时候，我要专注在我的工作上，为了要能够在工作上出人头地，我必须非常投入我的工作。

咨询师：我相信真的是这样。所以，当你星期天在家的时候，你做什么好让自己不喝酒？(**继续追问细节**)

来访者：我就专注在我必须要做的事情上面：煮东西、做一些家事、写封信或报告、打电话给朋友、洗澡、购物，任何需要我集中注意力的事。我还记得，我参加健康俱乐部，那真的对我有帮助。当我对自己感到满意的时候，我就不需要喝酒。

咨询师：你猜，当你在做上面那些事的时候，你的工作伙伴或朋友他们会说，他们注意到你有什么不一样？(**从来访者的重要他人去觉察改变**)

来访者：我想他们不会注意到我有什么不一样。我刚刚说了，我喝酒，只有在周末我自己一个人的时候才喝。

咨询师：我记得你做的一些事。所以，你要怎么样在周末的时候一样不喝酒？(**让来访者自己总结**)

十、赞美技术

(一)基本概念

赞美技术不仅包括在休息阶段后的正向回馈中,对于来访者在任何时候表现出正向力量的地方,咨询师都随时给予鼓励和赞美。

(二)主要功能

1. 赞美呈现出肯定来访者所做出的努力,以及来访者所做出的努力背后隐含的正向力量。

2. 休息阶段后对来访者回馈的赞美,可以促进来访者接受任务或家庭作业的动机。

(三)使用时机

赞美可以使用在休息阶段后的回馈阶段,也可使用在咨询中任何适当的时机中。

(四)使用原则

1. 赞美一般要有针对性,赞美的内容大多是来访者明确的行为表现。

2. 可以用来赞美的一些特征包括:

(1)行动方面:是有勇气的、冒险的、鼓励他人的行动等;

(2)努力方面:是有挑战性的、有计划的、有决心的努力等;

(3)承诺方面:是忠诚的、尽力的、奉献的行动等;

(4)态度方面:是宽容的、接纳的、弹性的态度等;

(5)想法方面:是有创意的、正向的、理性的、敏感的、有洞察力的等;

(6)愿望方面:是现实的、健康的等;

(7)决定方面:是有判断力的、考虑周到的等;

(8)特质方面:是成熟的、机灵的、睿智的、合作的、善解人意的等。

3. 咨询师在使用赞美技术时要看着来访者的反应,以了解赞美技术使用得是否恰当。如果来访者表示点头、微笑等,则可能同意或接受这个赞美;如没有获得同意,咨询师要找机会修正,必要时下次咨询时再使用。

(五)应用范例

【范例一】

咨询师:你长久以来对孩子持续不断的关心与照顾,留给我很深的印象,让我很感动。

【范例二】

咨询师：你是从哪里想出这样的方法？似乎很有道理。你总是能够像这次一样在困难的情境之中想出怎么做的好方法吗？

十一、任务/家庭作业

(一)基本概念

SFBC认为真正的咨询是从咨询结束后才开始的，因为真正的改变是在社会情境中产生的。因此，焦点解决短期心理咨询尤其重视家庭作业。在每次咨询过程中，在休息阶段之后，咨询师会视来访者的情况和与咨询师建立的关系类型给予不同的任务或家庭作业。

(二)主要功能

1. 协助来访者找寻问题的例外情境或确认咨询目标。
2. 协助来访者找寻、建立并维持良好的行为。
3. 提供寻找新的或不同的改变线索，以利于问题解决。

(三)使用时机

咨询师通常在休息阶段后，在给予来访者鼓励、赞美之后，视情况给予来访者任务或家庭作业。

(四)使用原则

1. 任务或家庭作业的性质应视来访者与咨询师的关系类型而有所不同。通常"来访者"关系类型只给予赞美，不给任务；"抱怨者"关系类型给予赞美以及观察任务或思考任务；"消费者"关系类型除了给予赞美外，同时给予观察或行动任务。

2. 任务或家庭作业的布置最好是可操作而且来访者能做得到的。

3. 鼓励来访者把任务当作是在做实验或练习，鼓励来访者尝试看看。

4. 最常使用的任务是"多做一些"的行动任务和"观察想要持续的行为表现"的观察任务。

(五)应用范例

【范例一】观察任务

情境：来访者找不出成功的例外，也没有假设问题解决的例外，这时咨询师可以给来访者一个观察希望持续发生的事情的任务。

咨询师：从现在到下次我们见面的这段时间，我想要你做一项观察工作，这样你在下次我们见面的时候可以告诉我。我想要你观察的是,在你的(生活/婚姻/家庭)中发生了什么是你希望继续发生的?

【范例二】行动任务:做点不一样的尝试(do something different)

情境:来访者找不出成功的例外,但是有假设问题解决的例外。

咨询师:从现在到下次会谈之前,我想要你做些不同的尝试来改变你目前的状态,不管你尝试做什么都可以(但是不能有伤害性),请你下次来的时候告诉我你做了些什么尝试,好吗?

【范例三】行动任务:多做一些(do more of it)

情境:来访者找到例外,而且曾经有计划地进行过行动。

咨询师:好,请你再多做一些你现在已经在做的令你满意的行动。在下次会谈的时候,我们来看看它给你的生活带来了哪些改变。

十二、EARS询问

(一)基本概念

SFBC强调来访者的成功经验(例外)和力量以及建构解决问题,而不是分析问题。因此,第一次咨询与后续咨询的目的与结构没有特别的差异,都在于鼓励来访者建立他们的力量。

EARS技术是后续咨询一般会采用的技术,E是指引导(eliciting)来访者讲出例外;A是扩大(amplifying)、详述例外;R是强化(reinforcing),赞美来访者在例外发生时呈现的成功和力量;S是再次询问、探索例外(start again):还有什么是比较好的。因此EARS是指引导来访者就"发生了什么比较好的事"进行探讨,一旦发现例外,接下来的程序就跟第一次咨询的程序一样经由扩大探讨例外、评量,再次理清目标,休息阶段,赞美与回馈来催化改变。

(二)主要功能

1. 协助来访者发现咨询期间生活上发生的例外,探讨如何使之再次发生。
2. 建构以来访者力量和资源为基础的谈话氛围。

(三)使用时机

于第二次以及后续咨询时使用。

(四)使用原则

这个技术只是第一次咨询后的后续咨询中的一个大体框架,咨询师不必恪于遵守,要懂得灵活运用。

(五)应用范例

E:引出例外

咨询师:上次谈完到今天为止,发生了什么比较好的事?

A:扩大、详述例外

咨询师:上星期,你说你和你的爸爸比较能多说一些话,多告诉我一些有关那次的情况。感觉怎么样?你们谈了什么?你说了什么?他说了什么?当他说怎样的时候,你做了什么?接着他又做了什么?那你又怎么样?关于那次还有其他什么不一样的地方?

R:增强

咨询师:在你们的关系上发生了这么多的事,你又已经做了这么多,像你这样的付出是很辛苦的,不是吗?(身体向前倾,眼神透露出关切和肯定)

S:再次询问、探索例外

咨询师:其他,还有什么是比较好的?

第三节　焦点解决短期心理咨询案例解析

SFBC在国外应用颇广,在教育、经营、健康管理等领域已经得到广泛的应用,并积极介入到学校、精神医院、咨询机构、慈善机构、各机关、社工团体等领域。台湾SFBC专家萧文预测,在未来的十几二十年中,焦点解决短期心理咨询的理论与方法,必然成为咨询实践工作中的主流。

然而,应用SFBC的理念与技术,是一个需要实践和用心体会的过程。只有尊重和肯定来访者自身的力量,以正向的积极的眼光来看待来访者,有协助来访者一起去创造奇迹的内心理念,才能灵活地运用这些技术。

台湾学者许维素在接受SFBC的创始人之一Dr. I. K. Berg的督导时,提出咨询师如何才能不受来访者负向回应与行为的干扰,坚持地一直看到正向的所在,Berg的回答是:"Just amazing"。的确,SFBC示范的是一种生命的思维哲学,而不是着眼于一定非要来访者接受正面或改变自己的技巧。对于SFBC的技术演练,也正如SFBC大师Dr. W. Wash所说的,"practice,practice,practice",即"实践,实践,再实践"。因此SFBC的学习和在学校心理咨询中的运用就是一个在SFBC的理念基础上不断实践的过程。

下面以一个完整的咨询过程来呈现SFBC的理念和技术结合的魅力。

案例①简介：来访者第二次来谈，为一职业妇女，主诉问题为孩子出生后，忙于孩子与家事，压力甚大，而埋怨先生不够体谅，当来访者想和先生谈话时，先生总是以其他事为由逃避。第一次的咨询澄清来访者的具体目标，即她希望和先生多说说话。来访者找出的解决方式为只要告诉自己不要太依赖先生，不要太在意他，多想到先生的好处，就比较能和气地和先生谈话。

咨询师：你好，从你上次谈完回去后，事情有没有什么不一样呢？**（EARS询问）**

来访者：……我觉得没有，他还是一样，一天到晚看电视，我尽量告诉自己学习独立，多做自己的事，不要太在意他，可是一看到他回家看电视、看报纸，我就忍不住。我告诉他我来找你谈过，结果又大吵了一架……

咨询师：听起来，事情的发展让你失望，要不要多说一点关于你们不愉快的情况？

来访者：他好像认为我没事找事。我告诉他我们谈的内容，我担心我们的婚姻，我觉得很失望，每次我想跟他谈话的时候，他就借故做别的事，我觉得他根本不想改善我们的婚姻。他说他每天下班回家都累死了，看报纸、看电视又怎样，至少没在外面做坏事。拜托！我也要上班，回家又要忙家事、带孩子，而他回来只会看报纸，我当然心理不平衡。

咨询师：我记得上次我们谈的时候，你希望先生能和你多说些话，听起来，这个礼拜还是有些不一样，因为吵架，他跟你说多一点话了。

来访者：(笑)也许吧，以前我比较不敢直接告诉他我的感觉。不过这样吵着讲话不太好吧？

咨询师：所以你会希望你们之间可以有怎么样的谈话？**（目标架构）**

来访者：我当然希望他可以对我温柔一点，在我有事想跟他讲的时候，他能听我讲……

咨询师：过去有没有曾经什么时候，你觉得先生是比较愿意听你讲话的？**（例外询问）**

---

① 许维素著.焦点解决短期心理咨商.台北市：张老师文化事业股份有限公司,2003.124~131

来访者：……当然还是有，他工作压力比较小、心情比较好的时候吧……

咨询师：还有没有什么时候？**(例外询问)**

来访者：他电视、报纸看够的时候吧！（笑）

咨询师：所以听起来好像他在心情比较好、比较放松的时候，就能多听你讲话一些。

来访者：也许吧！

咨询师：当他比较能放松心情地和你聊的时候，你发现你和平时的状况有什么不同呢？**(扩大、详述例外)**

来访者：……喔！可能孩子比较早睡，我做完家事的时候吧！

咨询师：那时你是怎么做到让先生能温柔地听你讲话呢？**(扩大、详述例外)**

来访者：其实我也没做什么，我只是无聊地坐在他旁边陪他看看电视球赛吧！过一会儿他如果看我都没出声，就会问我一两句，然后我就讲一些上班的事、孩子的事给他听啊。

咨询师：这的确很难得，你这么希望他听你讲话，可是你竟然可以先等他问你，然后他就比较愿意听下去。**(振奋性的鼓舞)**

来访者：可是如果我跟他讲一些我担心的事，像钱啦、房子的贷款啦，他一样会说："啊，讲这些也没有用，不要再讲了啦！"

咨询师：假如你先生现在在这里，你猜他会希望你怎么跟他说，或说些什么，他比较会愿意跟你讲下去？**(关系询问)**

来访者：……他可能会不喜欢我讲他看电视、看报纸吧！……有时候我就随便问他电视演什么，他就有一搭没一搭的。有时候工作上的事，他也会跟我讲一些，不过他讲来讲去，也是跟我抱怨他的老板。他的问题，我也没办法解决，总不能辞职吧！

咨询师：所以，听起来好像其实他也很希望你能听他讲话，特别是他工作有压力的时候。当你愿意听他讲的时候，他也比较能听你讲下去，还有，好像他比较希望听你讲一些让他轻松一点的事。

来访者：我也希望啊，问题是家里就是那么多事啊，我不找他谈，还能找谁？

咨询师：的确是，我了解要当个职业妇女真的不容易。你很希望先生能了解你,和你分担。所以我刚刚听你说你愿意坐在他旁边等他跟你讲话,真的很佩服你。我真的很讶异,你那时怎么做到的?(**振奋性的鼓舞**)

来访者:可能我那天心情比较好,带孩子也没那么烦,也就对他没有什么好说了。

咨询师:所以在你想和先生聊天的时候,如果你能够让自己心情比较好,而先生也就能比较轻松地和你聊?

来访者:可能吧,他老是嫌我一天到晚担心这个、担心那个,把他弄得紧张兮兮的。

咨询师:我们来想想,你可以怎么样让自己比较能常常保持好心情,然后比较能听先生讲一些话,他也许就能放松一点和你聊你想聊的?

来访者:那有什么办法呢?家事就那么多,孩子一回来就黏着我,我怎么可能有好心情呢?

咨询师:要摆脱这些事,的确也是不可能。我们来想象这里有一个水晶球,可以看到你的未来。假如你看到突然有一天,你周围仍然有这么多事,但是你竟然和你先生甜蜜地谈话,像神仙一般轻松自在,你猜那时的你可能和现在有什么不一样?(**奇迹询问**)

来访者:天哪,我实在很难想象……

咨询师:要不要试试,发挥你的想象力看看?

来访者:……可能那时我先生一手抱着孩子,另一只手抱着我吧……

咨询师:再想象一下那时的你是什么样子,能让先生那么满足地抱着你,而且和你讲话?

来访者:可能我在和他撒娇……

咨询师:当你跟他撒娇时,你会跟他说什么呢?

来访者:嘻!我可能跟他说一些我爱他这种肉麻的话吧!

咨询师:这样的话在你现在的生活中,你会在什么情况下对你先生说出口呢?(**例外询问**)

来访者:其实我最想回到以前刚结婚时,一天到晚讲不完的话,我才不管家事做完了没有!

咨询师:所以当你比较可以不在意家事没做完,而且愿意再和先生肉麻一下,可能先生很愿意也和你肉麻地讲话了。

来访者:哎!可是孩子生出来后,好像我把力气都放在孩子身上,到了想跟他讲话时,都累得要死!

　　咨询师:的确,通常家里多了孩子,夫妻两人的关系也受影响,好像都以孩子为中心,而很少感受相互的关心,但是心里其实是很需要。

　　来访者:对啊!

　　咨询师:像你这么关心和先生的关系,又愿意去做些改变,相信你们的情况应该会愈来愈好。其实刚才你已经说了很多你会用的方法,只要能持续再多做一点,就会看到成效,像不要太在意家事做完了没,陪先生一起看电视啊,先生心情不好时试着听他抱怨一下,一定会慢慢改善。

　　来访者:我想也是。

　　咨询师:假如有一把尺可以量你和你先生谈话的状况。0是最差,10是最好,你觉得你和你先生现在的情形是在哪个位置?(**评量性询问**)

　　来访者:可能1,顶多2吧!

　　咨询师:嗯,那比0好一些,你会希望下次你来找我的时候,你跟先生谈话的情形可以进步到哪里?

　　来访者:我当然希望最好能到10啊!

　　咨询师:我可以感受你很想要改变的心情,这是很令人欣赏的地方。不过我想,关系的改变是慢慢来的,我们可以努力,但是不太可能一下就到10,这点你可以接受吗?

　　来访者:(点头)

　　咨询师:那我们要不要试试下次先到2或3看看?

　　来访者:好吧!

　　咨询师:你愿意从哪里开始再去多做一点呢?(**改变最先出现的迹象询问**)

　　来访者:可能陪他看电视吧!反正要偷懒,大家一起,我干吗那么累啊!

　　咨询师:很好啊!你打算每天陪他看电视多久?

　　来访者:和他一起看球赛啊,看半小时,我就很忍耐了,看其他的节目还可以久一点。

　　咨询师:你打算怎么让自己可以尽量心情好一点地陪他看呢?

　　来访者:我就不管三七二十一坐在他旁边,也不用管家事有没做完,顺便陪小孩玩吧!

　　咨询师:很好,那我们就开始试试看!先暂时谈到这里,你先休息一下。

休息十分钟后,我会回来提供你一些看法与建议。

(休息)

咨询师:我想跟你分享今天谈的过程中,我所看到的几个地方。第一个,我很欣赏你那么愿意让自己和先生的关系更好的情况。我看到了一个那么对家庭用心的妻子。特别是在孩子出生后,可能大部分时间花在孩子身上,夫妻的关系真的特别需要用点心。我相信你的用心是促使和先生的关系可以更好的动力。**(赞美技术)**

第二个,在希望和先生的关系更好的情况下,你希望先从先生能和你多讲话开始,今天我也发现,其实你过去曾经用过一些好方法能让先生愿意和你讲些话。像跟先生撒娇,陪先生看电视,聊一些让心情好一点的事,而不是一看到他就谈些让他担心的事。还有,可以放下一点家事,让自己心情放松一点。你需要的只是往你这些原有的好方法多做一些。**(信息提供)**

第三个,我可以感受到你想做一个好妻子、好妈妈的压力,也因此很需要先生的安慰、帮助。只是每次跟他讲话时都是压力,弄得两个人也谈不下去。所以就像你说的,这礼拜你从陪他看电视开始,让自己每天可以休息一下,坐在他旁边半小时,可以一边聊些事,或让自己像过去一样和先生撒撒娇,享受一下每天的放松时间。在这段时间里,不去理会家事还有多少没有做,孩子也可以和你们一起在旁边玩。**(任务/家庭作业)**

来访者:……好,其实我先生也叫我不要把自己弄得那么累……

咨询师:是啊,那你就来试试看,看下次来的时候事情会有哪一些进展!

来访者:好,谢谢!

在这个案例中,咨询师首先从EARS询问开始(你好,从你上次谈完回去后,事情有没有什么不一样呢?)来引发从改变开始,设定咨询的基调,并以目标架构帮助来访者澄清其想要的改变(所以你会希望你们之间可以有怎么样的谈话?)。然后,咨询师采用例外询问(过去有没有曾经什么时候,你觉得先生是比较愿意听你讲话的?)来协助来访者一起寻找解决的方法,并采用振奋性鼓舞等技术来引发来访者的改变。这种引发来访者自身力量的咨询模式的魅力就在于此。

 **理论要点**

1. SFBC是积极心理学中的一支,属于后现代建构主义咨询流派中的一种。与传统咨询理论不同,它将东方思想中的阴阳太极概念,加入于咨询的信念中,相信任何事都有阴阳两极、正反两面,其做法是将焦点放在探讨问题不发生的"白"的积极部分,从"白"的部分扩展,从而达到整个系统的改变。

2. SFBC非常强调语言的作用,认为语言在意义建构中有着非常巨大的作用,重视以语言的重新建构来激励来访者积极构建解决的方法。

3. SFBC发展了其独特的咨询流程和咨询技术,将焦点直接导向解决。其中的"奇迹询问"、"例外询问",及"评量性问句"等技术从目标设立、探寻解决方法和激励来访者行动的目标出来,极富创造性。

第二章 游戏治疗的理论与技术

游戏治疗(play therapy)在国外是一个很受儿童治疗师欢迎的心理治疗学派，个人中心取向游戏治疗专家阿克斯林(Virginia Axline)说过："玩具是儿童的字符，而游戏就是他们的语言。"作为儿童心理辅导和治疗的流派，游戏治疗是最有作用的儿童心理辅导和治疗方法之一。由于它的游戏性和对儿童来访者的有效性，也受到我国台湾、香港等地区心理治疗师的喜爱。但是在我国大陆的心理咨询和治疗界，游戏治疗只能说刚刚起步。本章将较全面地介绍游戏治疗的理论基础、使用技巧、注意事项等内容，解析经典案例，供广大学校心理辅导老师、心理治疗师及家长参阅。

第一节 游戏治疗的理论基础

一、游戏治疗的理论基础

游戏治疗起源于20世纪初期。1909年，弗洛伊德(S. Freud)第一次运用精神分析理论于儿童小汉斯身上，他发现用自由联想或梦的解释对了解儿童潜意识没有太大作用，于是他首次尝试用游戏的情境来了解儿童的问题，但是由于当时重视高结构化的成人心理分析治疗模式，游戏这种方法难以被人们接受，因此后来没有将游戏直接运用在小汉斯的心理治疗上。其后的1920年，弗洛伊德的一个学生胡贺慕斯博士(Hug-Hellmuth)在给一个几乎不开口说话的儿童做精神分析时，想到用玩具作为沟通的媒介，鼓励儿童在玩时开口说话，并从游戏中投射出儿童的内在想法。可以说，他是最早实施游戏治疗的人，但他并没有将游戏治疗形成一个完整的系统。到了1928年，安娜·弗洛伊德(Anna Freud)开始有系统地将精神分析应用在游戏治疗上，但她认为，游戏本身并没有治疗功能，它只是与儿童建立正向关系以及进行儿童心理分析的重要媒介，语言依然是心理分析的主要材料。直到1932年，弗洛伊德的另一个学生克莱(Melanie Klein)主张游戏可以代替语言成为分析的材料，并认为游戏是治疗儿童时不可或缺的分析素材。从此，精神分析治疗学派开启了游戏治疗的大门，在安娜·弗洛伊德、克莱等人的努力下，治疗者对儿童及儿童问题的态度发生了改变。

20世纪30年代，游戏治疗的发展进入一个新阶段，即结构式游戏治疗的发展阶段。其代表人物是戴维·利维(David Levy)。他认为治疗者没有必要去解释儿童的潜意识，只要将儿童心里积聚的能量发泄出来就可以。他在1938年发展出"发泄式游戏治疗"理论，通过让儿童在结构化的游戏情境中从事发泄式的游戏活动，使其发泄掉某一创伤事件带来的伤痛及焦虑。所以，在利维的理论中，治疗者的角色相当于"场景设计者"。由于这种发泄式的游戏治疗需要治疗师主动去设计游戏，以帮助儿童释放愤怒、害怕的情绪，因此所罗门(Solomom)提出"主动式游戏治疗"的概念。到1955年，汉姆布瑞德(Hambridge)发展了利维和所罗门的理论，成为集"结构式游戏治疗"之大成者，其特色是"更为直接地将事件进入游戏情境中，在治疗关系建立后，直接再造焦虑引发情境，玩出这个情境，并让儿童自由游戏，而从过程中治愈复原"[①]。

相对于精神分析游戏治疗和结构式游戏治疗中治疗师的指导性和儿童的被动性，有些学者开始关注治疗者与儿童的治疗关系。奥托·兰克(Otto Rank)最先主张治疗关系的重要性，并提出所谓的"关系治疗法"，但他的观点却受到当时精神分析学派的排挤并不幸被逐出师门。受奥托·兰克的影响，罗杰斯(Carl Rogers)在20世纪50年代发展出"非指导性(non-directive)治疗理论"，又称"个人中心治疗理论"，主张治疗师要提供给来访者一种无条件接纳的成长环境，在这种环境中来访者会透过自己的内在力量，改善当时的困扰。莫斯塔卡斯(Moustakas,1966)是另一位强调真诚良好的治疗关系的儿童治疗师。他强调注意此时此刻的感情与经验，以强调现在的经验为基础，去处理过去的事实。弗吉尼亚·阿克斯莱恩(Virginia Axline)和伊莱恩·多夫曼(Elaine Dorfman)两位治疗师是发展个人中心取向儿童游戏治疗的先驱。阿克斯莱恩成功地将个人中心治疗理论运用到游戏治疗中，她以非指导的立场，提供儿童去体验成长的机会，以促进儿童的自我成长。其他投身于个人中心游戏治疗的学者包括：雷伊·比克斯勒(Ray Bixler,1949)、戴尔·里波(Dell Lebo,1955)、海姆·吉偌特(Haim Ginott,1959,1961)、路易丝·格瑞(Louise Guerney,1983)、凯丽·兰德瑞斯(Carry

---

① 林佩瑾. 时间限制游戏治疗对国小生活不适应儿童治疗过程与效果之研究[D]. 台湾暨南国际大学硕士论文,2003.15

Landreth,1982,1991)。

  以上这些游戏治疗学派基本上都衍生于成人的心理治疗,而非专门的儿童心理治疗方法。当各个游戏治疗学派在历史的轨迹中不断向前发展的同时,在20世纪50年代的荷兰出现了专门针对儿童心理治疗的理论流派——想象互动游戏治疗。与个人中心游戏治疗强调治疗关系、精神分析游戏治疗强调游戏内容的诠释不同的是,想象互动游戏治疗更强调游戏本身的治疗特质,强调用想象游戏而非用语言来表达儿童的经验。这基于两方面的考虑:一方面,儿童的口语表达和自我反思能力还没有达到成人的水平;另一方面,儿童公开讨论问题可能带来孩子对父母忠诚的矛盾,因为儿童的问题通常与他们的父母有关,但同时他们又极度依赖他们的父母。所以在想象互动游戏治疗中,治疗师的工作假设是"透过影响儿童表达经验的方式,直接改变其经验本质,使其对各种日常生活事件产生新的意义"[①]。所有的儿童游戏治疗方法皆使用想象游戏。

  从1909年弗洛伊德第一次尝试用游戏来挖掘小汉斯潜意识中的害怕与在意的事物到现在,游戏治疗已有近百年的历史,现在已有不下一二十种治疗流派。从精神分析学派分裂出来的心理学家荣格(Jung)和阿德勒(Adler)分别创造出和潜意识有关的"分析心理学"(analytic psychology)和"个体心理学"(individual psychology),他们的弟子将其理论应用到游戏治疗中,发展出荣格游戏治疗和阿德勒游戏治疗。除此之外,还有行为取向游戏治疗、认知取向游戏治疗、公平游戏治疗、完形游戏治疗、焦点解决短期游戏治疗、家庭游戏治疗、亲子游戏治疗、团体游戏治疗、生态系统取向游戏治疗及整合各种理论流派的整合性游戏治疗等等。

  自20世纪50年代始,有关游戏治疗的英文资料已经相当兴盛,但之后不知什么原因逐渐沉寂下来,直到90年代,游戏治疗文献资料又突然间大量出现,并出现更加繁荣的景象。其中大都是在介绍游戏治疗的观念和技巧。

  布拉登(Bratton)和雷伊(Ray)[②]在2000年调查了自1942年以来到2000年为止的游戏治疗论文82篇,通过整理分析,指出早期的游戏治疗处理的焦点多放

[①] Terry Kottman, Charles Schaefer 著,梁培勇等译. 游戏治疗实务指南[M].台北市:心理出版社,2001.119~120

[②] 林佩瑾. 时间限制游戏治疗对国小生活不适应儿童治疗过程与效果之研究[D]. 台湾暨南国际大学硕士论文,2003.17

在智商和学业成就上,到了1970年到1980年之间对于社会性适应和自我概念的议题感兴趣,近些年来研究的重点更是转变到跟社会有关的问题,例如,家庭暴力、父母离异、药物成瘾、网络成瘾、性虐待等等。此外,也包括被诊断为注意力缺陷综合征(ADHD)、忧郁和行为失调者。

从游戏治疗理论的发展历程和所做的研究可以发现,游戏治疗师对儿童的问题所关注的焦点,由个人的、单一变项的和有标准化测验可评价的症状处理,因受到社会变迁的影响,逐渐转变为关注个人在其所处的生态系统和环境互动等多元因素影响下所产生的问题。

二、游戏治疗的内涵

什么是游戏治疗?对于游戏治疗的概念目前没有一个统一的结论,下面我们来看看国内外学者是怎么看待和定义游戏治疗的。

个人中心取向游戏治疗师阿克斯莱恩认为[1]:游戏治疗是来访者与治疗者之间,以游戏为媒介而展开的、特殊的心理互动交流,以解决来访者人格与行为上的问题,以期能促进以个人人格的发展为目的的实践性助人活动。

台湾学者梁培勇认为对游戏治疗最简单的定义可以描述为:凡是以游戏为主要沟通媒介的心理治疗都可称为游戏治疗[2]。

大陆学者方观容认为:游戏治疗是以游戏活动为媒介,让儿童有机会很自然地表达自己的感情,暴露问题,并从中自我解除精神困扰的一种教育方法[3]。

大陆学者刘勇认为:游戏治疗是指治疗者以游戏为手段来矫正儿童心理行为障碍的一种治疗方法。它通过譬喻、象征、玩具和游戏等方式,使儿童自然地进行心理投射和升华,释放紧张情绪,体验为现实生活中所不允许的幻想[4]。

游戏治疗学会理事会(Board of Directors of the Association for Play Therapy)为游戏治疗下的定义是:游戏治疗是系统性地使用某种理论模式并以此建立一种人际历程,使游戏治疗师能够采用游戏所具有的治疗威力,帮助来访者预防

---

[1] 田世崇.儿童中心游戏治疗历程研究——以一位具社会畏缩行为儿童为例[D].台湾新竹师范学院硕士论文,2003.7

[2] 梁培勇.游戏治疗的理论与实务[M].广州:广东世界图书出版公司,2003.23

[3] 方观容.漫谈游戏治疗.学前教育研究[J],1997,12(5):13

[4] 刘勇.团体游戏治疗:借鉴与应用.华南师范大学学报(社会科学版)[J],2004,2:109

或者解决其心理方面的困难,以及获得合宜的成长和发展。

综合国内外学者的不同看法,我们可以概括出游戏治疗的几个共同特性:

(1)游戏治疗师必须受过专业的训练;

(2)建立良好的治疗关系是成功游戏治疗的前提;

(3)整个治疗过程以游戏为媒介;

(4)用心理学的方法达到改变来访者的目的。

三、游戏治疗的特点

游戏治疗和其他治疗相比具有它自己的特点,主要可以概括为以下几点:

1. 游戏治疗的对象一般为年龄在3—12岁之间的儿童来访者

这个年龄不是绝对的。但一般来说,3岁之前的儿童尚未具备完整的口语表达和认知能力,存在着很大的交流障碍,不适合做游戏治疗;12、13岁以上的儿童认知上已经比较成熟,游戏对他们来说会略显幼稚,他们可以寻找更多有效的治疗方法,所以也不太适合游戏治疗。

一般医疗性机构及专门的心理诊所以治疗严重心理问题和心理障碍的儿童为主,如儿童精神分裂症、强迫症、多动症、孤独症、遗尿症、抑郁症、选择性失语症(或称选择性缄默)、退缩行为、攻击行为、性虐待与家庭暴力行为等。而在小学校园里,接受游戏治疗的目的则扩大为预防儿童的心理困扰,以及帮助儿童更多了解自己。治疗对象为有轻微心理困扰和心理障碍、学习困难、情绪困扰、适应不良以及有创伤性经验的儿童。创伤性经验包括亲人死亡、父母离异、父母再婚、搬家、家中有新生儿的诞生等。通过游戏治疗,这些儿童能够将内在的困惑自由地表达出来,尽情地抒发其内在的负向情绪。游戏治疗也帮助厌学的儿童,透过玩具和游戏器材,使其产生亲切感和认同感,进而降低其内在的焦虑。

2. 游戏是治疗的媒介,游戏治疗是建立在心理治疗理论基础之上的

游戏是儿童与生俱来的行为倾向,是儿童的语言,但游戏不等于游戏治疗。由于儿童语言发展上的限制,在心理治疗过程中我们没有办法将儿童的语言层次提升到成人的沟通水平,所以从事儿童心理治疗的治疗师们就想办法借助游戏这一媒介,用心理学的方法达到改变来访者的目标,而游戏本身不具备心理治疗的效果。

在游戏治疗中,治疗师和儿童通过运用玩具、游戏活动、玩偶、绘图、沙箱等各种各样的游戏工具,使儿童自在地表达自己的情感、想法、经验及行为,逐渐

发展出解决问题能力的治疗方式。所以游戏治疗是建立在各个心理治疗理论基础之上的。各个心理治疗理论有其各自的游戏治疗学派并发展出相应的治疗技巧。如,源于罗杰斯(Rogers)的个人中心(person-centered)治疗理论的个人中心取向游戏治疗,源于现象心理学理论的想象互动游戏治疗,源于阿德勒个人心理学理论的阿德勒游戏治疗。另外,还有生态系统取向的游戏治疗、完形游戏治疗、短期游戏治疗、动力取向的游戏治疗、整合性游戏治疗、家庭游戏治疗、亲子游戏治疗等多种取向的游戏治疗学派。

3. 游戏治疗注重和家长的会谈与联系

游戏治疗强调在治疗开始和治疗过程中与儿童来访者的家长或重要监护人进行必要的会谈,保证经常性的联系,对父母进行必要的亲职辅导,让他们学习在家里与孩子沟通的技巧。

在游戏治疗开始之前,治疗师一般都需要和父母进行一次会谈。一方面全面地了解孩子的问题;另一方面向家长说明有关游戏治疗的基本情况,包括什么是游戏治疗、它的基本原理、它是通过怎样的方式作用于儿童、在治疗中将要经历哪些典型阶段等等,以获得父母最大的支持。

在治疗过程中,治疗师和父母要保持经常的联系。一方面治疗师将孩子的治疗进展及出现的问题及时反馈给家长,家长也将孩子在家里及学校里的进步和出现的其他问题告诉治疗师;另一方面治疗师可以继续鼓励和指导家长与孩子的沟通、游戏,让孩子在家里继续保持和巩固游戏室里学到的技能及取得的进步。

接下来呈现一段治疗师与儿童来访者Marie(女,9岁)的妈妈进行的电话会谈,会谈的目的是治疗师协助妈妈了解Marie对于两个双胞胎妹妹的妒忌和生气[①]。

治疗者:你是否常常觉得爱你妹妹,并且仁慈地对待她?

妈妈:嗯,是的。

治疗者:常常这样吗?

妈妈:我想应该如此。

治疗者:你能不能想到有哪一个姐姐经常不爱她的妹妹或弟弟?

妈妈:嗯,有的,我想到我姐姐的小女儿,有时候会这样对待她的弟弟。

治疗者:喔!结果如何?

[①] Terry Kottman, Charles Schaefer著,梁培勇等译. 游戏治疗实务指南[M]. 台北市:心理出版社,2001.99~101

妈妈:嗯,那个小男孩得到非常多的注意力。

治疗者:比他姐姐还多吗?

妈妈:是的。

治疗者:他得到什么样的注意?

妈妈:嗯,你知道的,每个人总是对于他的事小题大做。

治疗者:例如像什么?

妈妈:嗯,大家常常来带他出去,带他去麦当劳或是糖果屋。

治疗者:现在,我们回过头来谈Marie。就她而言,什么是她两个妹妹有而她没有的?

妈妈:嗯(已明确察觉到两者的相似性),大家常常来找她们,并且从玩具反斗城带玩具来给她们,还带她们去"牛奶王后"。

治疗者:所以,在你内心深处,你认为她对于这些事的感受如何?

妈妈:嗯,就内心而言,因为我确定我从未让她谈此事,我想她可能对她们感到很愤恨。

治疗者:现在,你和你的妹妹情形如何?你可曾在内心深处想过你可能会恨她?

妈妈:我可能会。

治疗者:你曾把这些愤恨大声说出来过吗?

妈妈:为何要说?她们会用肥皂洗我的嘴巴。

治疗者:你曾对任何一个让你愤恨或生气的人说出你的生气吗?

妈妈:没有,从来没有。

治疗者:Marie能毫无顾忌地对任何一个人说这些吗?

妈妈:没有,从未如此过。

治疗者:所以,当你们生气时,你们两个都怎么办?

妈妈:我们都微笑而且使自己很忙。

治疗者:而且有恐惧症发作和做作的行为吗?你们都不曾让任何人知道真正的自己吗?

妈妈:我猜,是的。

治疗者:那么,这就是你们两个人在一生中的未来日子,你想要过得这样吗?

妈妈:不,不是这样的。

治疗者：那么，现在你能了解我们一起让Marie过得好一些的工作是什么了吗？

从这段会谈中，我们发现，治疗师一直试图通过启发、引导、同理的方式，逐步让Marie的妈妈发现自己对Marie及Marie对双胞胎妹妹妒忌感的忽略，这有助于父母态度的改变以及亲子技巧的提升，帮助来访者在治疗后继续在家里得到治疗效果的发挥。

在一个家庭中，当儿童出现问题行为时，很多都与父母的态度和行为有关，所以这样的会谈很重要。但现实情况中往往很多孩子的家长没有意识到自己的问题，而简单地将问题推给孩子自己，这时我们的治疗师要注意沟通技巧，以免破坏家长与治疗师之间的良好关系。一般来说，最好是同一个治疗者分别做孩子和父母的治疗和辅导工作，这样便于治疗者掌握每件事情，利于治疗；但如果遇到父母与孩子间关系太过紧张的情况，让不同的治疗师分别处理父母与孩子的问题是比较合理的。

四、游戏治疗的功能

1. 由于儿童缺乏一定的口语表达能力与认知技巧，游戏可以帮助儿童与治疗师良好沟通，并在自然情境下呈现其内心世界和所面临的问题。

在儿童心理治疗工作中，儿童的言语表达和认知技巧尚未成熟，如果只局限于口语的沟通，对于治疗关系及治疗效果会有很大的限制。而且要求儿童一直坐在一个固定的地方，也是很难做到的事情。因此，让儿童通过游戏来促进表达与沟通的能力，让儿童能以最自然的方式来想象和表达，无疑是帮助儿童增进心理健康和解决心理困扰的最好方式。另外，在治疗过程中，通过各种游戏活动，儿童会表达出各种意识和潜意识中的事情与情绪，让治疗师更好地了解儿童所面临的问题。

2. 在游戏治疗中，儿童通过自然地表达、分享，释放自己的情绪，逐渐发展出解决问题的能力。

儿童出现的问题往往很难在现实生活中直接表达出来，比如可能会受到惩罚、被孤立、被认为是个坏孩子等等，所以他们更多地选择把问题压抑在自己的心里，换一种方式表现出来，最终导致很多心理和行为问题。如上例中Marie把对双胞胎妹妹的妒忌和愤怒压抑到潜意识中，以帮助妈妈照顾两个妹妹作为掩藏，但最终导致Marie退化、恐慌发作等诸多问题。游戏治疗通过木偶、绘画、讲故事等活动让儿童把意识或潜意识中的东西表达出来,在他们自然地表达压抑的情绪、与治疗师一起分析他的游戏故事的过程中释放自己,并逐渐发展出解决问题的能力,最终从困境中走出来。

3. 通过游戏治疗,帮助儿童发展出一些能力来处理日常生活及未来生活中出现的问题。

儿童在游戏室中发展出的解决问题能力可以泛化到他们的日常生活当中,而不仅仅只局限于游戏室里面。一开始,这需要家长或学校老师的协助。比如治疗师在与父母、老师的常规性会谈中事先对他们进行辅导,告诉他们怎样在家里或学校这样的日常情境中帮助儿童巩固他们所习得的技能和发展出来的能力。比如通过在家里玩结构性游戏、和父母一起读治疗师推荐的书、家长鼓励、老师和同学对他的接纳和鼓励等途径都可以做到。随着治疗的进行和儿童不断的成长,他们最终在没有治疗师和家长的帮助下也能很好地处理各种问题,健康快乐地成长。

五、进行游戏治疗的注意事项

1. 关于名称

大多数教师和家长听到"治疗"一词都会特别的敏感,觉得那应该是治疗很严重的心理疾病或者精神疾病,而且肯定需要很高的专业要求。所以很多中小学心理老师看到关于治疗的话题都会想到:那不是我职责范围内的事情,我不关心,我也学不会。而学生家长听到自己的孩子要接受心理治疗也会接受不了,有些甚至会引起恐慌和担心。为了避免这样的矛盾和尴尬,我们可以在中小学校中改用"游戏辅导"的名称来进行工作,而且我们的治疗对象更多的是正常的、但暂时遇到困难的学生,比如人际交往不良的学生、单亲家庭的孩子、考试焦虑的孩子等。在形式上更多地采用小团体或者班级团体的方式。这样既可以减低家长、教师及学生的敏感度和焦虑,又可以让游戏治疗在学校中发挥重要的辅导作用。

2. 关于场地

对于大部分中小学校来说,都没有这样的经济能力去专门建立一个设备齐全的游戏室,所以我们建议学校心理老师可以利用校园废弃的房间来布置一个游戏治疗室,也可以在学校的心理辅导活动室腾出一块地方建立一个游戏辅导区域;如果既没有多余的房间也没有专门的心理辅导活动室,那么尽量想办法在学校其他适合的地方找一个游戏辅导区域。另外一个问题是,如何利用有限的资金来布置游戏室？我们建议学校想办法充分利用各种资源,比如去旧货市场批发各类玩具,收集学生遗弃的玩具,鼓动心灵手巧的家长和女教师们自制玩具等。最后,我们在选择游戏室场地时还要注意选择安静的地方,尽量减少噪音对辅导过程的影响。

3. 提供丰富的游戏环境

玩具是儿童的字符,而游戏就是他们的语言。提供一个丰富的游戏环境是游戏治疗的物质前提。丰富的游戏环境包括丰富且必需的玩具材料、游戏室等。

一般来说,游戏室里放置结构性和非结构性的玩具。非结构性玩具包括沙、水、纸、水彩颜料、黏土等,提供孩子表达与发泄强烈情绪的机会。这些玩具可以重新变形、延展、撕裂、掩埋、泼湿、塑性或破坏。结构性玩具有枪、刀、剑、飞镖、拳击袋、棒子等,提供孩子一种可以被社会规范所接受的方式去表达敌意和攻击。玩偶、娃娃屋、面具、衣服和帽子等玩具,则鼓励孩子以戏剧的方式表达想法和情绪。孩子利用汽车、卡车、船、纸和铅笔玩游戏,可以通过非人物玩具表达情绪和态度。蛇、蜘蛛、恐龙、狮子、老虎等动物模型,则可以协助孩子表达真实和想象的恐惧情绪[1]。

游戏器材要尽量简单,容易操作,安全耐用。

玩具材料应放在专门用来游戏治疗的游戏室里。在国内,专门从事游戏治疗的机构或个人比较少,在儿童康复中心、幼儿园或小学开设游戏治疗可视条件开辟一间活动室,条件不允许的也可以把活动室的一角作为特殊儿童的游戏环境。游戏室要保持安静,地上最好铺有地板或者地毯,以便儿童自由活动。室内还可以放一两张桌椅备用。各种玩具最好按固定顺序陈列在玩具框或者玩具柜里,以便儿童取用。为了便于重复观察,室内要有录音、录像等设备,有条件的可以在游戏室隔壁设一个观察室,以便取得更为真实、自然的材料。

游戏室的布置要尽量突出安全、自由、轻松、愉快及保密性。

以下提供台湾某大学一游戏室的配置图,仅供参考[2]。

---

[1] Terry Kottman, Charles Schaefer 著, 梁培勇等译. 游戏治疗实务指南[M].台北市:心理出版社,2001.19
[2] 田世崇.儿童中心游戏治疗历程研究——以一位具社会畏缩行为儿童为例[D].新竹师范学院硕士论文,2003.32

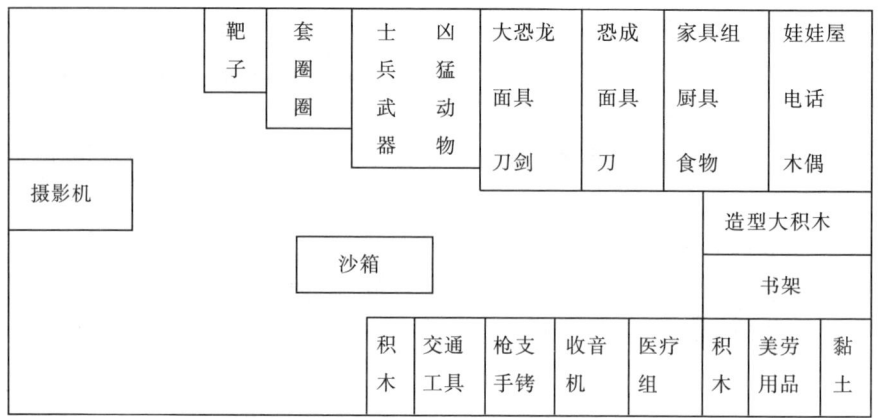

4. 建立明确、良好的治疗关系

任何理论取向的游戏治疗都很注重在游戏治疗开始和进行过程中,和来访者建立并保持良好的治疗关系,这不仅仅是个人中心取向的游戏治疗才重视的一点。良好的治疗关系是治疗成功的关键和保证。阿克斯莱恩认为游戏治疗师的角色应该是:发展一种温暖、友善的关系,与孩子形成良好的投契关系;完整接纳孩子;维持一个接纳的环境,让孩子可以自由表达所有情绪;辨识孩子的情绪,并让孩子知道我们可以协助他们对自己的行为产生顿悟。

治疗者可以透过语言和行为界定自己在治疗关系中的角色。在第一次治疗开始的时候,治疗者可以借由一些声明,架构出治疗关系。以下是一个例子①。

治疗者:在这里,你通常可以用自己的方式玩所有的玩具,你可以自己决定。但是不能打破窗户,也不能让我受伤。我们还剩五分钟(或一分钟),今天的时间就快到了。我知道你想离开游戏室了,但是我们的时间还没有到。这个时间对我们来说,是很特别的时间。我不会告诉爸爸妈妈你在这里说了什么或是做了什么,除非我觉得你会受到伤害或是会伤害别人。而且就算要让爸爸妈妈知道,我也会先告诉你:"那是我们需要跟妈妈(或者爸爸)说的事情。"我不会告诉你关于其他孩子在游戏室里做的事或说的话,就像我也不会告诉别人你做了什么或者说了什么一样。当然,如果你愿意的话,我可以告诉任何人关于你和我在这里做的事和说的话。

---

① Terry Kottman, Charles Schaefer 著,梁培勇等译. 游戏治疗实务指南[M].台北市:心理出版社,2001.17

5. 正确的诊断和评估

要决定是否需要接受治疗,治疗师必须对孩子及其家庭的问题进行完整的诊断和评估。正确的诊断和评估包括了解儿童来访者呈现的问题,了解其家族史,掌握其在家里和学校的表现,心理功能检查结果,以及专业的心理测试等。

整个诊断和评估的过程包括:和孩子父母(或其中一方)会谈,和孩子本人进行会谈,和孩子学校老师尤其是班主任教师进行会谈(如果孩子的问题与学校、学习及同伴交往有关),让孩子和父母做专业的心理测试,进行生理功能检查等(如果孩子的问题与一定的生理疾病有关)。在与孩子见面之前的家长会谈,是出于这样几方面的理由:一方面收集有关家庭的资讯及孩子的问题,做出尽量全面的诊断和评估;另一方面可以介绍和解释关于游戏治疗的本质,以及将要一起进行的过程。第三,可以提前和父母建立关系,使他们在改善自己的亲职技巧时,感受到治疗师对他们的支持。

6. 游戏治疗时间和形式

一般情况下,一次治疗时间为40分钟到一个小时之间,每周一次,情况严重的来访者可以增加到一周两次到三次。当治疗开始,治疗师必须考虑是否有假期或学校的活动会造成治疗关系的中断,对于这种情况治疗师应尽量避免,因为这对好不容易建立起来的治疗关系可能产生影响。如果因为假期,必须提早结束一个较严重的来访者的治疗时,治疗师应该考虑转介的可能性。在学校里,如果是在一个长假的前两三周或者在学期的最后两三周,接新个案都是不理想的,除非辅导老师进行每周两到三次的游戏治疗,否则不要如此安排。①

从来访者数量这一维度看,游戏治疗的形式有个别治疗与团体治疗。个别治疗只有治疗者和来访者。在团体治疗中,如果只有一个成人领导者,团体成员一般不超过4~6人;如果有两个成人领导者,则不超过6~10个。团体成员的年龄差距不超过2~3周岁,尤其是年龄小的儿童之间。至于团体中男女的比例应视儿童的年龄、团体的形式以及治疗的目的而不同。在团体治疗中,治疗者不仅要反馈某个儿童的情感,也要反馈其他儿童的情感。在团体治疗中,儿童互相之间的反馈并相互影响很大,所以治疗者可以先进行个别治疗再用团体治疗或两者交替使用。

从是否有预先设计的维度看,游戏治疗的形式还有结构性游戏治疗和非结

---

① 叶贞屏.小学校园中的游戏治疗.咨商与辅导[J],1994,99:11

构性游戏治疗之分。如讲故事治疗就是一种结构性游戏治疗。

7. 设限

在游戏治疗过程中,需要设定一些符合安全、法律和道德规范的必要的限制。在游戏治疗过程中,必要时对使用玩具和特殊游戏行为加以限制。如限制儿童有意破坏游戏材料和游戏室行为;禁止将玩具带走;规定某些特殊游戏在规定的区域内进行活动,如不能在沙箱外面玩沙子和水;禁止危害他人和伤害自己的行为,如攻击治疗者和其他儿童、从很高的窗口把头伸出去或从事其他危险的活动。

另外,游戏室里尽量不要出现由玻璃材料做成的玩具及其他容易伤害到儿童的尖锐器具,以免有严重问题的儿童以此自杀。游戏治疗之前申明治疗者对游戏治疗过程保密,除非儿童来访者允许治疗者不那样做。

至于这些规定或者限制在什么时候呈现,不同的学者有不同的看法。有些认为可以在游戏治疗一开始就呈现,这样可以从一开始就尽量避免一些不该发生的事。但有些则认为这些规定和限制可以在必要的时候再呈现,如果儿童在治疗过程中没有出现类似的问题就没有必要事先强调,否则会限制儿童在游戏治疗中的探索活动和自我开放,也会对治疗关系打折扣。以下提供一个卡杜森(Kaduson)博士在他的游戏治疗中使用限制的实例[①]。

达林由于受到来自家庭的巨大压力"要获得好成绩或其他"而得了学校恐惧症,被介绍到我这里来。在第三次咨询时,达林邀请咨询师跟他玩"警察与小偷"的游戏。他给我的指令是:"你必须用枪射击我。"这是应该用到"限制设置"的时候了。"达林,你希望我用枪对你进行射击。你还记得我说过,如果有什么事情你不能做,我会事先告诉你吗?在这个特殊的游戏室里你和我不能做的事情之一就是,当子弹枪装上子弹时将它对准或者射击某个人。但是你可以用它射击房间里的其他任何地方。"达林回答说:"好吧,那么我们就把子弹拿出来。"

设限的另外一项内容是是否要求儿童在治疗结束后整理游戏室。台湾学者梁培勇认为,当结束时间到了,治疗者不要刻意强调要收拾玩具。个人中心取向

---

① Heidi Gerard Kaduson, Chailes E·Schaefer 著,刘稚颖译. 儿童短程游戏心理治疗[M]. 北京:中国轻工业出版社,2002.74~75

游戏治疗师莱西·佩里(Lessie Perry)也认为,就像治疗师不会要求成年人来访者"清理他们的语言"一样,个人中心取向的治疗者也不会要求孩子在治疗结束的时候清理玩具。

第二节　游戏治疗的常用技术

游戏治疗是个连续的过程,它包括治疗前的会谈与诊断、治疗过程及治疗后的追踪与反馈。游戏治疗后的随访是必须的,治疗师要看看治疗后的效果是否稳定,来访者生活是否真正有了变化。治疗过程一般经历部分重叠且循序渐进的三个阶段:开始阶段、工作(治疗)阶段和结束阶段。每个阶段都有其自己的任务和治疗目标。现分别对这三个阶段举例说明,供广大教师和心理治疗工作者参考。

一、如何带领儿童进入游戏治疗

【案例一】进入游戏室①

来访者:小玲,女,5岁。

治疗师:(微笑着走到小玲面前)小玲玲,早上好!我很高兴见到你,你喜欢那边桌上的米老鼠吗?

小玲:(别过脸去,不理睬治疗师)

治疗师:你愿意和我一起到那边游戏室去看看其他的好玩具吗?

小玲:不!

治疗师:小玲玲,你来看,有大娃娃、颜色泥,你喜欢大娃娃对吗?

小玲:不,我不想来。我想回家!(背过身去)

治疗师:你不想和我玩,你想回家,那么,游戏室就在那边,你是不是到里面去看看,再回家去?**(治疗师同理)**

(治疗师带路,妈妈跟在后面,小玲勉强跟在后面)

治疗师:(朝向妈妈)您不是约好了跟张先生谈话吗?

妈妈:对啊!

治疗师:要是小玲不想和我待在游戏室里玩,她可以在外面接待室等您。

---

① 方观容. 漫谈游戏治疗. 学前教育研究[J],1997,12(5):13~14

妈妈：好，小玲，你愿意在接待室等我吗？

小玲：(眼泪汪汪地)我要和你一起去。

治疗师：小玲，你不能一起去，妈妈要单独和张先生谈公事，你愿意在游戏室里玩还是在接待室等，由你自己决定。

小玲：(不太情愿地、慢慢地走进游戏室)

大多数孩子在接受游戏治疗之前都会有这样的表现，这主要是因为他们对治疗师和游戏室的陌生感以及对游戏治疗的恐惧感引起的。还有一些孩子把心理治疗与医院、生病等联系起来，所以不敢和治疗师单独相处。遇到这样的情况，治疗师最好让孩子和父母待在一起，一起进入游戏室，当孩子慢慢开始适应那里的环境时，让妈妈稍微离孩子远一些，但要在孩子的视线范围内。再过一些时间，将距离拉开至门口，但也要让孩子看到。等孩子对玩具开始产生兴趣的时候，妈妈和治疗师配合，找一些借口离开游戏室，如上述案例中治疗师和妈妈的对话。这种方法可以逐渐减少孩子的分离焦虑，让他安心待在游戏室里。

【案例二】第一次游戏治疗(本案例采用个人中心取向游戏治疗)[①]

来访者：小雨，女，6岁。

治疗师：小雨，在这里，你可以用自己的方式玩所有的玩具。

小雨：(指着某个玩具)这是什么？

治疗师：嗯？

小雨：(在游戏室里晃来晃去，看看房间里有哪些东西。她拿起了婴儿奶瓶)这个是干什么用的？

治疗师：你可以自己决定用它来做什么。

小雨：(继续探索着，她碰碰水彩笔的笔尖，殷切企盼地问)我可以画画吗？

治疗师：听起来好像你想要画画。你可以自己决定。

儿童在第一次接受治疗时，常常会仔细观察游戏材料，体会治疗师的态度并探索治疗关系的界限。因此治疗师不能对孩子限制或引导太多，比如"你看那边的娃娃多漂亮啊，你喜欢玩，对吗？""这个奶瓶是用来装牛奶的，你可以用它

[①] Terry Kottman, Charles Schaefer 著，梁培勇等译. 游戏治疗实务指南[M].台北市：心理出版社，2001.24~25

来喂你的娃娃。"等等,这样一方面会有故意引导的痕迹,另一方面会让孩子有退缩和排斥心理。所以在这里治疗师要做的是从语言、表情和行为等方面表现出接纳和容许的态度,这样孩子才会慢慢放下防备心理,在安全、信任、自由的环境里游戏,开放自我。

二、工作期游戏治疗举例说明

一般从第一次游戏治疗到进入工作期需要四次或四次以上的治疗时间,视每个来访者的实际情况和问题而定。经过开始阶段,治疗师和来访者之间的关系基本形成并能相互信任,治疗师能在一定程度上掌握来访者的问题并形成假设。从来访者的角度来讲,经过几次的熟悉与接触,他们也开始慢慢自然地暴露自己的情绪和问题。所以这个阶段的治疗是至关重要的。以下举苏珊·奈尔(Susan M. Knell)博士的一段治疗实例[①]。

【案例三】对选择性缄默症儿童的游戏治疗
来访者:Chrissy,女,6岁,有近三年的选择性缄默症病史。
(第四次治疗)

对话	治疗师的注释
治疗师:这个木偶的名字叫老虎,她非常害羞也不愿意说话。(老虎的嘴巴动个不停,并尽力试着让老虎说话)	我在介绍玩偶时,同时也介绍一个害羞并且没有兴趣说话的木偶。这是为了让她了解,我知道有些人会试着逗其他人说话。
Chrissy:(看着治疗师,没有说话)	
治疗师:她还没有准备好,当她准备好的时候,她就会说话。	我要告诉她的是,不说话是没有关系的,而且我也让她知道,她可以自己控制说不说话,如果准备好了,她随时都可以说话。
Chrissy:(笑声)	

(第十三次治疗)

[①] Terry Kottman, Charles Schaefer 著,梁培勇等译. 游戏治疗实务指南[M].台北市:心理出版社,2001.24~25

对话	治疗师的注释
Chrissy：让她说话。（指老虎）	
治疗师：我没有办法让她开口说话，她准备好的时候就会说。	我再次重申，我不会"逼"她说话，如果她准备好要说话，她自然就会说。
Chrissy：(面对着老虎) 你准备什么时候才要说话呢？（手中的老虎动了一下嘴巴，发出一种无法分辨的声音）	我发现这个非常有趣的现象，就是她对于老虎不说话的行为已经失去耐性，但是我不愿去评价这个事件。
Chrissy：(似乎在生气) 不可以！用你平常的声音，就像我和你说话的声音。（指向治疗师）	
治疗师：老虎现在在学校里，老师正要求她说ABC和123。	
Chrissy：我在学校曾和一个男……男……男生说话。一个坏男生，他说了很多邪恶的笑话。	
Chrissy：老虎说话，说1。	我重复她对老虎说的话，来示范老虎也做得到。
老虎(治疗师扮演)：1。	
Chrissy：2。	
老虎：2。	
Chrissy：3。	
老虎：3。	
治疗者：(给Chrissy一张贴纸，因为她帮助老虎开口说了话，而老虎也因为说了话得到了一张贴纸)	再一次，我增强的是她帮助别人的行为，而不是她开口说话的行为。因为老虎的问题是说话这个行为，所以我增强的是老虎开口说话。

在这个治疗里，奈尔博士用的是认知—行为取向的游戏治疗。治疗师用玩布偶的游戏来示范治疗师的介入，由老虎玩偶来直接处理不说话的行为，而避免直接处理Chrissy的沉默。当Chrissy不愿意说话时，治疗师不去质问她或是逼

她说话,不过度注意她的幼稚和沉默行为,如在第四次治疗里治疗师对来访者的反应。当她主动谈到一些话题时,治疗师就维持中立,并依据事实来回应她的评论。如在第十三次治疗中,当来访者和治疗师说话时,治疗师并没有表现出特别高兴或惊讶,以避免对来访者开口说话造成太大的压力,同时也从深层次上表达了"说话是一件很正常的事情,说不说都是很自然的,不说话只是没有准备好,而不是有病"这样一种态度。当老虎(代表她自己)开口说话时,治疗师就给予老虎正强化,鼓励老虎多开口说话,如上例中治疗师用贴纸作为奖励。治疗师以布偶游戏为媒介,用行为塑造方法,一步步地引导玩偶实现她所希望的行为。

在工作期,儿童与治疗师已经有了很深的信任感,但因为这个阶段中儿童会暴露出很多真实的深层次的问题及对家长的一些不满,他们还是会比较担心自己的秘密会不会被别人尤其是爸爸妈妈知道,强调保密性原则在这里非常重要,治疗师不仅可以用口头或书面的形式将这个原则传递给儿童,也可以用实际行动来传达。比如,当治疗师约好与家长见面之前,主动告诉儿童,并且问他"哪些你告诉过我的话可以让爸爸妈妈知道,哪些不可以";有时候,可以让孩子也参加和家长的见面会,让他知道治疗师是个信守诺言的人。当孩子问起治疗者关于家长见面的内容时,治疗师这样对付孩子:

来访者:妈妈跟你说了我的一些什么了吗?

治疗师:嗯,是的,妈妈还告诉我一些你不曾告诉我的东西。

来访者:真的?是什么?

治疗师:对不起,我已经答应妈妈不能让你知道,所以我不能告诉你,就像我不告诉妈妈关于你的秘密一样。

心理治疗是一项难度较高的工作,在我们的学校,可以把游戏治疗做得简单一些,但同样也能收到较好的效果。下面提供一个结构式游戏设计,广大的小学和幼儿园老师可以把他们运用到实践中去[1]。

游戏名称:气球爆炸

目标:处理情绪压抑型的儿童。

材料:各种不同颜色、不同尺寸的气球,越多越好。可帮助儿童很容易地将气球打破的工具,要注意这些工具的安全性。

---

[1] 梁培勇.游戏治疗的理论与实务[M].广州:广东世界图书出版公司,2003.67~68

游戏过程:治疗师先拿出一个气球吹气,吹到一定程度(不要太大,因为担心气球爆炸的声音太大,会吓倒儿童)后,鼓励儿童用事先准备好的工具将气球弄破,如果儿童不敢做,治疗师就自己将气球弄破。然后,治疗师再拿出第二个气球,并问儿童会不会吹。如果会,就让他自己吹。如果不会,就由治疗师吹。吹完后再让儿童打破,若他不敢,就牵着他的手帮助他打破。这样做几次之后,治疗师开始鼓励儿童用自己的方式,而不一定要用治疗师准备的工具弄破气球。与此同时,治疗师要掌握时机,想办法引出儿童压抑已久的情绪。

这个结构式游戏是针对情绪压抑的儿童设计的,他可以较有效地释放儿童的消极情绪,达到治疗的目的。有关儿童游戏治疗活动设计的内容,读者可以参阅苏珊·丹尼森和柯尼·莱特著、陈庆福等译的《儿童游戏治疗活动设计》一书。

三、结束期游戏治疗举例说明

工作期一般时间比较长,如果没有效果,那么首先要看是不是对来访者的假设存在着问题,在研究讨论来访者的基础上,做出调整然后再做新的尝试。如果效果还是不显著,就要考虑是否转介的问题。也有些治疗师在第一次治疗成效不显著的情况下转介来访者,及时转介是对来访者负责。如果在工作期中出现显著的效果,那么就可以考虑是否结束,进入结束期。

那么如何进行结束期的治疗呢?下面呈现一个结束期的治疗片断,给大家一个感性认识。

来访者:我知道,今天是我们最后一次了,没有多余的时间了,所以我们开始吧……你知道我真正想要的是什么吗?我希望我能再回到这边三亿次以上。

治疗师:我也很想你的,但是我们的工作已经几乎完成了,而你也已经做好了一件重要的事,就是你已经不再需要接受治疗了,你知道该如何让你身边照顾你的人展现他们对你的爱和关心,你已经学到了像你这样九岁大的孩子要做的工作,像交朋友、上学、成为新家庭的一分子等,而你的父母也同样有他们的工作。

来访者:嗯,那我以后还能经常来这里看你吗?

治疗师:当然可以,如果你没有时间过来可以打电话给我。我会一直记住你的。

　　来访者：嗯，那你能来我们家看我吗？并且经常打电话给我。

　　治疗师：是的，我会的，我一定会再来看你……

　　进入结束期，儿童会出现很多问题。比如有些儿童倒退到刚刚接受治疗时的状态，重新出现当初的问题。这是因为一方面他们还没有做好和治疗师分手的准备，另一方面他们还不具备立即脱离与治疗师的亲密依托关系的能力，企图用这些退化行为来阻止治疗的结束。所以在还没有进入结束期之前，或者在游戏治疗一开始，治疗师应该告诉儿童大概什么时候要结束治疗，并且在计划治疗过程的时候要逐渐减少治疗的频率。一开始可以一周一次或两次，快到结束期的时候减少到两周一次，几次治疗之后再减少到一个月一次，最后停止治疗。

　　在学校里对一些需要帮助的儿童进行游戏咨询，或对一些问题儿童进行游戏治疗时，学校心理老师或者咨询师可以采用短程游戏治疗的方式。在短程游戏治疗中，我们可以使用票据的方法帮助学生较顺利地结束治疗①。

　　在开始阶段快结束的时候，我让学生选择一张他最喜欢的彩色厚纸，用来做进入游戏室的票据。在6厘米×10厘米大小的纸上，我沿着较长的一边写上学生的名字，然后划5条细线将它分成6张可以撕下来的票据。我要学生清楚，在每一次游戏咨询结束的时候，学生都要撕掉一张票据以确定剩余的咨询次数。这种方法可以帮助学生建立起时间概念，包括什么时候因为假日或者某些特殊的活动中断了咨询的正常进行。

　　在最后一次治疗里，治疗师和来访者可以相互送礼物和留联系电话，如果来访者要求经常联系，治疗师要保证在追踪与反馈阶段定时给来访者打电话。

第三节　游戏治疗案例解析

　　本节将呈现理查德·斯拉夫(Richard Sloves)和卡伦·比林格·彼得林(Karen Belinger Peterlin)的一个游戏治疗案例②。来访者是一个沉溺于电动游戏的九岁

---

① Heidi Gerard Kaduson, Chailes E·Schaefer 著，刘稚颖译.儿童短程游戏心理治疗[M].北京：中国轻工业出版社，2002.73

② Terry Kottman, Charles Schaefer 著，梁培勇等译.游戏治疗实务指南[M].台北市：心理出版社，2001.374~402

男孩,治疗师对他进行了十二次的短程游戏治疗。男孩的父母认为他"沉溺于电动游戏"的原因是在外逗留的时间太长,所以导致成绩每况愈下,这也使父母亲觉得他们越来越无法掌控这个孩子。我们想通过这个较完整的案例,向大家呈现游戏治疗师是如何运用游戏治疗,在尽量短的时间内形成一个核心主题,引导与建构治疗计划以及对儿童产生影响的历程。

一、来访者的问题与背景资料

Jamal,男,9岁。Jamal的妈妈说,Jamal几乎从来没有在放学后直接回家过。一开始,Jamal晚回家时,可能在路上吃东西而比平常晚到家十到十五分钟,但很快,这个逗留的时间越来越长。他通常在外逗留或者打电玩到晚上七点以后才想到回家,有时候甚至一直在外逗留,直到母亲报警请管区警察带回家。

Jamal生活在一个复合家庭,生母、继父、他和2岁大的同母异父弟弟与55岁大的姨婆住在一起,这个姨婆是在外祖母过世后,将8岁大的母亲一手带大的人。Jamal4岁时爸爸因染上药瘾与妈妈离婚,6岁时妈妈和继父同居并在弟弟出生前不久结婚。起初,Jamal与继父关系不错,但从治疗开始,他们形同陌路。他妈妈认为,她和Jamal的关系原本很好,"但在小儿子出生后,我们的关系就日益下滑,而现在我对他非常生气,气得我一点都不想提到他"。

Jamal在校的成绩一直很好,但从接受治疗前开始表现很差,不努力求学又打扰其他同学,也不按规定完成作业。新换来的老师对他的评价是焦躁不安、过动、害怕、引起别人注意、悲伤和过度敏感。

其他无异常。

二、治疗过程

(一)开始阶段

第一次治疗:这个时期的主要工作,就是要培养治疗性的同盟关系,用来对抗Jamal的无助感。

Jamal:我觉得不太舒服,头有点痛。

治疗师:你的妈妈和老师好像觉得你的头里面装了很多担心,也许这些担心今天不想出来,它们正在顽固地抵抗着。

Jamal:有时候我想太多了,才伤到了我的头。

治疗师：如果我们解决了一些问题，很快你的头就不会再一次受伤了，你应该会觉得好一些。

治疗师：是什么原因让你头痛呢？

Jamal：不知道，也许感冒了吧！

治疗师：你知道不是这样的。

Jamal：我要休息一下。

治疗师：以前你所做的事，是你想在任何时刻都能自己照顾自己，而不像你的妈妈和继父，只要你在他们身边就好。如果是我，没有人帮助我摆脱困难，我会觉得很辛苦、很累。

Jamal：你在开玩笑吧！我又不是小婴儿，我的弟弟才是小婴儿，但是我可以照顾我自己。我只是不知道该怎么做，我可以用这台打字机吗？

治疗师：如果有足够多的时间来玩它可能会好一点，但是我们今天有许多事情要做。这台打字机并不能帮助你，让你觉得你是属于你的家庭的，而且它也无法让你的生父回来。你不会担心你的妈妈吗？

Jamal：她做的噩梦可以吵醒全曼哈顿的人。

治疗师：所以你很担心妈妈而且也想保护妈妈，让她免于受到惊吓。我们还有十一次要一起工作，利用这个十一次的时间想一个方法让他们知道，有些时候你有多孤单，当然你仍然可以保有对自己的担心。

Jamal：不能让她知道我的担心，我会把它们留给你。

治疗师：那该怎么做呢？

Jamal：就像现在，我说话，你听我说，然后我就回家了。我会把那些担心留给你，因为你是心理师，你懂得该如何处理它们。

治疗师：然后我应该怎样来处理这么多的担心和问题？

Jamal：找个空地烧了它们，然后在很多年以后会有像你这样的心理师把它们挖出来好好研究一番，然后它们就不再困扰人，它们会成为干枯的老骨头。

第二次治疗：这次治疗中，Jamal事先带来了两台直升机，治疗者放弃原本预备的相当好的剧本和他玩，并试图探究Jamal的核心主题。

治疗师：你在那边拿了什么玩具呢？

Jamal：直升机，我可以玩吗？

治疗师：当然可以，你已经想过我们要一起做的事，还带了一些玩具来协助我们，我看到一个大的，一个小的，一个是已经长大的直升机，那另一个是……

Jamal：……小的(Jamal把两台直升机拿在空间盘旋)。

治疗师：它们之间的距离既不会太远也不会太近。

Jamal：它们没有办法说话……无线电已经坏了。

治疗师：它们可以看到彼此，但是没有办法向对方说它们想说的话……太接近会是危险的……

Jamal：这是小婴儿，我的意思是小架的直升机，而这个是……大架的。

治疗师：我们也和直升机一样有相同的问题，所以它们并不了解彼此。

Jamal：这个已经长大的有点问题……既然你希望我像你那样说话……我的意思是这个大的和那个小的直升机需要帮助。

治疗师：我们需要帮这个小孩找一个好方法，我指的是让这个小架的直升机可以尽量接近，而可以使用手语，但是不要太靠近也不要离太远，要找到平衡点，我们不希望这个小架直升机再受任何伤害。

Jamal：因为直升机可能会坠毁。

治疗师：如果我们没找到平衡点的话，这种事可能会发生。我们一起来想想看我们能做些什么。这小架的飞机需要加油了，但是它没有办法从拥有很多汽油的大飞机那里取得汽油。

Jamal：好，那你现在是首领。

治疗师：好的，你走到这里。

Jamal：(测量一下距离)这里……就在这里一点。

治疗师：在这里可以加油以及得到一切补给。

Jamal：也可能会爆炸。

治疗师：不会，如果它小心调整好距离就不会爆炸。如果它离得太远……

Jamal：它会坠机。

治疗师：就像人类一样，人类也需要加油。

Jamal：你指的是食物？

治疗师：你知道我要说的是什么。

Jamal：填饱肚子才能走得远。

治疗师：没错，你、我和我们认识的人都是这样。

Jamal:(笑一笑)我家里没有直升机。

治疗师:有时候我们需要的是爱和感情,却不一定能得到想要得到的。我们走得太远也迷失了,而爸爸妈妈生气了。走得太近,人家却以为你是一个小婴儿。

第三次治疗:将工作重点转到了学业上。因为学校是Jamal表现相当优秀的地方,且Jamal在学校里的小冲突,也是把他的问题与他的男老师、继父、生父联结起来的好方法。

治疗师:你好,我正在处理学校的问题。
Jamal:警察来学校谈到一些关于迷幻药的事,因为这些东西有害健康。
治疗师:你怎么知道爸爸所做的那些事?
Jamal:他会死得很难看。
治疗师:你想为他做些什么,想保护他就像妈妈和继父那样保护和照顾你。
Jamal:我会的,星期五我要在班上庆祝生日,你想超人会来吗?我想要超人和蜘蛛侠来参加我的生日宴会。
治疗师:他们能帮助你吗?
Jamal:他们可以从天上"咻"一声下来。
治疗师:你想要超人他们来帮助你,但你却不想让妈妈和继父来解救你。
Jamal:我已经说了很多次,我不是小婴儿。

第四次治疗:为了了解Jamal与家人的关系,治疗师用娃娃屋和积木摆设成Jamal家里的样子。

治疗师:你看接下来要做什么?
Jamal:这个星期以来我好多了,上个星期我只发生了一个小小的问题。
治疗师:你为什么会觉得好像有一些改变发生了?为什么你觉得好了呢?……
Jamal:我爸爸(继父)所做的。(他以一种相当尊敬的方式写下继父的名字)
治疗师:让我们把你新的家族图画出来(我画了一个家族图)。所以,在事情还没变好以前,你的妈妈、继父和你的小弟弟彼此都连在一起(我用线将图连在一起)。

Jamal:等一下,请给我彩色笔。在这之前就像这样(他在自己的名字下面写着"空虚",而在弟弟的名字下面写着"满足"),现在是这样(他在自己的名字下面写着"一般",而在弟弟的名字下面写着同样的字)。

治疗师:嗯,这真令人感到非常惊讶。但我不懂,你认为是有人做了一些特别的事,所以才让这样的情况变好了吗?

Jamal:也许是我妈妈吧!

治疗师:你遗漏了一个很重要的人。

Jamal:你指的是我吗?

治疗师:又答对了。这里,我给你看一些东西(我画了一个站在摄影机前面的小男生),现在开始他要表达"我觉得好多了,每个人都喜欢我",再以他的手腕测量一下距离。当这个男孩觉得悲伤、孤单或是觉得被遗忘,他将会……

Jamal:我知道,他会像这样吧(他画了一条水管或脐带把电动玩具和这个男生的手连起来),这就像是加油站。

(二)治疗阶段

第五次治疗:一开始,Jamal的情绪有点忧郁,也较反抗,并且挑剔我和治疗工作,然后描述一些在学校上课不专心和做白日梦而被老师处罚的事情。

Jamal:你在做什么?

治疗师:我正在清理我的脑筋,也假装这一切是真的。现在,在我们的脑海中有一块空地可以存放我们的担心,这样才不至于造成整个脑袋乱七八糟,那我们应该把存放担心的空间放在哪里呢?

Jamal:放在这里,但是这个地方太小不够放(他改变并加大我所建构的空间)。

治疗师:你做得很好,接下来我们要做的,就是把你的担心一一列出来,你把它们告诉我,然后我再一一把它们写在不同的纸上。

Jamal:(很顺利地讲了一大堆)我还要加一些事情上去,我要在这上面画一个图,让你知道那些担心看起来像什么。它们还能跑出来吗?

治疗师:只有你叫它们,它们才能出来,我们来看看这样做是不是真的有用,你要不要一次拿一个出来,但不是一次全都拿出来,因为这样做会变得很混乱,而我也会感到很紧张。

Jamal:不要现在拿,把它们先留在那边,我们下一次再拿出来。

第六次治疗:在这次治疗时,Jamal直接谈到了治疗师的财产(玩具),所以我转而等待情感转移的出现。

Jamal:我不要玩你的游戏了,你的玩具都很蠢。

治疗师:我的玩具都很蠢,那你觉得我怎么样呢?

Jamal:你也很蠢。

治疗师:怎么说呢?(Jamal沉默了下来)是因为你希望我认为你已经长大了,而我却让你玩小婴儿玩的游戏吗?

Jamal:答对了(笑了出来),也许你并没有那么笨。

治疗师:你担心如果你玩小婴儿玩的游戏,也会让你变笨吗?

Jamal:(看旁边并保持短暂的沉默)其他跟我一样大的孩子也玩这里的游戏吗?

第七次治疗:在这之前,进行了一次家庭会谈。在第六次中Jamal出现了一些阻抗现象,在这次治疗里,他的阻抗继续出现,用他的手臂缓慢地将桌上的玩具推倒,并小心地看着我的反应。

Jamal:你生我的气吗?

治疗师:也许你把我和某个人弄混了,这个人当你试着为自己做决定时会对你生气,我不是你的爸爸或妈妈,我们来看看能为这样的感觉做些什么,但是,首先我们应该怎么处理这些乱七八糟的东西呢?(指着被Jamal推倒在地上的那些积木)

第八次治疗:对上次治疗的追踪与延续,治疗师用积木建立了一个堡垒,在Jamal一进治疗室坐在游戏桌前,治疗师缓慢地把堡垒撞倒,让积木散落一地,当治疗师第三次建立堡垒又摧毁它之后,Jamal开始显得焦虑。

Jamal:你为什么一直那样做?不要再那样玩了啦!它倒了的时候,我很不喜欢这种感觉。

治疗师:每次它倒的时候,我也觉得心情很差,对我来说,这就像一种不安全的感觉,你觉得怎么做可以让它变得更安全。

Jamal:找"城堡医生"。

治疗师:你的意思是找一个木匠,你认识用双手工作的人吗?

Jamal:没有。

治疗师:仔细想一想。

Jamal:你是指我爸爸……我是说我的继父,因为他自己做餐桌?

治疗师:很好,现在我知道我们可以向谁求救了。

(三)结束阶段

第九次治疗:接下来游戏主题开始进入玩超级英雄的戏剧演出了。Jamal开始意识到治疗将会结束。在几次试图将游戏与Jamal在现实中的压力事件,如在学校打架、核心主题、治疗的结束等事件联结失败之后,治疗师做了一些介入。

Jamal:(拿着玩偶毫无规则地乱打)

治疗师:(以播报员的声音说话)我是"调解先生",如果你们两个在敲钟之后还继续打,两个人都要扣分。你,这个小男生,因为打架扣五分,所以现在有三十五分,而你很快就会落后了。

Jamal:我停了。

治疗师:从现在开始,你在玩的时候要遵守规则,这样才会公平公正,因为我是"调解先生",下一场比赛看谁在十五秒内把玩具堆得最高,谁就赢。预备,开始!

……

第十次治疗:在这次治疗里,治疗师以上次的方式,挑战Jamal认为治疗时间的无限制,催促他对自己行为负责,同时强调并支持他的能力与其家庭能提供的资源。对于Jamal对我、对弟弟或妈妈的负面批评,则以忽略或重组其意义的方式处理。

……

Jamal:你想骗我却被我骗了。

治疗师:我们都知道你很聪明,也相当坚强,只有真正遇到大事的时候才需要别人的帮忙。

Jamal:就像和我那令人讨厌的弟弟相处。

治疗师:嗯,要想出如何解决那些问题是一件很难的工作。

Jamal:只要是我的事,跟弟弟无关的事,就没有一件好事。

治疗师:所以他(继父)对你弟弟很好,他在某些方面也可以表现得很好。

Jamal:也许吧!……他会照顾我吗?

治疗师:从叫他教你怎么照顾小婴儿开始,如何?因为我们都同意他在这方面做得很好,是吗?

Jamal:或者是我妈妈。也许我妈妈也可以教我怎么处理那个小鬼。

治疗师:所以这是第二个好主意。

第十一次治疗:由于即将结束治疗,所以时间限制所带来的压力会在治疗关系中玩出来。在这次治疗中,治疗师会继续将焦点集中在与时间有关的事物上。举例来说,当Jamal参与到这次治疗时,他也混淆了,不知道契约中规定应该在哪一天要治疗。这使他质疑我记录的治疗结束日期,与所剩治疗次数的正确性。"我上周没有来,可是却有人在这里做了记录,我没有打×,我要做确认。"当Jamal不再对"毁约"钻牛角尖的时候,治疗师留下一些副本,为可能发生类似的事做准备。

第十二次治疗:这是最后一次治疗。在治疗结束时,治疗师花了二十分钟提供儿童和家长做一个摘要式的讨论。这对游戏治疗的效果强化相当重要。

Jamal:不要说,我知道,今天是我们最后一次了,好一个数字"12"啊,而且我们没有……没有多余的时间了,所以我们开始吧。

治疗师:你今天很急着开始喔。

Jamal:嗯,我知道你今天会和我爸爸妈妈见面,因此我想拿走以前我们完成的作品。

治疗师:作品?

……

Jamal:我还是没有办法让我的生父回来,他也没有办法回来,我该怎么办呢?

治疗师:你很清楚地知道现在你的家人正站在你的身边,陪着你也协助你解决你所不了解的问题,你们一起……

Jamal:长子(表现得很自满的样子),第二个儿子(做鬼脸),第二个爸爸(揉眼睛),以及第一个妈妈。

治疗师：听起来你已经相当清楚明了了。

三、结束与追踪

游戏治疗师会持续进行六个月的追踪后才正式地结束治疗，他的目的是要强化治疗中所有有所进展的沟通方式及家人的紧密结合，就像是在心理上已准备好，重新赋予这个家庭新的生命与自信，相信他们具备足够的技巧与内省，而且能在不需要治疗的情形下继续成长。虽然可能因为一些环境因素，或是一些事件阻挠了面对面的接触，治疗师仍会尽可能地促成这样的会谈。如果来访者的家属只能透过电话联系，而无法约定面对面会谈的时间，治疗师就用电话进行追踪访谈。在这个案例中，因为一些事情而无法进行追踪访谈，但是透过电话联系，知道Jamal正在持续进步中，而且父母也认为他没有必要再回来接受治疗。

理论要点

1. 游戏治疗不是一种单独的治疗理论，而是建立在各种心理治疗理论基础之上的。由于儿童缺乏一定的口语表达能力与认知技巧，游戏可以帮助儿童与治疗师良好沟通，并在自然情境下呈现其内心世界和所面临的问题。因此，作为儿童心理辅导和治疗的流派，游戏治疗是最有作用的儿童心理辅导和治疗方法之一。

2. 游戏治疗的对象一般为年龄在3~12岁之间的儿童来访者。游戏治疗师一般需要接受专业的训练。

3. 游戏只是治疗过程中的一个媒介和手段，但游戏治疗不是简单的游戏，不可与一般的游戏活动混为一谈。在游戏治疗中，提供一个丰富的游戏环境是游戏治疗的物质前提。丰富的游戏环境包括丰富且必需的玩具材料、游戏室等。

4. 建立良好的治疗关系是成功游戏治疗的前提。在治疗开始、进行、结束与跟踪的整个过程中，治疗师与来访者、家长之间要有良好的信任关系，并保持经常性的联系与反馈。

第三章　家庭治疗的理论与技术

第一节　家庭治疗的理论基础

家庭不仅是由一群共享特定物理和心理空间的个体所组成的，同时也是一个具有独特性质的自然社会系统。系统家庭治疗，是指将家庭作为一个整体进行心理治疗的方法，它属于广义的集体心理治疗范畴。家庭治疗主要是把焦点放在家庭各成员之间的人际交往上，其主要出发点是把家庭看成一个私人性的特殊"群体"，需要从组织结构、交流、扮演角色、联盟等观念出发来了解来访者及其家庭系统。家庭治疗需要以系统论的观点去分析家庭系统内所发生的各种现象和行为，减少来访者与其家属之间的负面影响，协助实现"健全"的家庭功能。

一、家庭治疗的起源及发展

最早以家庭作为治疗对象的是心理学与精神病学家阿德勒（Alfred Adler）。他于20世纪30年代在伦敦对患精神疾病的儿童及其家庭进行座谈及心理教育。

精神分析学家阿克曼（Nathan Ackerman）认为，异常的人来自于异常的家庭，与其说来访者需要帮助不如说整个家庭需要帮助，进而提倡治疗师把治疗重点从来访者的"个体"立场推展到"家庭"整体。阿克曼是家庭治疗最早的倡导者和比较正规的家庭治疗的代表。

家庭治疗领域早期的临床研究主要以严重的精神疾病即精神分裂症的家庭为研究对象。在20世纪50年代，家庭研究和家庭治疗以不可阻挡的趋势向前发展。一般，人们将20世纪50年代确定为家庭治疗的奠基年代。根据高登拜克的意见，有五种相互独立的学科及临床发展为家庭治疗的出现提供了舞台：1.精神分析理论和疗法被用于更广泛的情绪问题，如触及家庭的治疗取向；2.系统论致力于研究构成整体的、相互关联的各部分的关系并将其知识应用在对家庭系统的观察方面；3.对于精神分裂症的家庭研究，如家庭成员（如母亲）在疾病形成中的作用；4.儿童教育及婚姻咨询两个领域的发展；5.对新技术如集体治疗的兴趣日益增长。在这些异源性的发展中,所谓的"第二代精神分析家"在这个阶段扮演着主要角色。由于这种治疗的确能解决问题,所以很快引起注意,经过一番试验和发展,家庭治疗终于在理论构想和治疗技术上变得成熟了。20世纪60年代以后,家庭研究者与家庭治疗师逐渐将家庭治疗的对象扩展到包括神经官能症、行为问题的家庭上来,使家庭治疗得到发展。1962年,"家庭治疗"这一名称得到学术界的正式承认。《家庭进程》(Family Process)杂志创刊,成为家庭治疗专业的第一份学术刊物。到20世纪七八十年代,在欧美各地分别成立了许多家庭治疗中心及诊所,除大力推广家庭治疗外,也从事理论研究。而后经过二十多年的发展,事实证明家庭治疗对精神分裂症、情感性疾病、心身疾病、儿童青少年情绪和行为障碍以及婚姻问题都有相当显著的疗效。目前家庭治疗在北美、欧洲及拉丁美洲各国都颇具规模,从业人员众多,医疗业务兴旺,理论及临床研究都很活跃,围绕这一领域的专业杂志已达八十多种。需要强调的是,家庭成员之间的人际互动和各种人际关系的心理效应是家庭治疗的理论研究和实践探索的焦点。①

严格来讲,家庭治疗不是一种治疗体系,因为从事家庭治疗的专业工作者可以有各自不同的理论和操作系统。在系统论的影响和指导下,心理咨询和治疗领域的家庭研究越来越多地从联系的角度考察个体乃至整个家庭的问题,将个体或一对交往关系放在更大范围的家庭关系背景下来考察。在个体心理、婚姻或家庭咨询和治疗实践及研究领域,逐渐出现了一些小型的理论模式,为各种心理咨询和治疗实践提供了理论基础,使其在评估内容和手段、咨询或治疗重点、方法等方面有章可循,有据可依。

二、系统化家庭治疗的基本理念

1. 家庭是一个有边界的系统,它可以适应家庭成员的变化,促进家庭成员的成长,同时为了让家庭正常运转,家庭成员应该共同努力实现家庭功能。而夫妻、亲子、兄弟姐妹分别构成家庭系统中的子系统。

2. 家庭的边界必须是半渗透的,以确保它的生存和对社会的适应。因为人在一生中会发生许多变化,如上学、落榜、结婚、生子、升迁、降职、退休等等,每

---

① (德)诺斯拉特·佩塞施基安著,李顺伟等译.积极家庭心理治疗[M].北京:国际文化出版公司,1990.87~134

个变化都可能成为一个转折点,如果家庭不能适应这个变化,那么家庭成员就会出现这样那样的问题。比如,孩子到了青春期,想独立、自主,如果父母仍像过去那样包办代替,孩子就会出现逆反心理,并可能出现问题行为。

3. 家庭是一个可调节的自稳态系统,它有能力对外界和内部的改变做出调整来保持自身的稳定。当家庭内部的一部分元素发生改变时,另一部分也发生相应的改变,两者共同作用使家庭恢复稳定。这一过程叫做负反馈。通过负反馈使家庭系统功能稳定和自适应。与负反馈相对应的正反馈指的是,家庭内部发生一个小改变,都因为其他成员的互动作用,使这种改变扩大化甚至异常加剧。一般一个人做了某件事,家庭成员的赞成或反对会强化或减弱他的行为。比如你有一个12岁的女儿,她告诉你她想与同学一起坐公共汽车到商店买新年礼物,你会同意吗?如果你仍像过去那样认为她尚小,没有大人陪伴会不安全,那么她以后可能再也不会征求你的意见,或者以后始终谨小慎微,没有独立精神,这就是正反馈。

三、与家庭治疗相关的理论研究

(一)环状模式理论(circumplex model)

Olson等人(1983)提出的环状理论模式认为,有关婚姻、家庭动力特征的数十个变量可以归纳为三个维度:家庭凝聚性、家庭适应性和家庭沟通。家庭实现其基本功能的效果与其凝聚性和适应性之间是一种曲线关系,凝聚性和适应性过高或过低不利于婚姻或家庭功能的发挥。

根据家庭凝聚性和适应性的程度,可以将家庭分为16种类型。其中,在这两方面均表现为中等程度的4类家庭属于平衡型家庭,即适应良好的健康家庭;在一个方面表现为中等程度,而在另一个方面表现为极端程度的8类家庭称为中间型家庭;在两个方面均表现为极端程度的4类家庭称为极端型家庭,这类家庭及其成员常常出现适应不良等问题,是心理咨询或治疗的主要对象。一个家庭属于哪一种类型,并不是固定不变的。随着家庭构成的演变、家庭成员的成长,以及意外事件的影响,家庭的凝聚性和适应性会出现有规律的变化。一个家庭可能从一种类型转化为另一种类型。

根据Olson等人的观点,环状模式理论的主要作用不在于确立具体的心理治疗策略,而是为诊断婚姻或家庭当前存在的问题确定咨询或治疗的目标,以及为检验咨询或治疗效果提供可靠的依据。有关临床研究证明,在凝聚性和适应性方面表现出极端特征的家庭,尤其是凝聚力极度缺乏、家庭角色混乱、无稳定规则的家庭,特别容易出现家庭成员离家出走或患心身疾病、子女行为不轨等适应不良现象。

对于环状模式理论,一些研究者认为16种类型的划分过细,与家庭现状有一定差距。部分家庭的实际表现使研究者难以对其类型做出明确判断,而某些类型的家庭,如凝聚性极低而在适应方面又极度刻板的家庭实例则很少见。

(二)Beavers系统模式(Beavers systems model)

Beavers和Voeller等人在实验室及治疗室观察的基础上,通过对观察数据的理论分析和推导,提出了家庭系统模式理论。他们认为,家庭系统的应变能力与家庭功能的发挥之间是一种线性关系,即家庭系统的能力越强,则家庭功能发挥的效果越好。这是该理论与前述环状模式理论的根本差异。

根据Beavers系统理论,个体的社会适应能力与其所在家庭的功能状况有密切联系。一方面,家庭功能的发挥程度受各成员沟通技能和交往关系的制约;另一方面,个体社会适应能力的发展水平很难超越其家庭功能的发挥水平。为此,咨询师或治疗师若想改变个体的心理或行为,必要时需对个体的家庭系统进行干预,如改变其原有结构,引进外界干预因素(如治疗者、社会支持系统等),或让个体离开原有家庭,进入其他环境等。

与环状模式理论类似,该系统模式理论并不直接指向咨询或治疗的具体技术或策略。与前者相比,由于它采用线性模式解释家庭特征与其健康程度间的关系,划分的家庭类型较少,各类别的家庭实例比较典型,因此在诊断及检验咨询和治疗效果等实际应用方面比前者更简便、更有效。

(三)McMaster家庭功能模式(McMaster model of family functioning)

Epstein等人提出了以家庭系统运作效果为核心的McMaster家庭功能模式。该理论的一个基本假设是,家庭的基本功能是为家庭成员生理、心理、社会性等方面的健康发展提供一定的环境条件。为实现这一基本功能,家庭系统必须完成一系列任务,如满足个体在衣、食、住、行等方面的物质需要,适应并促进家庭及其成员的发育和发展,应付和处理各种家庭突发事件等等。

根据不同家庭在实现其基本功能、完成其基本任务中的问题解决能力、沟通、家庭角色分工、情感反应能力、情感介入程度、行为控制六个方面的表现,可以明显地区分出哪些家庭功能不良、哪些家庭功能完善。家庭的功能状况对其成员的个体心理和行为表现具有制约作用,其表现正如Beavers系统模式理论所认为的那样,个体心理行为的健康程度不能超越其所在家庭的健康水平。

此外,家庭功能模式理论还假设通过改变个体所在家庭的功能状况,可以有效地改善个体的心理行为。有研究发现,在专家指导或社会支持系统的帮助下,将有行为问题的儿童安排在功能完善的家庭中抚养,这些儿童的行为改善情况与在行为治疗专业机构中的成效一样好。

四、系统家庭治疗与个体疗法的区别

个体疗法和系统疗法之间存在显著的不同,针对相同的来访者,治疗师所选择的治疗方式也有很大的不同。表现如下:①

个体治疗师	系统治疗师
1. 集中于明确的诊断,经常使用医学的标准;	1. 探究家庭发展过程和规则系统,也许使用家谱来分析;
2. 立即进行治疗;	2. 邀请家属共同参与,不急于问题干预;
3. 集中于与应对的方法有关的原因、目的、认知、情感和行为过程;	3. 集中于家庭关系;
4. 关注个人经历和看法;	4. 关注系统内的跨代意义、规则、文化和性别观点,甚至还要关心影响家庭的社区和更大的系统;
5. 设计方法帮助来访者。	5. 设计方法改变来访者的生活环境。

系统疗法治疗师不否认个体在家庭系统中的重要性。两种方法都关注个体的生活状况和生活经验,他们相信,和个体疗法治疗师所希望达到的效果相比,个体的系统隶属和交互作用在个体生活中起着更大的作用。通过与整体家庭——甚至是社区——系统开展工作,治疗师有机会观察个体怎样在系统内活动及怎样参与维持现状;系统又如何影响个体(或被个体影响);什么干预导致改变,这些改变既可以帮助个体减轻目前的痛苦,也可以帮助夫妻、家庭和系统改善关系。

第二节 系统式家庭治疗的策略和技术

由于家庭治疗者在处理来访者的方法上的分歧,所依据的理论亦各有所偏重,所以当我们在谈家庭治疗时,实际上想的不是一种理论或方法,而是在解释

---

①Richard S. Sharf 著,石林译.心理咨询与治疗的理论与实践[M].北京:中国轻工业出版社,2000

发病机理及治疗过程中所采取的一种理念。此理念主要在于"家庭系统观",即任何个体有了病症,是因其家庭系统"生病"了,通常指被称为患者的个体只不过是该问题家庭的"替罪羔羊"(scape goat),所以治疗的对象不是这位有病症的个体,而是整个家庭关系(或家庭系统)。家族治疗者都认为个体改变的大前提是其所居住的家庭必须先改变,这样治疗才能够见成效。

一、治疗策略

系统式家庭治疗是家庭治疗的重要流派之一。该方法从系统论的观点出发,将家庭看成一个系统,将家庭成员看成是系统的组成部分,并认为家庭中每个成员都有自己认识事物的模式,称为内在解释(innner construction)。内在解释决定一个人一贯的行为模式,反过来又受行为效果的作用和影响;换言之,一个人的内在解释与他的外在行为是相互作用、彼此影响的,其间的关系不是直线式的因果关系,而是反馈式的循环关系。而每个成员的内在解释与外在行为又会在接受家庭其他成员的影响的同时,反过来也影响其他成员,其间的关系同样是循环反馈式的而不是线形因果性的。系统式家庭治疗学派认为无论是正常行为还是病态行为,都是这种连环套式的循环反馈关系层层作用的结果。这样,对任何病理过程的原因不再在个人范围内、个体心理动力学角度寻找,而是从家庭结构里去探索。对生理和心理过程的紊乱的兴趣已被对交流的兴趣所取代。家庭治疗的要义在于通过引入新的观点和做法,来改变与病态行为相互关联的反馈环;强调摸清家庭内部的相互关系格局,并通过对整个家庭的干预来改变滋生个人心理症状的家庭关系格局,使家庭产生新的冲突,并通过对冲突的重新自我组织,获得新的变化(感受、行为方面),产生新的规则和互动模式。

(一)治疗作为扰动(perturbation)

在治疗情景中,治疗师面对的是一个家庭,干预的对象是家庭中被称为"问题"的系统,这个系统之所以持续存在,是因为各个部分在交流中形成了它特有的规则和维持方式。"问题"是有其功能的,是各成员贡献出来的,某种意义上它也是表达了各个成员的需求,即有时家庭中需要造出一个病人来。这可能反映了原有的模式过于陈旧已不能忍受,"问题"表达了改变的要求;或"问题"已改变了原有模式;或"问题"反映了这个家庭在进入一个新的阶段,必须进行某种新的适应。在不同的发展阶段,个体总是既要符合自己的新的发展方向,又要和原系统保持必要的联系以获得支持,系统总是要对个体的变化提供支持,同时也要做出相应的调整。按照激进构成主义的观点,由于从一个系统到另一个系统之间不可能有直接的信息传递,故一个系统只不过能给另一个系统以促进信息形成的刺激。这种促进信息形成的刺激是环境的改变,这些改变起干扰的作用,其作用的对象是问题系统的各个部分,问题系统受到干扰产生新的信息,这些新的信息起着改变问题系统的操作模式的作用。因此,在治疗情景中,治疗者不确认任何东西,只是挑动刺激起适应性的改变模式的反应来。在治疗中可以通过所谓的"循环提问"、各式各样的"症状处方",或治疗师的"中立"来达到。这一原则决定了家庭治疗师作为"游戏破坏者"的角色,他不再作为"道德说教者"和"社会控制者",与家庭共同玩"再加一把油"的无结局游戏。

(二)假设—循环—中立

系统化家庭治疗人员要遵循三条原则:建立假设,迂回询问和中立。

建立假设指治疗人员以他对所要访谈的家庭所收集的信息为基础建立一个明确的假定。在治疗中可以有多个假设,假设多一些,思路就会多一些,对方接受的可能性也大一些。在通常情况下,我们习惯于惯性思维,往往对不同的人采用同样的假设,比如一个女人说她最近心情糟透了,我们马上就会想可能又是婚外情。米兰学派认为提供一个问题的多种假设,来访者的思路就会宽一些,如果第一个假设不对,就用第二个假设。提出假设可以使治疗人员收集到更多的信息,也可以引导来访者思考。米兰学派认为治疗的任务是让来访者用不同的方法看问题,而不是强迫对方进行改变。

迂回询问(循环)指治疗人员针对他所征求的各种关系、变化和差异,以来自家庭的反馈为基础而进行的调查。我们在治疗中经常会发现,如"你们夫妻关系怎么样"、"你觉得你爸爸和妈妈关系怎么样"这两种询问的结果可能是不同的,它们之间会有很大的差别。前一种询问可能会遇到阻抗,而后一种则不会,甚至还可以掌握有关家庭关系的多种信息。

中立原则对于家庭会谈和建立与家庭的良好关系显得十分重要。中立包括四个方面的内容:一是对所有家庭成员的中立态度,不站在任何一个家庭成员的一边,对每一个家庭成员保持客观和公正的立场;二是指治疗者对待家庭的信仰、价值观、种族立场、社会准则和阶层观念持一种"非评价"的态度;三是治疗者不视症状为病理学性质的,而是家庭系统功能失调的表现;四是治疗者对家庭的改变和家庭结果保持中立,这意味着治疗者并不提倡某种改变,也绝不能将某种改变强加于某个家庭之上。

系统化家庭治疗之所以强调中立原则,是因为它认为治疗的目的是增强家庭改变时的自由和能力。为了实现这个目标,治疗人员应该做到不判断、不责备,只有这样才能够向来访者提供客观公正的帮助。

(三)情景化

按照系统论的观点,一个特定的行为只有在与其背景结合起来考虑的情况下,即赋予这个行为以有意义的参照系,才是可以理解的。这个背景取决于观察者。同样的事件和行为,由于不同的观察者所处背景不同就具有不同的意义。因此,治疗师要首先探明与将要治疗的问题有关的那些背景因素,并在治疗中将这些因素运用起来。如治疗师可以使用种种不同的技术,经由对"情景标记"的重新定义而将情景的意义本身加以改变。这种改变所发生的后续影响可能是一个家庭互动过程的改变,或某个问题症状的改变。系统治疗是资源取向的治疗,常通过重新标记情景,来获得对症状意义的另一种理解。

二、治疗的场地、时间、内容安排及程序

家庭治疗一般进行2~10次,每次1.5~2小时,间隔4~6周。中间给家庭留出作业,给予其变化的时间。治疗的目标是观察家庭的变化,使家庭产生自我组织的过程和能力。

(一)治疗室及附属设备

正规的治疗场所应该有治疗室、观察室、控制室、示教室、摄像机、监视器、录像机等设施,构成一个基本的单元。治疗室内有坐椅若干,舒适但不让来访者过度放松。还要备有小孩用的凳子和玩具。椅子围着一小圆桌放置,不分主次、尊卑,力求创造轻松和谐的活动氛围。

(二)预约、登记

在进行正式治疗会谈前,被治疗的来访者和家庭要先和治疗机构进行接触。有的通过电话,有的直接联系,但均由秘书来接待,治疗师基本上不露面。秘书要记录来诊背景(如是其他医生转诊来的,还是来访者自己来的),对家庭治疗的了解程度(过去的治疗经验),欲解决的问题;秘书还应该记录初次和家庭谈话的印象,然后预约首次会谈的时间。

(三)治疗小组的准备性讨论

绘制家谱图是预备性讨论的第一项任务。在治疗前,来诊的家庭须填写"家庭背景表及两系三代家谱",如父母两系三代人的人口学及健康状况、重要经

历、受教育水平、婚姻、职业情况、主要精神卫生问题等。根据了解的情况,治疗师要用通用符号、规则绘制一份家谱图。在这份图上,重要的个人及家庭事件、问题、家庭动力学、家庭模式及家庭关系变得一目了然,成为治疗师提出治疗性假设的重要前提。接下来治疗师将自己的想法提出来讨论,最后以假设的形式对这个家庭进行多角度的解释和描述,形成治疗的方向,以便在与家庭的首次会谈中能有多种前进的道路。最后是对即将进行的会谈提出大致的目标、任务、可能的难点。

三、治疗过程

每次会谈持续60~90分钟,会谈中途可安排10~15分钟的"咨询性暂停",用于准备"结尾干预"。这时治疗师对督导治疗师(控制室的观察者)报告自己的感受,接受观察者的评论、建议,然后总结出向家庭宣布的总结性评论内容,设计出家庭作业,再约定下次会谈的时间。通常下次会谈间隔4~6周,会谈次数是2~10次。所以家庭治疗是一种长间隔的短程治疗。①

初次会谈时所预备的椅子一定要比来人多,使来访者有选择的自由,要特别注意各个人坐的位置。坐的位置与人们之间的关系有关,从中可以看出他们如何安排自己谈论有关各个人的相互关系,他们是如何感受治疗师与家庭的关系的,如何看待治疗是否能成功。家庭如何分配全家人的座位?父母坐在一起?或是儿子坐在他们中间?是否有一位向后拉凳子?姑娘们是否坐得相互靠近?男孩们是否坐得较远?位置关系给了治疗师一个提示:谁是同盟,谁和谁分裂等。在介绍病情以前,治疗师要先和父母打招呼,然后按年龄和其他家庭成员打招呼,以便尊重父母的权威。初次的介绍非常重要,这有两个原因:一是向全家亮明治疗师的个人特点,减少治疗的神秘性和移情现象;二是间接的暗示,家庭的问题不是唯一可谈的问题。因为是第一次和家庭会谈,治疗师是外人,要给家庭一个机会去判断是否允许治疗师进入他们的家庭。治疗师需要在家庭暴露自己以前,将自己先展示给家庭,以便能够更好地为家庭所接受。

(一)提问的技术

会谈中对治疗师来说主要是运用提问的技术。

---

①谢秀芬.家庭与家庭服务.台北市:五南图书出版公司[M],1986

1. 循环性提问(circular questioning)。会谈常用循环性提问的方法,即当着全家人的面轮流而且反复地请每一位家庭成员表达他对另外一个家庭成员行为的观察,或者对另外两个家庭成员之间关系的看法,或者提问一个人的行为与另外一个人的行为之间的关系。

如:"你妈妈心情不好的时候,你们家里的哪个人常常第一个去安慰她?""按照您平时的经验推测,哪个人对今天的会谈最感兴趣?"

由于这类拐弯抹角的间接提问在被问者的回答和其他听者的"内部回答"之间制造了差异,引起持续的比较和搜索过程,因而极具启发性、暗示性,有人将其称为"循环催眠"。

2. 差异性提问(difference-making questioning)。在家庭中由于某人生病,其他人自然会把注意力集中在症状上或消极方面而忽略其积极的方面。为了压缩症状和扩展无症状的时间、行为和场所,使来访者认识到症状性的行为的出现是有条件的,会谈时要特别注意提问"例外的情况"。

如:"孩子在谁面前很少或从来没有像那样暴怒过?""请你比较一下,你的孩子在哪些情况下容易烦躁不安:是你一句话的意思重复说几次的时候,还是你放心让他去做的时候?""你估计一下,你哥哥几分之几像18岁的小伙子,几分之几像3岁的小宝宝?"

3. 前馈提问(feed-forward questioning)。这是一种未来取向的提问方式,它将病态或某种行为的积极意义投射到将来。显然,前馈提问是一种资源取向的提问,是针对当前临床上习以为常的缺陷取向(或病理取向)而提出来的。缺陷取向将某些有人际意义的行为视为纯粹的障碍、病态,或是直线因果链上最后的个人性结局。这种认识有促进病态、使症状慢性化的可能性。资源取向却要求我们重新认识病理症状的功能意义及"病人"的健康资源。既往的诊治模式比较少地考虑行为与内心过程及家庭背景的关系,而资源取向则更促进病人的自立性,开发其主动影响症状的责任能力,将个人和家庭导向积极健康的新的生活模式。此种提问可以刺激家庭构想关于未来的人、事、行动计划等,故意诱导这些计划成为将会"自我应验的预言"。或者反过来,让有关人员设想在有诱发因素时如何使症状性行为再现,以便能诱导出家庭对诱发性因素的预防性行为。

如:"请你想象一下,如果我们今天的会谈确实有效,你明天会是什么样子?你完全康复了又会是什么样子?""以你们对这孩子的了解,你们估计他为了得到那些当病人的好处,会在什么时候有下一次发作?"后一个问题可称为预防性提问。

4. 假设性提问(hypothetical questioning)。基于对家庭背景的了解,治疗师从多个角度提出有时是出乎家庭意料的疑问。这些假设须在会谈中不断验证、修订,并逐步接近现实。治疗师通过假设给家庭照镜子,即提出看问题的多重角度,让来访者自己认识自己,并有助于家庭行为模式的改变,促进家庭成员的进步,或者让来访者将病态行为与家庭里的人际关系联系起来。

如:"请你们二位设想一下,要是这孩子没有那些阵发性气喘症状,你们在两年前提起的离婚问题今天大概会发展到什么地步了?""假如从现在开始,妈妈不再去玩麻将,你爸爸发火的机会会更多呢,还是会少一些呢?"

5. 积极赋予(positive connotation)。它是指对当前的症状、系统从积极的方面重新进行描述,放弃挑剔、指责的态度而代之以一种新的观点。这个观点从家庭困境所具有的积极方面出发,并将家庭困境作为一个与背景相关联的现象来加以重新定义。在重新定义的过程中,传达了这样一个信息——情景是相对的,一种现象的意义也是相对的,依据问题的角度不同是可以改变的,而对于心理行为问题可以有多种角度,"横看成岭侧成峰"、"塞翁失马,焉知非福"。

例如对于口吃的来访者,治疗师可以说:"这是用简洁的语言表达最安全的信息的最好形式。"

6. 软化症状(softening symptoms)和去诊断(de-diagnosing)。这类提问是为了将来访者从标签化的病态中解放出来,解除病人角色。从语言学叙事动词的角度看,将动词的"是"(to be),"我是病人",改为"做"(to do),"我表现得像个病人";把"我的神经很衰弱",改变成"他懒得动脑子",暗示症状并不是人格结构中不可动摇的成分,也不是器质性病变的后果,患者仍然对症状有影响力。

具体的做法是,如向神经性厌食的病人提问:"你是什么时候决定每天只吃两勺饭的?"对长期被当作"癫痫"诊治,而实际上是癔症的来访者及其家人说:"我们今天宣布给你'摘帽'了,以后再也不用担心那些禁忌,你像其他人一样什么都可以做了。我们把癫痫当作一顶帽子,你要是戴腻了,或者头长大了嫌帽子小了,把它扔了就是,不必再担心什么了。"

值得提醒的是,这些技术之所以被称为"系统式的",原因在于与直接阐释相比,它们超越了平时我们所习惯了的直线式因果思维,遵循的是循环因果思维。前者按事件的时间先后,对症状性行为按序列"A-B-C-D"做节段性处理,人为地确定A是B的原因,B是C的原因……但却忽略了行为常常是共时性发生的,而且有反馈性联系,作用方向是双向甚至是多向的现实。循环因果思维体现了系统论和控制论的观点,通过上述技术体现出来就促进了对观察对象的整体性理解。

(二)干预性的谈话

系统化家庭治疗主张不判断、不责备,只是倾听。那么如何才能达到治疗的目的呢？系统化家庭治疗认为干预性的谈话是最佳途径。

治疗师的每一个问题都会带有某种意图或是源于某种假设。有些问题的目的是使治疗师能够把握来访者的处境和经历,而另一些问题则主要是为了激起治疗上的改变。问题可分为四种:直接的问题、迂回的问题、策略性的问题和内省性的问题。每种问题的目的效果是不同的。

直接的问题,目的是调查性的。主要用于了解家庭成员的现状及其相互关系,这些问题往往会对来访者或家庭产生保守的效果。比如一个家庭的妻子对你说她的孩子不听话、难以管教,那么你可能会问孩子什么地方不听话,从什么时候开始的,什么时候不听话,等等,这就是直接的问题。直接的问题有两个弊端:一是使这个家庭更深地陷入到直接的感受中,无助于挑战家庭已有的信念;另一个是可能引发判断性的态度,不利于家庭治疗的继续。

迂回的问题,目的是探索性的。问题是要引出人物行动、认知、观点、感情、事件、信念、环境等等之间反复或循环的关系。它往往以对事件间的可能联系的好奇心为特征,而不是特别需要知道问题的来龙去脉。迂回的问题对家庭有潜在的释放作用,使他们逐渐意识到家庭成员固有的生活方式。例如问妻子:"孩子不服管教时你丈夫在做什么？"问这样的问题会使丈夫意识到妻子不仅对孩子的行为感到苦恼,也对他的行为不满。迂回问题的主要弊端是随着问询范围的逐渐扩大,可能会偏离问题的核心,造成问题的认识偏差和有效资源的浪费。

策略性的问题,目的是用一种特定的方式影响来访者或家庭,是矫正性的。治疗师的行为更像一位老师或教育者,告诉家庭成员他们错在哪儿和他们应该如何做。如:"你有没有请你丈夫帮助你管教孩子？"这种问题往往对家庭有约束、强迫的作用。治疗师尝试着影响来访者按照治疗师认为更健康更正确的方式去想去做。常见的副作用是家庭成员对自己过去的方式感到有罪恶感或羞耻感。不过,在治疗过程中偶尔使用策略性问题也非常具有建设性。这些问题在挑战有问题的思维方式或行为方式时可以大胆使用,有时会发挥意想不到的效果。

内省性的问题,目的是促进性的。治疗师更像一位指导者,鼓励家庭成员调动他们自身解决问题的资源。内省性的问题对家庭更具有促动性的作用。如:"你如果请丈夫和你一同管教孩子会怎么样?"治疗师影响性的意图由于对来访者自主性的尊重而被弱化了,因此问题的语气往往更温和,家庭成员感觉自己像是被邀请进入新的观点中进行探讨,而不是被动地被推拉着。这些问题往往给予家庭成员新的认知、新的看法、新的方向或新的选择空间。他们也能重新评价家庭目前的认知和行为,找出问题所在,从而产生新的关系和新的解决办法。[①]

总体来说,采用迂回问题和内省问题,家庭成员更可能感受到尊重和新奇,并自发产生转变;而采用直接的和策略性的问题,家庭成员更可能感受到评判、交互讯问和强迫。

为了使家庭成员发生改变,系统化家庭治疗除了采取干预性谈话方式外,还采取其他策略。

1. 正性暗示

治疗者给予症状行为一个良好的解释,来改变家庭其他成员对症状成员和症状本身的知觉,进而改变围绕症状行为的互动方式。

比如,孩子也许并不是有意拒绝上学,而是因为她怕妈妈独自在家会因为沮丧而自杀,孩子非常害怕失去妈妈和家庭解体。这种鼓励症状的方式,最终却能起到建设性地改变家庭内部互动关系的作用。

2. 仪式行为

治疗者为家庭布置一系列任务,包括家庭去做什么、在什么地方做、何时做和以什么样的方式去做等等,这样做的目的是在那些互动关系混乱的地方建立起明晰的行为。

例如在一个三代人的家庭,奶奶经常干预母亲对女儿的教育。由治疗者设计的仪式行为是让奶奶和母亲在某些特定的时间轮流对女儿进行教育,这项工作通常要作为家庭作业来完成。

---

① 吴就君编译.家族治疗的理论与实务.台北市:大洋出版社[M],1986

3. 提出困境

治疗者指出任何一种选择的好处和可能带来的不好的地方。当家庭成员面对选择时，他们能够更好地了解自己的信仰、情感和恐惧，这样的训练可以帮助家庭做出改变的决策。

(三) 布置作业

布置的作业是为了促使家庭在生活中（治疗情境之外）也能继续产生某些变化，是系统治疗极为重要的一个环节。

1. 悖论（或反常）干预（paradoxical intervention）和症状处方（symptom-prescription）

家庭治疗师要求来访者故意保持或"加重"症状性行为。

例如，对成天担心失眠的来访者说"睡不着觉的时候，请睁大眼睛盯着天花板的某个地方，舌头抵住硬腭，命令自己坚决不睡觉"；对强迫性思维的来访者说"建议每天上午、下午、晚上各用半小时的时间，把那些念头集中起来想个够，不能有一分钟的缩短或者延长"；对于目光不能集中，以余光看人的学生，要求他"上课时允许自己注意力不集中，分出一大部分注意力看那些干扰自己的地方，只留小部分注意力听课"。

这种"以毒攻毒"的治疗技术，常常能迅速控制不合意的症状性行为。这样做的道理是：有些来访者及家属对待病症过分关注，治疗师故意引导其夸大、扩展病态体验，达到使他们自己都觉得可笑的地步，从而产生领悟，起到刹车的作用。对某些来访者，治疗师要布置一些令其抵制或反感的作业。

如要求经常吵架的夫妻每周吵两次架，而病人不愿去做，这样一来正好有利于终止症状。

与此相反，有些行为是合意的行为，而治疗师却故意不让做，这样反而促使病人或者家人设法去做。如对因患有惊恐发作而不敢出门的病人，治疗师故意要求他不能出门，有时反而激起他出门锻炼的努力。

2. 单、双日作业（homework for odd-numbered and even-numbered days）

建议来访者在星期一、三、五（单日）和星期二、四、六（双日）做出截然相反的行为。

星期一、三、五，你可以装小孩或病人，什么都需要他人帮助和满足，不然就发病给她（指妈妈）看；二、四、六装大人，做作业、买菜、扫地、拖地板，管理自己和家庭。星期天随你便,你觉着当病人舒服,当小孩好就继续当;若觉得当小孩或病人没劲,就长大成18岁,表现得像个成年人一样。随你变。与此同时,要求其他家庭成员观察来访者两种行为各有什么好处。

这类作业的作用是"醉翁之意不在酒",治疗者的主要目的是要传达一种信息,一种言外之意,引起对原有退化和症状性行为的反思或领悟,并选择进步的方向。另外,面对冲突处境的人,如与父母情感纽带解离困难的青少年,其困惑常源于不能同时处理矛盾(ambivalent)的信息,这个作业可以帮助他们辨别自己的心理需要,澄清矛盾,学会用异时性的方式处理事态。

3. 记秘密红账(keeping merit-accounts)

有些家庭习惯于翻旧账,系统治疗师将其戏称为"记黑账"、"说坏话"。治疗师要求家庭成员对来访者的进步和良好表现进行秘密记录,即记秘密红账,不准记坏表现和症状,直到下次会谈时才由治疗师当众宣读。有时也要求来访者记录父母的优点和进步。常有数量上的要求,如必须记满20条后才能预约下次会谈。这种作业主要是针对家庭中常见的缺陷取向的现象,如家庭中有成员出现不合意行为表现后,其他人会有焦虑、沮丧、挑剔等负性情绪和态度。这样的作业一方面促进其他成员的注意力重新分配,另一方面则诱导来访者做出合意的行为,使之有"立功受奖"的机会。不少家庭在接受这项任务的时候会面露难色,甚至表示不可能写出那么多条来。对这样的家庭要强调,正因为如此他们才更应该做这道作业。

4. 角色互换(role-exchanging)

让家庭成员定时或因事而定,交换在家中的角色,最好具体到当前的事务中。

比如,请喜欢挑剔的丈夫亲自下厨房做饭;请拖拉的儿子负责每天唤醒全家;请事无巨细皆要亲自干预的妻子像丈夫那样,过几天依赖或不管闲事的日子……

5. 水枪射击或弹橡皮筋

让家庭成员以善意、戏谑的方式,直接对不合意的行为或关系进行干预。令家庭成员准备玩具水枪或橡皮筋,当谁出现不合意行为时就瞄准行为者的眉心射击或弹击,即便是对权威的、不苟言笑的父亲或母亲也须执行。

比如说:"你对妈妈一句话说10遍感到厌烦,但她有她的道理,而且一种习惯也不可能马上改掉。我们先约定一个指标,让她一天内同样的话可以重复5遍,你得留意数着,如果超过这个限额,你就拿水枪射她。反过来,如果你妈妈提醒了3遍,你还不做作业,她也要这样惩罚你。"

这种干预看上去像是一道行为作业,但它的意义并不在于实际上做不做,而是在观念层面上给予冲击。通常,大多数家庭都不认真执行,他们在接受任务时就可能已经发出会心的笑声了;少数家庭可能会尝试着做,这两种情况均能快速终止不合意的行为模式。

  6. 定期写信或打电话

  对居住在外地不容易来继续访谈的家庭,须维持治疗关系和干预效应。这就要求家庭成员定期写信或打电话汇报进步,尤其是以前没有过的新行为。做法同"记红账"。在打电话汇报时,家庭要拿出记录好的秘密红账,当众宣读,互相确认,治疗师在听到后要及时鼓励并布置新的作业。

  以上介绍的几种系统式治疗技术,若用通常的医患关系、发病机理假说及相应的干预逻辑来衡量,可说是不伦不类。事实上,这些看似不合理的技术,体现了激进建构主义的临床治疗观。其着眼点是通过促动家庭内的人与人之间的信息交流,来重新建构更有建设性的心理和人际关系的实现。

四、系统化家庭治疗的优势和局限

  系统化家庭治疗作为一种特定的心理治疗方法,一方面拥有自己独特的原则和技术,同时在治疗过程中还常常有选择地吸收其他学派的治疗方法,因而具有明显的优势。[①]

  1. 系统化家庭治疗遵循的中立性原则,能更有效地消除家庭成员的阻抗,因为它使家庭成员感到了尊重和平等,治疗效果会更好。

  2. 系统化家庭治疗建立的多种假设和迂回询问原则,使治疗人员能了解到更多的信息,可以更清楚地认识到家庭成员间的关系及问题所在。

  3. 系统化家庭治疗的目标是增强家庭改变时的自由和能力,不强迫对方改变,同时它认为治疗人员不能过分卷入,因为这样会使治疗人员深陷其中,不能清楚掌握问题的实质。这一点对来访者和咨询人员也同样适用。在热线咨询和面对面咨询中,咨询师有时会出现衰竭现象,如怀疑自己的能力,感到力不从心,试图逃避等等,其主要原因就在于过分卷入,把自己当作救星来看待,一定要解决对方的问题,当自己不能让对方满意时,就产生无力感;或者有过多的情感投入,身处其中,无法掌握咨询的方向。不过于卷入才能使咨询师了解事实的真相,帮助对方梳理思路。有人可能会说这与心理咨询的共情原则是相违背的。

[①] 曾文星,徐静. 心理治疗:理论与分析 [M]. 北京:北京医科大学中国协和医科大联合出版社,1994

其实，过于卷入与共情是两个完全不同的概念。过于卷入是指将对方的事件完全等同于自己的事情，投入过多的情感。而共情是指对对方的问题保持高度的敏感，能准确理解对方的意思和情感，并对对方的感情做出恰当的反应。

总之，系统化家庭治疗的目标、原则和方法值得心理咨询人员在咨询中参考和借鉴。如在咨询中建立多种假设，并通过迂回询问来验证假设，理清思路，找到问题的根源。通过正性暗示提高其自信心，用仪式行为引导其思考和采取行动。坚持中立性原则，建立良好的咨询关系，打破来访者对咨询师的心理依赖，提高其独立意识和自主精神，从而达到提高解决自身问题能力的目的。

系统化家庭治疗的优势在实践中得到了验证，但与此同时这种治疗方法也可能会面临一些困难。

第一，由于没有确定的方案和建议，可能使来访者产生失望情绪。特别在我国，心理治疗还不普遍，人们对心理治疗缺乏正确的认识，加上传统文化的影响，人们的内心是封闭的，不愿让其他人了解自己的内心世界。一旦家庭成员心理出现了问题，人们都习惯于把它隐蔽起来，直到问题严重到了一定程度，家庭确实无力解决的时候才寻求治疗，而这时又会对治疗师产生心理依赖，把全部希望寄托在治疗师身上。他们迫切希望有一个明确的改变方案，如果没有，他们就会感到无助或怀疑治疗的可能性，进而怀疑治疗师的能力。

第二，有些来访者对动摇其观念的问题可能会加以抵制。这主要是由于问题已积压了很久，来访者已产生了固定的认知模式，要改变是比较难的。比如"我对这件事已经想了很多年了，就是因为他的原因，才造成了今天这个结局，我对这件事没有任何责任"等等。另外，个性的原因也会加大治疗的难度。

第三，系统化家庭治疗主要采取谈话的方式，治疗师通过问一些问题了解家庭的互动方式和信仰，又通过问问题引发来访者的思考，从而达到治疗的目的。但由于文化水平的限制，有些来访者可能难以理解治疗师的意图，双方无法互动，这会大大影响治疗的效果。

第四，内省性的问题可能带来复杂的局面，结果可能是不确定的。在很大程度上，治疗师不得不"在黑暗中工作"，无法判断治疗的最后结果。

因此，在家庭治疗中应对各种治疗方法进行整合，因为每个治疗学派的观点都有其合理性，有适用的空间，但都不可能解决所有的问题。只有整合，因人而异，选择最适宜的治疗方案才能扬长避短，达到最好的治疗效果。

我们在应用家庭系统理论时,要充分考虑到中国文化的特点;还应该看到,我国是一个多民族的国家,不同的民族具有不同的文化,我们应该在积极学习和应用当代家庭系统治疗理论的同时,有所创新,发展出适应我国不同民族特点的家庭系统治疗方法,更好地为广大人民服务,促进家庭的和谐和社会的稳定。

第三节　家庭治疗案例解析

家庭治疗的对象可能涉及整个家庭,因此系统观是其中比较重要的一个理论基础。本节采用一个完整的案例来说明家庭治疗技术的应用。

某中学女生因常常找借口不上学,父母担心孩子有问题而前来求助。学生的厌学行为很容易让人想到功课压力的问题。功课压力是原因之一,但非主要原因。一般而言,人承受外在压力的能力相当巨大,比较难以承受的是内在压力。这个孩子如果心理功能健全,不至于因为学业压力而厌学。因此,若只教导孩子改善学习方法或增进时间管理能力,对她的帮助甚微,因为根本症结不在学习本身。依家庭治疗理论的观点,厌学只是反映家庭系统出了问题的征兆,就像人的身体有病而发烧一样,只吃退烧药是无法彻底治疗的;同样地,只就厌学表面的问题进行解决是没有效果的,需要借助系统的观点来进行全面的干预。

下面是第一次会谈中的一小段记录。治疗者与这对母女的一段对话,让这个孩子说出内在的渴求和情绪,也让母亲明白自己内心对孩子的期待,用错误的方式传递出来了。[①]

　　咨询师:你看起来现在很生气?
　　来访者:(点头)
　　咨询师:你要不要说说看,为什么生气?
　　来访者:(看了母亲一下)
　　母亲:你说吧,没关系的。
　　来访者:(沉默)
　　咨询师:不愿意来这里,是吗?

---

① 曾瑞真.家族治疗理论在辅导上的运用.[J].教师天地.1995(62)

来访者:(点头)

咨询师:你在生你妈妈的气吗?

来访者:没有。

咨询师:在生我的气吗?

来访者:(摇头)

咨询师:那你在生什么气?

来访者:在生自己的气。

咨询师:噢!为什么?

来访者:我气自己为什么遇到困难就逃避,我每次告诉自己不要逃避,但都做不到。

【分析】来访者与其母亲之间的关系可以通过非言语行为透露出来,即母亲是指示者,来访者是遵从者。对母亲有怨气,但仍不敢表达,将不满对象转向攻击自己,来访者并没有直接处理厌学问题本身,而是将问题转化到自己身上,作为替代来处理自己的矛盾。

咨询师:你在学校中遇到什么困难了吗?

来访者:如果作业没写完我就害怕见到老师,老师看我的样子我会觉得他在怀疑我。有时要考外语,我也怕,怕考不好,怕不好意思。

咨询师:你在学校遇到一些困难,使得你害怕学校。你的爸妈是怎么处理你的这件事的呢?

母亲:他爸爸会打她,打得很厉害。

咨询师:(对来访者)你说说看。

来访者:爸妈都说我不能不去。

咨询师:就这样吗?

来访者:妈妈会一直骂我。

咨询师:爸妈这种方式,你觉得怎么样?

来访者:我觉得我应该去。

咨询师:我了解你的意思,爸妈叫你去上学,你告诉自己应该去,但你的心理的感受怎样呢?

【分析】咨询师从家庭系统的角度来处理来访者的问题,以便了解来访者的行为对家庭的意义,以及该家庭应对问题的模式,将问题的视角放大:父亲和母亲均是指责型的,而女儿则是讨好型的。

来访者:很难过。
咨询师:你知道在难过什么吗?
来访者:我觉得他们不了解我。
咨询师:他们不了解你,你觉得如何?
来访者:生气呀!

【说明】咨询师帮助来访者,接触其感受与期待,达到自我了解和深度挖掘的目的。

咨询师:当你很生气时,你的反应如何?
来访者:我会和妈妈吵架,大声吵……(叙述与妈妈吵架的经过)
咨询师:然后呢?
来访者:妈妈会很生气,也会哭,说怎么会有这种女儿。
咨询师:然后呢?
来访者:然后我就回到房间。
咨询师:你和妈妈顶嘴后,气有没有消?
来访者:没有,我会气自己为什么让妈妈生气、哭。
咨询师:没有消,气跑到哪里去了?
来访者:有时候我会怪到别人身上。比如,我的爸爸和邻居。
咨询师:你常这样生气吗?
来访者:(点头)
咨询师:每次生气都是让它过几天就算了?
来访者:对。
咨询师:你有没有发现自己越来越容易生气?
来访者:有。
咨询师:你知道原因吗?因为你的气一直在累积,所以只要有一点刺激便会生气起来。你有没有气妈妈什么?

【说明】咨询师帮助来访者明白其面对情绪的应对模式是无效的,并引导来访者正确表达感受的方式,合理地处理自己的感受和体验。

来访者:我知道妈妈爱我,但是我讨厌她对我说话的样子。

咨询师:我们都知道你爱妈妈,妈妈也爱你,但是你们之间有误会,你妈妈在这里,你愿不愿意对她说?

来访者:你每次那样说我,我很烦,你知道吗?

咨询师:(对母亲)你刚刚听了女儿说了不少对你的感受,你可能有些想法和感受,你说说看。

母亲:我很惊讶。我觉得很奇怪,为什么她会这样。以前母亲带我们,我们都没有像她这样,她怎么会这样!小孩子不都是应该知道自己要上学,要做功课的吗?我知道我也不对,疏忽了她的心理。

咨询师:你针对刚才女儿所说的,你直接跟她说?

母亲:你好好地去上学,不要逃避了。

来访者:我讨厌你这样对我说。

母亲:我不是说对了吗?你不是这样吗?

来访者:我是这样子,可是我很烦,我不要你这样说。你看我的眼神,我很讨厌。

母亲:(沉默)

咨询师:妈妈的眼神让你觉得怎么样?

来访者:她在怀疑我,让我很不舒服,她不信任我。

咨询师:妈妈不信任你,你感觉怎样?

来访者:不重视我。

咨询师:是不是让你觉得心里受伤?

来访者:(哭)对!

咨询师:你们两个人都互相关心与爱护着,但女儿觉得不受信任而受伤,这种感觉是真实的。你(母亲)有什么要说的吗?

母亲:我今天收获很大,我会注意的。公平地对待孩子,还要多听听她的话,顾及一下她的感受。

【分析】咨询师帮助来访者学习接受自己对母亲的感觉,并勇于表达出来。

来访者必须学会处理自己的情绪,并与母亲建立良好的关系。否则会一直压抑对母亲的怨气,最后用逃学来反抗母亲。对来访者而言,她一直以为向母亲表示意见与感受是危险的,于是选择逃学来反映其需要,但是由于方法不对,仍然无法得到需求的满足。

 理论要点

1. 系统家庭治疗,是指将家庭作为一个整体进行心理治疗的方法,它属于广义的集体心理治疗范畴。家庭是整个干预的核心,以家庭为对象是家庭治疗理论的着眼点。

2. 家庭治疗强调以系统论的观点去分析家庭系统内所发生的各种现象和行为。系统家庭治疗观认为个人的症状可能是家庭功能失调的表现,并由家庭成员相互作用而产生,要改变病态的现象和行为,应以整个家庭群体为对象。因此家庭治疗主要是把焦点放在家庭各成员之间的人际交往上,其主要出发点是把家庭看成一个私人性的特殊"群体",需要从组织结构、交流、扮演角色、联盟等观念出发来了解来访者及其家庭系统。

3. 家庭治疗每次会谈持续60~90分钟。会谈中途可安排10~15分钟的"咨询性暂停",用于准备"结尾干预"。

4. 会谈中对治疗师来说主要是运用提问的技术,家庭治疗采用的多种假设和迂回询问原则,使治疗人员能了解到更多的信息,可以更清楚地认识到家庭成员间的关系及问题所在。

第四章 沟通分析治疗的理论与技术

沟通分析治疗(transactional analysis therapy,简称TA)本质上属于一种人格理论,即一种针对个人的成长和改变的有系统的心理治疗方法。这是国际沟通分析协会(international transactional analysis association,简称ITAA)为TA下的定义。TA的重点在于"沟通",沟通是指两个人之间的互动,人们都是通过彼此之间的相互注意而达到了解的。TA主要是一种心理治疗方法,其理论是在实际的心理治疗工作中发展起来的。目前TA主要应用在临床工作(心理治疗)、咨询、机构发展和教育中。

沟通分析是唯一一种沟通性的心理治疗,是艾瑞克·柏恩(Eric Berne)于1950年至1970年间所倡导的。柏恩认为沟通分析的主要目的是试图提高被治疗者的觉知,使其能对自己未来的行为和生命旅程做新的阐释和选择。此种超越与突破的主要目的是让受治疗者清楚地了解过去曾做过的决定,并相信自己有能力来改变以往的习惯形式,塑造新的行为和目标。柏恩根据多年的探讨研究,发现每一个人,从小就受到父母、环境的影响,这些影响一个人的生命脚本,并决定了人一生所发生的大大小小的事,包括结婚、做事、生孩子、成功、失败……TA认为,"环境"比遗传更能影响人格的形成。

第一节 沟通分析治疗的理论基础

一、沟通分析发展的历史阶段

沟通分析由柏恩创立后,其内容不断得到发展。我们首先来对其发展的历史阶段有个全局的了解,这有助于我们更好地学习沟通分析治疗。沟通分析发展的阶段可以分为四个阶段[1]:

第一阶段(1955~1962) 自我状态阶段——父母、成人、儿童

---

[1] 陈宏仁.沟通分析概论,现代心理治疗理论.台北市:幼狮文化公司,1985

柏恩指出自我状态的三个阶段：父母、成人、儿童，并从中进行解释思考、情感和行为，观察来访者此时此地的表现，如接受新的刺激后的行为改变，包括面部表情、说话音调、语句结构、举动、姿态等。犹如一个人的内部有许多不同的人员进行操纵一样，有时这些人格仿佛控制着整个人格，这些观察的指标可作为推论个人过去历史、预测未来行为的基础。在此阶段里，柏恩也将三个自我状态运用在团体治疗上。

第二阶段(1962~1966)　心理顿悟阶段——沟通分析、心理游戏

焦点在沟通和游戏，柏恩发现这些内在自我以多种不同的方式和他人沟通。他分析这些沟通方式，发现有些沟通具有不明确的动机，不仅包括社会层面的信息，还隐藏着心理层面的信息。个体利用这些动机作为工具操纵别人，从事心理游戏和欺诈，因而产生沟通分析、心理游戏分析的概念。此时只是一种认知性的方法，几乎不太注意情绪的问题。

第三阶段(1966~1970)　技术处理阶段——生活脚本、脚本分析

发现人类遵循特定的方式来表现行为，好像在舞台上念脚本一样，因此提出决定个人生命过程的脚本分析。

第四阶段(1970~至今)　精神自我阶段

这一阶段的特征是将新的技术合并到沟通分析治疗工作中，如加入一些来自人类潜能的运动，有完形治疗、会心团体、心理剧的技术等。更发展出以 ego gram 为诊断评价的工具。在柏恩去世之后，继之较有名望的大师有 Murial James & Dorothy Jongward 合著了《强者的诞生》(*Born to Win*)；Thomas Harris 著有《我好你也好》(*I am OK, You are OK*)。这些人代表了新的发展趋势。

二、沟通分析对人格的理解

自我状态是TA的起点，至今仍是TA理论最主要的基石。柏恩晚年时，曾在一次研讨会中说："自我状态是TA的关键，如果你不能分析出自我状态，那就不是TA了。"因此，要理解沟通分析对人格的理解，首先要了解自我状态的概念和结构。

(一)自我状态的概念和结构

所谓自我状态，柏恩将其定义为"一种思想和感觉的系统，而这一系统又可激励另一种相关的行为形态。"沟通分析者认为人有三种自我状态：父母自我状态(P)、成人自我状态(A)和儿童自我状态(C)。以下介绍三种自我状态的含义。[1]

---

[1] 陈宏仁.沟通分析概论.现代心理治疗理论.台北市：幼狮文化公司,1985

儿童自我状态,是一套从个人童年遗留下来的思想、感觉和行为,是指存在于个人心底深处一些自然冲动的行为,以及早期儿童与外在世界接触的经验与其反应方式所得的经验。换言之,是儿童时期所见、所闻、所感觉、所理解的事物经验。由于婴儿一方面自己去经受和感知事物,另一方面也在接受父母的训练、教育或抚育,逐渐发展成三种类型,一为适应儿童型(adapted child),它表现为合作、顺从、妥协、有团队精神,有时却会产生压抑、无奈、不满现实、拖延的情形。二为小教授型(little professor),它表现为小聪明、直觉敏锐、大胆假设、爱幻想、有创意、幽默,但是会有小事不愿做、眼高手低、做白日梦的表现。三为自然儿童型(natural child),它表现为天真、热情、好奇的、爱冒险、爽快、多话的,却常有自私、纠缠、哭闹、冲动、善变的、依赖的、无耐心的、喜乐无常的情形。儿童自我状态常用的字眼是:"我好想……""要是……""好棒喔!""我觉得……""我不敢……""但愿……"

父母自我状态就是个体从周围重要人物(按其本身的知觉)所内射的感觉、思想和行为。父母自我状态通常是父母亲行为的翻版,它是通过模仿而来的。人从出生到5岁期间,个人尚未社会化去接受社会考验,也未入学,父母的一切言行,被记录在脑海中,是一种无可怀疑或强迫性的外在事件,人类对这些早期经验往往非常忠实,未经任何修改,原原本本地刻画在"父母"的自我状态中。由于每个人各有其独特的早期经验,所以每个人的"父母"不尽相同,它经常以偏执、批评和抚养的姿态显现于外在行为中。以批判姿态出现的父母自我状态,为"批评性父母"(critical parent),它表现出批评、纠正、处罚、严守传统规范,消极的表现是偏见、吹毛求疵、不信任的、霸道的、狭隘的、苛责的等,常用的字眼是:"你应该……""你必须……""你给我听着……"以抚养姿态出现的父母自我状态是"抚养性父母"(nurturing parent),它积极的功能是善解人意、体贴关怀、原谅包容、赏识别人的优点,却消极地表现出溺爱、唠唠叨叨、食古不化,常用的字眼是:"多吃一点……""不可以……""累了吧!休息一下……"这些形于内的"父母"也会不断地影响内在"儿童"、"成人"的自我状态。

成人自我状态,是针对目前现实的自主性感觉、思想和行为的组合体;是指能组织所收集到的数据和信息,并预计事情可能的发展情形。它属于人格中较为客观的部分,针对外在的现实环境或事实行事,不受父母自我状态的偏见作用或流于儿童自我状态的情绪化。它常能根据可得的信息,对特定问题提出较适宜的解决办法。其重要功能是检查"父母"的数据是否适宜,是否合乎时代要求,是接受或淘汰。同时也检查"儿童"的资料,检查其情绪表现是否恰当,是否仍拘泥于古板的"父母"教训。它又分为三种类型,一为德性成人型(ethos),受"父母"之影响,较重视伦理道德的维护;其次为理性成人型(adult),配合此时此地,收集具体、客观的资料,做理性分析与决定,有计划、有效率、有见解,但有时也表现出缺乏理性、不苟言笑、数据化;三为感性成人型(pathos),受"儿童"影响,注重生活情趣的培养与童年乐趣的流露。成人自我状态常用的字眼是:"根据……""建议你……""我的考虑是……""我个人的看法是……"

(二)自我状态的发展与类型

1. 自我状态的发展

一个人随着年龄的增长,其自我状态也会随着其发展而产生变化。婴儿一出生,觉察力就集中在自己的需求满足和感官舒适上,尽量逃避痛苦的经验,并且利用自己本有的感觉来与外界应对。他可以说几乎是立刻显现出独有的儿童状态(父母自我状态尚未影响到儿童自我状态),然后再发展父母自我状态,当幼儿模仿父母,做扮演父母的游戏时,父母自我状态首次出现。有时,父母看见自己被孩子模仿、扮演时,会感到惊讶,有时他们也会非常高兴。当孩子试图解释外在世界的时候,成人自我状态就会出现。

(1)儿童期(3至10岁)。发展出的自我状态(如图一)为:儿童自我状态最大,父母、成人自我状态较小。此时期的自我状态常会体验到发现新鲜事物时,产生出生动而清楚的感觉。但儿童期的自我状态,常为符合父母的期望和获得父母赞许,而表现出一种"小大人"的自我状态。渐渐地,儿童期的状态由儿童自我状态最大,转变为父母、成人、儿童三种自我状态一样的情形(如图二)。

(2)青春期(11岁至18岁)。此时期自我状态的发展(如图三)儿童自我状态仍是最大,父母自我状态次之,成人自我状态最小。其特征为青年此时逐渐寻求自我独立与认同,一方面又受成人社会规范的约束与经济原因依赖父母,所以会有眼高手低的现象。

(3)成年期(25岁以后)。此时期自我状态的发展为父母、成人、儿童三种自我状态一样大的状态(如图四),表现为较重视现实环境与事实,待人和气,能适度表现情绪。有时因父母自我状态扩大,成人自我状态缩小,常常会有自以为是和偏见的观念产生(如图五)。

(4)老年期:此时期的自我状态又返回儿童期的自我状态(如图六),老年人会有儿童期的个性、率真,沉湎于过去的美好回忆,有返璞归真的情形。

2. 自我状态的类型

另外,每个人到了成年期,其自我状态并非父母、成人、儿童三种自我状态

与他人一样,常会各有所偏。根据其偏向大略可分为四种类型:

(1)道貌岸然型。此类型的人其自我状态偏向于"父母"(如图七),他们自我要求甚严,讲求道德与传统,重视精神层次的生活,追求理想,此类型较常为法官、传教士、学者、教授等。

(2)精明能干型。此类型的人其自我状态较偏向于"成人"(如图八),他们表现很精明干练,很理性,做事讲效率,有计划、有见解,此类型较适合的工作为情报人员、经理、秘书等。

(3)吃喝玩乐型。此类型的人其自我状态偏向于"儿童"(如图九),他们较重视物质生活的享受,喜欢幻想,喜欢自我表现或创作,此类型较合适的工作为演艺人员、艺术工作者、作家等。

(4)性情中人型。此类型的人,其自我状态没有偏向,父母、成人、儿童的自我状态较为接近,他们表现得处事合理,待人和气,人际关系良好,却能适当表达自己的情绪,重视生活情绪,此类型较适合的工作为辅导人员、教师等。(如图十)

以上的分类并非每个人固定在某一类型,其自我状态的表现常因个人生活经验不同而有其偏向;另外因每人扮演的角色很多,有时自我状态会产生变化,或因工作上的需要,表现亦有偏向。

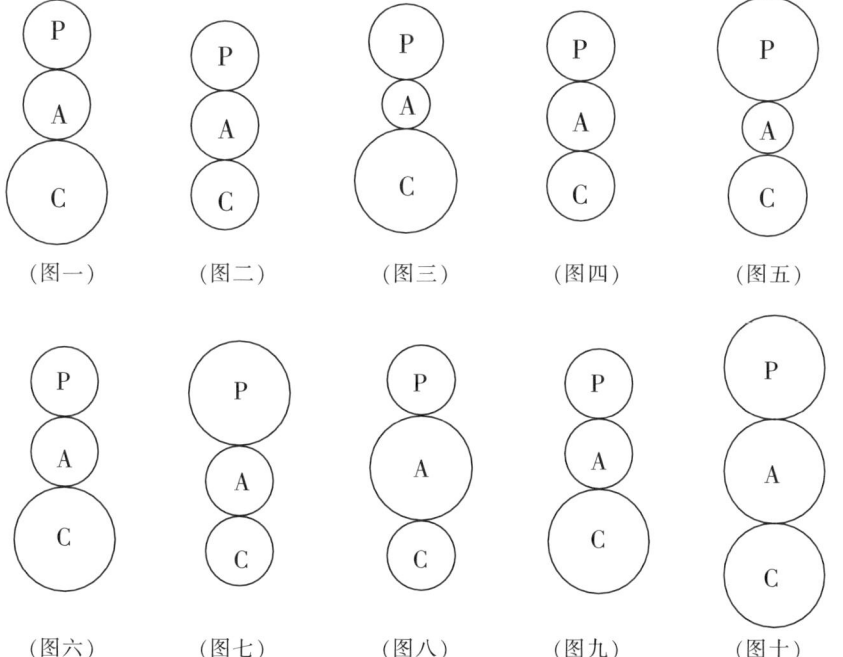

(三)自我状态的混淆与排斥

1. 自我状态的混淆(或污染)(contamination)

自我状态的混淆,是指一种自我状态渗透到另一种自我状态的领域中去,产生混合现象。无论是父母、儿童或此两部分同时侵入成人自我状态的领域中,均会干扰成人部分清晰的思考和正常功能的表现,这就是混淆。混淆一般有以下几种:

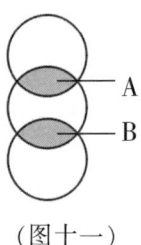

(图十一)

一是来自"父母"的混淆(如图十一A点),典型的表现就是偏见的想法和态度,偏见的产生来自童年给予安全感的父母不准孩子对某些事情发问。我们了解到与一个有偏见的人"讲理"是何等困难,而此不合理态度往往是由于对安全感的需求。如一位来访者从父亲那里得到一个观念,所有的"南方人"都是傲慢、懒惰、贪吃的,当她以这个"混淆"的立场说话时,她非常坚定这是事实,且能提出很多证据来证明自己的说法是对的。

另一来自"儿童"的混淆(图十一B点),其典型的表现是对现实和知觉的扭曲,即幻想。幻想是在极度压力下产生的现象,儿童时经历过的批评和排斥,此刻又返回心中[①]。如某个男生爱上一个女生,之后,他认为她所做的每一件事都表示她也爱他,但事实上她几乎不认识他。

沟通分析治疗的任务之一就是"去混淆",就是协助个人从污染中将自我状态区分清楚,这是TA治疗中一个重要阶段。因为要使情绪工作产生效果,必须先建立一个功能良好、清楚明确的成人自我。

2. 自我状态的排斥(exclusion)

自我状态的排斥,是指个人很少或几乎不用某种自我状态。该自我状态确实存在,但是被忽略,所有的精力都投注到其他自我状态上,结果只能以压抑、僵化的方式来处理现实。

例如,有排斥现象的儿童状态,会阻碍父母状态的表现;有排斥现象的父母状态,将阻挠儿童状态的表现。排斥"成人"和"儿童"的"不变父母"(constant parent)(图十二A),在日常社会生活中通常是一个不喜欢游戏、责任感重、又极度工作取向的人,他们也许表现得很有道德感和正义感,且处处以专制、发号施令的态度来要求别人。一个排斥"成人"和"父母"的"不变儿童"(constant child)(如图十二C)则正好相反,他们是没有责任感的社会人,永远像个小孩子似的,只想找

---

① 邱德才.TA的咨商历程与技术,台北市:张老师文化事业有限公司,2002

一个能照顾他们的人而拒绝长大，他们不愿意自己独立思考或决定自己的事情，只是一味地依赖别人，以逃避自己的行为责任。一个排斥"父母"和"儿童"的"不变成人"(constant adult)(如图十二B)，则事事讲求客观和事实的根据，几乎不带丝毫的情感，犹如机器人一般。可见，只是使用"父母"、"成人"或"儿童自我"三者其中之一，将使这些人在处理现实时面临严重障碍。

当然，在特定时间中使用某一自我状态的能力与自我状态的排斥是不同的。正常的情况是能在某一时刻完全地使用某一自我状态，而在下一刻中依需要换用另一种自我状态，或是维持原状；排斥者是从不使用某自我状态。

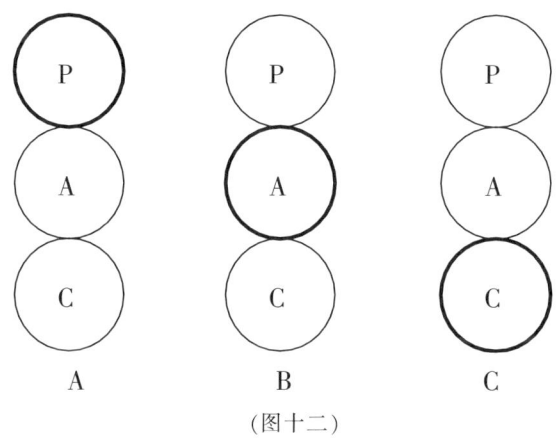

(图十二)

以上深入浅出地介绍了沟通分析理论中的P-A-C自我状态，其主要目的是使每个人能了解自己的P-A-C，不仅弄清楚自身存在的父母和儿童自我状态是什么，也明白不存在的又是什么。然后再利用"成人"去接触现实，发挥生活中的不平凡，重新再选择与决定自己的生活脚本。当然，生活不可能在一夜之间全部改变，但至少我们有选择的机会，让自己成为一个富有理想(父母自我)，且保有赤子之心(儿童自我)又不失于实际(成人自我)的人。因此，认为"我就是这样"于事无补，而应认为"我可以不同"，才可能成为快乐的人。

三、沟通分析的科学单位——沟通(transaction)

柏恩开创沟通分析的理论，其目的就是为寻求一套浅显易懂的标准化语言，以作为了解人类行为和情绪的工具。他为这个了解人类行为的基本科学单位下了一个定义，他认为社交的基本单位是"沟通"。因此，"沟通"在沟通分析中是非常重要的一个概念。当两个以上的人碰面了，或迟或早，其中会有人先开口说话,或以其他方式表示知道他人的存在,这叫做沟通刺激(transactional stimulus);然后,另一个人会说与这些刺激有关的话,或做某件事来反应,称之为沟通反应(transactional response)。同时,他认为任何人都能学习自我信任、思考、认定及表达自己的感觉。沟通分析就是检验这些沟通的方法,我对你做某事,你回报我某事。沟通分析就是把由分析沟通后所得到的信息加以系统化的方法。

(一)沟通方式的分析

当两部分人有了交往之后,他们之间所发生的一切都会牵涉到各自的自我状态。两人之间的沟通,常以三种形式出现。

互补式沟通:一种适当的也是预期中的沟通方式。同时它还遵循正常人际关系的自然法则,具有直来直往的开放特性。互补沟通可以说是两人对对方期望的互补满足,可以发生在任何两种自我状态之间,比如用成人—成人的沟通方式解决问题;用父母—父母的沟通方式来感伤孩子远离他们;利用儿童—儿童或父母—儿童的沟通方式获得快乐。[1]如:

1. C:做了很久了,好累呀!
   P:先休息一会吧!
2. A:现在几点了?
   A:5点了。
3. C:哇,已经很晚了!
   C:是啊! 时间过得好快呀!
4. P:自己的事要自己完成。
   P:对,今日事今日毕。

交错沟通:当一个人对另一个人有所期盼而没有得到预期的反应时,两人之间的沟通就"交错"了,这时人们可能退缩、逃避对方或转换沟通方式。人际关系中的痛苦常由交错沟通而来,我们可以说交错沟通就是人际关系发生故障的信号。如:

1. A对A:现在几点了?
   P对A:你为什么总是关心时间,而不好好上课?
2. C对C:噢! 终于下课了!

---

[1] 邱德才.TA的咨商历程与技术.台北市:张老师文化事业股份有限公司.2002.49~51

P对C:你真是无可救药的学生,上课一条虫,下课一条龙。

暧昧沟通:在表面上它是以社会可以接受的方式表达意愿,实际上却另有所指,即牵涉到两种以上的自我状态,一个是表面的,一个是暗藏的。如:

1. A对A:你出门会不会路过邮局?

   P对A:不会。

(潜台词:可以顺路帮我吗?我不想。)

2. A对A:这件衣服要五百元。

   C对A:我买了。

(潜台词:太贵了,你大概买不起。)

(二)心理游戏

柏恩认为,游戏是一种定义明确和可预测的结果,或者更通俗地说,是种埋伏着陷阱和花招的把戏。所以,游戏是有头有尾的一系列行为,掺杂了隐藏的动机。表面上属于合理的互补沟通,目的是为了达到预期中的结局,而且是在填补空档的时间来引起别人注意,或为了获得报偿来满足某些需求。

来访者:你认为我的情况会好吗?

咨询师:很难说,要看情况。

来访者:要看什么情况?

咨询师:有些人很努力,情况就会改善。

来访者:只要我努力的话,就会变好,对吗?

咨询师:……也许吧!

来访者:听你的口气好像没有把握。

咨询师:嗯,……有时候很难说。

来访者:所以即使我努力了,也不会有用的,是吗?

咨询师:我们可以试试看。

来访者:万一试过了没用怎么办?

咨询师:我也不知道。

咨询师与来访者进入游戏的过程中,咨询师没有观察而有了暧昧的沟通,最后便以负向的感受作为收场。

(三)心理地位(几种基本心态)

心理地位是描述孩子于最早时期对于自己、他人、世界的信念或结论。我们假定在每个孩子诞生时,对于自己与他人的价值、正面特质、资源及潜能均有与生俱来的信心,认为每个人都好。慢慢地,随着自己需求的满足情况和他人的反应变化,孩子开始逐渐形成"我是个可恶的人,没人爱我,连妈妈都不管我,只照顾弟弟"的信念。这个信念在日后可以被归纳成一个较笼统的心态:"没有人爱我,我是不讨人喜欢的。"按照TA的理论,一旦一个基本的心理地位形成后,往后一生的思想和行为都会受其影响。我们会加强这个已选定的信念,并用它来维持自己所创造出来的世界。

由两个相对的状态(我—你)可得出四种不同的心理地位。在这里,"我"可换成"我们","你"可代表"他们、男人、女人或其他人"。

1. 我好—你也好。这种地位是健康的,又称为"赢家"的地位,也是最有建设性的地位,是治疗所追求的目标。人在最早的经验中得到这种地位,一旦错失,便得在以后的生命中辛苦学习。这种地位的心态是你认为自己与他人都是有价值的,你也能使用生命中的各种机会。一个人纵使幼年时,他的儿童自我状态有不好的经验,但他的成人自我状态,经过现实理智的思考历程,决定采取我好—你也好的态度,就会形成健康的生活地位,一个人对自己感到满意,对别人也能悦纳。

其他三种心理地位代表的都是输家。

2. 我不好—你好。这是全人类早期共同的感觉。虽然所有的婴儿都有被轻轻抚摸的经验,但不好的感觉累积下来的程度还是比较多的,因此绝大多数的孩子在此时都认为自己不好。他对自己的形象主要是来自别人对他的反应,他不断地接受这些透过语言、手势或行为等方式传递过来的判决。有这种心态的人常有事事不如人的感觉,总觉得个人的荣辱得失操之于人,自己充满压抑与无价值感。

3. 我好—你不好。儿童若遭到他本来认为好的父母长久的虐待,那么就会转变为第三种的基本心态,即我好,你不好。有这种心态的人会把别人看成一文不值,充满恐惧、缺乏安全与信任感。从临床的观点来看,持这种状态的人行为上偏向"摆脱他人",例如:向别人挑衅,将自己的不幸怪罪在他人头上,吹毛求疵,自大,等等。

4. 我不好—你不好。满周岁后,孩子得到的轻抚减少了;会走路后,爱抚就全没有了,挫折(如被东西绊倒)、惩罚增加了。假如被遗弃和困难的状态持续存在,那么孩子就会认为我不好——你也不好。这是种把自己和别人看成一无是处的心态,不信赖别人也不接纳自己,充满失败主义的情感。这可称为没有意义的地位,是那些对生命失去兴趣,对自己与他人的价值、潜能失去信心的人所采取的心理地位。

很明显,心理地位是我们在生命早期所得到的关于自己、他人和世界的一些结论,但这些是以一概全、绝对的观点。我们用它来支持自己对生活所做的一些决定。因此,心理地位可以说是我们在日后所形成的脚本或生活计划的基础。

(四)脚本分析(script analysis)

TA认为,一个人生来的命运,所有的尊贵的思想、地位或堕落,都是由还不到6岁(通常是3岁左右)时所决定的。这些话听来不可思议,但是这就是脚本理论的主张。柏恩认为,脚本是以童年所做的决定为基础的生活计划,它来自父母的认可,后来也被一一证实,而后在所选定的情境中发挥到极致。脚本分析,是一个人的生活方式和其表现的情形,也可以说是一个人在小的时候即已定好的人生计划。所以几乎所有人类的活动,从童年开始就受到"脚本"的限制,它发自于儿童自我状态,透过儿童和父母的沟通编写而成,涵盖了一个人所学到的在家庭中得到接触的所有方法、喜爱的沟通方式、所学到的心理游戏,从而决定一个人的基本心态。

一个人的脚本常以三个问题作为中心:"我是谁?""我在这里做什么?""其他的人又是谁?"所以,脚本分析不但是分析一个人生活中的戏剧,也是分析人与人之间相互扮演的角色。最简单的关系,就是卡普曼三角关系,在此关系中有三个角色:拯救者、受害者和迫害者。

四、TA治疗的贡献及感想

沟通分析强调治疗历程中关于认知、理性与行为的层面,认为人是以过去经验为基础而做出现在的决定的,所以基于"人有改变决定的能力"的基本假设,因而以一个人对重新做决定的能力能有所觉察为目标,企图改变来访者那些与环境不适应的人生课题。

(一)沟通分析的贡献

1. 沟通分析发展出来的"契约方法"是一项很大的贡献,而此种制定契约的方法,事实上在任何心理咨询中都可以加入这个要素。

2. 沟通分析的"游戏分析"也是一项伟大的贡献,因为游戏是我们每个人都在使用的,沟通分析教导来访者更能觉察游戏结构,使自己不再陷入心理游戏中而又不自知,不再玩弄游戏行为。

3. 沟通分析在治疗历程中会激励来访者更清楚地觉察自己早年的决定,从而改变不适合"现在"生活情境的早年决定,使其更能自在地生活。

4. 沟通分析的另一个优点是它的"开放的特性",许多沟通分析治疗者从其他理论方法引进一些技术,这些治疗工作者视沟通分析为一种人格理论,为治疗工作提供一种新的视野。在这个理论架构里,他们可以自由地借用其他治疗方法中的处理技术来灵活运用。

(二)沟通分析的缺点

1. 沟通分析过于强调"结构问题",很容易以一种把自己(指治疗者)置身于事外的态度来看待来访者的价值观、感觉及一些反应。

2. 沟通分析的另一项缺点是它仅止于心智上的经验。只强调来访者可以在心智上了解所有的事情,但却无法感受和体验他们自己的各个方面。因此,沟通分析被批评为一种"贬低情感因素"的治疗技术。

3. 沟通分析最受指责的一点是:沟通分析的观点及程序不能加以客观地验证,因而很缺乏科学效度。

再者,TA很重视以"成人自我"为核心的概念,然而,成人自我是什么?是否只是一种暗喻,暗示那些循规蹈矩的人就是生活中的赢家?成人自我的任务是否在于压抑父母与儿童自我里毫无节制的反对意见呢?而成人的自我概念到底涵盖什么呢?

有个定义是"排除儿童自我与父母自我后所剩余的,便是成人自我";经常被使用的成人自我定义是"适当处理现实问题的能力"。

柏恩希望TA可以成为一种平凡、不具神秘色彩的语言,外行人和来访者都能轻易地了解和使用,但TA不是,它是与众不同地、更具体地界定心理现象的方法。

此外,因为与其他相似心理学概念间的关联未能清楚地探讨与澄清,TA看来像是没有历史可循;这当然不是真的,但是不容否认地,柏恩并未清楚地交代影响他的各派理论学者,以及是谁开创了TA不同的概念。

综合以上的看法,与其说TA是个全新的心理学原则,倒不如说它是"以新观点来看旧有的原则"的心理学方法。

第二节 沟通分析治疗的常用技术

沟通分析疗法与大部分的治疗方法不同，因为它是契约与决定导向的，由来访者来制定契约，清楚确立治疗历程的目标与方向。同时，沟通分析疗法把焦点放在幼年所做的决定方面，并强调我们有重新做决定的能力，因此有其独特的方面。那么，在TA中，来访者和咨询师的咨询过程是如何的？有哪些独特的技术？来访者和咨询师各自的角色如何？我们本节将讨论这些问题。

一、沟通分析的治疗历程

(一)治疗目标

TA认为，"每个人都有机会当成功者，当然也有可能当个失败者。"而在这里所指的失败者就是在生活上受到自我挫败并且受到支配的人，总是想着自己不能做这个不能做那个，自己是个失败者。在这时候，这样的一个人在这样的定义下则称为一个失败者。

沟通分析的治疗目标是在于帮助来访者对于现在的行为与生活方向重新做决定。也就是帮助来访者了解自己的生活脚本与澄清他的自我状态，并使他明白自己是有能力改变目前的生活状态的，重新体验选择与创造的自由，进而为自己建立全新的、更具创造性的生活态度及脚本。个体学会了在生活里除了使用宿命的方式来解决问题外，还会有许多其他的选择。沟通分析治疗对来访者起的作用包括：充当催化剂，促使来访者开始努力改变；协助对方与父母友善地"分离"并独立；协助对方突破根源于父母的训导和源于早年决定的一连串困境；教导对方在儿童、成人与父母三个自我状态之间进行自由切换。因此沟通分析治疗法的治疗目标就是将一个人的生活形态加以改变，使个体学会"编写自己的脚本"而不要"被别人牵着鼻子走"。

沟通分析治疗的本质就在于：以觉察的、自发的及亲密的自主性生活形态，去取代受到游戏与自我挫败的生活脚本所支配的生活形态。其中，治疗的要素包括：行为改变的契约，咨询师和来访者一起工作，建立明确的治疗目标，协助来访者去控制他们的思想、感情与行为。

(二)治疗过程

沟通分析是一个长期的螺旋前进的治疗过程，在这个过程中，相同的主题、

相同的困难重复出现,但每一次都是在新的层次上,而早先的经验则成为了解的基础。柏恩认为,TA的治疗过程包括四个阶段:

1. 合约阶段

治疗一开始,咨询师与来访者一起进入治疗合约的过程。步骤如下:接触,收集有关来访者的资料,倾听来访者前来做治疗的原因,对来访者的问题做初步的诊断并记录下来,构想咨询过程,和来访者一起建立治疗的目标。因此,建立"心理契约"对于TA而言,是非常重要的一个环节。

沟通分析的心理契约重视"共同的责任",目标的达成必须经由两个人的共同努力,契约虽不保证治疗一定成功,但明确地指出治疗师要做什么,来访者要做什么。TA治疗的契约关系中的原则如下:(1)来访者究竟要得到什么帮助必须清晰、明确;(2)治疗者不能强迫来访者去做来访者不愿意的选择。

根据沟通分析的理论,心理契约的安排可以制定如下:

(1)我希望改变的生活问题和工作问题是什么?制定目标的原则越清楚越好,由小目标一步一步达成大目标,进而达成来访者的期待。

(2)自我改变意愿最重要。让来访者明白达到目标,首先必须从自我改变做起。

(3)我该做什么来促使改变发生?并且清除不能改变的因素。心理契约是一个人的行动计划,所以契约内容要包括何时、何地、做什么、和谁一起做以及如何做等细节,以利于行动的实现。

心理契约的内容包括:(1)用"成人"来协调"父母"和"儿童";(2)用互补沟通的方式与他人更开放地沟通,而在互补沟通有害时,能适时地运用交错沟通;(3)在时间的使用上,尽量将大部分的时间运用在"活动"和"亲密"上,避免过度的"消遣"和盲目的"仪式",并很快地摆脱"心理游戏"。最后,随着心理契约的制定,治疗者将带领来访者一起走向"我好—你也好"的境界。

【范例】[①]

以下的合约是来访者和咨询师在第三次团体治疗中制定的。来访者曾做过治疗,也对自己的问题有所了解。来访者的驱动力是"要完美",禁止信息是"不要当小孩"、"不能开心"、"不要存在",主要的心理游戏是"踢我一脚",早期决定

---

①黄佩瑛译.人际沟通分析——TA治疗的理论与实务.台北市:张老师文化事业股份有限公司,2001

是"我会照顾自己、独自生活"。

咨询师：谁要继续？

来访者：我……我现在很焦虑……别人提的每个问题我认为自己都有，我认为自己每件事都做不好……那些该死的要求从不放过我，……啊，我不要……（咬牙低吟，看着地板）

咨询师：听起来很辛苦。当你不要做个很好、很能干的人时，你会做什么好玩的事？

来访者：我不知道……（哈哈）当我像这样坐着时我得到很多注意……可是我也做错了……

咨询师：碰！你踢你自己因为你是个不好、会踢自己的人！这好像是个恶性循环。当你做一件自己觉得是好的事情时，你不需要踢你自己，即使你做得不是那么完美或正确。

来访者：对……我必须喜欢我自己……我知道。

咨询师：不，你不需要，那样等于要求你更多，这样就不好玩了。

来访者：那我必须学习，假如像我这种没有希望的人还有办法学习的话（哈哈）。

咨询师：看你那样踢自己并不好笑。

来访者：呼！讨厌！该死！白痴！

领导者：停！我要和你订一个合约，现在！你要改变什么？

来访者：（沉默了一会）……我要快乐！我要喜欢自己所做的事，我要以自己做得好的事为荣，呼！

领导者：非常好！你愿意写在纸上吗？

强调明确的"契约"是沟通分析对咨询和心理治疗的重要贡献，它是以基于一种成人对成人（adult to adult）的共识所制订的"同盟"关系，契约中有明确的目标及达成的标准，意味着来访者在治疗中必须担负起的责任及主动性。契约的建立是"成人"与"成人"的沟通承诺，提醒来访者在咨询中必须进行诚实理性的沟通。

2. 澄清阶段（clarification）

澄清是指咨询师将来访者所说的或想说的相关信息串联起来，或把来访者内隐而未显且未能明白表达的想法与感觉说出来。TA强调以此时此地为基础，认为人无法改变已经发生过的事,也无法抹去个人的某些事物,但却可加上新的经验和模式,改变一个人对此的看法和态度。澄清阶段的主要目的是扩大来访者对于此时的觉察,并且了解各个问题如何在此时呈现出来。这一阶段的主要工作包括扩大及加强成人自我的内容,来访者能在意识层面上掌握并改变自己的行为。

澄清阶段一个重要的工作是去污染工作。污染或自我状态的混合,简单地说就是成人自我的内容被父母自我或儿童自我(或二者一同)的内容"侵入"。TA治疗的一项重要工作,就是协助来访者得到一个"干净"的成人自我——也就是"去污染"工作。

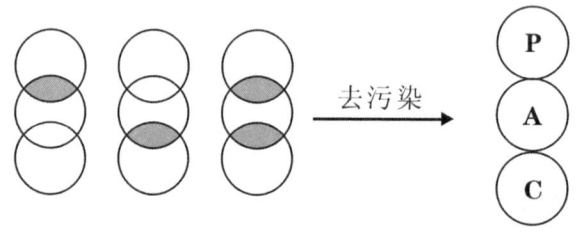

所谓"污染",是指自我状态间有互相重叠或干扰的现象,它是个人产生问题或不适当行为的重要原因之一。例如"偏见"是父母自我状态污染成人自我状态的结果,"妄想"则是儿童自我状态污染成人自我状态的结果。因此,"去污染"(decontamination)的主要策略是,让来访者了解到自己受污染的状况,并指出何者在污染、如何污染,以达到去污染的效果。换言之,当来访者的反应、感觉或对事物的看法有偏差、曲解或混淆时,咨询师要即时指出他的"成人"受到何者的污染,并借助认知的剖析,修正来访者的现有状态,以重建来访者和谐流畅的自我状态。

来访者:我生活很忙碌。
咨询师:为什么你要这么忙呢?
来访者:因为忙碌让我很充实,让我觉得活着很有意义。(P和A的污染)
咨询师:你喜欢这种生活吗?
来访者:有时候很累。
咨询师:你会想调整一下自己吗?
来访者:有时候会想。

咨询师：你会试着做一些改变吗？

来访者：（笑一笑）不过，我想忙碌的人才是一个有价值的人，虽然辛苦一些，我想这是一个让自己有价值的方法。

咨询师：没有其他的方法让自己有价值吗？①

3. 回溯阶段

回溯（regression）指的是回到较早的状态。TA的假设基础是心理技能能发展、成长，心理问题可追溯至童年形成人格等事件，人可能会压抑这些事件，使得成年之后无法觉察。这与精神分析有相类似的地方，但是TA更强调人存在的责任——即使是对压抑或潜意识的事也有责任。回溯的目的是促进改变。

柏恩在《心理治疗中的TA》一书中认为，沟通分析的逻辑发展是直接诉诸清醒状态的儿童自我。他们认为，对于自我表达的问题，最理想的解决方法就是回溯分析。如对于一个已经开始在接受TA治疗的来访者，咨询师在了解其问题状态并澄清其"儿童"、"父母"、"成人"角色的污染问题后，可以直接对他说：

"我现在是5岁，还没有上学，你可以选择你想回到几岁，但要小于8岁。现在开始。"

TA里所有的回溯都是以来访者与咨询师之间的合约为基础的，也就是双方均清楚了解来访者要进行一些工作，回到较年幼的功能状态，试图找出当时与现在困扰的关系。TA认为，从童年经验下手可以更快地触及内在心灵的冲突。然而，回溯的使用对于咨询师来说并不容易，因为咨询师除了须假装自己返回儿童阶段和来访者交谈外，他还必须以成人自我来处理个案的问题。

4. 结束阶段

咨询师不是来访者一生的拐杖，即使痛苦，来访者也必须和咨询师说再见。这时候，治疗效果就开始面临考验，即来访者必须面临新的情境和关系，也就意味着来访者必须靠自己创造替代咨访关系的客体、环境，在新环境中寻求所需的支持。此外，结束咨询是一种生命必经的选择。

在咨询的结束阶段，可以区分出三个不同层面：第一个层面是本体论的事实——生命本身是有限的，人不可能拥有生命中所有的事物，为了抓住一些新

---

①邱德才.TA的咨商历程与技术.台北市：张老师文化事业有限公司，2002

的机会,必须和某些事物说不。第二个层面是心理上的结束——分离,与咨询师长期的情绪联结使得来访者不易面对咨询已近结束的事实,一旦成真,来访者会觉得焦虑、痛苦。最后一个层面是评估,对于咨询师带来的改变进行理性的确认,也就是,来访者在以后是否有能力面对新情境、新关系,并寻找自己所需的支持。

TA治疗较倾向于评估,较忽略心理分离的处理,因为TA是以合约为基础的治疗,拥有明确的行为目标。当合约达成时,原则上就是治疗结束的时候。柏恩认为,"健康"是指以个人可以在各种生活情境中适当地使用所有的自我状态。因此,TA咨询师以下面的检核表来评估来访者是否"治愈":

(1)没有严重的漠视现象;
(2)较少的驱力行为;
(3)不玩任何严重的心理游戏;
(4)觉得自己是OK的,也觉得别人是OK的;
(5)已完成回溯工作与再决定;
(6)不再使用扭曲。

结束阶段范例:

咨询师:我知道治疗的时间已逐渐接近尾声了,我们需要把事情整理一下。让我们来看看起初的合约进行得如何。你是否愿意想想自己已完成的,满意与否,或者你是否觉得还有事情需要处理。我要你开始试着和我说再见。

关键的字眼如:想想要结束的事、道别、处理个人未完成的事、评估、给予回馈、自我整理、借着道别将缺口填满、创造一个完形等。

二、TA的咨询技术

(一)强化松散的自我边缘[①]

沟通分析中,正常的自我状态是"父母"、"成人"、"儿童",三部分的界限是相当明确的,即个人能够很直接、不拖泥带水地从一个自我转换到另一个自我,然而,如果自我状态太松散、不够明确,则个人就会产生不适当的行为。此种强化松散的自我边缘的处理方法,是教导给来访者自我状态的理论,了解"父母"、

[①] 李茂兴译.咨商与心理治疗的理论与实务.台北市:扬智文化事业股份有限公司,1988

"成人"、"儿童"三种自我状态的含义,熟悉这三者彼此间交互的功能。来访者能够运用上述的知识来处理自己的行为时,则自然可以强化自我的边缘。

(二)结构分析

结构分析是帮助人们觉察其父母、成人及儿童的自我状态(ego state)的内容与作用的工具。在健全的人格中,自我状态可以依环境的不同展现不同的自我状态,而达到有效的沟通。但是来到咨询室求助的来访者,他们的自我状态常是相互"污染"、相互"排斥"的,从而造成其生活的混乱。

(1)P-A-C与ego gram:了解自己的自我状态(ego state)及不同状态间能量的分布及相互间的流动变化。

(2)污染和排除:去找出是否有不健康的自我状态,并觉察其对目前生活及行为的影响。

污染:指父母自我或儿童自我,或是两者同时侵入成人自我,造成混乱和模糊(Berne,1961)。而所谓的"去污染"就是协助个人从污染中将自我状态区分清楚。

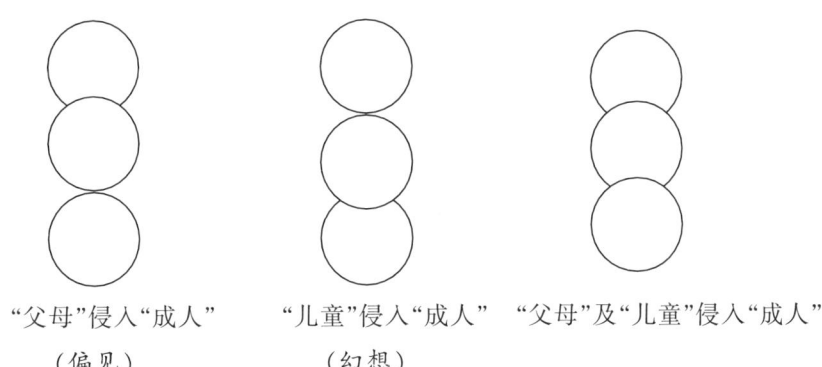

"父母"侵入"成人"　　"儿童"侵入"成人"　　"父母"及"儿童"侵入"成人"
　(偏见)　　　　　　　　(幻想)

1. 某个北方人认为南方人都很小气、谨慎、不容易深入交往。
2. 某一个男生爱上一个女生之后,他认为她所做的每一件事都是表示她也爱他,但事实上她可能都不认识他。
3. 任何我想要的东西现在就应该得到。

排除:指很少或几乎不用某种自我状态。

排除"儿童"自我　　　　排除"父母"自我　　　　排除"成人"自我

（僵化、无趣）　　（容易失去方向、无法妥善照顾自己）　（无法处理日常生活）

排除"父母、成人"自我　　排除"成人"、"儿童"自我　　排除"父母"、"儿童"自我

（孩子气、拒绝长大、不去思考或做决定、依赖他人、推卸责任）　（好批判、道德要求高、高支配性、高权威性）　（客观、只投入并关心事实，像机器人一样，少有情绪和自发性）

(三) 心理游戏分析

指在分析人与人的互动过程中，透过潜意识，在不知不觉中所玩的一种心理游戏。心理游戏的定义是"一系列连续进行的互补隐藏式沟通，进展至一个明确且可预期的结果"。亦即"心理游戏是借着与他人交换安抚而得到负面感受的结果"。换句话说，玩心理游戏结束时至少会使一个玩者感到不舒服，因为玩游戏的真正本质是在"阻止亲密"。游戏的特性有"操纵性"、"重复性"及"漠视性"。而描述游戏的公式主要有以下两种：

(1) 柏恩的G公式

饵+钩=<u>反应</u>-<u>转换</u>-<u>混乱</u>=结局(公式中画线的三件事几乎是同时发生的)现举一个心理游戏的顺序说明之。

1. 甲:你认为我会好起来吗?(渴求状)
2. 乙:我们刚刚开始,很难说。(谦虚地)
3. 甲:你曾经处理过和我有相同问题的人吗?(阿谀地)
4. 乙:有啊,你的问题一点也不算特别。(给予保证地)
5. 甲:他们都变好了吗?(轻微地引诱)
6. 乙:是的,有些人情况好多了。(坚定地)
7. 甲:所以,我也会好起来哦?(引诱地)
8. 乙:对,我认为有可能。(有力地)
9. 甲:有可能?为什么你这么说呢?(伶俐地)
10. 乙:嗯,哦……你知道,我有一些经验。(不太确定地)
11. 甲:所以,当你这样说的时候,并没有任何事实根据。(攻击地)
12. 乙:啊,没,哦……不是这么说,但我尽量在做……(难过地)
13. 甲:你们都一样,只会坐在那儿,以为自己什么都知道,到头来谁也帮不上忙。(愤怒地)
14. 乙:我只是想要帮助你……(懊恼而难过)

在这段对话中,以G公式可以将它分析为:
1. 帮帮我吧,伟大的治疗师——饵
2. 我这伟大又谦虚的治疗师可以帮助你——钩
3. 伟大谦虚的治疗师→伟大厉害的治疗师——反应
4. 走开,你这吹牛大王,不要以为自己无所不能——隐藏其中,这个来访者玩的游戏是——到此为止;而治疗师玩的游戏则是——我只是要帮助你!

(2)卡普曼(Karpman)的戏剧三角形

卡普曼的戏剧三角形假设每个游戏便是一场小小的戏剧,而每个戏剧里均有三个角色:拯救者(rescuer)、迫害者(persecutor)及受害者(victim)。以图表示如下:[①]

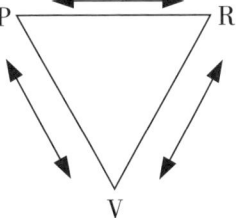

---

① 邱德才.TA的咨商历程与技术.台北市:张老师文化事业有限公司,2002.83

如来访者对咨询师说:"我该怎么办呢?"咨询师很热心地告诉他各种方法,来访者听完后都说:"我知道,可是……"似乎没有一个方法是可行的。咨询师用尽了一切力量,但似乎没有一种方法可以让来访者满意。咨询师觉得很挫败,而来访者也感觉很挫折。因为似乎他的困难是没有人可以帮助他的,来访者于是处在受害者(V)的位置。直到最后咨询师也失败了,也成为受害者(V),而咨询师一直扮演拯救者(R)的角色,直到最后,咨询师也失败了,也成为一个受害者(V),而来访者正是迫害(P)他的人。

戏剧三角形的主要变化来自身处不同位置所玩的游戏。依据所扮演的不同角色可以分为拯救者、迫害者或受害者,玩游戏的人是要证明或确认不同的事情。

此时,主要是针对其中一位玩游戏的人,而其他人所玩的通常是由另一位置出发的互补游戏。就上述的例子而言,来访者是由受害者的位置转换到了迫害者的位置。

治疗师在第十个沟通的回答则是由拯救者变成受害者。

总而言之,玩心理游戏的人,会变换位置或角色,G公式中的"转换"便是角色改变的发生,也就是这种角色的转变才使得一出戏剧变成为心理游戏。

从上述的分析中,可找出形成困扰的游戏类型及其在现实生活中的影响程度。TA认为心理游戏是安抚的代替品,结果会导致不好的感觉及自己预先想好的剧本上演。而且与此同时,心理游戏多半是以P—C的方式进行的,所以,在TA治疗中,及早发现此沟通方式并以交叉式沟通打断便可以奏效。

心理游戏的特征如下:(1)从社会观点来看是一系列极合理的互补沟通;(2)游戏的潜在含义是一种暧昧沟通;(3) 玩游戏的真正目的是那些"预期中的结局";(4)游戏者之间没有亲密感或开放的关系。

心理游戏有以下三种程度之分:(1)第一度游戏:是社会可以接受的程度;(2)第二度游戏:会带来明显的改变,因为结局里强烈"负面感觉",但不表示会造成永久、不可补救的伤害;(3)第三度游戏:将导致身体上的伤害,直到进了医院、法院或太平间才算游戏终止。

玩心理游戏的原因大致有以下几点:(1)填塞时间;(2)引起别人注意(获得安抚);(3)满足宿命论调;(4)强化早期对自己与别人的看法。

(四)生活脚本分析

生活脚本的定义是"潜意识里的人生计划",它的形成和早期价值观的认定及童年的心理地位有关,发自于儿童自我状态,是通过"儿童"与"父母"的"互动沟通"编写而成的。脚本的形成最初是在婴儿时期,由父母传达的非语言信息而产生。例如:在一个很强调男主外、女主内的家庭中,将会导致此家庭中的儿子产生"男人是一家之主"的生活脚本上演。脚本的种类有以下四种。

(1)文化脚本,属于同一文化下所共有的。

(2)次文化脚本,在特殊团体中所形成的,如考试族、追星族等。

(3)家庭脚本,为来访者所属家庭所发展出的特殊脚本。

(4)本人脚本,为来访者自己所独有的生命脚本。

对于生活脚本,有两种不同的论点,现叙述如下:

1. 柏恩(Berne)的理论观点

"儿童的脚本是别人所赋予的,如果他们希望改变生活的脚本,就需要治疗者以强大的父母姿态给予指引。"他认为一个人的命运、所有的尊贵思想、地位或堕落,都是由还不到6岁(通常是3岁左右)时所决定的。

这种观点似乎很不可思议,但这就是柏恩脚本理论的主张。伯恩认为脚本是以童年所做的决定为基础的生活计划,它来自父母的认可,后来也被一一证实,而后在所选定的情境中发挥极致。

2. 高登二氏(Goulding & Goulding)的理论观点

"我们相信个体能编写自己的脚本,并能以强大的自我父母状态重编脚本,而不需要从治疗师那边借用脚本。"高登二氏认为脚本虽然主要来自成长时父母的影响,但孩子并非一只空容器,被动地等待外来事物,然后全盘接受;相反的,他们才是自己生活脚本的作者。孩子把自己的经验做成结论,找出一些理解这个世界的方法,且让自己的存在变得有意义。因此脚本有时亦称为"生存策略"。

事实上,生活脚本有点类似于阿德勒的"生活方式",而既然脚本决定一个人的命运与身份,沟通分析的最终目标应是"脚本分析"。

(五)时间结构分析

沟通分析强调时间的支配会影响人的生活脚本。一个人如何安排利用他的时间是要看他对别人和自己的看法为何,如何寻找抚慰和适合的行为模式。下面六种运用时间的方法,是依照安抚程度来排列的。

1. 退却:个人退出人群(身体的或心理的),进入自己的幻想世界,不与人打交道。如幻想"蒙头大睡"是"自我沉思"。寻求安抚的对象是自己,虽无须付出太多情感,但所得的有限。

2. 仪式:是种单纯而固定的互补沟通。如正式的"升旗"、"唱国歌"和非正式的生活习惯、打招呼……,是有规则可循的沟通方式,是相当安全和可预期获取安抚的方式。

3. 消遣:虽然彼此不太熟悉,但在没有特定目标时,可以谈一些轻松的话题来打发时间。

4. 活动:只把精力用在外界的工作或从事某些事情上,包括劳心(写功课、玩积木、读书)和劳力(洗衣服、拖地板)。由于活动具有处理现实问题的作用,而且可接受别人的正式赞赏或在各种报酬中获得安抚,是最为一般人所喜爱的一种安排时间的方式。

5. 心理游戏。

6. 亲密:从单纯的消遣交往开始,感觉彼此话题投机,而能共同分享彼此的感觉,进而发展出一种知心坦诚、信任关怀的亲密关系,是最有价值的一种时间利用方式。现代生活中,亲密行为显得很少。人们处处感觉拥挤,寻求"心理"空间,他们退缩或过着仪式化的生活,随时"保持距离"。亲密行为虽充满冒险,但若能从中获得安全感,则更有机会成为"胜利者"。基本上,恢复亲密行为的能力是沟通分析的目的之一。

(六)再倾

沟通分析的理论中,"倾"是指一个人的一个自我能很稳健且直接地转换到另一个自我。当自我状态发生"排斥"时,只剩一个或两个自我状态在做行为反应,那么来访者将无法随着环境的变异而分清自我,产生不适应的行为是不可避免的。所以,"再倾"(recatharsis)是指将来访者所排斥的另一个或另两个自我状态激发出来,使来访者的行为反应能因环境的状况与需要随时呈现更适宜的自我状态。

(七)澄清

澄清是指咨询师将来访者所说的或想说的相关信息串联起来,或把来访者内隐而未显且未能明白表达的想法与感觉说出来。因此澄清的目的,在于使来访者对于未来将发生的事情及发生事情的原因,能有深切的洞察与了解,以便在咨询后,来访者可以很自主、自然地回到现实生活中,以适当的方法去处理日常事物并与人沟通。

澄清的对话

来访者:我有时觉得自己在折磨自己。

咨询师：这是什么意思？

来访者：好像有一个声音说我应该更认真点，工作再多了，要加油，所以我就拼命地做。

咨询师：你很努力地工作。

来访者：对！可是另一个声音好像在抗议，我快受不了了，身体好累呀！

咨询师：所以你已经很累了。

来访者：对，所以这两个声音就会轮流出现，当我太忙时就会想休息，可是真正休息了，却又有罪恶感，好像我是一个偷懒的人。

（八）重新定向

所谓"重新定向"（reorientation），是指透过咨询师的指导及教导，使来访者舍弃不良的行为方式，将其行为反应或生活计划导向更合理、更贴近现实的方向或目标。

（九）其他技术

还可借用完形心理疗法的空椅子技术（empty chair）及借用团体心理咨询常用的角色扮演（role playing）等方法来进行治疗。

三、TA治疗者与来访者的角色与功能

（一）咨询师的角色

来访者初进咨询室，心中必定会有所畏惧与不安，Harris认为，纵使一个人的"成人"促使他来到了心理医师的诊疗室，但是他的"儿童"很快地会出现，而将"儿童"的情绪和行为透过移情作用转移至咨询师身上。

在沟通分析治疗法中，并不会强调专家与来访者的角色，大部分的沟通分析使用者都强调"平等关系"的重要性。咨询师会帮助来访者去发现过去不利的条件，而这些条件使来访者做了一些决定而发展出与人相处的策略。而这些策略也许会使来访者希望去重新思考问题。

如同其他的咨询情境一样，在TA的咨询室中，咨询师会同理和接纳来访者的困扰，培养其信任感，然而，TA咨询师会通过沟通分析理论的介绍、治疗目标的确立、治疗契约制定等工作，提醒来访者必须以"成人"的方式来与治疗者进行沟通，使转移到抗拒的时间缩到最短，快速进入治疗阶段。

整体而言，沟通分析在设计上是为了使个体获得情绪与心智上的洞察能

力,但是由于治疗重点明显地放在理性的层面,所以治疗者大部分会去注意训导和认知问题,而容易忽略来访者情绪方面的问题。

治疗者的一项功能是鼓励和教导来访者去依赖自己的"成人",而非咨询师的"成人"。也就是帮助来访者做出更适合"现在"的决定,以对抗继续生活在儿童时期的旧决定,并发掘自己内心的改变力量;"允许"来访者去发掘他们自己的力量。治疗者的另一项功能就是运用他的专业知识,将与来访者所定的契约加以清晰化、明确化。

(二)来访者在治疗中的经验

来访者刚进入咨询室是带着求救的信息而来的,期待咨询师能拯救他,然而在与咨询师制定契约之后,来访者将体验到他正在与咨询师进行一项合作的工作,他必须主动地进行改变。

另一方面,在了解了P-A-C的理论架构之后,来访者也开始有能力去检查他的自我状态。虽然,来访者在治疗过程中可能会产生退缩、自认为不可能的情形,但常会在契约的约束和治疗者的"成人"状态下化解。换句话说,接受沟通分析的来访者的先决条件是"有能力及意愿去了解及接受治疗契约"。而制定契约即意味着来访者在治疗关系中成为主动者。

俄斯金(Erskine,1973)曾指出在TA治疗中,来访者将经历六个典型的阶段,现分述如下:

1. 来访者防卫自己,并说其他人的感觉也像自己一样;
2. 来访者表达出生气,将自己的情况归罪到他的"父母"和"童年";
3. 因自己的需要未得到满足,来访者感到受到伤害;
4. 来访者开始正视自己为问题来源——"是我自己所做的脚本决定";
5. 来访者承认自己的力量和责任,并以此改变自己的情况;
6. 来访者在心理上与他的"父母"和"童年"和好了。

(三)治疗关系

沟通分析的治疗关系是一种"成人"对"成人"的平等契约关系,由咨询师和来访者共同达成治疗目标。然而咨询师只是催化者和见证人,真正的行动者则是来访者自己。其中,契约的设定突显着治疗处理的焦点,也决定了治疗关系的基础。

在治疗过程中,双方均被界定了达到目标的个别责任。强调明确的契约是沟通分析对心理咨询与心理治疗的主要贡献。如果没有契约的话,就很容易在治疗过程中毫无目的地漫游。沟通分析的契约式治疗法的基础是,期望来访者专注在目标上并对其承诺,强调责任的分派以及提出个人各有所司的观念。

第三节 沟通分析治疗的案例解析

柏恩《心理治疗中的TA》一书认为,沟通分析的逻辑发展是直接诉诸清醒状态的儿童自我。因此,对于自我表达的治疗问题,最理想的解决方法是回溯分析。TA里所有的回溯均是依来访者与咨询师的合约为基础,也就是双方均清楚了解个案要进行一些工作,回到较年幼时的功能状态,试图找出当时与现今困扰的关系。下面是一个合约性回溯工作的例子:①

凯利,42岁男子,与其他8个来访者组成一个治疗团体,每周聚会一次,每次三个半小时。目前是第十二次聚会。

约十年前,凯利曾住进精神医院数次,因为"我曾经精神崩溃——不能清楚地思考——整个人好像爆炸了,我变得沮丧、焦虑,又吃很多药……之后,我恢复正常……却像个白痴一样工作"。过去这两年来,凯利已能保住工作,但这段期间内他被两个女人"抛弃",她们和他离婚。他说话紧张、琐碎,表情始终痛苦不堪。在治疗团体中,他很仁慈,喜欢帮助人,而且"非常担心这里的每个人都有困难,我真想帮助你们每个人"。他的合约是"冷静,不要总是激动不已","接受别人的协助,不事必躬亲","了解我为何如此不易维持关系,并做些处理",以及"给自己时间去感觉及表达感觉到的,不匆忙带过"。到目前为止,凯利已进行的去污染工作包括:面质他的拯救者游戏,以及他经常保证"我的童年很快乐,我的问题和那没关"。

凯利:我真的很同情你刚才所说的,布姬塔(另一个成员),当他们把你放在儿童之家时,那一定很可怕。没想到竟有父母这么做。但你必须撑下去,不可以放弃。你要积极起来……

咨询师:凯利!

---

① 黄佩瑛译.人际沟通分析——TA治疗的理论与实务.台北市:张老师文化事业股份有限公司,2001

凯利:他们离开你,你绝对不可以接受……

咨询师:凯利!喂,凯利!

凯利:是啊,我现在就在做了啊,他们对待她的方式让我觉得难过、不平。

咨询师:这就是你所做的?当你觉得忧虑和难过时,你就关注别人的问题?

凯利:(叹息)……是……哦,对……我一直都是这样。(开始哭泣)

咨询师:是谁教你这个方法?

凯利:没人教我。我就是这样子,一直都是。

咨询师:所以你出生时,你很快就出来并且说:"希望我没有弄痛你,妈妈?"

凯利:当然不是,但是……

咨询师:但是?

凯利:我记得有一次,大概只有七八岁,不,我还没上学,应该还不到七岁。妈妈从医院回来。我记得她经常待在医院,因为她很神经质。她回来时我好高兴。我一直很担心她。我为她画了幅画,还摘了些花。

咨询师:后来怎么样?

凯利:她不见了。她刚还坐着盯着我看,冷冷的样子,后来她走了,我不知道她去了哪里。

咨询师:(起身挪张空椅放在凯利面前)凯利,回到那时候,就像当时,你妈妈正坐在这儿(指着空椅),你可以看到她吗?

凯利:嗯。

咨询师:她看起来怎么样?

凯利:累坏了,很痛苦,没精神,她还穿着医院的衣服。

咨询师:她才刚回到家。你准备了花和画要给她。你要她做什么?

凯利:我要她快乐,我要她注意我,不要看起来那么奇怪。

咨询师:凯利,把这些告诉她,她正坐在那儿。

凯利:(对着"妈妈坐的椅子")妈……(对着咨询师)……不要,我觉得很好笑,我不行……

咨询师:可以的,你可以回到那时候,记起当时的样子。你要继续吗?

凯利:好,我要继续。(对着"妈妈坐的椅子")妈妈,我好高兴你回家来,妈,(声音变得难过、惊吓)你为什么这样盯着我,妈?妈!!

咨询师:你现在感觉如何?

凯利:我很害怕。妈妈,你这样看我很吓人。

咨询师:凯利,告诉你妈妈你现在需要她做什么。

凯利:妈妈,请你照顾我,告诉我你的病不是很严重,妈,我要和你在一起。

咨询师:现在坐在那张椅子上,变成你妈妈,回答这个问题。

凯利:(坐在"妈妈的椅子"上,眼神空洞地直视前方,不说什么)

咨询师:回来。(凯利回到自己的椅子上)你得到了什么答案呢?

凯利:(痛苦地)她没有回答,也没看我。

咨询师:告诉她你的想法。

凯利:妈妈,你为什么不能照顾我呢?我知道你现在的情况不好,但还没那么糟,不是吗?妈妈,不要只坐在那儿,一切会没事的。我会对你很好。妈!

咨询师:凯利,我看到一个渴望妈妈也需要妈妈的小男孩。他尽可能地要对妈妈好,妈妈却根本没有看到他。凯利,你感觉如何呢?

凯利:(以拳头敲膝盖)真的很难受。(对着"妈妈坐的椅子")我也有需要(声音提高),你没看到吗?我需要你,妈妈!(低下头,大声哭泣)该死!该死!该死!(用拳头敲打着膝盖)

咨询师:(将泡棉做的"生气棒"交到凯利手中)如果你要发泄,用这个来打椅子,你看来很生气。

凯利:(大声尖叫)不,我不生气!(将生气棒丢在空椅上)够了,现在我要停下来。

咨询师:好,让我们停在这里,你要我将"妈妈"搬开吗?

(凯利点头,咨询师搬开空椅)

咨询师:你要对刚才你所做的说些什么吗?以现年42岁的凯利来说。

凯利:不,我只要在这儿坐一会儿。这不是我说期待的。有一阵子我的确很生气,但当它感觉像是一种解脱时,我感到害怕。我要以后再继续。

咨询师:凯利,做得很好。我看到你碰触到自己的需要,而且开始让自己去感觉。在满足你自己的需要上这可是前进了一大步!我认为这会很有帮助,让你自己回去,在这团体中更深体会童年的经验,欢迎你往后继续。

借着站在儿童自我这边邀请凯利去感觉,咨询师提供给他另一选择——感觉那根刺,而不是用仁慈盖住它。凯利感觉到了,而且也被刺痛了。他透过咒骂和打自己来表达生气,但生气与痛苦、难过混杂在一起。他打自己,将生气丢向自己,同时凯利的儿童自我正用现在的经验更加肯定"如果你公开并坚持要满足你的需要,只会受到伤害"的想法。为了对抗这个想法,咨询师将生气棒交到凯利手中,要他将生气发泄出来,打椅子而不要打自己,公开表示对母亲的生气。在这次治疗中,他的儿童自我尝试了解新方法,同时,他也需要时间适应、熟悉这个新方法。

在使用TA进行回溯工作时,催化来访者投注于与现今问题根源相关的某一发展阶段的儿童自我很重要。应让来访者尽可能经验到冲突的原始情境,之后咨询师再提供机会让来访者以新方式来处理该情境。如果情况良好,来访者也准备好了,则可能形成一个再决定、改变原始脚本的机会。

理论要点

1. TA从本质上属于一种人格理论,即一种针对个人的成长和改变有系统的心理治疗方法,是唯一一种沟通性的心理治疗。

2. TA的重点在于"沟通",沟通是指两个人之间的互动,人们都是通过彼此之间的相互注意而达到了解的。TA的一个主要概念在于个体的发展是与他人互动时发生的。

3. 沟通分析者认为一个人有三种自我状态,即父母(P)、成人(A)和儿童(C)。TA很重视以"成人自我"为核心的概念。TA的基本目标在于帮助来访者对于现在的行为与生活方向重新做决定,促进来访者成人角色的形成和完善。

4. 沟通分析发展出来的"契约方法"和"游戏分析"等方法是一项很大的贡献。但是沟通分析过于强调"结构问题",被批评有"贬低情感因素的"的嫌疑。

第五章 认知行为治疗的理论与技术

"人不是受事情的困扰,而是受到他们对这些事情看法的困扰。"

认知行为治疗之父埃利斯(Ellis)选择希腊哲学家Epictetus的这句话作为其理论的起点。认知行为治疗的理论假设即是认知、情绪和行为有明显的交互作用,其中有可逆性的因果关系存在,重新组合一个人对自己的陈述的同时,在很大程度上会改变他的行为。该理论的核心理念简单地说就是通过改变认知来改变行为。

第一节 认知行为治疗的理论基础

一、认知行为治疗的产生

作为力图通过调整个体的认知来改变个体行为的认知行为治疗始于20世纪50年代末60年代初,如凯利的"认知结构重建"和埃利斯的"理性情绪疗法"。但其作为一种心理治疗的新理论、新方法而获得人们承认并确立自己的地位却是在70年代。首先是马霍尼(Mahoney,M.J)、梅钦鲍姆(Meichenbaum,D.H)与霍伦和肯德尔(Hollon,S & Kendall,P.C)先后出版了以认知行为治疗为题的专著;其次是一些在心理治疗圈内颇具影响的人物如贝克(Beck,T.A)、卡迪拉(Cautela,J.R)、埃利斯、马霍尼和索罗森(Thoresen,C.E)、梅钦鲍姆等公开表明他们是认知行为取向的心理治疗家,从而引起人们的关注;第三是以马霍尼任主编的,旨在"推动和交流有关在调节和适应过程中认知的理论及研究"的杂志《认知疗法与研究》正式创刊(1977),使得研究者和治疗家们能在这一定期出版物上就有关的理论问题和治疗实践进行交流和探讨。

认知行为治疗的产生和发展,主要是由于下述原因[1]:

首先,20世纪60年代中期以后,尽管行为主义在心理治疗领域仍有很大的

---

[1] 汪新建.当代西方认知行为治疗述评[J].自然辩证法研究,2000(3)

影响,但人们对其置有机体的内在过程于不顾的方法已越来越不满。行为治疗忽略人类内在思维活动,而思维活动对提供当事者体验其苦恼所在显然是十分重要的。在这种情况下,当行为治疗技术被证实治疗抑郁症无效时,正显示出对其进行大幅度修正的必要。

其次,产生于20世纪50年代中期而成熟于60年代中后期、把关注的焦点置于人的认知过程和结构的认知心理学在心理治疗领域产生了重要影响。它具体表现在两个方面:其一是引发了当时的治疗家们试图把个体内在的自我调节和自我控制的机制纳入到行为主义的治疗模式中,把人视为是具有一定能力支配自己的行为、设定自己所要达到的目标和把自我与环境协调起来的个体;其二是一些治疗家直接接受了认知心理学关于信息加工的模式,并将其运用于对心理障碍的临床分析和治疗。

第三,治疗家贝克从个体的认知入手来探讨心理障碍形成的原因,运用调整和改变认知结构的方法对抑郁症进行治疗(1963,1967)并获得成功的事实在心理治疗圈内引起很大震动。20世纪50年代到60年代是行为疗法获得长足进展的时期,但是,到了60年代末70年代初,由于行为疗法本身所固有的缺陷,治疗家们似乎难再有新的突破和进展。特别是长时间以来,许多人力图在治愈抑郁症方面有所作为,但均告失败。因而,贝克的研究成果给行为治疗家们所带来的重要启示是:应当注重个体内在的心理特点,尝试通过调节认知过程来达到改变个体行为的方法。正是在这些因素的作用下,认知行为治疗应运而生了。

认知行为治疗发展迄今已有三十多年,流派有数十种之多,涉及者包括传统心理治疗及行为治疗学者。前者如20世纪60年代中期由埃利斯创始的理性情绪行为疗法,及贝克发展出来的认知治疗,皆来自精神分析学派背景,而引入了不少行为治疗的方法;后者则有原属行为治疗学者,后改而去重视认知这一影响因素的,如梅钦鲍姆的认知行为矫正。

二、认知行为治疗的基本理念

(一)认知行为治疗是把科学的心理学应用到心理治疗上的方法。这个治疗法所强调的是用实验(实际经验,实际体验)的方法来了解与改变一些令来访者痛苦而寻求精神医疗的心理困扰。

(二)认知行为治疗是对心理学上学习理论的应用,如古典制约,条件制约,社会学习等的知识。

(三)在认知行为治疗中,并不只是注重认知与行为,情绪也是治疗过程中很受注意的一环。其实无论认知还是行为,都是不断地与人的情绪发生着关系,也就是说认知行为治疗技术是同时应用于行为、认知与情绪三个层面的。

1. 行为层面

(1)在认知治疗中,并不认为行为或不适应的行为是潜在问题的外在表现,而视行为是个体为了适应他所接受或所认为的外在情况而做出的一连串的动作或语言之行动。

"行为"一词在心理学中常被赋予不同的含义。一般而言,行为主义心理学者把人与动物对刺激所做的一切反应都称之为行为,它包括一切由遗传习得的外显行为,如语言、行动,和内隐行为,如思想、情绪、心像、想象画面、生理反应[①]。他们的行为公式是:S→C→R(S代表刺激,R代表反应,C代表意识、经验等非常复杂的因素)。首先是感觉,即通过五官,把各种信息传递到脑。这些信息与脑中储存的以往经验结合,也与个人人格结构结合,使人类可以对感觉的信息、事物做出判断、评价或推理、解释,最后得出结论。这个过程就是思维。而思维过程是对人、对自己、对周围世界做出评价及解释的过程。从这一过程中产生的种种观念,是人的情绪和行为产生的直接原因。

(2)治疗的目的不是旨在帮助来访者消除不适应的问题行为,而是帮助来访者在整体的了解下学会新的适应行为。

(3)所谓整体的了解是因为我们认为不适应的行为是有其前因后果,是为了适应个体对环境的诠释、知觉而做出的有目的、有组织的一连串行动。

(4)对情境的诠释与知觉的诠释是受个体的认知架构的影响及决定的。

2. 认知层面

(1)认知是个人对自己及外在环境的认识,包括了这些认识的获取、组织及运用,也就是个人的有意识或无意识的心理活动。包括一个人的思考,对事物的知觉,认识,学习过程,对因果关系的分析理解,记忆,感觉,创新的想法,对事情的判断和最后之选择及决定。

(2)个人的认知架构是一个受到个人过去经验与未来期待影响下的有组织的整体。

(3)这个心理架构在有意识与无意识的情况下引导着个人对环境刺激的注意与知觉(所谓选择性的注意)。

(4)每个人的认知架构影响着个人对外在世界的接受与知觉。

[①] 林正文.认知行为治疗——用历史故事诠释的一项尝试[M].台北市:五南图书出版有限公司,2001

(5)它会改变外在信息,只有在使外在信息与这个架构相符合时才会被接受。
(6)认知架构也会影响个人去排斥与他不相符合的信息。

认知行为治疗普遍认为,个体内在的认知活动和认知过程影响并制约个体的行为,个体的认知活动、认知过程是能够加以了解、调整和控制的。改变个体的认知可以改变个体的行为,而个体行为的变化又反过来影响认知。梅钦鲍姆在多篇文章中曾谈到,在"认知行为治疗"这个词组里,介于认知和行为之间的连字符是非常重要的,因为它体现了认知和行为之间的相互作用,这是人类经验的一个很显著的特点①。

3. 情绪层面

(1)情绪是个体在受到外在刺激时所引起的激动状态,及伴随着的生理改变。
(2)外在的事件,对个人情绪的影响在于个人对外在事件的诠释。
(3)情绪不但是受认知影响的也影响认知,或更正确地说,情绪与认知是相互影响的。

有些人在采取某种行为,想满足其需求时,往往会遇到阻碍、压力和心理冲突而陷入挫折情境,造成情绪困扰或形成情绪障碍。情绪障碍是生物、发育、心理、社会等素质和诱发性因素复杂互动的结果。但是由于认知因素在发生情绪障碍时起着激发、正强和维持情绪障碍症状的作用,因此,对认知进行辅导调整就成为治疗的关键。

(四)认知行为治疗也同样注意到环境的因素,个人的生活环境是会影响到他的情绪与反应的。但是环境对个人的影响并不一定具有决定性,而是一种互动性。如图5-1所示。

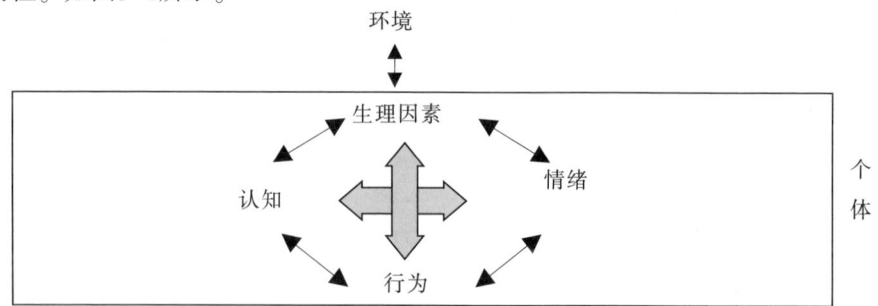

图5-1 认知行为治疗所注重各层面的互动模式

①汪新建.当代西方认知行为治疗述评[J]. 自然辩证法研究,2000(3)

（五）认知行为治疗者也试图解释来访者问题产生的原因，但并不以心理动力的理论为依据，而是以认知的学习理论或依来访者的情况以及生理反应为依据进行客观的推论与假设，并在治疗过程中加以求证。

（六）认知行为治疗与一些支持性的治疗方式相比较，除了给予支持外也提供具有实验基础的特殊技术来帮助来访者有更好的适应与改变。

基于上述治疗理念的认知行为治疗，具有以下的特点：

第一，把研究和治疗的焦点集中于来访者当前所遇到的问题上，分析目前所处的环境、所遇到的事件以及自身因素与心理疾患的关系，不过多留意来访者的过去，一般不把来访者当前的问题与过去的生活经历联系起来。

第二，在治疗过程中对治疗的目标予以一定的限制，使其清晰、明确，具有可观测性和可把握性，不追求过于空泛或包罗万象的治疗效果。

第三，认知行为治疗采用的是一种短期治疗的方式。认知行为治疗关注"现在"，不过多关注过去，且限定了治疗目标，因而治疗家们试图在短期内——数天、数周或数月内获得预期的疗效，他们认为，治疗过程拖延过长，并不能提高疗效。

第二节　认知行为治疗的主要理论与技术

认知行为治疗以一种短期治疗形式，将认知和行为两者的原则与方法综合在了一起，产生了比其他任何心理治疗模型都多的实证研究。在这一节里我们将看到几种主要的认知行为治疗理论及其技术，包括阿尔波特·埃利斯的理性情绪行为疗法（REBT），阿伦·T·贝克的认知疗法（CT）和唐纳德·梅钦鲍姆的认知行为治疗（CBT）。

一、埃利斯的理性情绪行为疗法

20世纪50年代，埃利斯发现心理分析技巧对于改变病人并不是很有效果，慢慢地，他发现自己在治疗过程中越来越采取主动的角色，攻击来访者不合理的逻辑思考，甚至还要求来访者在治疗时间之外，做他所指定的行为练习，这种改变的结果发展为众所皆知的"理性情绪疗法"（rational-emotive therapy, RET）。到了1993年，他又宣称改名为"理性情绪行为疗法"（rational emotive behavior therapy,REBT),理由是本疗法强调认知、情绪与行为之间的相互作用,认为只要能够帮助人们去改变行为、认知和情感中的任何一种形态,其他两种也会随之转变。埃利斯被公认为是今天的认知行为治疗之父。

(一)基本理论

1. 人性观

埃利斯对人的本性思考及情绪困扰与不快乐的原因有以下诸点主张:

人生而同时具有理性与非理性的特质;人有理性思考的潜能,也有非理性思考的倾向;人们的困扰源自于本身的非理性思考,而非外在世界的某事件;人运用理性思考时,会产生积极正向的情绪,而运用非理性思考时,则会带来消极负向的情绪;人们的不好情绪会带来不好的行为而好情绪则会带来好的行为;人单凭思考及想象即可形成观念或信念:理性的思考方式会形成"理性信念",而非理性思考方式会形成"非理性信念";人具有改变认知、情绪及行为历程的天赋能力。

总而言之,埃利斯对人性的看法是中性(既是理性也是非理性)、偏向乐观的(人的思考观念、情绪及行为都是可以改变的),而且他也认为人们本身具有自我对话(self-talking)、自我评鉴(self-evaluating)及自我支持(self-sustaining)的特性。

2. 非理性信念

理性情绪行为疗法认为,大部分的情绪困扰主要起源于责备自己。非理性信念是儿童时期从重要他人那里学来的。此外,我们也自创非理性教条和迷信。然后我们借着自动暗示(autosuggestion)和自我重复(self-repetition)的过程,反复灌输这些错误的信念。埃利斯提出一项假说认为,所有的人生来都具有理性思考的能力,但我们也有很强的倾向,会把我们的欲望与偏好逐渐转为独断的、绝对的"应该"、"必须"等要求与命令。如果我们把持好自己的偏好及理性信念,就不会变得消沉、仇视别人或自我可怜;当我们被"命令"控制生活时,我们就会堕入困扰之中。因此如果要治好神经症或人格异常,最好停止责备自己与别人,学习接纳自己。当我们感到不安时,不妨去检查隐藏在背后的"必须"与"应该",坚决地拒绝使自己对任何情境产生严重的焦虑或抑郁。

埃利斯从不合理信念中的"必须"出发找出了他认为经常会导致情绪障碍的几种思维方式[①]:

[①] Corey,G.著,石林等译.心理咨询和治疗的理论及实践[M].北京:中国轻工业出版社,2004

(1)灾难化

例:我没做得像我必须做到的那样好,这真是糟透了!

(2)无法忍受

例:我受不了这个,没法忍受这种事发生在我头上,这是根本就不应该发生的!

(3)过度类化

例:如果A与B批评我,其他人也会起而仿效,到时我就完全被孤立了。

(4)独断地推论

例:他常常加班,一定是不爱我了。

(5)只注意负面信息

例:老师皱着眉头,一定是对我不满。

(6)误解正面信息

例:他约我出去,只不过是可怜我。

(7)贬抑好事

例:今天跟B聊得不错,可是通常我的口才不好,他应该对我印象很差。

(8)个人化

例:他说忙得没时间见人,可是他真正的意思是他不想见我。

(9)完美主义

例:这次聚会不错,只不过我犯了些愚蠢的错误,假如我够好,这事就不会发生。

(10)极端化

例:不是……就是……

这几种思维方式都是从人们对事物绝对化的要求"必须"产生出来的,常使人加以内化陷入负的极端的情绪之中而难以自拔。

3. 人格理论

A-B-C人格理论是理性情绪行为疗法的理论与实践的核心。埃利斯认为事件A本身并非是情绪反应或行为后果(C)之原因,反而人们对事件的非理性信念(B)才是真正原因所在。因此要改善人不好的情绪及行为,就要劝导干预(D)非理性观念的发生与存在,而待之以理性的观念。等到劝导干预产生了效果(E),人们就会产生正向情绪及行为,心里的困扰因而消除或减弱,人也会有愉悦充实的新感觉(F)。这一理论不但说明了人类情绪及困扰的原因,也阐释了消极情绪及行为困扰的心理治疗之道。

在ABC理论中,A指与情感有关系的激发事件(activating events);B指信念(beliefs),包括理性或非理性的信念;C指与激发事件和信念有关的情感反应结果(consequences)。通常认为,激发事件A直接引起反应C。事实上并非如此,在A与C之间有B的中介因素。A对于个体的意义或是否引起反应受B的影响,即受人们的认知态度、信念决定。例如①,如果一个人在离婚后感到沮丧,这不是离婚本身引起沮丧反应的,而是这个人对于失败、被拒绝或失去配偶所持的信念所引起的(例如,"我应为离婚而受责备"、"我是可怜的失败者,我做的每件事都是错的"、"我是个没价值的人"等)。埃利斯认为被拒绝与失败的信念(B)才是导致沮丧(C)的主要原因,而不是离婚这一实际事件(A)。由此可见,认知评估或信念对情绪反应或行为的重要影响,非理性或错误是导致异常情感或行为的重要因素。

ABC理论后来又进一步发展,增加了D和E两个部分。D(disputing)指对非理性信念的干预和抵制;E(effective)指有效的理性信念或适当的情感行为替代非理性信念、异常的情感和行为。D和E是影响ABC的重要因素,对异常行为的转轨起着重要的影响作用,是对ABC理论的重要补充。在上述因离婚而引起沮丧的案例中,可以用一个理性的和有实证基础的结论来取代沮丧、严责自己或惩罚自己:"我感到很遗憾,我们的婚姻没有维系好,我们离婚了。我曾希望我们能解决问题,但是我们没有做到,不过这并不意味着世界末日。我们的婚姻失败并不意味着我在生活中是个失败者。不断责备我自己和让我自己完全承担分手的责任是愚蠢的。"

(二)治疗技术与步骤

1. 治疗目标

主要目标:培养更实际、更包容的生活哲学;减少来访者的情绪困扰与自我挫败行为。

具体目标:引导人去检视和改变一些最基本的价值观,尤其是那些使他们

---

①Garald Corey 著,陈金燕等译.咨商与心理治疗理论多元文化观点[M].台北市:五南图书出版有限公司,2000

困扰的观念。

特殊目标：关心自己（self-interest）、具有社会兴趣（social interest）、自我引导（self-direction）、容忍（tolerance）、弹性（flexibility）、接受不确定性（acceptance of uncertainty）、承诺、科学的思考（scientific thinking）、自我接纳（self-acceptance）、敢于冒险（risk taking）、不要太理想化（non-utopianism）、高度的容忍挫折以及为自己的困扰负责（self-responsibility）。[1]

2. 治疗关系

"温暖的关系"有其重要性，但并非必要，来访者必须由治疗者身上感受到无条件的正向关怀。治疗者担任"老师"的角色，来访者则是"学生"。强调合作关系以及来访者的积极演练。

3. 治疗步骤

(1) 介绍理论基础

在重要的第一阶段里，强调建立默契和建立一种能鼓励来访者自由谈话的关系。一旦形成这些关系之后，往后不再那么强调治疗关系。治疗的第一步是直接或间接地向来访者介绍ABC的基本理论，使他明了自己情绪困扰的根本原因在于思维方式、信念的不合理性，并说清楚其不合理信念与其情绪困扰的关系，让当事者清楚理性情绪行为治疗的理论概念。理性行为疗法治疗者会把神秘的色彩去除掉，在对方了解他们的某些非理性信念导致功能不良的情绪和行为时，治疗者接着就会激励他们去检讨为什么还抱持着旧的错误观念而不将它们除掉。

(2) 找出不合理思维

治疗的第二步旨在挖掘导致来访者情绪困扰的不合理观念。主要是向他指出情绪困扰延续至今的原因，不是由于早年生活的影响，而是来自目前自身所存在的不合理信念。来访者要学习区别理性与非理性的信念。为了增进这种察觉能力，治疗者要扮演一个科学家，向来访者原已接受或未曾怀疑就视为真理的自我挫败信念挑战。治疗者会采取鼓励与说服，有时甚至会指导来访者如何去对抗错误的信念。

并且，治疗者不能只告诉对方他们有不合逻辑的思考，因为他们可能会说：

---

[1] Corey,G.著，石林等译.心理咨询和治疗的理论及实践[M].北京：中国轻工业出版社，2004

"现在我了解我担心失败,并且了解这些害怕是被我夸大与不切实际的,但是我还是担心失败!"治疗者要向对方说明是他自己通过非理性的思考,一直重复暗示自己,所以他们要为自己的问题负大部分的责任。

(3)展开驳斥

治疗的第三步在于对非理性进行辩论,以帮助来访者认清其信念的不合理性,进而放弃这些不合理的信念,使来访者产生某种认知的改变。理性情绪心理假定来访者那些非理性的信念是根深蒂固的,以至于通常无法自己加以改变。因此,治疗者要协助来访者了解自我责备过程的恶性循环。

(4)建立新的合理观念

通过上述阶段后,第四步不仅帮助来访者认清放弃某特定不合理信念的必要性,而且要从改变他们常见的不合理的信念入手,帮助他们学会以合理的观念思考,代替不合理的思维方式,以避免重新产生不合理的信念。

(5)练习与迁移

发展新的合理观念之后,第五步可要求来访者多次重复诵读该观念,以获得巩固的效果。帮助来访者从具体事例入手,认识到自己原有的思维方式不合理,犯了极端化、以偏概全的毛病,今后要注意改正,推而广之,如果以后发生其他未能如愿的事,也不是一件糟透的事。

4. 治疗技术

通常,REBT咨询师使用各种认知、情感和行为技术。设计的方法是为了让来访者批判性地考察当前的信念和行为。认知方法包括驳斥非理性信念、做认知作业、改变自己的语言和思维方式等。情感技术包括角色扮演、REBT想象、批判羞愧练习等。许多主动和实用的行为步骤也被采用,目的是让来访者具体地和负责任地去做治疗需要的艰苦的工作。

以下就几个典型技术加以说明。

(1)认知技术

①驳斥非理性信念

理性情绪行为疗法使用的最普通的认知方法是治疗者主动驳斥对方的非理性信念,并教导对方向自己挑战的方法。具体有以下四种类型的驳斥。功能型驳斥(functional disputes),目的在于让来访者明白这种信念正阻碍他达到目标,例如:"这样想有用吗?""继续这样做对你的生活有什么影响?"实证型驳斥

(empirical disputes)，目的在于评估来访者信念的事实部分，验证某项信念是否符合实际状况，例如："支持这项信念的证据在哪？""哪里有白纸黑字写着？""你说有什么办法证明这是真的？"逻辑型驳斥(logical disputes)，目的在于帮助来访者认清因为自身非理性思考而将渴望和希望变成不合逻辑要求的情况，如："事情怎么会因为你希望那样，就应该那样？""X之后一定要有Y，请问这当中逻辑在哪？""怎么会因为到目前为止你还没找到男朋友，你就肯定往后也是如此？"哲学型驳斥(philosophical disputes)，目的在于帮助来访者反思生活中其他不成问题的方面，如："除此之外，你的生活中就没有其他可以令你满足、高兴的事吗？""没有了工作，人生就没有意义吗？"等等。

通过一系列的辩驳，治疗者可以将来访者的意识带往更理性的层次，在日常生活中会以有系统的方法处理其非理性信念(特别是那些"必须"如何做的绝对性信念)，直到不再为这些非理性信念所控制，或至少将影响的强度减弱。来访者应学习用一些问句或叙述句暗示自己，以驳斥非理性信念。这些句子例如："为什么人们一定要公平地对待我？""这是在哪里学来的？是谁说如果我不能每件事情都成功，我就会成为大输家？""如果我不能获得我想要的那份工作，我可能会很失望，但是我还能承受得起。""如果生活不能总如我愿，那也没什么可怕，只是不太称心而已。"

②认知家庭作业

理性情绪行为疗法会指派来访者诸如列出问题、找出绝对性信念、质疑等家庭作业，来追踪对方内化的自我暗示中蕴含了哪些"应该"和"必须"的信念。例如，一个有表演才华的人因为害怕失败，不敢在观众面前表演，治疗者可能会要求他在一个小的舞台剧中扮演小角色，教导他去除以下的自我暗示，例如，"我会失败，我会显得很笨，没有人会喜欢我"；并以更正面的信息来取代它，例如，"虽然我常会表现得很笨拙，但我不是笨蛋。我能表演，我将尽力而为。被人喜欢是挺不错的，但不是每个人都会喜欢我，而即使如此也不是世界末日"。

这类作业的理论根据是：人们常会创造一种否定的自证预言，而实际上也常导致失败，因为他们早就告诉自己会失败。来访者应在咨询疗程中，以及在疗程空挡的日常生活中完成这些作业。依循这一方法，他们会渐渐学会处理焦虑，并能向基本的非理性信念挑战。

③改变自我暗示内容

理性情绪行为疗法认为,不明确的语意是扭曲思考的原因之一。实践工作者会特别注意来访者的语言形态,因为语言会塑造思考,而思考也会塑造语言。来访者可以学习用"较喜欢"来取代"必须"、"最好"和"应该"。他们可以学习说"可能不太方便,如果……"来代替"那绝对会是可怕的,如果……"。学习新的自我对话方式:"我可以偶尔成功,偶尔失败"、"我不需要用过去的失败不断惩罚自己"、"我不可能永远维持完美"。通过改变语言形态和做新的自我暗示,来访者可以用不同的方式去思考和行动,结果他们往往也会开始有不同的感受。

④使用幽默

幽默是理性情绪行为疗法使用最普遍的技术之一,埃利斯本人就使用许多的幽默技术去对抗使来访者陷入困境的夸张想法。理性情绪行为疗法指出,情绪困扰常由于自己过于严肃,以至于对生活中的事件失去了欣赏与幽默感。咨询师会使用幽默感来协助来访者对抗他们过于严肃的一面,并协助他们驳斥生活中的"必须"哲学。在埃利斯的个别治疗里,他常使用合理而幽默的歌曲来教导来访者,鼓励人们在感到抑郁或焦虑的时候,就对自己或对团体唱这些歌,他相信幽默会使来访者嘲笑某些根深蒂固的非理性观念。

⑤读书治疗①

由于治疗也视为再教育的过程,因此可以鼓励来访者去读一些理性情绪的自助书籍,例如,埃利斯的《如何坚决抗拒使自己生活中的每件事情都糟透了——是的,每件事情!》,并聆听且批评自己在咨询中的录音带。改变是件很难的工作,不过在咨询以外的时间鼓励来访者阅读与理性情绪行为治疗有关的书籍、文章或资料来改变不合理认知,并能实地演练,协助来访者重新建立认知系统,才能真正改变人的思考、情绪和行为。

(2)情绪技术

①合理情绪想象

这种技术是心理练习,目的是建立新的情绪形态。在用合理情绪想象时,都要先请来访者尽量放轻松,想象自己在真实的生活中以自己所喜欢的方式去思考、感觉及表现行为。他们也可以想象自己面对一些情境时会产生不适当的不安烦躁,然后集中精神去体验此时的感受,接着再将这些感觉改变为适应的感

---

① 林正文.认知行为治疗——用历史故事诠释的一项尝试[M].台北市:五南图书出版有限公司,2001

觉。一旦他们能够改变不安的感觉为适当的感觉反应之后,他们就有较佳的机会去改变在这些情境中的行为。这些技术可以应用在引起个人困扰的人际情境或其他情境中。埃利斯指出,如果我们持续几个星期,而且每个星期做几次合理情绪想象练习,我们就可以不再对这些情境感到不安。

②角色扮演

在角色扮演中含有情绪的和行为的因素。来访者可以通过练习特定的行为而引出在某一情境中的感觉。这样做的目的在于处理跟不愉快感觉有关的潜在非理性信念。例如,一位妇女拖延着不去申请学校入学,因为她害怕被人拒绝,不被她所选择的学校接受会使她产生"我很笨"的感觉。在与学校负责人面试的角色扮演中,她注意到自己的焦虑和非理性信念导致了上述结果,接着向"必须被人接受"、"不被接受即意味着自己很笨、没有能力"等非理性想法挑战。

③克服羞愧练习

埃利斯认为我们能够坚定地拒绝感到羞耻,只要告诉自己如果有人认为我们是大傻瓜也不是什么大灾难就行。这个方法也包含情绪与行为两个要素,来访者可能会有家庭作业——冒险去做些原本担心别人的想法而不敢去做的事(但并不鼓励尝试那些可能会伤害到自己或别人的事)。对于社会习俗小小的违反,往往是克服羞耻的有效方法,例如,可以在公交车上或火车上大声喊叫几声、穿一些"很前卫"的衣服上街吸引别人注意、用最大的音量唱歌、在演讲会上问一个傻问题、拒绝给服务态度差的侍者小费等等。来访者进行这些家庭作业之后,可能会发现别人并不如自己想象地那么在乎他们的行为,于是不再感到羞耻或没面子,并不断地进行这些练习直到了解自己的羞耻感是自己制造出来的,于是便能以自然的方式表现行为。

④强制和力量的使用

埃利斯建议教导来访者如何在自己产生非理性信念时引导自己做有力的对话,然后强力地驳斥这些非理性信念。有时治疗者会反过来扮演来访者内心自我挫败的角色而与对方进行对话,此时来访者必须强有力地与治疗者辩论企图说服治疗者放弃这些功能不良的观念。强制和力量也是上述克服羞愧练习的基本组成部分。

⑤无条件接纳

咨询师会教导来访者有关无条件接纳的价值。即使他们的行为也许令人难以接受,但是他们仍可看待自己为有价值的人。他们会让对方了解,觉得自己有缺陷而使自己沉沦具有相当大的破坏力量。

⑥示范

治疗者教导对方自我接纳的主要技术之一是通过示范。在治疗中治疗者会表现出自己的本色,不寻求来访者的赞同,不抱持"应该"和"必须"等信念过生活,并且在不断向对方挑战时,也显示自己敢于冒险。在面对情况严重的来访者时,仍表现出完全地接纳对方。

(3)行为技术

认知行为疗法在很大程度上是建立在一个人自我叙述的重组将带来行为上的相应改变这一假设之上的,因此,操作条件反射、模仿和行为演练等行为技术也可以应用到更隐蔽和更主观的思维与内部对话过程中。

①系统脱敏

使来访者处于抑制焦虑的状态下,逐步面对他所惧怕的事物,以消除非理性的害怕反应。治疗第一步:训练来访者放松——学习与焦虑对抗的反应。治疗第二步:与来访者一起整理引发焦虑反应的事物或情境清单,并依序按引起焦虑的程度排列。下图是引起一来访者害怕考试的情境阶层。

图6-2 害怕考试的情境阶层

害怕程度	害怕情境描述
最害怕 ↑ 最不害怕	考试现场 考试前一天晚上 老师上课提到考试 同学闲谈间提及考试 开学当日

治疗第三步:正式使用系统脱敏技术。先使来访者使用放松技术,让来访者处于放松状态。请来访者假想最不令他害怕的情境(上例中即开学当日的情形)。若想像过程中来访者仍焦虑不安,则请来访者暂停想象,集中精神放松自己。待恢复放松状态后,再去想象焦虑的情境,此过程需持续练习到来访者想象最不害怕的场景时不再焦虑。再逐次进入到引发害怕情境的第二阶层及下一阶层。治疗的最后阶段,来访者必须能在真实情境中面对他的害怕。例:女生怕蛇,则设计安排有系统地呈现刺激,以逐渐降低消除恐惧症。首先在远处呈现假蛇,

由他人触摸，并未有危险反应；再向前移近，也不见危险；继之出现远处真蛇，渐渐移近，手扶他人之手以摸蛇，最后亲手摸蛇而不会惧怕。

②洪水法

利用正统条件化的原理，让来访者直接面对最害怕的情境或事物，当来访者意识到他认为最糟糕的情境并未为他带来任何损伤，他就能面对这个原先害怕的情境。与系统脱敏法的差别是，洪水法并非逐步渐进，而是一开始就要求来访者面对最令他害怕的情境，也因此，过程可能相当惊恐，但只要来访者够坚强，效果甚佳。此法治疗单一恐惧症甚为有效。

③代币法

当来访者表现良好行为时，即盖印戳章，如学校老师常用的"好学生"章或"笑脸"、"你好棒"等图章，待所盖戳章达一定数量即可兑换礼物之方式，用以增强来访者良好的行为表现。"笑脸"戳章即是一种"次级增强物"，此方式即为代币法。

需先找出增强物：了解来访者所喜欢的礼物、活动等；建立制度：建立获得这些礼物所需收集的代币数量；得到代币：来访者只要表现出约定的正向行为，即可获得代币；换取礼物：当来访者累积足够数量的代币，即可换取想要的礼物或活动。此法的优点是不受时地限制，便利可行。当对象是团体时，不同对象喜欢不同的增强物，此法更为适用。常用于精神病患、启智教育、特殊学生之行为改变等，一般学校课室管理也常用。

(三)适用领域、对象及来访者举例

1. 适用领域

理性情绪行为疗法应用的主要领域包括：个别治疗、团体治疗、夫妻咨询和家庭治疗。

(1)个别治疗。在一对一的治疗中，REBT倾向于集中解决一个具体问题。埃利斯提到，大多数进行个体治疗的来访者每周进行一次治疗，整个疗程从五次到五十次不等。

(2)团体治疗。理性情绪行为疗法很适合用于团体治疗，因为在团体情境中，所有成员在教导下可以把理性情绪行为疗法的原理应用到其他成员身上。他们在团体中有机会可以练习冒险的新行为，并有充分机会做指定的家庭作业。

(3)夫妻咨询和家庭治疗。通常理性情绪行为疗法的实践工作者首先倾听各方面的抱怨,然后立刻致力于减低罪恶感、沮丧和敌意,教导他们理性情绪行为疗法的原理,使他们可以处理彼此的差异或至少可以较不受此等差异的困扰。然后看他们是否愿意改进彼此的关系。如果他们要处理一些基本冲突,他们就制定契约、讨论与妥协,以及学习如何直接而理性地说话。当双方都能个别地使用理性行为治疗法原理之后,彼此的关系往往都能有所改进。

理性情绪行为疗法很适合设计成短期治疗(brief therapy)[①]。因为用ABC理论来促进了解和改变引发其基本困扰的态度,只需一到十次的疗程。有明确问题的人,例如,面对失业或处理退休等问题,理性情绪行为疗法在短期内能有所帮助。在这些例子里,咨询师会教导来访者如何应用理性行为治疗法的原理去处理自己的问题,并且常会使用补充性与教导性的素材(书籍、录音带、自助表格等等)。有一种有效的设计是:把治疗过程录下来,要求对方利用时间时常去听,使他们可因此更能掌握问题的本质,并能找出应对对策。埃利斯提到,大部分的个别来访者,每周会面一次,一共会谈五至五十次。有严重情绪困扰的人应继续个别及团体治疗一年以上,这样他们可以练习治疗中所学到的东西。

2. 适用对象

理性情绪行为疗法已广泛地用于处理焦虑、敌意、性格异常、精神异常,以及沮丧、性、爱、婚姻问题,儿童教养和青少年问题,以及社会性交往技能训练和自我管理。埃利斯不认为所有的来访者都能通过逻辑分析和重建人生观而得到帮助,因为有些人的才智不足以跟上严格的理性分析;有些人过于脱离现实;有些人太老,缺乏弹性;有些人固执己见反对逻辑,以致不能接受理性分析;有些人是长期的逃避者,或是坚持找魔术般的方法以解决问题的懒惰者;有些人就是不照理性情绪行为疗法所要求的去做;有些人似乎喜欢维持着他们的不幸,拒绝作任何小小的改变。

二、贝克的认知疗法

认知疗法(cognitive therapy)是由贝克发展出来的一种行为治疗系统。贝克本属认知治疗家,但在20世纪70年代以后,他的论文或专著多次冠以认知行为

[①] 林正文.认知行为治疗——用历史故事诠释的一项尝试[M].台北市:五南图书出版有限公司,2001

治疗的名称,他也多次称自己是认知行为治疗家。贝克发展出来的认知治疗法的基本论点与理性行为治疗法有许多相似处,都是主动的、指导的、有时间限制及有结构性的治疗法[①]。

(一)基本理论

1. 基本假设

贝克的认知治疗是以"认知是决定我们如何感受与如何表现的主因"这个假定为基础的。认知治疗包括所有以矫正错误观念与错误自我暗示为媒介来减轻心理压力的治疗法。改变那些导致功能失调的情绪与行为之最直接方法,就是改变不正确且功能不当的思想。

2. 认知歪曲的形式

(1)独断地推论

指没有充足而相关的证据便骤下结论。这种扭曲包括"我完蛋了!",或想到某个最糟的状况。举例来说,你可能自认尚不能被同事或来访者喜欢或尊重,但已经开始执业担任咨询师;你也可能觉得当年愚弄了教授也总算得了学位,但是现在人们一定可以看穿你。

(2)选择性的偏差推论

指以整个事件中的单一细节下结论,而失去整个内容的重要性。这种想法的假设是"真正重要的事件是那些与失败与损失有关的事"。举例来说,身为一个咨询师,你可能常以自己的错误和弱点来评估自己的价值,而不是由你的成功来评价自己。

(3)过度类化

指把某件意外事件产生的极端信念不恰当地应用在不相似的事件或环境中。例如,你对一个青少年咨询时碰到了困难,可能会下结论说你在对青少年的咨询方面毫无成效;更过度类化说,这证明了你对所有来访者的咨询都是徒劳无功的。

(4)扩大与夸张

指过度强调负向事件的重要性。你可能会犯这样的认知错误:在咨询中即使是很微小的错误都可能对来访者造成危机,甚至导致其心理伤害。

[①]Garald Corey 著,邓玄藏等译.咨商与心理治疗理论与实务[M].台北市:双叶书廊有限公司,2003

(5)个人化

是一种使外在事件与自己发生关联的倾向,即使没有任何理由作这种联结。如果一个来访者在第二次咨询时没有出现,你可能会坚信这次缺席是因为你在第一次咨询差劲的表现所致。你可能会告诉自己:"都是我害了这位来访者,让他持续陷入低潮,他大概再也不会来找人咨询了。"

(6)标签化和错误标签化

是以过去的缺点或错误来建立自我认同。例如你没办法满足来访者的期望,你就对自己说:"我是个完全没有价值的人,我应该把我的执照归还给学会。"

(7)极端化的思考

指思考或解释事情时用全有或全无的方式,或用"不是……就是……"极端地将经验分类,这种二分法的思考把事情都分为"好"或"坏"。例如说:在你让自己成为一个完美的咨询师或不完美的一般人之间毫无空间;做不到前者就变成后者。你可能视自己为一个完美而有能力的咨询师(意即你对所有的来访者都很成功地咨询),但一旦你不是完全都有能力时,你就是一个彻彻底底的失败者(意即根本不容许犯任何错误)。

(二)治疗技术与步骤

1. 治疗目标

认知治疗的基本目标是排除来访者思考的偏差和扭曲。详细说是协助当事者克服认知的盲点、模糊的知觉、自我欺骗及不正确的判断,以改变认知中对现实的直接扭曲或不合逻辑的思考方式。

2. 治疗步骤

(1)理清观念

所谓理清观念是指教导来访者认清不适应的观念。这些不适应观念是指那些造成当事者无法应付生活、破坏内部一致性及产生痛苦和过量的情绪反应的想法。

(2)填补空白

贝克认为来访者会产生问题,通常是因为他们不能辨认出那个产生观念的认知过程,也就是自动化过程。因此贝克认为关键问题是通过内省把这个认知过程全貌挖掘出来,这项工作就称为填补空白。

(3) 隔离想法

来访者的认知错误,乃在于他把其认知反应看成是一种事实而非假设,因此治疗者首先要帮助他从情绪的冲动中冷静下来,分析认知的内容,并协助他建立一个重要观念:他的想法可能成真,但绝非事实。这种把"想法"当成"假设"的心理过程称为隔离。

(4) 获取结论

利用讲求实际证据的方法,使来访者认识到假设并非事实,推论也可能不合事实,心理过程并不等于外在实际的刺激或事件,只有用实证的方法或步骤以获取正确的知识。

(5) 改变规则

通过上述步骤,来访者可以发现他在其生活中所遵循、依据的规则是错误的,进而加以改变,使其更合理及较能适应生活的情境。

简单来说,治疗者透过接纳、温暖、同理的态度,避免采用权威的治疗方式,引导来访者以尝试错误的态度,逐步进入问题解决的历程中。在治疗历程中,治疗者通过和来访者一起检核想法的可信性、减轻问题的严重性、教导来访者"学习如何学习"的方式,与来访者建立起"治疗的合作关系",协助其体认自己的"规则/前提/信念"的思考模式,并落实信念形成历程中取得证据的步骤,以跨越"认知的陷阱",改变原有不良的想法。整个认知治疗的过程约12周,会谈约15次,每次交谈的时间有一定限制,约30至40分钟。一般可将整个过程分为初期、中期和后期三个阶段。

(1) 治疗初期

第一次与来访者会谈的主要目标是尽可能减轻来访者的一些症状。在开始的两到三次会谈中,咨询师应该找出和确定来访者的主要问题,并且制定出一些处置问题的策略来指导帮助来访者。

找出和确定主要问题应贯穿在整个治疗的初期。在这期间,咨询师与来访者共同找出问题的症结。紧接着是对各种问题进行排列,讨论哪一个问题是最主要的。必须准确地评估思维、生活环境和情绪之间的关系。

在治疗初期,另一个目标是设法向来访者说明认知和情绪之间的密切关系,力图找出消极的不合理的思维内容,并指出这些思想与情绪变化上的关系。尽早布置一些家庭认知作业,通过这些作业,促使来访者自己认识到认知与情绪间的密切关联。

(2)治疗中期

侧重比较复杂的问题,其中包括功能失调性的思想和行为。咨询师的工作在于帮助来访者及早掌握使用和练习新学习的概念,不断反复练习和应用合理的反应方式,取代功能失调性思想。

(3)治疗后期

注重矫正来访者的自动化思想。当来访者感到抑郁或焦虑开始减轻后,咨询师和来访者的注意力应从特殊问题转移到来访者当作普遍规律的假设上来。这些适应不良性假设的形成往往与来访者的个体发育、学习经历有很大的关系。认知疗法的基本目标就是抵抗这些适应不良性假设的作用,并用新的、更趋于现实水平的认知系统来取代。

当来访者逐步好转、能比较现实客观地应付和处理生活中的压力时,认知疗法的会谈次数将逐渐减少,最终告一段落,结束疗程。

3. 治疗技术

认知疗法所使用的治疗方法,在目的上是协助来访者测试其认知的有效性,其中包括认知技术与行为技术,并且有许多与REBT及行为疗法雷同。

(1)认知技术

许多REBT所使用的认知技术,也为认知疗法所采用。此外,认知疗法会协助来访者用以下方法去探索其认知上的扭曲情形,并提醒其经常进行此类认知练习:

①排解灾难法(如果……怎么办……)。

②重新归因法(观察现实中的影响因素,促进现实感)。

③重新界定法(将"没人关心我"转变为"我要主动接触别人")。

④排除自我中心法(利用观察现实,改变结论)。

(2)行为技术

认知疗法向行为疗法借了许多行为技术,包括心像法、思考中断法、放松训练、系统脱敏法、暴露治疗、行为预演与角色扮演、心理示范法及家庭作业指导等。这里选择其中的几项加以说明。

①心像法

心像法是采用个体的心像作为媒介,以改变其行为的一种内隐制约的方法。亦即利用在心理想像的情景来代替外显真实的物理刺激,以强化或削弱某特定行为。

②思考中断法

思考中断法是一种用来中断个体非现实、消极、引发焦虑及防卫性等不良想法的一种认知行为改变方法,它也可以视为一种自我控制的步骤。中断思考的线索一般应用在来访者思考有负向情绪浮现之际,治疗者突然大喝一声:"停",使来访者注意到其不良想法的中止,除此外也可以用其他形式(如文字、图画、物品)的线索引导来访者中断其思考。

③心理示范法

指应用个体对示范者的仿效历程,以达成个体思考或行为改变的一种心理治疗方法。心理示范法依其运用方式的不同,可分为内隐示范法、自我示范法和参与示范法。

④苏格拉底式的对话

探究负面信念,并带来正面信念。具体步骤简单说来就是,a.定义用语:有何证据支持? b.确定规则:能否以其他方式解读此情境? c.找到证据:如果是真的,其含意是什么?

(三)适用领域、对象及来访者举例

1. 适用领域

认知治疗可应用于治疗许多心理问题,其中最主要的是治疗情绪抑郁的病人。但对于精神病性抑郁病人,效果可能较差。认知疗法还可作为神经性厌食症、性功能障碍和酒精中毒等病人的治疗方法之一。此外,认知治疗还可适用于治疗一般性的焦虑障碍、成就焦虑、社交恐惧、考前紧张焦虑、慢性疼痛、偏头痛、创伤后的压力异常、调适异常、饮食异常、边缘人格异常、离婚与家庭失和以及自杀行为。对于海洛因成瘾病人,认知治疗可作为辅助手段,加强治疗效果。近年来并发现,认知治疗与药物治疗合用,可治疗某些精神分裂症病人的妄想。

2. 适用对象

认知治疗在设计上可以适用所有年龄层的当事者及各类儿童。

三、梅钦鲍姆的认知行为治疗

另一种重要的认知行为治疗是梅钦鲍姆的认知行为矫正法(cognitive

behavior modification），梅钦鲍姆是将行为治疗推向当前认知行为导向的主要力量之一。他的自我指导治疗(self-instructional therapy)，基本上是认知重建的一种形式，主要是改变来访者的自我语言(self-verbalizations)。自我陈述对一个人行为的影响就像别人的话所带来的影响一样多。认知行为治疗的一个基本观点是，行为改变的先决条件在于来访者必须注意他们如何思考、如何感受、如何表现及如何对别人产生影响。为了要产生改变，来访者必须介入其行为的内部对话中，如此他们便能够在各种情境中评估自己的行为。

(一)基本理论

1. 基本假设

本疗法的假设与理性情绪行为疗法及贝克的认知治疗一样，认为烦恼的情绪是思考调适不良的结果。不过，理性情绪行为疗法与梅钦鲍姆的认知行为矫正法仍有差异。理性情绪行为疗法在揭发和攻击非理性信念方面，比较直接及具有面质性，而梅钦鲍姆的自我指导治疗法则较注重协助来访者去察觉自己的内心对话。

梅钦鲍姆认为行为改变是透过一系列的中介历程，包括内在语言的交互作用、认知结构、行为以及因行为而产生的结果而发生的。人们对自己所说的什么话会影响(决定)他们对其他事情所采取的行动。认知机能评定的目的就是指评定人们的内部对话是如何影响行为的、如何受到其他事件或行为过程的影响的。

2. 内部对话的机能[①]

内部对话可以影响到人们对压力的反应。人们对压力的反应在很大程度上是受人们对压力源的评价、对自己感到的唤醒的归因，以及对自己的应付能力的评估等因素影响的。人们对于压力情境以及自己应付能力的自我语言会影响到他们在这种情境下的行为。人们在这种情境下的焦虑水平也与这种和情境有关的自我评价有关。如果个体这时只看重自我、他的机能上的不足及对自我的不满等，他的焦虑水平就高；如果只注意到外部情境，并有较高的应付水平，这时焦虑水平就低。

认知也可以影响到生理反应和情绪状态。在心境和自我语言之间有着某种

[①] Garald Corey 著，邓玄藏等译.咨商与心理治疗理论与实务[M].台北市：双叶书廊有限公司，2003

关系。思想可以影响行为。我们有很多行为是自动化的或由习惯产生的,我们在行为之前也不用想一想(习惯经常是迅速而有效的)。但是,如果我们要改变行为,那么我们就必须在行动之前先想一想。这样的思想(即内部语言的产生)能使不适应行为"去自动化",即"去习惯化",并为产生新的适应性行为提供了基础。

3. 内部对话的结构

内部语言的第二个重要的机能就是对认知结构的影响和改变。认知结构为一系列特殊的自我语言提供意义系统或概念系统。认知结构可控制并影响思想策略,寻找并选择某种思想。学习新的技能需要认知结构的改变。

认知结构的改变有三种形式:吸收,即新的结构吸收了原来的结构;替代,即原来的结构又伴随着新的结构一起起作用;综合,即原来结构中的成分在更具理解性的新的复杂结构中仍然存在。认知结构决定了内部语言的实质,而内部对话又可以改变认知结构,是个良性循环。

(二)治疗技术与步骤

1. 治疗目标

梅钦鲍姆的认知行为矫正法,其主要目标在于训练来访者具备一种自我辅导的技巧,晓得如何告诉自己应对各种可能的压力情境,以便获得预期的适应行为,其目的是要来访者认清既有的消极性的观念,进一步以比较合乎现实、积极的看法来抑制不利的见解。

2. 治疗步骤

第一阶段:自我观察

改变过程的第一步是来访者学习如何观察自己的行为。当他们开始治疗时,他们的内在对话就会经由负向的自我陈述和想象而形成。在治疗过程中,来访者需要一个新的认知结构,使他们能用新的观点看他们的问题。这种重组概念的历程是经过来访者和治疗者共同努力而达成的。

第二阶段:开始一个新的内部自我对话

如果来访者希望改变,他们对自己所说的话必须能引起一个新的行为链,一个与他们不适应行为不兼容的锁链。来访者学习改变那些使他们进入治疗的内部对话。他们的新内部对话引导出新的行为,这是认知重建的结果。

第三阶段:学习新技巧

教导来访者更有效的应对技巧,并在现实生活情境中加以练习。认知重建可帮助来访者改变对失败的消极看法，因此能使他们更愿意参与所期望的活动。来访者不断告诉自己新的句子，并观察和评量其结果。当在情境中表现不同时，他们可从他人处得到不同的反应。他们学得新技巧的稳定性极大地受到自己告诉自己有关新获得的行为与其结果的影响。

3. 治疗技术

在认知行为治疗中有一种特殊的应用，就是教导来访者借助"压力免疫"(stress inoculation)策略去管理压力。梅钦鲍姆在使用认知行为治疗法的技术中发展出压力免疫法，将生理的免疫原理推广应用到心理与行为上。先让来访者有机会成功地处理较温和的压力刺激，然后逐步发展对较强刺激的容忍能力。这个训练的假定是借助改变压力情况下的自我暗示与信念，而提高应对压力的能力。梅钦鲍姆的压力免疫训练不只关心教导来访者特别的应对技能，他的方案是设计成使来访者对压力的处理有所准备，并使他们有改变的动机，以及能处理抗拒故态复萌等情形。压力免疫训练(简称SIT)包括给予讯息、苏格拉底式对话、重建认知、解决问题、放松训练、行为预演、自我监控、自我教导、自我增强及改变环境等技术的组合。这个治疗法在设计上是教导应对技能，使人们能处理目前的压力与未来的困难。

梅钦鲍姆为压力免疫训练设计了一个三阶段模式：

(1) 概念阶段

在压力免疫训练的最初阶段——概念阶段，其重点在于与来访者建立良好的治疗关系，协助对方对于压力的本质有较好的了解，并在这种互动关系中重新获得概念。这一阶段的目的是帮助来访者更有效地(理智地)看待他的问题，并接受适当的治疗以及与治疗者进行合作；帮助病人控制他们的唤醒，改变在压力情境下的自我语言；教导来访者把他们的问题看作是由四个阶段构成的，而不是一种分化的反应，这四个阶段是：为压力源做准备，面对或接触压力源，可能被压力源击垮，加强已经做出的应付措施。

治疗者在这个阶段里应取得对方的合作，双方一起对问题的性质重新思考。一开始，治疗者会用简单的字眼设计一个要领性架构，协助对方了解自己在不同压力情境下的反应方式，了解认知与情绪对于制造与延续压力所扮演的角色，以及通过教诲、苏格拉底式的质询，以及引导自我察觉的过程来教导对方。

来访者前来接受治疗，通常是由于感受到自己是外在环境、思想、感受与行为的牺牲者,给予的训练包括教导对方察觉自己在压力中的角色。他们获得此察觉的方式,是通过系统化地观察自己的内心对话,以及反思这些内心对话所产生的适应不良行为。这种自我监控在所有的治疗阶段都必须持续进行。来访者在认知行为治疗中应使用开放性日记,有系统地记录自己的想法、感觉和行为,治疗者在教导这些应对技能时,应弹性地运用技术,对于来访者个人的、文化的、情境的环境应保持敏感性。

(2)技能获得与练习阶段

压力免疫训练的第二个阶段——获得技能与练习,重点在于提供对方各种应用在压力情境中的行为与认知应对技术。这个阶段也包含直接行动。直接的行动包括获得有关压力源的信息、明确地确认何种情境会带来压力、安排躲避的路线、做一些不同的事情来减低压力,以及学习机体的放松等。训练包括认知应对技能,让来访者了解适应不良的行为皆与内心对话有关。认知应付包括帮助来访者认识消极的、对自我不利的语言,并把它们作为产生与之不兼容的、应付性的自我语言的信号或线索。他们学会不同的自我暗示方式,并不断地反复练习。梅钦鲍姆对于这个阶段不断灌输的内心对话提供如下:

对于承受压力我应如何作准备?(我必须做什么?我能拟定一套处理压力的计划吗?)

我如何面对处理对我会产生压力的事情?(我可以用哪些方法来处理压力?我如何面对这个挑战?)

我如何应对困窘的感觉?(我现在能做什么?我如何阻止我的恐惧?)

我如何强化自我暗示?(我如何给自己打气?)

由于这是压力管理方案的一部分,因此也会教给对方各种行为的应对方法,有些还包括放松训练、社会技能训练、时间管理训练及自我教导训练。咨询师会协助来访者改变生活形态,诸如重新评估事情的优先次序、培养支持系统、采取直接行为去改变压力情绪。治疗者介绍给来访者许多放松的方法,并教导对方使用这些技术去减低压力所引起的情绪亢奋。通过教导、示范与引导,对方逐渐学会渐进放松的技能。其他建议学习的放松方法还有冥想法、瑜伽法、肌肉紧缩与放松法及呼吸控制法。此外,放松法也包括一些活动,例如散步、慢跑、园艺栽培、编织及其他身体的活动。梅钦鲍姆强调放松法对于心理状态与生理状态的效果是一样的。

(3) 应用与持续改变阶段

在压力免疫训练的第三阶段——应用与持续改变阶段，重点放在小心地将改变从治疗中转移到实际的生活中，并予以维持。当来访者掌握了应对策略之后，就在实验室中向他们呈现一系列排列好了的自我恐惧压力源，由治疗者示范如何应用压力策略。来访者所接受的治疗技术是各种各样的，包括劝导训练、讨论、楷模、自我指导和行为重复以及强化等。教导应对技能显然是一种复杂的程序，依不同的处理方法而不同。对来访者而言，单单暗示他们新的观念尚不足以导致改变，他们必须练习新的自我暗示，并把新技能应用到真实的生活情境中，并且一旦学会认知和行为的应对技能后，就必须开始练习行为作业，而这些作业会变得越来越重要。咨询师会要求对方写下愿意去完成的家庭作业，其结果会在下一次的晤谈中仔细地检讨；如果来访者未能持续进行这些作业的话，则对方就要检讨失败的原因。这种追踪与检讨一般会在治疗经过三个月、六个月及十二个月后各举行一次，如此可促使对方持续练习并强化他们的应对技能。这种压力免疫训练使来访者的认知自我从一种"习得的无助感"转变为一种"习得的力量"。

(三) 适用领域、对象及个案举例

1. 适用领域

压力管理训练对各种问题与各种来访者都是有用的应用策略，不论在治疗上、预防上都有其应用价值。这些应用包括：愤怒控制、焦虑处理（考试焦虑、人际焦虑及演讲焦虑）、果断训练、促进创意思考、处理沮丧及健康问题等；它亦被证实对于系统脱敏法及增强步骤有促进的功能。

2. 适用对象

认知行为治疗可适用于不同年龄的对象。曾有咨询师用以处理有强迫性行为（或观念）症状的人、多动儿、自闭者及精神分裂患者等。不过，以儿童为处理对象的认知行为治疗强调教导思考过程；处理成人问题则着重调整错误认知，教导更适当的认知形态。

四、REBT、CT和CBT三种疗法的比较

以上介绍的三种认知行为治疗理论与技术的比较如下图所示：

图5-3　埃利斯、贝克和梅钦鲍姆的比较

		埃利斯(REBT)	贝克(CT)	梅钦鲍姆(CBT)
不良认知名称		非理性信念	认知扭曲	负向内言
治疗步骤	1.对不良认知的辨识方法	直接指明	采用苏格拉底式对话	以实际行为的不良影响说明
	2.驳斥不良认知的方法	直接面质	以对话让其自行修正想法	不重视此部分
	3.良好认知与行为养成方法	不重视此部分	采用问题解决步骤及行为疗法	自我教导训练、压力免疫训练
治疗目标		改变整个哲学观	改变特定认知、情绪或行为	改变特定内言及行为

这三种疗法虽然有方法论和理论上的差异，但它们的共通处包括：其一，咨询师与来访者须有协同合作的关系；其二，认为心理困扰大部分是认知历程受到干扰造成的；其三，为了改变情绪状态与行为，强调须改变认知；其四，一般而言，都是一种在有限时间内带有教育色彩的治疗法，所针对的是特定明确的问题。所有认知行为治疗法所根据的都是有结构的心理教育模式，都强调家庭作业，来访者在治疗中与治疗外都须负起积极的角色，以及使用各种认知技术与行为技术来导致改变。

传统的行为治疗已被大大拓宽，并且在很大程度上向认知行为治疗方向发展。现在已经有20多种不同的疗法被称为"认知的"或"认知行为的"。尽管由于解释和治疗心理疾患的侧重点不同而出现不同的治疗模式，但无论如何，它们都明确地秉持下述的理论假设：个体的认知活动影响并制约个体的行为，个体的认知活动是能够加以控制和调整的，因此，可以通过运用改变个体认知的方法来改变个体的行为。

此外，所有的认知行为治疗模式还具有如下共同的特点：

其一，把研究和治疗的焦点集中于来访者当前所遇到的问题上，分析和寻找目前所处的环境、所遇到的事件以及自身因素与心理疾患的关系，不过多留意来访者的过去，不把来访者眼下的问题与过去的生活经历联系起来。

其二，在每一治疗过程中对治疗的目标予以一定的限制，使其清晰、明确，具有可观测性和可把握性，不追求过于空泛或包罗万象的治疗效果。

其三，由于只对"现在"予以关注，不花时间纠缠于过去，且限定了治疗目标，因而治疗家们试图在短期内即数天、数周或数月内获得预期的疗效。故认知行为治疗所采用的是一种短期治疗的方式。

其四，认为个体应对自己的心理困扰负责。尽管所处的环境和所遇到的事件会对个体产生重要的影响，但最终说来，个体是自己心理障碍的制造者（错误的认知导致错误的行为），同时，个体也完全具备足够的能力去解决自己的心理问题。

其五，认为治疗过程中治疗家和患者必须建立起相互信任、积极合作的关系，对双方而言，没有主动和被动之分，他们都是主动的投入者和参与者。

最后，强调治疗家在治疗过程中应使患者成为一个学习者，治疗家不仅要去除患者的心理疾病，还要让患者掌握若干相关的知识和技能，以便能有效地应对未来可能会遇到的心理问题。

认知行为治疗存在的问题主要有：

第一，就总体而言，尚待建构一个更具一般性的理论。从认知行为治疗产生到现在，尽管许多治疗家在理论上作了许多尝试，但他们都是围绕着某个特定的领域或某个具体的治疗模式进行的。认知行为治疗作为一种治疗范式，它需要置于一个坚实的理论基础之上，才能获得更好的发展。

第二，治疗家们在对"认知"含义的理解上过于宽泛，缺乏确定性。从大量的文献中我们能看到，治疗家们常把信念、态度、想法、假设、生活准则、个体对意义的解释、期望、意识流、图式、错觉、预测等等与认知看成一回事，在同样的意义上使用它们。一种以认知为核心的治疗范式，有必要对"认知"和其他密切相关的概念予以准确的界定，弄清其区别之所在。

第三，尽管"认知制约行为，可通过认知的变化达到行为的变化"是治疗家们认可的重要原则，但在实际的治疗过程中，无论是认知变化的过程还是认知变化的强度，要想确切地加以观察和测定都是有较大难度的，而在此若不能有所突破，恐难使治疗效果进一步提高。

第三节　认知行为治疗案例解析

案例一　这个案例呈现了埃利斯如何与来访者迅速地进入直接的行动,最终的目标是帮助来访者决定如何与"身为男同志"(男同性恋者)的想法一起生活。埃利斯在这个案例中相当典型地反映出他大多数的理念与技术。

我是个男同志吗?[①]

咨询师:让你困扰的主要是什么事?**(开放式问句)**

来访者:我害怕我是个男同志——我怕死了!

咨询师:害怕变成男同志?**(鼓励)**

来访者:是的。

咨询师:因为"如果我是男同志……",会怎么样?

【说明】开放式问句,引导来访者用逻辑推理的方式来思考,这是REBT的基本技巧。注意这里埃利斯着重在"身为男同志"的想法或认知,而非行为。"不是事件本身,而是我们怎么看这件事"才是最重要的。

来访者:我不知道。那真的会让我心情不好,它让我每天都在怀疑,无论如何,我真的怀疑每一件事。

咨询师:是。但是还是让我们来回答这个问题:"如果我是男同志,会让我变得怎么样?"

来访者:(停顿)我不知道。

咨询师:是,你是知道的!我可以替你回答这个问题,但让我们来看看你自己是否可以想出来。**(埃利斯鼓励来访者理性地思考,并接触他们的情绪)**

来访者:(停顿)比较不像一个人?

咨询师:是,很明显地,你是在说:"我已经够坏了;但如果我是个男同

[①] Garald Corey 著,陈金燕等译.咨商与心理治疗理论多元文化观点[M].台北市:五南图书出版有限公司,2000

志,那才会让我变得一文不值。"

【说明】埃利斯常用语言来惊吓来访者,并在这一过程中让他了解到,即使说出"最糟糕"的事,来访者仍然活着且仍被埃利斯所尊重。在"冷酷"盘诘的外表下,埃利斯展现了对每个来访者内在力量的积极关怀。这个解释也聚焦在来访者情绪障碍的形成上。注意:A——"客观的事实"是"身为男同志"的事实,B——来访者相信"身为男同志"是不好的,且会污蔑自己,C——因此,情绪的结果是来访者经历到罪恶感、恐惧以及负面的自我想法。埃利斯特别擅长于勾勒出来访者想法和情绪上的认知思考形态或顺序。在这里,埃利斯辨识出一个关键的非理性陈述,成为持续会谈和治疗系列的焦点,挑战非理性陈述是之后改变整个自我哲学的关键。

来访者:对!

咨询师:那,为什么你刚刚说你不知道呢?

来访者:只是想猜猜看而已。那是——那只因恐惧,真的让我的心情变得很不好!我不知道为什么?

咨询师:(笑)好,你刚刚给了一个理由!假设我们在说相同的事,比如说偷窃。你没有偷过任何的东西,但你想过偷某一样东西,然后你说:"如果我偷了,我会一文不值!"只是做个假设,那么对于偷窃你会开始想些什么?

【说明】合理情绪想象,引导来访者想象自己发生一件糟糕的事情,想象自己面对这些情境时会产生不适当的不安烦躁,然后集中精神去体验此时的感受,接着再将这些感觉改变为适应的感觉。

来访者:(沉默)

咨询师:如果你相信:"若我偷了它,我就会一文不值!"——你常这样想吗?还是偶尔?

来访者:我常这样想。

咨询师:那就对了!一旦你说"如果某某事发生了,我就会一文不值",你就会被某某事缠住了,而你不断地被"身为男同志"的念头缠住的理由,就是因为"如果我是男同志,我就会一文不值"这个疯狂的想法。现在,我们检视一下这个信念。让我们如此假设,我们承认如果你是一个男同志,真的会有所不利;但,为什么你是一个同性恋,你就会一文不值呢?让我们假想你完全放弃女孩子,你就是紧抓住男生,那为什么你一文不值呢?

【说明】驳斥非理性信念;强力与气势的使用。当来访者A-B-C思考形态似的逻辑无效时,埃利斯直接挑战和面质,他这样的语言和驳斥方式可能不那么温和,但我们都知道这是一种有效的介入方法和重要的治疗策略。

来访者:(不连贯地咕哝着,显然难以找到答案)……
咨询师:想一下好了。

来访者和咨询师在这次面谈中的目标是:改变"身为男同志"的想法(认知的)、决定他想怎么过日子(认知存在的),以及根据那些决定采取的动作/行为(行为的)。

在这个案例中,来访者有个思考上的短路B,得出结论:"如果我是同性恋,我就是差劲的,因此……"埃利斯的目的就是挑战这个信念系统:是来访者对"身为男同志"的想法,引发他的焦虑和困扰,而不是情境中的客观事实。很明显的,许多男同志、女同志和异性恋者都相信各种生活形态都是合宜的,而不会像这个来访者一样得到结论C。因此,埃利斯在这个案例中的取向是去挑战这个来访者的逻辑:"如果我是个男同志,我就一文不值。"他指出A引发C的结论,且挑战这个逻辑的非理性。可以看到的是被挑战的并非某个特定的信念,而是信念之中导致不合逻辑结论的荒诞无稽。埃利斯并没有质疑来访者的目标和价值观(他不想要成为男同志),只是挑战他对这些价值观的绝对要求(在任何情境下他都绝对不能成为一个男同志;假如他是同性恋,他就会是"没用的东西")。治疗所强调的是改变来访者对这行为的想法,而不是改变行为本身。

案例二[①] 电视屏幕上年轻女性的脸部紧紧扭曲着,如果不看她哭红、哭肿的双眼和挂着两行清泪的双颊,那会是张姣好的脸庞。

"我先生想离开我,"琳达对着摄影机看不到的人说,"他想要离开一段不确定的时间,或许有一天他会回来,他说这是无法妥协的,他不想再有协

[①] Garald Corey 著,陈金燕等译.咨商与心理治疗理论多元文化观点[M].台北市:五南图书出版有限公司,2000

定。"她很难控制她的声调,她边说边啜泣着。

"我越来越沮丧,"琳达继续说着,"感觉上好像前面有个断头台,或像我得了癌症。我告诉他最好离开,而现在……"(她开始大哭起来)"……现在我真的只有一个人了!"

摄影机往后拉,镜头带进一个与琳达共坐在桌边的男士,他最显著的外表是脸后浓密平顺的一头白发,在他的眼镜背后,是一双精神科医师温暖与探询的眼神。他冷静地看着琳达。

"你说'只有一个人'是什么意思?"贝克问道。

【说明】这是自动化思考的第一步。接着问:"你说'只有一个人'是什么意思?"Beck由表面的句子结构转而向内探索思考模式的基础。

"我失去了李察!"她哭噎着说,边从桌面上的面纸盒抽出卫生纸擦眼泪,"没有了他,生活就不再有任何意义。我是这么爱他。"

【说明】这里我们看到A——客观的事实,B——"我失去了李察",以及C——情绪的结果。这是标准的埃利斯非理性思考模式。然而,贝克是在找寻忧郁背后的自动化思考模式。

"你爱他什么?"贝克问道。

"我不知道,"琳达说,摇着头,迷惑的样子,"我猜我为他而活;他是这么的烂,但我只记得好的部分。"(在这段对话中,来访者开始检视她错误的自动化思考)

暂停。在看起来黑暗的房间里,贝克按了一个钮,把屏幕中琳达和他自己的影像定格。他转向一位访客,并解释在这个紧急治疗的会谈中所采用的策略。"首先,你要常帮她描述她的想法,好向她澄清和再确认你了解她。其次,你要勾勒出你要进行的方向,这在危机处理的情境里是非常困难的,你必须自己去想。"贝克依据他的抑郁理论提出解释,认为病人会低估自己,并夸大自己失去的部分及未来负向的一面。"你必须探索这些部分并处理之。"

暂停。摄影机的影像动了且开始说话。屏幕上,贝克为琳达描述六周前所做的首次治疗会谈,提醒她李察对他们的婚姻所做过的承诺和协议。"在过去与现在之间发生了什么事?"

【说明】认知行为取向的重要特性就是寻找次序,CBT关心事件的次序,但比行为方法更重视内在的想法和感受。

"我不知道。我真的认为他在说谎。"她又开始啜泣,"这好像一个噩梦!"

"李察欺骗你?"

"他是的。相信他让我觉得自己像个傻瓜。"琳达哭着说。

暂停。贝克对着他的来访者说道,"这是夸大问题,她觉得被骗,觉得像个傻瓜。我将探索的角度是——这是她真实的损失?还是咨询的伤害?你必须做个二分的决定。"

暂停。屏幕上,贝克平静地对琳达说:"你损失了什么?"他首先由损失的角度开始。

"我失去了我最好的朋友,谈得来的朋友。"她停顿了一下,又悲伤地说道,"即使他不想听我说。"还有什么呢?"我失去了孩子的爹,经济上的支援、安全感。"

【说明】注意来访者全或无的思考方式。CBT咨询师会辨识真正真实的损失,但不会接受失去所有这种想法。非理性想法和自动化思考的共同点,都是对负面的过度类化和去除可能的正向。

"什么伤你最深?"贝克怀疑道,"钱吗?"

"不——失去他,我失去了我所有的希望。""什么希望?""我们的事可以解决。""没别的希望了吗?"贝克问道,琳达有点疑惑的样子,"我猜想我不会让它们再进入我的心中。但谁会要我呢?他拒绝了我,我不讨人喜爱。"

【说明】以上是咨询师挑战来访者错误的思考模式的理性驳斥的好例子。注意下面如何使用幽默来挑战来访者的思考模式。

"你真的这样相信吗?李察就是那个至高无上的仲裁者吗?"贝克说,"我们应该相信他的判断吗?"(笑声)不可置信地,琳达还在笑着。"当我在哭的时候,不要让我笑!"她说话时夹杂着咯咯的笑声和啜泣声。

贝克脸上闪过一抹短暂的笑容，又继续说他的论点："李察这几个月来时常破坏对你的承诺，而你感觉恐怖的是像那样的家伙好像不爱你。为什么一定要让他的问题反映到你的自我形象上呢？"

贝克要求琳达列出她丈夫好的和不好的特质，他将它们记录在一张长长的分成两栏的格纸上。当琳达写完这张表格，"不好"的那一栏是"好"的那一栏的两倍长。

【说明】这可以视为决策平衡单的另一种形式，在CBT中常使用问题解决技术。

"你要嫁的就是这种男人吗？"这个精神科医师问道。

"当你将它仔细列出来时，听起来真的很笨！"她承认道。

最后贝克引出琳达的另一段自白：即使她受苦于可怕的情绪压力和痛苦，她也可以忍受它，甚至转换成对未来更正向的观点。"我想我已经忍受它这么久了，"琳达说，"所以我现在也可以忍耐。"

【说明】关于她丈夫的错误自动化思考已经被适当地挑战了，琳达现在可以修正她对自己、前任配偶以及自身处境的个人建构。

暂停。受到她从录影带中所看到的情绪和可见的希望所感动，贝克的来访者对贝克提出一个问题。

"你不想抱抱琳达，让她觉得舒服点，而非只是问问题吗？"

"同理和了解，"精神科医师回答道，"在治疗中是不够的。就好像医疗中的任何一科，你尝试去同理病人，但病人最大的保证是你对她问题的了解和你让她掌控这个情境的能力。"贝克强调，琳达的抑郁不可能在一次的会谈中被"治愈"，她需要固定地回来治疗一段时间。使用他的治疗取向——一个在世界各地心理卫生专业中激起大量兴趣与鼓励的取向——咨询师可用以"使严重的抑郁症患者非常迅速地编号"，且帮助他们用结构性、有效的方法来应付他们的问题。

贝克把大部分的注意力都放在认知过程，他指出，我们的心中有一股思考的川流，我们并不聆听它的全部。这些想法流动得很快，贝克称它们为

"自动化思考",并指出我们很难去停止它们。在上述短文所描述的女性例子中,她自动化地想着,没有她先生则她的生活将"结束",且她会是"孤单"的。贝克关心的是去停止这种有害的自动化思考,并让个人检视其思考模式,最终产生新的认知形态。

案例三[①] 来访者通常带着隐晦、混淆与陈述模糊的议题求助于咨询师,如果你可以把焦点放在行为的具体性与特定性,就可以帮助来访者将问题变得更为清楚,许多咨询师喜欢用抽象的方式思考与谈话,行为的操作化将有助于你与来访者"直接切入主题",并发现到底发生了什么事。以下就是这样一个案例。

让我们假设你有一个抑郁并谈到难过感觉的来访者。在心理动力治疗中,你可能会探索难过的根源;而在认知与人本治疗中,你可能会想帮助来访者改变其对世界的想法。然而,在认知行为治疗中,特别是在应用性行为分析中,首要任务是确定当他(或她)感到抑郁时,病患的特定与具体行为为何,一如下面的对话所呈现。

咨询师:你说你感到沮丧,可不可以告诉我你在沮丧时会做哪些特定的事情?

来访者:嗯……我会一直哭。我有几天无法下床,大部分的时间我都感到难过。

咨询师:你的身体有什么感觉呢?

和刻板印象相反,行为取向的咨询师会非常注意情绪,并强调情绪问题的重要性。许多咨询师会处理"难过",但是,此例特别致力于从实际的感觉动作经验来定义情绪。

来访者:身体是紧张的,而且整个拉扯着,好像有一个小铁锤不断地在里面敲击,有时候这种感觉严重到让我无法入睡。

咨询师的两个问题都使得与一般抑郁建构有关的行为更加明显。哭泣、无法起床、身体的紧张感、不能入睡等都是可以被看到、测量甚至计算的操作性行为。然而,难过的感觉仍然很模糊,对于"大部分的时间我都感到难过"这句话进

---

① 林正文.认知行为治疗——用历史故事诠释的一项尝试[M].台北市:五南图书出版有限公司,2001

一步操作化,可能导致下列更具体的行为描述:

咨询师:不久以前你提到大部分的时间你都会感到难过,可不可以请你再多谈一些?

来访者:嗯……我会一直哭,而且我几乎无法动弹。我太太说我整天只是发牢骚与抱怨。

咨询师:所以难过是指哭泣以及难以动弹……以及经常抱怨。你也说到你内在感到紧张与拉扯,我想你是说……锤子。

在此,咨询师将模糊的难过感觉与来访者所提的更具体的操作性行为联结在一起,并更具体地找出它们在感觉动作范畴中的位置。

理论要点

1. 认知行为治疗以一种短期治疗形式,将认知和行为两者的原则与方法综合在了一起,而形成认知行为治疗。

2. "人不是受事情的困扰,而是受到他们对这些事情看法的困扰。"认知行为治疗的理论假设即是认知、情绪和行为有明显的交互作用。该理论的核心理念简单说就是通过改变认知来改变行为。

3. 认知行为治疗包括几种主要的认知行为治疗理论及其技术,包括阿尔波特·埃利斯(Albert Ellis)的理性情绪行为疗法(REBT)、阿伦·T·贝克(Aaron. T. Beck)的认知疗法(CT)和唐纳德·梅钦鲍姆(Donald Meichenbaum)的认知行为治疗(CBT)。

4. A-B-C人格理论是理性情绪行为疗法的理论与实践的核心。理性情绪行为疗法重在辩驳"非理性信念"。认知疗法与理性情绪行为疗法相似,都强调认知的作用,但其重在重构"认知扭曲"。唐纳德·梅钦鲍姆的认知行为矫正法是将行为治疗推向当前认知行为导向的主要力量之一。与理性情绪疗法重在揭发和攻击非理性信念不同,麦生保的自我指导治疗法则较注重协助来访者去察觉自己的内心对话,并改变"负向内言"。

第六章 完形治疗的理论与技术

完形治疗(gestalt therapy)是存在主义心理治疗的一支。它与弗兰克尔的意义治疗(logo therapy)、埃利斯的理情治疗(rational emotive therapy)等几个流派并列称为"第三势力"。完形治疗强调自我觉察,它通过帮助来访者宣泄过去郁积的情绪从而帮助来访者完成过去的未完成事件,达到统整并找到真正的自我。完形治疗发展起来的"空椅法"、"角色互换法"、"夸张身体语言"、"角色扮演"等一些富有创造力的技术使得完形治疗在各治疗流派中独树一帜。

近几十年来,完形治疗由于其生动的理论阐释和富有创造力的技术越来越引起国际心理咨询界的瞩目。在此,有必要向广大中小学心理辅导教师介绍完形治疗的理论与技术。

第一节 完形治疗的理论基础

要理解完形治疗的理论基础,首先要从完形心理学和完形治疗的创始人皮尔斯(Fritz Perls)的创造性工作说起,这是完形治疗产生和发展的背景和基础。

一、完形治疗的理论和发展渊源

何谓完形?完形(Gestalt)是德国字,原意为形状、图形。完形一词,源自一群研究知觉的德国心理学家。他们发现,人类对事物的知觉并非根据此事物的各个分离的片断,而是以一个有意义的整体为单位。因此,把各个部分或各个因素集合成一个具有意义的整体,即为完形。此外,就"形与景"的角度而言,能将目标物从周遭的背景环境中分辨出来,将注意力集中在目标物上,明白地辨别出它与背景环境的界限,亦是形成"完形",即形成"背景"与"形"的意思。完形治疗的产生和发展与完形心理学理论观点以及皮尔斯的工作是分不开的。

(一)完形心理学

完形心理学由魏泰迈、库勒与考夫卡所创立,强调行为是有组织的统整的整体,而非特殊分离的部分,即构成整体的部分是不能被分开了解的,这种行为的整体就是完形。

完形心理学强调"整体大于局部之和",即全体并非把各部分集合而成,全体是超越部分的。例如,水(全体)是超乎氢(部分)、氧(部分)的存在;欣赏名曲时,不是听到分散的音符,而是连续的音符、速度、音调和强弱的统整体。所以,整体被界定为部分的相互作用和相互依赖。基于此,完形心理学认为分析部分永远不能提供对整体的了解。

完形心理学强调"形"和"景"的关系。形成"完形"的"形和背景",最常被引用的是丹麦的鲁宾(Rubin)于1915年所提出来的"Rubin之杯",对形成"两个相对的脸"的"完形"而言,"脸"是"形",而中间的花瓶部分是"背景";反之,对于形成花瓶的"完形"者而言,花瓶部分是"形",而脸的部分是"背景"。

人的成长不外是形成"完形"之后又破坏它,破坏之后又形成它的不断形成"完形"的过程。其中有些"完形"深深印在脑海里,因为无法忘记,就很难形成新的"完形"。因此,完形治疗不认为现在的自己是过去的产物,它要问的是现在的自己对于过去所发生的事情究竟形成怎样的"完形"。可以说,完形治疗的理论基础主要是奠基在完形心理学的理论之上的。

(二)皮尔斯的完形治疗的思想

完形治疗是皮尔斯所创。皮尔斯是犹太人,原来是一位医生,后来取得心理学博士学位,从事精神分析。然而,从1947年移民美国后,皮尔斯开始逐渐摒弃精神分析的缺点,而以完形心理学的"完形"观取而代之。1951年,《完形治疗》(*Gestalt Therapy*)的出版,标志着完形治疗学派的产生。

完形心理学的重点原本在阐明人类知觉与学习的历程,皮尔斯摘取了其中对心理治疗有意义的部分,作为其治疗法的基础。如:1. 有机体有追求完整的倾向,一个不完全的完形就会引起注意直至完形出现和稳定为止。2. 有机体会依照其当前的需要,完成其完形。皮尔斯认为要满足需要,就必须形成完形。3. 有机体的行为是一种整体,大于部分的相加总和。4. 有机体行为的含义要从其生活整体的内涵中去了解,如对人的认识,不能将人抽离环境(整体)来看。5. 有机体透过"形"与"景"的原则,了解其所处环境。

因此,皮尔斯对完形下的定义认为:"完形乃是一种形态,是构成某事物的个别部分的一种特定组织。完形心理学的基本前提是,人类本质乃一整体,并以整体(或完形)感知世界,而不同事物也唯有以其组成的整体(或完形)方能被人类了解。"①

皮尔斯在心理咨询思想史上有着重要的地位,最重要的就是将弗洛伊德的心理的理论和身体的理论统整为一。首先,皮尔斯为身心分离的传统思想谱下休止符,他认为身体与心理是整体的,若只是解开心理的封锁无济于事,因此完形治疗强调"身体的活动"。例如,皮尔斯常问来访者:"你想做什么?"来访者说:"我想吐痰、痛骂一顿。"皮尔斯会说:"那就吐呀。"当来访者吐痰、谩骂、咬人时,皮尔斯认为这即是一种治疗,因为把内心所想付诸实现,这是生理层面的重新架构。因此,皮尔斯在思想史上重要的一件事,即是他把身体带进治疗的领域里,这可说是对弗洛伊德精神分析学的心理主义的大反动。

其次,皮尔斯特别重视"身体感觉"或"身体语言",这是对传统心理治疗理念的一大反动。在这之前的心理治疗,语言是"形",身体是"背景",皮尔斯恰恰相反,语言成了"景",而身体则变成了"形"。他认为语言意识性高,容易撒谎,身体却是潜意识的。潜意识比意识更诚实,察觉"身体的感受或非语言的表现",更能成为"真正的自己"。因此完形治疗法主张放弃理性,去倾听身体的感觉。

二、完形治疗的基本理念

(一)对人的基本看法

完形治疗强调接纳真实的原有自己,不为自己或他人的合理化、期待、判断、曲解所操纵,而以自己所想的、所要的、所感觉的为基础表现自我。

在人格发展的阶段中,孩子经由"承认"的历程发现自己,欣赏自己的存在,但由于父母的给予评价(赞许),使孩子开始压抑不被称赞的思想、情绪、行为,而转为附和他人,无法完全接受真实原有的自己。

此外,皮尔斯提出,在人的体内,有两股不协调势力的存在。一者很正义、很具权威性也很完美,以"应该"、"必须"等观念来对个体作操纵和摆布。一者认为人应该放弃理性,去倾听身体的感觉。由于胜利者和失败者都在不断挣扎,夺取控制权,这内在的矛盾与冲突,便对人造成一种持续不断的折磨,使之痛苦。

因此,完形治疗即是要协助受导者,自觉有这两个不协调部分的存在,寻求

---

①Edwin C. Nevis主编.完形治疗观点与应用.台北市:心理出版社,2005

解决方法,将内在分裂情况改善,以求达到身心统整为一。

(二)基本观念

完形治疗强调自我觉察的作用,强调此时此地的感觉,强调景与形的协调,促使来访者的未完成事件达到完形。下面我们从完形治疗特别强调的几个元素来了解完形治疗的基本观念。

1. 自我觉察

自我觉察是完形治疗的核心。完形治疗学派认为个体有自我调整的功能,个体若能充分觉察,必然改变。也就是,觉察本身即具有治疗的效果。那么自我觉察是什么呢?Simkin在1970年曾对"觉察"做了以下的说明:"觉察乃是专注与注意的能力。思考并不是觉察,感觉、感受也不是觉察,觉察乃是去接触、了解我正在想什么,感觉、感受到什么……如果我不能觉察我正在做的,我即是对我所做的没有反应。"觉察是指去发现某些事情,让个体接触到或感觉到自己正在做什么,感觉到自己的思考、动作、身体姿势等。在觉察的过程中,个体与环境做良好的接触,以经验内在的冲突,统整其人格的分歧与对立,借着觉察,个体发现真实的自我,重新整合自己。

觉察是一种提供选择的工具,它也意味着改变的可能性。因为觉察,你知道你可以不这样做,你知道你可以改变,也知道你可以不改变。你觉察得愈多,可做的选择也愈多,当你选择以后,就必须为自己的选择负责任。当然,前提是你必须先觉察到,才可以做选择,也才能为自己的行为负责任。所以说,觉察是改变的开始。

此外,关于觉察有几点要注意:

(1)觉察不同于内省。内省是有目的性及评价性的,而觉察只是去观察、注意而不评价。

(2)人不可能同时对两件事有相同程度的觉察。因为觉察特别强调专注与注意的能力,因此,我们一次只能专注于一件事。

(3)你有意志力去专注在你的觉察上。当你想要做觉察时,你随时有能力可以做觉察。

(4)缺乏觉察通常与逃避有关。在你生命中,或许有些部分是你一直害怕去碰触,而不愿面对的。所以说,成长需要勇气。若我们总是逃避去觉察某些部分,那么我们将无法改变与成长。

个体与环境是无法区分的,因此在觉察的过程中必须兼顾个体与环境,若仅偏重于对自我的觉察或是对环境的觉察其中一者,则无法达成清楚的觉察。

所以觉察应包括三个范畴:对自我的觉察、对环境的觉察、对自我与环境互动的觉察。

自我觉察可分为外部领域、内部领域及中间领域。

(1)外部领域:即是对外在世界的察觉,用五官看、听、嗅、味、触与外界接触。例如白纸上的黑字,火车的声音,玫瑰的花香……是他人也可客观而得的。这个领域帮助我们植根于"现实"之中。

(2)内部领域:是个人主观的感觉,发生在自己的内部,只有自己能感觉得到,如疼、痛、痒、肌肉紧张以及各种情绪。

(3)中间领域:即是对想象活动的察觉,包括种种心智活动,如幻想、计划、分析、思考等等。

完形治疗希望帮助来访者多专注在外部领域和内部领域的觉察上,因为许多人可能在不知不觉中受困于中间领域的空想、担心等负面想象,而成了中间领域的因犯。例如我们可能害怕失败,而不敢尝试一些计划;可能担心某些后果,而不敢冒险;这些担心或是恐惧的想象往往带来不安甚或阻挡了生活的进行。

要如何消除中间领域带给我们的不安呢?我们可以在外部领域做些努力,也就是将不安转换为实际的行动。例如,假若害怕考试失败,那就努力用功读书。或是我们可以试着将身体放松,因为身体感官会反映出我们的情绪与不安,所以中间领域的负面想象会使我们的内部领域呈现紧张或不舒服的状态,如呼吸急促、四肢颤抖、眉头紧缩等等,此时我们若能察觉到这些内部领域的变化,并使自己的身体放松,那么不安的感觉就较难侵入了。或是可以改变中间领域的用词和想象,如将"假如考试考坏了,该怎么办"改为"考试会过关",那么内部领域也就能随之转换成轻松自信的状态了。

许多人受困于中间领域,因为他们不了解实际发生的与自己想象的之间会有一大段差距,所以,我们要学习中间领域的正面运用方法,并使这三个领域平均发展,才能过着平衡的生活。

2. 此时此刻

完形治疗强调此时此刻,它认为留恋过去就是在逃避体验现在。Polster在1973年曾提出"力量存在于现在"(Power is in the present.),因为往者已矣,来者则尚未来临,只有现在才是最重要的。若把精力花在追忆过去或是冥想未来,"现在"的力量将消失无踪。

为了有效帮助来访者接触现在,完形治疗者常会以现在式的问句问"什么"(what)和"如何"(how)的问题,而很少问"为什么"(why)的问题。因为完形治疗认为问"为什么"只会引导来访者去编造合理化的解释及自我欺骗,将导致来访者不停地、顽固地去思索过去,而使他们脱离了此时此刻的体验。

然而,完形治疗法并非不重视过去。事实上,完形治疗者认为,当过去与一个人现在的重要课题有关时,过去就是重要的。当来访者谈及他们的过去时,治疗者将要求他们借着重演过去将想象带到此地,不要只是谈论那些情感,而要求来访者在此时此刻再次体验过去所经验过的情感,透过想象的历程,再度体验当初受到的伤害,进而释放该伤害。

完形强调"此时此刻",主要有几项理由:

(1)除了此刻他正在做的事以外,一个人不可能经验到其他事。

(2)个人的改变只能发生在现在,他不能改变过去已发生的或未来尚未发生的。

(3)当他能存在于此时此刻,他便能运用觉察去发现他的需求,并能知道如何去满足他。

(4)自我的觉知也是存在于现在之中。

皮尔斯指出,当个体离开现实而沉浸于未来时,便经历焦虑,对于未来,既害怕灾难的降临,又期待美好的结局,于是把所有的心思用在空想、计划、取舍不定,因而脱离现实。但是完形并不否认个人生活的过去与未来的重要性,个人可将过去拉回现在来重新经验它,也可经验此刻他的计划或未来的期望。

3. 形与景

完形心理学认为有机体是透过"形"与"景"的原则,了解其所处的环境。形成"完形"就是形成"背景"与"形"的意思,无法形成"完形",即"形"(兴趣的焦点)与"背景"(忽视的部分)无法确定的人。固执的人就是一旦形成"形"与"背景",再也无法看出其他"形"与"背景"的人。弗洛伊德所说的情结(complex),即皮尔斯所指病理的完形,亦即"形"与"背景"固定而无法看到其他部分。

前文提到的Rubin的花瓶只是视觉的完形之例子,除了视觉之外,还有听觉的外形,如音乐。完形治疗并非在外在形成形与背景,也企图重新组成自己的内在部分以及个体的经验,将视觉的认知扩展到我们的"情绪"部分与"感觉"部分,如此一来,视觉与感觉的认知就能在相同的原则下顺利进行了。

完形要我们将注意力集中到感官知觉内在区域所发生的各种现象上,以建立一连串图像与背景之间的关联性。因为愈能明确了解其间的关系,就愈能为我们的内心世界赋予意义,也愈能澄清我们真正的需求和意念何在,这是了解自己的根本之道。

一个心理健康的人就是能够自由自在形成"完形"的人。完形治疗就是企图使无法形成"完形"的人或者只形成一种"完形"而缺乏弹性者有创造"完形"的机会。所谓创造"完形"就是如何去感受实现世界,即对于外界的诠释。

考夫卡曾经举了一个例子:有一个人把湖泊当作草原,后来听说那是湖泊,吃惊得从马背上掉下来。因为草原这个完形变成湖泊这个完形,他才掉下来。又譬如精神分析认为父亲天天殴打小孩,小孩才变成不良少年,完形治疗认为如果形成"小孩被殴打,只是做了精神官能症的父亲的出气筒,无异为父亲做了一次心理治疗"这个"完形",则小孩不一定会变成不良少年。

换言之,完形治疗不认为现在的自己是过去的产物,它要问的是现在的自己对于过去所发生的事情究竟形成怎样的"完形"。

人的成长,主要是在达成自我实现的过程中,满足一些动机及需求。需求的出现,成为整个人环境的焦点,这个焦点就是皮尔斯所说的形象;相对的,个人环境即为背景。如果需求满足,形象便退回背景,一旦新的需求出现时,另一个形象就产生。

有了这样的概念,就可以了解当我们遭遇困难时,困难本身就是形象,如果我们只注意困难,而忽略了周围的个人和环境的资源,很可能我们会理不清这个困难所隐含的意义,也可能因此而身陷其中,夹杂不清,始终找不出解决之道。所以,皮尔斯建议,凡事应从较宽广的角度去知觉、去思考,问题的意义才能明白,需求才会获得满足。

在形与景取得平衡的时候,注意的焦点是强韧且清晰的,另外也具有弹性,唯有弹性才能在该变化的时候变化;而当你失衡时,舍弃旧有的注意焦点固然有它的困难之处,但唯有如此才能发现新的焦点。或许有充分的理由将注意的焦点固定,但唯有超越障碍,人生才有可能更为柔软,更为敏感。

4. 对"未完成事件"的重视

完形治疗的另一个重要概念是未完成事件（unfinished business），包括悔恨、愤怒、憎恨、痛苦、焦虑、悲伤、罪恶、被抛弃等未曾表达的情感。虽然这些情感未被表达，但它们与某些特殊、鲜明的记忆或想象联结在一起。这些未曾完全被察识、未曾被充分体验的情感在内心深处徘徊，在不知不觉中影响个体与自己和他人的接触。

人有成千成百种身体的、感情的、心灵的欲求，它们各有其意义吸引着我们的注意，有些无法满足的欲求，将会一直牵引着我们的注意。不能满足的欲求越多，就越会被过去所束缚，一旦对这些不满的欲求没有自觉，就会带来疲劳、注意力散漫、混乱、紧张、身体疾病、破坏等不满足的行为模式。在完形上就将这些未解决的情况和未获得满足的欲求，称之为"未完成事件"。

未完成事件就如此持续着，直到个体面对、处理那些未曾表达的情感后，才算"完成"。这些不完全的层面会寻求完备，而当它们累积到相当强度时，个体便陷入偏颇、苦闷、强迫行为，以及在自我打击中无法自拔。由于这些莫名的情感，制造了许多不必要的情绪困扰，打乱了我们对现实的觉察。

未完成事件对于目前行为的影响，可在一位缺乏母爱的男性身上清楚地看出。他可能会对母亲怀有愤恨之情，因为不论他多么努力，母亲总是对他不满意。为了转移这种要求母性赞赏的需求，他可能会向其他女性寻求自己男子气概的肯定。因此，他的行为便成了一种寻觅代替母爱的行为，在这种情况下，在他能体验真正的满足前，他必须先去完成未完成事件的体验，把原先不为人知的失望与愤怒的情感表达出来，才能突破僵局停滞的成长历程。

未解决的状况和未完成的形态都会产生不平衡的情况，需要我们加以解决。在我们人生的所有领域上，都拥有追求解决或平衡的自然欲求。

所有未解决的问题出现于现在的瞬间，过去所有未解决的状况皆系在一根线上，而线的一端就握在你现在的手上。假若能观察现在的行为、思想、感情，就可能握住手中线之源头。如此一来未解决的状况获得解决，整件事便可打上完整的休止符，也就是放开了将自己束缚于过去的那根线，完全生活于现在。参与现在，解放过去——这也是完形的目的之一。

三、完形治疗的历程

(一)完形治疗的目标

皮尔斯认为,完形治疗的目标与其他治疗的目标相同,那就是促使个体成熟和成长。具体地说,完形治疗有以下几个重要的目标:

1. 由"人助"转为"自助",以启发来访者由外在环境的支持进入自我的支持。

2. 帮助来访者过更充实的生活。皮尔斯认为,人仅发挥了百分之五至十五的潜能,人的潜能应得到进一步的发挥,使我们生活态度日新,使我们生活更充实。

3. 觉察的获得。觉察是人格改变的工具,具有治疗性。在察识过程中,未完成事件将逐一显现于治疗情境,得以处理。觉察的目的是帮助来访者了解环境,了解自己,接纳自己进而达到人格统整。

4. 协助来访者达到人格统整。健全的人格的主要特质是能自我调适、自我约束。来访者由于自我印象的影响,造成人格的分裂,无法尽己之才,满足自我需求、自我实现。完形治疗的目标是摒除自我印象的影响,提高来访者的觉察能力,协调本身内在和外在的知觉,使未完成的事件不再困扰现在而达到人格统整。

5. 帮助来访者找到自我。皮尔斯说:"只要你与我们同在,就不必再作适应,任何发生的事就像过眼的影像,你可以吸收,可以同化,也可以了解,不再随着世界团团转。"完形治疗就是要帮助来访者找到自我,实现自我。

(二)完形治疗中的咨访关系

完形治疗将咨询师和来访者的关系视为人对人关系,而非专家对病患的关系。咨询师的经验、觉察性与知识,构成治疗过程的背景;来访者的觉察与反应则为舞台上演出的戏目。完形治疗中的咨访关系是一种在你我真诚关系的基础上运作的双向投入。咨询师主动分享自己的知觉与经验,以诚实而直接的反应面对来访者,挑起来访者的自省。

咨询师在完形治疗中主要扮演两种角色:

1. 向导和催化剂。提供咨询气氛,让来访者在此气氛中有机会去觉察自己的需要。

2. 投射镜。让来访者从中瞧见自己,在彼此互动中,来访者体会到咨询师和自己一样都不完美。

(三)完形治疗的流程

完形治疗没有固定的流程,咨询过程更多的是体现咨询师的洞察力和创造力的过程。因此,完形治疗与当下很多流派的治疗一样,是通过现象学的探究和活动试验提供来访者对自我当下的觉察,并弹性创造地应用各种各样的完形治疗技巧,帮助来访者获得统整。

参考皮尔斯和其他人报告的一些案例,笔者认为可约略归纳以下重要的咨询策略及步骤:

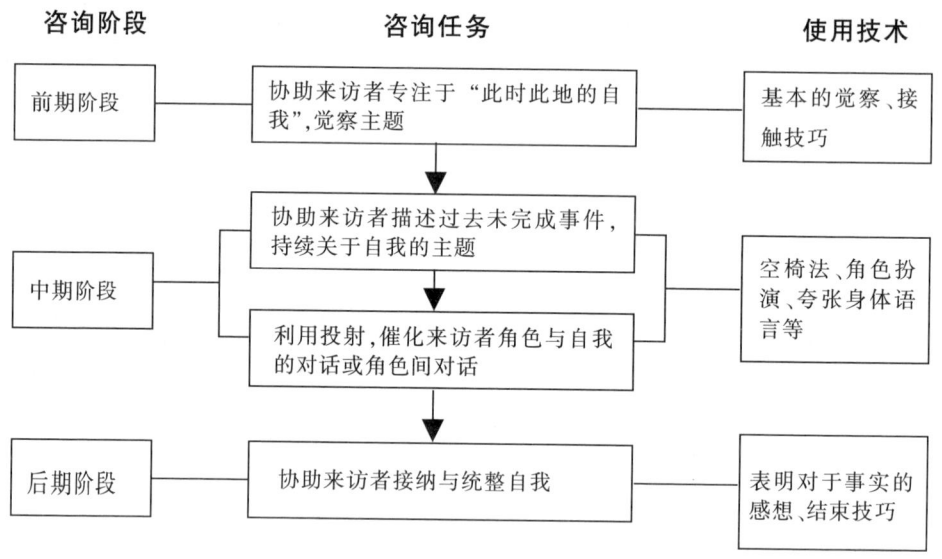

图6-1　完形治疗咨询流程图

1. 前期阶段:协助来访者专注于"此时此地的自我",觉察主题

完形治疗认为,来访者在开始进入咨询时,会因为紧张或分心而无法专注当下,困在其过去或目前的困扰情境中。因此,在一开始与来访者接触时,询问来访者当下的身体感官或心中感受,是完形治疗通常会采取的咨询步骤之一,其目的是增加来访者与自我接触的机会,协助其专注于此时此地的自我。如下例①所示:

咨询师:你现在身体上有何感觉?（与来访者接触,询问当下身体感觉）

---

①Perls, F.S.. Gestalt therapy verbatim complied and edited by Stevens, J. Mob, UT: Real People Press, 1969 转引自陈均姝. 完形治疗中梦工作的理论与技术. 辅导季刊,2003,39(3)

来访者：我很害怕我在发抖我的脸是烫的，我呼吸困难，当我说话的时候我感到紧张。

咨询师：闭上你的眼睛，使你自己紧张，对你的紧张负责，看看你如何紧张的……看哪一部分的肌肉紧张？

来访者：紧张在我的身体上方，在我的胸口、手臂与手，它也限制我的呼吸。

咨询师：你能更紧绷些吗？……好，现在打断它，至少一些。现在你看到你在对你自己做什么？我们常常向自己做许多事，而替代对外在世界做这些事。现在让我们来做一个实验，请站起来，你能挤压我，就好像你紧绷你自己吗？现在来挤压我……挤压我（来访者紧压咨询师，然后叹气）……好，现在坐下，你现在感觉怎样？**（要求来访者将身体内感官的能量转移至咨询师身上，协助来访者释放能量转化的感觉，并专注当下）**

2. 中期阶段（一）：协助来访者描述过去未完成事件，持续关于自我的主题

当来访者开始专注于当下时，请来访者对他过去未完成的事件进行描述，描述要力求具体、生动。如下例①：

咨询师：你说你小时候觉得自己像是全家的公敌，你在家里过得很难过，也很孤单，能再具体说说看吗？**（具体化技术，协助来访者描述过去事件）**

来访者：记得小时候有一次我跟弟弟吵架，是因为他常常在夜深人静之后才回家，那时全家都已入睡。他既然是最晚回家的人，睡前就必须锁上大门。可是他常常忘了锁门就上床。我发现几次这种情形后，因为担心他粗心而睡不着。曾有几次起床检查，果然如我所预料的情形一样。我告诉他好几次，可是他依然故我，似乎那不是他的事。有一次我终于忍不住，就破口大骂，结果，妈妈还很生气地骂我，说我吵醒家人。弟弟这样没有责任感，都是她宠出来的。

咨询师：妈妈偏袒弟弟，是非不分，让你受了委屈。

来访者：是啊（叹了口气），这种事情很多。还有一次妹妹告诉我第二天去看奶奶的事，也让我很生气……唉，都说家是避风的港湾，可是我觉得我

---

① 陈金定著.心理咨询技术.北京：世界图书出版公司，2003.465~470

在家里就像一棵小草,没有一点地位。虽然现在我已经有了自己的工作,不是经常回去,但是每当回到那个家,就有种强大的压迫感。

咨询师:回到家时,你的感觉是什么?

来访者:我觉得自己是游离在这个家之外的人,我不知道如何和家里人相处。我怀疑自己离开他们会不会好一点。(来访者眼眶开始红了)

3. 中期阶段(二):利用投射,催化来访者角色与自我的对话或角色间对话

让来访者扮演过去未完成事件中的角色或来访者把自己比喻成的角色,催化来访者与自己或未完成事件中重要他人之间的对话。在此过程中,随时注意来访者的非口语行为与重要的口语内容,提醒来访者对自己的觉察,建议来访者夸大感受、重复或进行其他试验活动。这个过程就是应用各种完形技巧,引导对话,来主动催化来访者探索与体验未完成事件的过程。如下例[①]:

咨询师:为了解决你的问题,我想进一步看看你刚刚描述的情境中,有什么重要的线索我们没有注意到。我想用角色扮演的方式进行,也就是由你扮演你自己和家人,让你们之间发生的事重现出来,看会不会有什么新发现可以帮助你解决问题。

来访者:只要有帮助,我都愿意试试看。

咨询师:我们从你妹妹告诉你明天要去看奶奶的那个场景开始。当时你正在做什么?在哪里?

来访者:我在我房里看书,当时正在品味红楼梦"林黛玉葬花词"的意境,进入那无常的悲哀中,妹妹就进来了。

咨询师:那我们就从你正在品味红楼梦"林黛玉葬花词"的意境开始。(来访者扮演自己)

来访者(自己):(喃喃自语)……一年三百六十日,风刀霜剑严相逼;明媚鲜妍能几时,一朝漂泊难寻觅!……我觉得我的生命跟这阕词很像。(哭泣)

咨询师:这阕词似乎让你颇有感触,告诉我这阕词跟你相像的地方在哪里?

来访者:"一年三百六十日,风刀霜剑严相逼;明媚鲜妍能几时,一朝漂

[①] 陈金定著.心理咨询技术.北京:世界图书出版公司,2003.465~470

泊难寻觅"这四句话就好像我在家里的处境一样,天天被骂,天天受伤……花的生命如此无常、如此渺小,那么人呢?我想到自己就像花一样,非常卑微渺小。(哭泣)

咨询师:从花的生命让你体验到自己目前的孤苦与卑微。

来访者:(点点头,哭泣)(来访者哭泣了一段时间后)

咨询师:我有个突发的想法,或许让你扮演"林黛玉葬花词"中那朵已经凋谢的花朵,更能切合你目前的状况。用你的身体和姿势扮演出来,好吗?

来访者(自己——小花):(来访者走到角落,双手双脚缩起来,身体面向地面地趴着)

咨询师:你现在就是那朵花,告诉我你现在的感觉。

来访者(自己——小花):很难过。

咨询师:现在你就是那朵花,让花说话,看看花会说什么话。先这样开始:"我是一朵花,然后……"(引导与自己的对话)

来访者(小花——自己):我是一朵小花,我觉得自己很卑微,因为我没有任何价值,所以没有人会在意我。可是……可是我仍然希望有人怜惜我。
……

咨询师:(来访者哭泣一段时间后)我现在要你转换位置,让你扮演你的家人。首先要扮演你的妈妈。告诉我,她是如何看着你,她的姿势如何?(来访者换位置,扮演"妈妈")**(咨询师在此引导来访者与另一重要他人——妈妈的对话)**

来访者(妈妈):(站起来扮演妈妈。妈妈左手叉腰,右手指着来访者)

咨询师:你觉得妈妈会说什么话,让妈妈说话。**(引导对话)**

来访者(妈妈):(生气地口吻)你为什么老是不听话,我对你失望到极点。

咨询师:再多说一些。

来访者:(悲伤地)所有的孩子中,你让我最担心。我真不知道该怎样对待你?

咨询师:角色替换,回到你自己,跟妈妈对话。你有什么话要回应?**(引导相互对话)**

来访者(自己):(趴在地上,生气地)说什么我最让你担心,我看你是最讨厌我。看看你对待弟弟、妹妹的态度，他们才是你亲生的，我不是。你有没有看到，我已经瘫死在地上了，是你害的。

咨询师：角色替换。

4. 后期阶段：协助来访者接纳与统整自我

来访者在重新经历和体验过去的未完成事件后，可能对自己和对过去的事件有一种全新的看法。来访者对自己和外在世界的信息的统整的领悟，并得到精神上的放松与和谐感是最后要达到的目标。但这些都建立在前一阶段，来访者对于过去未发泄的情绪得到发泄、未完成的需求得到满足、为体验的得到充分情绪体验、未完成的事件得到完形的基础上。这样，来访者才能放松愉快地与自己、他人真实接触，也会自然地对咨询师道谢、结束！如下例[1]：

（经过交替的角色扮演后）

咨询师：我们先停在这里，告诉我你的体验。

来访者：（叹了一口气）在这个过程中，我体验到我妈妈是个悲苦、自卑的人。她是个养女，当然需要听话、认命，那是她生存的方式，所以她从小服从性非常高，她的顽固或许也跟这个有关。或许是这样，她也会同样要求我们服从。这也就是我们冲突所在。我以前很难过，是因为我想要改变她，希望她接纳我的想法。可是，从刚刚的过程中，我发现，她根本不可能改变，她传统观念很深，识字不多，当然不知道现在的社会状况，要她改变想法，等于剥夺了她的生存方式。我突然觉得，我的无力感是来自于急着去做一件不太可能的事，浪费了很多力气，让自己痛不欲生。我觉得很好笑。

咨询师：听起来你顿悟到你急着想要改变妈妈，才让自己感到失望、无助。你也发现，妈妈有其成长的背景，改变她是不可能的。

来访者：没错。说妈妈顽固，其实我也很固执……

在这个案例中，将"景"和"形"的改变，使得来访者修正了过去对妈妈的理解，而对自己也开始有了不一样的看法。这正是完形治疗的魅力。

---

[1] 陈金定著.心理咨询技术.北京：世界图书出版公司,2003.465~470

第二节 完形治疗的常用技术

完形治疗的技术,本质在于如何将"背景"——身体感觉、身体语言,变成"形",也即如何引导和催化来访者更好地伴随着感情经验(experiencing)来体验、觉察和领悟。完形治疗的主要技巧如下。

一、空椅法(empty chair)

空椅法是指咨询师为了处理来访者个人内或个人间的冲突,使用不同的椅子(或垫子)代表来访者个人内或个人间不同的冲突力量,并且使之对话。通过对话的过程,让不同的力量由冲突达到协调,进而促进来访者人格统整,或与外在环境和平共处。空椅法并不一定只限双椅,有时候因为情境上的需要,可以使用多椅。相信人格是由不同亚人格所组成的咨询师,在处理问题时,常需运用多椅法。如以下两个范例①:

【范例一】个人间的冲突
来访者:我觉得我妈妈比较偏爱我妹妹,说什么女孩子需要打扮,所以每个月给她的零用钱是我的两倍。我曾经强烈地抗议过,可是我的抗议似乎没什么用,她给妹妹的零用钱还是比我多。她从来都没有想过,我交女朋友更需要钱。一个月约会所用的钱,可能比妹妹打扮花费的钱还多。
咨询师:你对妈妈的偏心有强烈的不满。我们来做个实验,看看对你的问题会不会有所帮助。在这里有一些垫子,请你从里面挑选一张代表妈妈,然后再挑选一张代表你自己。我要你扮演妈妈和你自己,并且让两人对话。每一次妈妈说话时,你就坐到代表妈妈的垫子上,并且向代表你的垫子说话,就好像你坐在垫子上。当妈妈说完后,你自己有话想回应时,你就坐到代表你的垫子,然后对着代表妈妈的垫子回应。好,现在请你挑选两张垫子代表你自己和妈妈。(来访者挑选两张垫子代表自己跟妈妈)。把他们两人的距离摆好。(来访者照着做)此时此刻,你觉得哪一边想先说话,你就坐到哪边的垫子上……

---

①陈金定著.心理咨询技术.北京:世界图书出版公司,2003.551~607

【范例二】个人内的冲突

来访者：我对她说了那些话后，内心好后悔，回家的路上，一直在自责。我骂她自私自利，班上的事情她都不帮忙。当然我也知道，她需要花好多时间打工，不过，她不能只是顾着自己，至少也要花点时间服务别人。一路上，我想到她楚楚可怜的样子，我就骂自己没有同情心，自责不已。这几天，为了这件事，我都睡不好。

咨询师：你后悔当初不该这样责备她。似乎你内在有个强烈的自责声音，让你无法安心睡觉。我想让你内心自责的声音具体化，看看它如何责备你，如何让你睡不好。这边有一堆垫子，请你从里面挑选一张，代表内心声音看看它是如何责备你的。但责备的声音说话时，你就坐到代表责备声音的垫子上，扮演责备的声音，然后对着代表你的垫子责备，好像你可以看到自己坐在那张垫子上。或许责备的声音责备后，你有话要回应。如果是这样的话，你可以坐到代表你自己的垫子上，然后回应它。好，现在开始。

二、热椅法(hot seat)

热椅法更多的是用在团体辅导中，是来访者坐在中央，让成员集中质询的一种方法。来访者不得不去看自己不想看到的一面，能够增进自己未曾认识的一面，强迫其改变完形。因为急剧改变，有些人将会短暂地陷于混乱状态。咨询者可以指示"请大家说出对于××你喜欢哪一点，希望他改进的有哪些？"或者来访者可以自己要求成员给予回馈，如"我希望自己更有男子气概，到底要怎样做，请大家告诉我。"

三、角色互换法(role reversal technique)

譬如由女儿扮演母亲角色，由母亲扮演女儿角色，进行会话的方法。女儿可以通过揣摩母亲的心情去了解过去未曾注意到的母亲。丈夫与妻子、上司与部属的角色互换都可以帮助来访者觉察并形成新的完形。

四、梦境法(dream work)

皮尔斯认为梦是存在的信息，是来访者的自我的内在投射，是来访者最真实的自我表达与创作，是通往"整合"的一条重要途径。完形治疗的梦境法不同于弗洛伊德的梦的分析,它对梦不提供解释,而是让来访者成为梦里出现的人物或事物,说出其感想。譬如梦见一座山,就要自己成为那座山,说出山的心态:"我是一座山,每天有很多人踩着我攀登,我不喜欢被人踩,我不希望屈服于别人。"这种角色扮演,可以使一个人置身于应说"不"的时候敢说出"不"的情境。

【范例】

咨询师:你说你梦到一个不完整的房子。好的,现在你就是这个不完整的房子,再把这个梦用第一人称重述一遍。**(梦境法)**

来访者:我是一个不完整的房子,只有骨架,几乎只有地板,但是还有楼梯,我没有扶手……

咨询师:好,把这些话说给Nora(来访者的名字)听,你是那房子,告诉Nora。

来访者:你爬上我……但是你到不了任何地方……你可能跌倒,你常常跌倒。(哭泣)

五、反复感情的语句

让来访者大声反复说出发言中表现情感的句子。一旦发出声音,感觉就趋于明朗,过去未曾注意到的感情将更具有切实感。这即是一种"感情体验",将"背景"变成了"形",而不再与自己疏离。

【范例】

来访者:我想要打门。

咨询师:向房子说这个。

来访者:我想要打你,我不在乎你。我真的,我真的不想要(哭泣)……我不想要哭,我不想要你,我甚至不想要你看到我哭……(哭泣)我害怕你……我不想要你可怜我。

咨询师:再说一次。**(重复感情的语句,以夸张或强化情绪)**

来访者:我不想要你可怜我,没有你,我也是够强壮的,我不需要你,我,我希望我不需要你。

六、说出与所说内容正相反的语句

来访者说"我很胆怯"时,要让他连续说几次"我很勇敢"。完形治疗认为用语言表达相反的一面,能够掀起过去未曾注意到的自己(背景部分)。完形治疗这种观点是基于一种前提:"认为人都会有相反的倾向,一个祈求和平的人也会有攻击性的存在,同样的,一个具有攻击性的人也会有脆弱的一面,不会有百分百的胆怯或百分百的勇敢的人,人只不过显现某一面而已。"

七、身体语言的意识化

身体语言是潜意识化的,因此,要使其意识化,以口语表达出身体语言信息。譬如打哈欠的人要表达的意思是:"我感到厌倦了";把两个膝盖靠得紧紧的人说:"我怕您,所以不愿意开放自己";低着头的人说:"我有很丢脸的经验,不能正视你"。用口语表达出身体语言的意义时,只需来访者针对自己的身体表现说明"我现在的心情是……"就可以了。完形治疗认为,用语言将身体语言意识化,可以寻回自己的真实状况,可以使"背景"(隐藏的真正的意思)变成"形"(意识的焦点)。

八、夸张身体语言

夸张身体语言与反复表现感情的语句颇为相似。例如,对两个膝盖靠得紧紧的人说"膝盖更加用劲",对有笑意的人说"尽情地笑",诸如此类。用身体夸张结果,身体表现的含义就会更加明确。

【范例】[1]

咨询师:现在,我想要你成为那个坏人。

来访者:我是一个大个子,我想要杀了你……(向下看并且摩擦他的手臂)

咨询师:你有感觉到你的手吗?

来访者:是的,我在摩擦我的手。

咨询师:你想要擦掉些什么?

来访者:(一阵子沉默后,在她的眼睛里有了泪水)我感觉的部分……那个痛苦……那个伤害。

咨询师:我要你继续擦……直到你消除它为止。(**夸张身体语言**)

来访者:(慢慢地努力又努力地擦,直到她用她的拳头打她的脚)

咨询师:(给来访者一个枕头)打它!

---

[1] 陈均姝.完形治疗中梦工作的理论与技术.辅导季刊,2003,39(3):1~17

来访者:(打着枕头,直到流泪,现在她拥抱着枕头)

咨询师:你觉察到什么?

来访者:我知道我就是那个大个子……

九、表明对于事实的感想

完形治疗很重视个体与感情世界的接触。完形治疗认为,生存就是直接的经验接触,要让来访者表明对事实的看法。因此,完形治疗经常会问"你的感受如何"来代替精神分析的"为什么有这种感受"。例如:

【范例一】

来访者:我刚刚在半路上看到一位妈妈牵着女儿的手走路。

咨询师:你对这件事的感受如何?

来访者:我从前没有那种经验,没有人疼我。

【范例二】

来访者:昨天我看电视,不知不觉地睡着了。

治疗者:后来呢?

来访者:我觉得家里很无聊,像在宿舍。

十、问句变成陈述句

完形治疗认为每一句问句都有其背后的感情,如果不用问句,直接用陈述句,呈现的将是一种更真实的感性经验。例如,"先生,请问你的贵庚多少?"这背后可能隐含着"先生,您一定是一位老前辈,但是看起来很年轻啊"的意思。完形治疗主张直接用陈述句来代替问句。

【范例】

来访者:我今天对我太太说:"今天也很晚回家吗?"

咨询师:你想要表达的意思是……你能用陈述句来重新表述这句话吗?

来访者:我其实想说,今天就让我们早点回家吧,我希望和你和孩子共同吃晚饭。

十一、角色扮演

有些人认为自己在别人面前不能表达意见,可利用角色扮演的技巧,让他在别人面前自由自在地谈;有些人不能肯定自我,不敢拒绝别人,对于这种人要实施自我肯定训练,使其成为一个敢拒绝的人。罗杰斯认为这是自我概念的改变,而完形治疗则认为这是把"背景"变成"形"。角色扮演在完形治疗中应用非常普遍。完形治疗认为,通过角色扮演的方式,能表达出来访者平常不敢表达的想法,能预演和实践来访者在生活中不敢行动的行为,能更真实地接近来访者自己。如:

【范例】①

咨询师:为了解决你的问题,我想进一步看看你刚刚描述的情境中,有什么重要的线索我们没有注意到。我想用角色扮演的方式进行,也就是由你扮演你自己和家人,让你们之间发生的事重现出来,看会不会有什么新发现可以帮助你解决问题。

来访者:只要有帮助,我都愿意试试看。

咨询师:我现在要你转换位置,让你扮演你的家人。首先要扮演你的妈妈。告诉我,她是如何看着你,她的姿势如何?(来访者换位置,扮演"妈妈")

来访者(妈妈):(站起来扮演妈妈。妈妈左手叉腰,右手指着来访者)

咨询师:你觉得妈妈会说什么话,让妈妈说话。

来访者(妈妈):(生气地口吻)你为什么老是不听话,我对你失望到极点。

咨询师:再多说一些。

来访者:(悲伤地)所有的孩子中,你让我最担心。我真不知道该怎样对待你?

咨询师:角色替换,回到你自己,跟妈妈对话。你有什么话要回应?**(引导相互对话)**

来访者(自己):(趴在地上,生气地)说什么我最让你担心,我看你是最讨厌我。看看你对待弟弟、妹妹的态度,他们才是你亲生的,我不是。你有没有看到,我已经瘫死在地上了,是你害的。

咨询师:角色替换。

---

① 陈金定著.心理咨询技术.北京:世界图书出版公司,2003.465~470

第三节 完形治疗案例解析

完形治疗不强调过去经验对现在行为的影响,认为只有属于现在才是现实,因此它非常强调此时此地的原则;完形治疗认为咨询师与来访者的关系是一种"人与人"的关系,是"我与你"的关系,因此它非常强调平等的咨访关系的原则;完形治疗认为在表达自己的感觉时,练习使用"我"语言,才能直接地、诚实地面对自己的感觉,承担自己的责任,即强调来访者对己负责的原则。完形治疗的这种强调人类行为的整体性、强调非语言行为、鼓励直接接触和表达的思想,使得完形治疗在心理咨询界独树一帜。在许多完形治疗大师的报告案例中,处处闪现着咨询师的想象力、智慧和创造力的魅力。我们不妨从下面的例子中来领略完形治疗的魅力。

案例[①]简介:来访者是一位15岁的女孩,求助咨询的主因是对学校压力的抱怨。咨询期间,女孩对想法与情感的表达皆有困难。当来访者提及有反复出现的梦境时,咨询师向来访者提出可以尝试采用完形治疗的梦境法的方式。这种咨询方式使女孩显露了她所害怕表达的愤怒、恐惧与无助感。当她能表达与接纳她的情绪后,她也就更能肯定她自己的力量与掌控感。

来访者:我梦到我在很晚的夜晚走在一个黑暗城市的街上,通常夜晚对我的感觉是轻松安全的;但是在梦中,我有被监视的感觉,还有东西在阴暗的地方移动。我想要跑,但是我的身体却不能动。我想要哭,但却哭不出来。突然有一个黑影变得比较清楚,我看到一个没有脸的坏人,我想跑……想做任何可以做的……但是我没办法动。慢慢地,他走过来手里拿着一把刀……他拿起刀来,我想要叫……当刀子下来的时候我就醒来了,我听到很奇怪的声音……(她向下看,身体隆着……)

咨询师:你的感觉如何?**(表明对于事实的感想)**

来访者:我感觉害怕。(她把手臂环抱在胸前)

咨询师:在梦中有你、还有拿着刀子的坏人,还有什么人或物体?

[①]陈均姝.完形治疗中梦工作的理论与技术.辅导季刊,2003,39(3):1~17

来访者:只有我、坏人,还有黑夜。

咨询师:我要你成为那个黑夜,就好像你就是那个黑夜一样地讲话,从"我是黑夜,我……"开始,尽可能地继续说下去……**(梦境法)**

来访者:我是黑夜,我掩盖了周围一切东西,我使人们得到休息与舒适,但是……(她向下看着她的手)我……是孤单的。

咨询师:你是孤单的。现在你感觉如何?

来访者:我不喜欢孤单,人是需要别人的……

咨询师:你可以试着说"我需要别人"吗?**(问句变成陈述句)**

来访者:我需要别人。(突然眼睛湿润,握着拳头)

咨询师:你有觉察到你的拳头吗?**(身体语言的意识化)**

来访者:(向下看)是的……我觉得生气。

咨询师:现在我要你成为那把刀,并且用"我是一把刀,我是……"开头,说任何你心里想到的话……

来访者:我是一把刀,我只是去做带着刀的人想要你去做的事。

咨询师:你?请重复,把你改成我。**(采用"我"语言技术)**

来访者:我只是去做带刀的人想要我去做的事。(再次握着拳头)我最恨的就是被利用,它使我觉得这么生气。

咨询师:你能把"它"改成"我"吗?

来访者:我觉得生气……是的……我觉得非常生气。

咨询师:现在,我想要你成为那个坏人。

来访者:我是一个大个子,我想要杀了你……(向下看并且摩擦她的手臂)

咨询师:你有感觉到你的手吗?

来访者:是的,我在摩擦我的手。

咨询师:你想要擦掉什么?

来访者:(一阵子沉默后,在她的眼睛里有了泪水)我感觉的部分……那个痛苦……那个伤害。

咨询师:我要你继续擦……直到你消除它为止。**(夸张身体语言)**

来访者:(慢慢地努力又努力地擦,直到她用她的拳头打她的脚)

咨询师:(给来访者一个枕头)打它!

来访者:(打着枕头,直到流泪,现在她拥抱着枕头)

咨询师:你觉察到什么?(表明对于事实的感想)

来访者:我知道我就是那个大个子……也是那个走在街上的那个人……

咨询师:在你的梦中,似乎你有两个部分的自己,一个是尖锐的部分,愤怒的、不在意遭受痛苦的;一个是柔软的部分,是舒适的,但却是孤单的。你的梦在告诉你什么呢?

来访者:在我的家庭里,愤怒是从未能表达的。我总是发现我很难愤怒,似乎就是这两个部分……

咨询师:我要你开始说"我的两个部分"……

来访者:是的,(笑着说)我的两个部分需要彼此,如果我不常常保护我脆弱的部分,我会受伤,当我撤退,我变成了愤怒,所有我想做的就只有"伤害"。

咨询师:谁伤害你?

来访者:基本上,是我自己。(认命地说)

咨询师:对此,你将会做什么?(催化来访者的实际行动)

在追踪访谈中,来访者分享她已能对她的情绪有更深的了解,并在每天的日常生活中允许自己去表达较大范围的情绪。基本上,完形治疗提供了她表达她先前情绪困扰的机会。一旦她接受她所真实感觉到的愤怒,她就能回复原有能量与自信并成为自己。

完形治疗不仅要分析过去,并且通过回顾过去来自我觉察,并重下决心,促进现在行为的改变。因此,完形治疗与其说是一种治疗,不如说是一种以自我成长、自我实现为终点的人本主义的心理治疗。这在下面的"完形的祷告"和"超越皮尔斯"中得到了最好的体现。

皮尔斯在每次治疗之前,一定高颂"完形的祷告"。

完形的祷告[①]

我就是我,你就是你。

我做我的事,你做你的事。

我不是为了实现你的期待而生活于这个世间,

[①] 刘焜辉编著.咨商与心理治疗新论.台北市:天马文化事业有限公司.2000.175~176

而你也不是为了实现我的期待而生活于这个世间。

你就是你,我就是我。

偶然,你我若相遇,那是件非常值得高兴的事;

若无法相遇,也是件无可奈何的事。

皮尔斯死后,W.Tubbs发表"超越皮尔斯"(*Beyond Perls*),针对"完形的祷告"的个人主义倾向加以批评,并提出他的完形治疗的观点。这都可以给我们学习和实践完形治疗的理论和技术提供不少的启示。

超越皮尔斯①

"我做我的事,你做你的事"。

然而,如果仅于此,

我们的情丝即将丧失。

"我活在这世界上不是为了你的期待",

然而,我情愿为无法取代的你的存在而喝彩,

我也愿意接受你为我而喝彩。

当我们彼此有了心与心的接触时,

才能高喊:我存在于此。

如果丧失与你的情丝,

无异丧失了我自己。

我们的内心互相接触,并非偶然,

只因彼此付出全副精神,诚挚地企求,

才能使两颗心在一起,

绝不是任凭事情一直流转,

内心有所期待,两颗心才能有所接触,

万事万物都发自我心,

然而,不能以发自我心就感到满足,

真理唯有在我和你共存时才能存在。

---

① 刘焜辉编著.咨商与心理治疗新论.台北市:天马文化事业有限公司.2000.175~176

理论要点

1. 完形治疗(gestalt therapy)是存在主义心理治疗的一支。它与弗兰克尔的意义治疗(Logo therapy)、埃利斯的理情治疗(tational emotive therapy)等几个流派并列称为"第三势力"。完形治疗的产生和发展与完形心理学理论观点以及皮尔斯的工作是分不开的。

2. 完形治疗强调接纳真实的原有自己,不为自己或他人的合理化、期待、判断、曲解所操纵,而以自己所想的、所要的、所感觉的为基础表现自我。

3. 完形治疗强调自我觉察,帮助来访者觉察自己此时此地身体和心里的感觉。它通过帮助来访者宣泄过去郁积的情绪帮助来访者完成过去的未完成事件,达到统整并找到真正的自我。

4. 完形治疗尤其重视"身体感觉"或"身体语言",主张放弃理性,去倾听身体的感觉。这是对传统心理治疗理念的一大反动。

5. 完形治疗发展起来的"空椅法"、"角色互换法"、"夸张身体语言"、"角色扮演"等一些富有创造力的技术使得完形治疗在各治疗流派中独树一帜。

第三编

心理咨询技术应用
——个案精选篇

本篇提要

本篇精选中小学老师优秀辅导个案报告 25 篇。个案涉及的心理问题包括癔症、疑病症、强迫症等较重的心理问题咨询，也包括青春期性心理发展问题、家庭教育问题、哀伤复原等发展性问题的辅导。在每个个案中，不仅有详细的辅导过程、咨询老师的咨询后记和案例启示，还有心理咨询专家结合新的咨询流派和咨询技术的精彩分析和点评，以及个案中所反映的心理问题的进一步探讨。本编案例可供老师在反思自己的咨询活动时参考。

癔症、疑病症、强迫症的辅导

催眠疗法治疗癔症性失明案例

【来访者资料及辅导过程】

来访者为某重点中学高一学生,自述几天前在摘下左眼的隐形眼镜时,左眼突然失明。接下来几天到几家医院检查,都未发现左眼有任何病变,大夫建议找心理医生咨询。

人格特征:敏感多疑,多愁善感

诊断:癔症性失明(心因性失明)

癔症性失明是一种以视觉障碍为临床特征的癔病。患者主诉视力不佳、视力下降、眼睛发胀,但经检查又未发现器质性损害。

疗法:催眠疗法

步骤:

一、首先使来访者认识到自己的问题不是生理性的病变,而是心理原因造成的。一旦心理问题解决,视力就会恢复,因此不要太紧张、害怕。

(评述:解释、安慰、支持,使来访者正确认识自己的问题,消除疑虑和担忧。)

二、让来访者了解催眠疗法没有副作用,希望他能积极配合。并告诉来访者因为个体的差异,并不是每个人都能催眠成功,在没有催眠成功的情况下,不要假装已被催眠。

(评述:介绍催眠的方法、注意事项,使来访者能够积极地配合,从而收到更好的效果。)

三、让来访者躺下,全身放松。然后用暗示性的语言使其进入催眠状态。如:"你的眼皮越来越沉"、"你感到全身放松"、"你感到手部温暖"等。

(评述:声音应该越来越低,越来越轻。)

四、检查来访者是不是真的进入催眠状态。翻开眼皮,看眼球是否转动,如果不会转动,说明已经进入催眠状态。

(评述:确认是否真的进入催眠状态,以确定下一步的治疗。)

五、如果催眠成功,则进一步暗示来访者。"你现在已经来到海滩上,看到了什么?"来访者回答:"海鸥。"

继续暗示:"用哪只眼看到的?"回答是:"右眼。"

"左眼能不能看到?"

"不能。"

"其实你的左眼没有任何问题,试着看一下,肯定可以看到。"(停顿)"看到了吗?"

"看到了,很模糊。"

"好,很好。试着闭上你的右眼,用左眼去看。"(停顿)"可以看到吗?"

"可以。"

"好,很好。"

(评述:用肯定性的语言暗示,增强来访者的信心。)

六、暗示来访者说:"你现在已经来到草原上,看到了什么?"

"羊群。"

"用左眼还是用右眼看到的?"

"双眼。"

"好,现在试着闭上你的右眼,用左眼去看。"(停顿)"可以看到吗?"

"可以。"

"好,很好。"

(评述:暗示相似的场景,巩固效果,使来访者确信问题已解决。)

七、暗示来访者说:"你现在已经来到家里,看到了什么?"

"姐姐。"

"好,很好。用左眼还是右眼看到的?"

"双眼。"

"现在试着闭上你的右眼,用左眼去看。"(停顿)"可以看到吗?"

"可以。"

"好!"(继续暗示)"你桌子上放着什么?"

"书。"

"书上的字可以看清吗?"

"可以。"

"用左眼还是用右眼?"

"双眼。"

"好,现在试着用左眼去看。"(停顿)"可以看到吗?"

"可以。"

(评述:暗示的东西越来越小,以增强效果。)

八、"好了,现在你的左眼已经完全恢复了,可以清晰地看到东西了。我现在从十倒数到一,数到一的时候你就会醒来,你的左眼会完全恢复。"

(评述:再次以肯定性的语言暗示,增强来访者的信心。)

效果:数到一的时候,他醒了过来,我把手放到它的左眼前面,问他能不能看到。来访者回答可以看到,但很模糊,并且说头有点痛。

第二天视力已经完全恢复,接下来几次随访,都没有复发。

【咨询后记】

本案例的癔症性失明属于癔症的一种。癔症又称歇斯底里,多发于敏感多疑、易受暗示的人身上,在精神因素刺激下,引起的气愤、委屈、恐惧、忧虑或其他种种内心痛苦均可导致本病。

癔症反映在身体上,有看不见、听不见、感受不到冷热等的感觉障碍,有半身不听使唤、手举不起来、站不住、跑不动等的运动障碍;情况严重的,会出现症变、失神、晕倒等症状。

精神方面的症状有夸张的感情表现、说谎话等。其他还有:一天好几次突如其来地想睡,并且怎么也睡不够的嗜眠症;忘了烦恼的事,偶尔又想起来的健忘症;在意识蒙眬中出现幻觉的梦游症;双重人格等。

【本案启示】

1. 应当为来访者创造一个良好的催眠环境,并且催眠之前应该消除有可能影响催眠的物品(比如电话、手机等)。

2. 施行催眠之前,应当充分了解来访者的心理状况、心理问题产生的原因等,为催眠和暗示治疗提供更多的依据。

3. 施行催眠治疗之前,应充分做好来访者的心理准备工作,争取密切合作,减少心理负担,增强治愈信心。

4. 催眠有各种不同的方法,应当根据来访者的个性心理特征、环境、设备等而加以选取。

5. 催眠过程中,咨询人员应该用肯定性的语言加以暗示,以增强来访者的信心。

6. 催眠过程中,暗示的语言应该循序渐进,使来访者感觉到障碍正在逐步减少(比如本例中所暗示的物体越来越小)。

【分析与点评】

催眠是精神分析理论经常采用的一种治疗方法,它通过将来访者导入到一种特殊的精神状态中来进行心理干预。催眠疗法本身并没有什么难度,但是对采访者的要求比较高,主要是个体的易受暗示性,这点是实施干预的一个重要因素,只有个体在暗示性水平上处于较高的地位时,其实施才可能达到较好的效果。本案例中个体所患的癔症正是这种易受暗示性所造成的,因此实施催眠治疗是一种科学的选择。同时治疗之前要求尽量减少个体的心理防御,最大限度地提高其对咨询师的信任,这也可以提高治疗的效果。所以治疗之前的信任关系的培养非常重要。此外对于这个案例,需要在治疗之后,对来访者性格进行进一步的干预,提高其成熟水平,否则其症状很容易反复出现,这也是催眠治疗本身的不稳定性所决定的。因此没有系统掌握催眠治疗技术的咨询师应慎用。

需要指出的是在此个案辅导中,咨询老师没有就来访者的认知、行为和情绪方面的状况作出具体的描述,因此在来访者问题的诊断上证据略显不足。精神分析治疗的基本理论假设在于个案潜意识中那些早期(童年)的创伤经验是个案问题的根源,因此而发展出相应的催眠、释梦、自由联想等技术。此个案辅导中,咨询师若能运用催眠的治疗技术,使个案在催眠的环境下,有机会将潜意识中与病症有关的事件重新加以整理,使之得到合理的宣泄和正确的处理,则可能会有更佳的治疗效果。另外,伴随着精神分析理论在心理治疗领域中地位的降低,催眠治疗在实际工作中的使用越来越少。此案例中来访者失明的原因可能也有学习压力、人际关系等方面的因素,因此使用理性情绪疗法对来访者进行相应的认知调整,并采取积极的自我暗示的方法使来访者放松和自我调整,也不失为另一种选择。

(点评人:赵阿勐)

【问题延伸】

处于青春期的中学生,敏感多疑,受暗示性高,较容易受到别人尤其是权威者(比如教师、医生等)的暗示。掌握中学生的这一特点,对中学教师来说尤为重要。教师应该注意自己的一言一行,尽量避免给予学生不良的心理暗示;创造各种机会,给予学生积极的心理暗示,激发他们的潜能,调动他们的积极性。

(案例提供:浙江省温州中学　刘鹏志)

对一名职高女生神经症(癔症)的干预报告

【来访者资料及辅导过程】

一、基本情况

姓名:×××

性别:女

年龄:18岁

学校、专业及年级:职业高级中学幼师专业高二年级

成绩:班级后列

辅导员:汪利章

来访者来源:自己来辅导室求助

二、问题概述

1. 来访者在我校过去的半年内晕倒多次。每当受到批评或与同学吵架后深感委屈,她就会晕倒;有时很想解决某个问题,但一想起心中的伤痛,自我认识发生偏差,也会发生晕倒。

2. 来访者认为班主任对她有很大的偏见,当她与同学有争论时总是帮着别的同学,心中非常怨恨班主任。

3. 来访者性格内向,寡言少语,与同学的交往较少,几乎无知心朋友,自卑感强。

4. 平时提不起精神,神情恍惚,有时有反常的开心。

三、背景资料

家庭背景：父亲是一企业合同工，母亲是菜贩，家中还有一个妹妹在读初中。父母的教养方式是"放任自由型"，造成了她"以自我为中心"的个性，为以后与同学发生矛盾、对老师产生偏见打下了认知基础。

学习状况：不管是文化课还是专业课，学习成绩可以说很差，甚至出操质量也不高，主动参与各项活动的意识和能力不强。

师生眼中的她：最开始发生晕倒时，同学、老师半夜送她去医院就诊，但醒来后她表现很麻木，好像是别人欠她的，加上在学校中各方面表现都不好，渐渐地，老师、同学对她失去了信心，有些嫌弃她。

原咨询效果：此前，该生在几位心理辅导员处都咨询过，但因没有找到晕倒的根本原因，只是根据每次晕倒的直接原因进行治疗，效果并不明显。她对心理咨询也逐渐失去了信心。后又去过浙二医院心理咨询专家门诊，但被诊断为一般心理障碍（该生没讲出心里话）。

发病的根本原因：2000年9月的一天中午，在教室，她把脚放在另一同学的凳子上（该同学在文艺方面相当突出）。同学叫她把脚拿开，她不干，两人发生口角，并在教室里打了起来。她打不过那位同学。在打架过程中，她的上衣拉链全被拉开，暴露了胸罩。当时她自己并没注意到，后来是一位同学提醒了她，但已被很多同学看见。她当时觉得没面子，深感羞辱地哭了，哭着哭着就晕倒了。事后班主任先批评了来访者（因为是她引起了打架事件，而班主任并不知道胸罩暴露细节），又批评了另一同学。事后与她打架的同学向来访者赔礼道歉，但这件事对来访者刺激太大，她没有原谅那位同学，并觉得班主任偏心，从此开始怨恨班主任，只要班主任一批评，她就会晕倒。经常性晕倒便开始了。

四、案例详情（口述）

关于学习　我对这个班级有种恐惧感，我想努力学习，但上课总是不能控制自己，听不进去，连键盘等实践操作课也不行。我想学习，但又恨学习，对学习自己没有信心，又担心考不好被老师批评。

关于班主任　虽然我多次晕倒都是班主任送我去富阳，通常半夜回来，但我不感激她，我恨她，我认为她对我心存偏见，看不起我。

关于家庭　家庭教育中，父母亲比较疼爱我，同时也让我自然成长，在家中无忧无虑，感到很开心，但也使我的心理承受能力比较差。

关于同学　我在学习、人际交往、文体等方面都落后于其他同学，无法获得成功的体验。我没有一样好的，我很想超过她（指与其发生矛盾的同学），但现实摆在我的面前,班主任又偏向她,我虽不甘心,但又死心了。

五、干预措施与辅导过程

(一)与来访者建立互相信任的关系

因在别的心理辅导员及浙二医院医生心理咨询后,其病情仍无明显好转,加上她又自卑又抑郁,我估计来访者在前几次咨询中并没有把心里话说出来。也许心里话会使她回到从前,使她非常伤心(后来证明确实如此),因而我特别注意关心她、信任她。在第二次辅导中,她说出了打架的事情。她在给我的第一封信中这样写道:"汪老师,您好!不知是何原因,我竟拿笔想起了您,也许是我信任您吧,而写此信给您……"第二封信又这样写道:"汪老师,您好!我又一次想到了您……"与她建立相互信任的关系,为以后帮她解决问题打下了良好的基础。

(二)进行认知调整和重组

认知过程是情感、意志过程及行为的基础,来访者动不动晕倒的行为反应是由其认知发生偏差引起的。

1. 告知所患之病是功能性的,可以治愈的,但须主动与咨询师、医生配合,加快治疗的步伐。

2. 帮助其认识到打架的起因是她自己引起的,而拉链被拉开并不是对方故意的,而是一种在冲突中的无意行为,同时应真诚对待对方的道歉。既然是同学之间发生矛盾,应互相体谅,接受对方的道歉。同时告诉来访者班主任处理学生打架问题总是先追溯起因,追究主要责任人。既然开始是她不对,班主任的批评也是合情合理的。并进一步向她说明班主任是比较关心她的,"当你生病时半夜三更送去医院,并陪伴你的又是谁呢?"通过这方面的谈话,初步动摇了其认知的偏差。

3. 帮助她认识到人是在挫折中成长起来的,一个人一生中不可能遇到的都是公平事。假如对每一次不公平都很在意,那人的一生都将在这不公平中渡过。应该把原来的打击物变成锻炼自己的条件,在曲折中发展自我。不公平的事,时时都能碰到,而自己的反应这么强烈,恰恰证明自己的心理承受能力太差。

4. 帮助其改变行为方式:面对各种挫折,不应选择晕倒这种方法来抗争。同时告诉她自身的精神因素与性格特点在病情发生、发展过程中起很大的作用,所以应加强锻炼,促进身心健康。

(三)暗示疗法

因该学生的暗示性较强,我采用暗示疗法,让她安静地坐于辅导室的沙发上,用坚定有力的语气鼓励她。有一次她在心理辅导室晕倒后,我把她安置在沙发上,用坚定的语言与其交流,使其意识逐渐由朦胧到清晰。

(四)合理情绪疗法

1. 向她指出其思维方式、信念是不合理的,对老师批评的偏见憎恨是不正确的,同时帮她分析这不正确的思维方式所产生的原因及导致的后果。

2. 向她指出,目前的处境不是早年生活的影响,而是由于现在没有处理好老师、同学的关系,承受不住挫折引起的,引导她应主动面对现实,不应逃避。

3. 指出不应以晕倒这种方式来抗拒委屈、批评,帮助她认清晕倒这种行为方式是不合理的,因而要放弃这些不合理的信念,帮助她产生某种认知层次的改变。

4. 不仅使她认清并放弃某些特定的不合理信念,而且从改变她常见的不合理信念入手,帮助她学会以合理的思维方式代替不合理的思维方式,进行耐挫折心理训练。

(五)改善生活环境

1. 通过对班主任及班级其他同学的工作,为其创造一个宽松的环境。

2. 通过家访破除其父母的保守思想,使他们配合辅导。

3. 建议其改变大环境——转校。后来来访者也这么做了。

(六)药物辅助治疗

氯丙嗪。该生同时有些抑郁,可用氟西汀或杭州市第七人民医院自配的抗抑郁药。

六、效果

经过我近一个学期的辅导,并得到市第七医院赵国秋院长的悉心指导及治疗,使来访者对班主任及打架事件有了新的认识,到目前为止再没有晕倒过。以前抑郁的情况有所好转,自信心也增强了。在我的建议下,她转了学,学的是相同的专业。根据反馈的信息,现在的她与老师、同学相处得很好,她的人格、心理承受力正向健康的方向发展,这是我所期望的。

【咨询后记】

本案中,在我接手她之前,她几乎是被老师、同学嫌弃的学生,老师不敢说她一句,她甚至与老师吵架。在来信中甚至想"杀"了班主任,同学对她也避而远

之。我尊重了她,理解了她,同时也得到了她的信任和配合,最终基本解决了问题。通过这个案例,我深深体会到:

1. 辅导关系建立的重要性。在建立关系时,一定要贯彻尊重、真诚、理解、同情的原则,打开来访者的心扉。本案中,这是前几次辅导不见效及我第一次辅导也没找到问题的症结所在。

2. 每位来访者都有其完整的人格,作为辅导员要坚信每个人的内心深处都是要求上进的,这就为我们辅导成功提供了可能性。

3. 本案是一个神经症类型的案例,在年轻的女性中发病率为5‰左右。理应由专门医院来处理,但始终得不到家长的支持。我想辅导员只要有扎实的知识,对于这些明显而又轻度的心理疾病也是能处理的,但如解决不了的应尽快与专家、医院联系,得到他们的支持和帮助,或直接送到医院,切不可强留在自己手中。

4. 面对新时代的学生,如何提高学生的认知水平及抗挫折能力,正确认识人际关系中的矛盾,并建立自信等,将是一个长期的课题。建议应集中进行发展性的辅导。

【分析与点评】

此案例详细地叙述了来访者的问题和背景资料,这为了解来访者并决定采用什么治疗方式提供了前提。来访者的发病诱因很明显,但仍然是由其积存已久的性格因素所导致的。此案例中,咨询师没有片面地看待其因素的单一性方面,而是从来访者的各种生活背景、来访者对刺激事件的认知和想法等去收集问题的资料,这对于形成对来访者症状原因的假设和判断是很必要的。咨询师根据其判断和假设,在此案例中主要采用了认知行为疗法,包括合理情绪疗法和暗示疗法等,显示了其治疗的成效。

此外,案例中辅导老师对来访者的班级、家庭等环境进行协调,改善其周围环境,这种咨询过程中系统环境的改变有利于这个来访者的问题解决。尤其是神经症的来访者,敏感、受暗示性强,有时需要改变其系统环境,我们的干预才会更有效。但在此案例中,辅导老师还建议其转校,这一点值得我们商讨。虽然转校后来访者的适应情况较好,但是需要提醒辅导老师的是,转校是一个比较大的决定,如果来访者提出,可以为其分析利弊,咨询师不能代替来访者作决定。

另外,咨询师需要了解来访者问题的产生大部分原因在于其自身,心理咨询的目标之一就是要让来访者对自己的问题负责。在我们现实接案经验中,可以发现很多来访者在未接受咨询之前都有将问题的责任归咎给外在环境的倾向,这一点在此例中也很明显。来访者晕倒的症状成为其逃避焦虑和压力的一种方式。因此,在对这个来访者进行咨询过程中,无论咨询师采用何种治疗方法,最好能结合个人化技术,让来访者对自己的问题形成看法的个人化、问题的个人化及感受的个人化,如此才能最终达到让来访者对自己的问题负责的目的。同时,改变其外在环境的方法可以作为辅助的途径采用。这一点,本案中的咨询师还可以有所借鉴。

在这个案例中也提到了关于药物使用的问题。对于某些伴有躯体反应的心理疾病,药物的介入可以最大限度地提高心理治疗的干预效果,减轻来访者的痛苦。但是,药物的使用需要专业医师的帮助,咨询师则需要学会识别一些躯体疾病和精神疾病,这样可以降低我们工作的盲目性和自身的挫折感。

(点评人:赵阿勐)

【问题延伸】

在职高学生中,接受老师的批评或发生人际冲突是很平常的事情,而问题的产生归根于学生的思维方式和对该问题的认识,即他们的一些不合理的信念。"把他人看成是天使,你就生活在天堂;把他人看成是魔鬼,你就生活在地狱。"这些不合理信念具备三个特征:绝对化要求,概括化,糟糕至极。对于这类学生,引导他们找出这些不合理信念,并与这些不合理信念进行辩论,是解决问题的关键。同时,也可以设计以此为主题的心理辅导活动课,提高辅导的效率。

(案例提供:富阳市职业高中　汪利章)

一个摆脱头痛的女生

【来访者资料及辅导过程】

一位我曾教过的高三女生名叫小欣(化名),递给我一张纸条,说她的脑子出了毛病,时常头痛,已经一个多月了,让她痛苦不堪,很烦,想找我聊聊。

老师,我的脑子出了毛病

第二天下午第三节课,小欣如约来到心灵航班(平阳职教中心的心理咨询室)。她面带愁容地向我诉说自己的脑子出了毛病,她指着头部的一侧说:"就是这个地方几乎每天都定时疼痛,而且在头痛的时候如果用手摸一摸,还能感觉到这个部位的皮肤都不一样。"

小欣介绍说,最让她痛苦的是这个毛病影响了她的智力,学习成绩明显下降。为了治好头痛病,她多次到县医院的神经科检查诊断,都没有查出什么病变。可是她还是不放心,又让家长特意带到温州请脑科专家检查,结果还是没有发现器质性病变。然而小欣却固执地认为:再好的仪器也有失灵的时候,再好的医生也有误诊的时候,她还是确信自己得了一种奇怪的头痛病。她非常渴望早一天治好这个奇怪的头痛病,而且她确信"只要治好这个怪毛病,我的学习成绩就一定能提高"。

听了她的诉说,我心里琢磨:她可能是一种疑病心理。第一次面谈就在她的诉说中结束了,因为第四节课我要参加政教处的一个会议,我们约好第二天下午第三节课继续谈。

因焦虑而引起的疑病心理

当天晚上,我回家查找了相关的资料、书籍。我发现疑病心理会在沉重的工作、学习压力下强化成疑病症。这种心理的人常常会有不健全的性格和习惯的非理性的思维方式。他们往往是完美主义者,一旦有所追求,便不容有一丝瑕疵,习惯以最完美的标准要求自己,而事实上却难以如愿。于是,这些人很容易陷入完美的理想和并不完美的现实之间的矛盾之中,使自己无法解脱,导致心理失衡。如果早期运用森田疗法进行及时干预,就可能缓解焦虑症状,消除这种烦人的疑病心理,进而逐渐改善其精神状态。这些人在性格上一般还有这样的共同点:做事极端认真、执著;性格倔强好胜,感受敏锐;对内苛求自我,很难承认自己已经取得的成功,觉得自己到处都是毛病,不能悦纳自我,对外则反应过分敏感,非常在意别人对自己的评价。

小欣在初中时就一直是班长,成绩优异,工作能力也很强。但是中考前夕因为得了一场重感冒,导致中考失利,进了我校。在高一时,她深受班主任的器重,我们几个任课老师对她也非常认可。她好学上进、工作投入、责任心强，班级活动、学校竞赛都走在前头，而且对自己要求非常严格，甚至有点挑剔苛刻。

第二次见面的时候，她说，实际上她最初感觉到头痛只是一个偶然的情境：一天她正在教室里专心做作业，思考一个难题的时候，她忽然感到自己的头部有些不适，有点痛。后来这种头痛不适就定时出现了，而且似乎越来越严重。

我说："这种不适感是所有从事紧张学习的中学生随时可能出现的情况，你明白老师的意思吗？"

"嗯，可我觉得这是一种'不正常'的学习状态。"

"为什么让你感觉自己不正常呢？"

"我觉得学习时这种感觉影响了我的注意力，让我没法专心学习。"

"你对这种状态很不满意，是吗？"

"是的，我很苦恼。"

"这种感觉一直很强烈吗？"

"也不全这样，但是看到周围的同学都在专心学习，我就很失落、很苦恼。我的头就更痛了。"

"看到周围同学都在专心学习，你会很失落、苦恼，并且头会更痛，是这样吗？"

"是的。"

"你觉得自己为什么会这样呢？"

"……"

小欣不满意自己这种"不正常"的学习状态，觉得干扰了自己的注意力，无法专心学习，于是就格外关注、体验这种不适的感觉，并开始为此苦恼不安，尤其是看到周围的同学都在专心学习，更加感到失落和苦恼。而这种苦恼不安又促使他越发关注不适感，于是"关注"和"苦恼"交互作用，相互强化，就陷入了"关注—苦恼—更关注—更苦恼"的恶性循环，这种循环一经多次反复强化，就形成了一种定期头痛的条件反射。

森田疗法理论把这种恶性循环称为"精神的交互作用"。当然，任何人在紧张学习中感到有些不舒服的时候，都会产生一定的不安和关注，这是正常的心理反应，但不宜过度。过度了，就会因"精神的交互作用"而由疑病心理逐渐变为疑病症。

我借用"望梅止渴"的成语故事，向她解释了心理暗示作用对人体产生的生理效应:传说曹操带兵走到一个没有水的地方,士兵渴得很。曹操就对他们说前面有一片梅树林,梅子很多,又酸又甜。士兵听了以后都流出了口水。士兵们并没有真的吃到梅子,可是口中却如同真的吃到梅子一样冒出了口水。那么我们能够仅仅凭借这种真实的"感觉"就断定他们真的吃到梅子了吗?当然不能,因为真实的"感觉"并不等于真实的"存在",就像你真实地感觉到头痛,并不代表你的脑子出了毛病。

小欣吃惊抬起头,疑虑地看着我:"老师,你觉得我的脑子没有毛病?"

"是的,"我看着她的眼睛,肯定地对她说,"你的脑子没有毛病,你只是陷入了'关注—苦恼—更关注—更苦恼'的恶性循环,这种循环反复强化后,就形成了一种定期头痛的条件反射。而且你对自己的要求挺高,追求完美。"

"我只是想自己的学习成绩更好一些呀!"

"要求上进是好事,但是现实世界里没有绝对的完美,不能对自己要求过高。'人无完人,金无足赤','水至清则无鱼,人至察则无徒',存在不足和缺憾是现实人生的正常现象,正因为任何人都可能出现一定的不足和缺憾,所以才需要我们不断地提高、进步。"

小欣不好意思地承认,她是追求完美,希望自己各方面都优秀。她对我所说的心理暗示对人体产生的生理效应也若有所思。第二次面谈后,她带着满脑子的思考走了。

顺其自然,为所当为

一周以后,她又来了。她说:"老师,我的头疼时好时坏。有时候不理它没感觉,有时候累了,头晃一晃就感觉很疼,而且越想它头疼得越厉害,我还是没办法安心学习。"

我对她说:"不是头疼干扰了你的学习,而是你对'头疼症状'的关注体验以及由此产生的苦恼干扰了你的学习。你一面在关注疼痛症状并为此而苦恼,另一面又在命令自己:'快点专心学习吧!'结果使自己陷入了'一心二用'却又不可兼得的两难境地,在这样的情境下你怎么可以做到一心一意地学习呢?所以要顺其自然,宽容地接受这种'头疼的症状'。对于负面情绪,你用多大的抵抗力想排除它,它就会以同样的反抗力顽强地表现自己。所以单纯依靠主观意志企图直接抵抗和消除负面情绪是难以奏效的。其实,坚持顺其自然的态度和做法,努力做你应该做的事情,就能打破这种交互作用形成的恶性循环。

"人在精神专注时,是无暇同时顾及两件事的,你如果能宽容地接受'症状',不再为其痛苦,并不断调整自己专注于完成眼前应该做的事情,'症状'和烦恼的信号就会自动地、渐渐地退出你的意识领域。那么,你就不再有对症状的体验和感觉了。这就是'顺其自然,为所当为'。

"如果再次感到头疼时,首先提醒自己:这是一种合乎心理和生理活动规律的自然现象,不是主观意志可以随意改变的。把它作为一种存在,同时不断调整自己,努力、积极地去做眼前该做的事。"

"老师,你是说要与头痛和平共处,然后该干吗就干吗,我不理它,它就失去威力了,是吗?"

"对,你要相信自己,只要按照科学的方法坚持训练,一定会逐渐从根本上消除'头疼'。关键是行动!不要在主观世界中咀嚼情绪,逃避现实,而要在积极的行动中体验真实的生活。这种持续的行为训练会使你不断感觉到成功的喜悦,也同时不断获得成功的激励,你的性格也便在喜悦和激励之中逐渐得到改善和优化。"

小欣是领悟能力较强的聪明的学生,而且她也相信我能帮助她,最关键的是她能很好地配合我的辅导。

"五一"长假回来以后,第二天在餐厅里碰见她,她兴奋地告诉我说:"老师,我的头痛基本上消除了,虽然有时还有一点感觉,但是已经不影响我的注意力了,我也不再为此烦恼了。"

我高兴地祝贺她取得了初步的成功,并鼓励她说:"你的成功不只是能够正常学习了,而且更有意义的是你开始领悟了'顺其自然,为所当为'这样一条重要的生活哲理,掌握了一种优化心理素质、改善自身性格的好方法。这条哲理和这种方法将会使你拥有一个受益终生的良好性格。"我也希望她在今后的学习生活中进一步领悟这样一句古老的格言:播种一个行动,你就会收获一个习惯;播种一个习惯,你就会收获一种个性;而播种一种个性,你就会收获一种命运!

【咨询后记】

在综合收集求助者的多方面资料后,初步界定求助者的主要问题是属一般性的心理问题,是因为学习焦虑而引起的躯体化症状——头痛。

因为,其一,小欣的问题是由明显社会生活事件为诱因引起的,即自己对还没有到来的能否考上高等院校过分担心引起的焦虑;其二,她的社会生活事件、她的人格,以及她对社会生活事件的认知方式,都对她心理问题的发生起了重要作用;其三,以焦虑情绪为主要表现,并引发了她的身心反应(头痛);其四,焦虑情绪存在的时间不到3个月;其五,她的心理问题的时间与表现形式与心理因素联系紧密,有具体明确的对象和固定内容,没有泛化;其六,思维合乎逻辑,无显著的植物性神经功能紊乱,人格也无明显异常,可排除焦虑症。

根据求助者的身份特征,强烈的改变动机,我考虑使用森田疗法的"顺其自然,为所当为"的原理,让她领悟到对超越自我控制能力的自然现实存在的抵抗是无用的,要对焦虑症状采取顺其自然的态度,要随着自己本身的上进欲望去做当下应该做的事。

小欣是我以前的学生,主动找我聊她的"头痛"。于是在与她面谈时,我向她介绍森田疗法,讲什么叫"顺其自然",并在和谐、平等的氛围里与她讨论她的"头痛",激发了她的主观能动性,从而更好地配合辅导。这是此次咨询比较顺利,也能较快地看到效果的一个重要原因。

在三次面谈之后,我们的辅导过程就结束了,现在她也升入了高校。我不敢保证她以后的人生道路上还会不会出现类似的心理状况。因为,我觉得人格的成长必定要经历一些反复。但是,我可以肯定,这次解除症状的经历和经验对她以后处理类似的情况会有所帮助。

【本案启示】

1. 在初步接待求助者后,主要运用倾听、共情技术再配合鼓励和重复技术,让求助者感受到被接纳、尊重、信任,给予了良好的人际支持,这些为初步建立良好的咨访关系打下了基础。

2. "小欣是领悟能力很强的学生,而且她也相信我能帮助她,所以她能很好地配合我的辅导。"如果求助者自己没有改良的愿望或者不愿意努力,咨询就会难见效果。

3. 求助者好学上进,而且对自己要求非常严格,甚至有点挑剔苛刻,她的个性中有完美主义情结,所以焦虑的情绪体验会更加强烈。

4. 本案中,还可以对求助者做SAS焦虑自评量表的测试,了解其咨询前后的焦虑程度,也可以评估咨询效果。

5. 本案中,还可以对求助者做放松训练指导以缓解焦虑情绪,增强心理健康的自我调节能力。

【分析与点评】

疑病症又名疾病臆想症。这是一种对自己身体健康状况过分关注、担心或深信自己患了一种或多种躯体疾病,常以身体的某个部位、某系统、某脏器有某种不适或疼痛证明自己患了某种疾病,并不断加以强化,企图用各种办法以获得别人的同情,反复就医,经多种检查均不能证实疾病存在的心理病理观念。患者病前个性常常是敏感、多疑、自怜和孤僻。病人除表现有日趋严重的疑病症状外,其他认知良好,主动求医,无任何精神衰退,体检或实验室检查均无异常发现,一般诊断较易明确。

本案例中,辅导老师利用森田疗法的理念指导来访者采取"不怕、不理和不对抗的态度,正常思维与强迫思维共处,顺其自然"的办法,对患者的疾病和症状不急于否认,也不对治疗轻易下保证;不迁就病人作进一步检查的要求,在理解患者的基础上,巧妙地婉拒不必要的检查。最后获得了较好的咨询效果。

但同时,我们也应该看到,本案例中辅导老师的辅导还存在说教的倾向,这是学校辅导老师比较容易犯的一个错误。同时,在辅导中,还可以结合焦点解决短期心理咨询的寻找例外等技术,协助来访者发展出符合她自身实际情况的解决策略,使"顺其自然,为所当为"转化为可以操作的具体行动。

(点评人:林甲针)

【问题延伸】

因为学习压力、考试失利、人际交往受挫而引发的焦虑情绪,往往还伴有躯体化症状或行为退缩,这些在学生中是很普遍的问题。但他们往往在主观世界中咀嚼情绪,采取逃避和退缩的应对方式。如果单纯依靠主观意志,企图直接抵抗和消除负面情绪,是难以奏效的。其实,只要坚持顺其自然的态度和做法,努力做当下应该做的事情,就能打破这种交互作用形成的恶性循环,"顺其自然,为所当为"实际上也是一种生活的态度。

(案例提供:平阳县职业教育中心 陈培密)

男孩"爱清洁"的背后

【来访者背景资料】

一个北风呼呼的晚上,一位中年母亲领着一个面目清秀、矮墩墩的男孩走进了我的咨询室。男孩的脸上没有一丝笑容,整张脸僵硬着,目光中略透出几许无奈和痛苦。他的母亲则显得有些激动,一进门就拉着我的手:"心理老师,请你帮帮我儿子吧,我实在看不下去了……"待坐定后,这位母亲向我诉说了孩子的问题。

男孩小枫是我校高三重点班的学生。从高二下学期开始,母亲注意到他的行为变得很奇怪,洗东西要反复清洗好几遍;凡在学校用了的东西都觉得很脏,家里给买的新鞋子一般不带到学校穿;同学碰了一下他的衣服,他会反复用手拍碰过的地方;晚自修结束后,他要把课桌上的每本书擦好几遍才放进抽屉;在家里,每说一句话,都要问母亲,他的话有没有说错;晚上常常失眠。后来,他变得很讨厌学校,每次都是快上课了才跑步去学校。为此,母亲特地带他到宁波某医院检查治疗,服用了一些抗精神病药物和安定药片,但效果不佳。经班主任介绍,决定来心理咨询室寻求帮助。

听完家长的叙述,我初步估计小枫患的是强迫症。小枫有明显的强迫观念,据他妈妈介绍:"脑子里经常会冒出一些他所厌恶的想法,他想把它们咽下去。他认为在学校里用过的东西都是脏的,同学碰过的东西都是脏的。"在这样的观念驱使下,伴随而来的是强迫性动作,反复清洗东西好几遍,反复用手擦被同学碰过的衣服和书本。

出现强迫症心理症状,一般是受家庭背景、文化价值观、环境及个人性格、生活史的影响或因压力所致。从他母亲的叙述中,我感到小枫对学校以及班里同学有很强的排斥感,而且对自己很不自信,我决定让他母亲谈谈他的性格以及他在学校里与同学、老师的关系。

"从小他做事就很仔细,追求完美,性格比较内向、敏感,不爱运动。在××初中念书时,邻居的儿子和他是同桌,对方平常学习都比他好,但在中考时小枫发挥很出色,邻居家很不服气。进入高中后两人又成了同桌,彼此心里都不乐意。同桌经常故意打他的头,还用书使劲打他的凳子,看到小枫越生气,他就越开心。有时小枫碰到了同桌的课本,同桌便用橡皮使劲儿擦,嘴里还一直用很难听的话骂他,小枫对此一直憋在心里,后来他也仿照着做。小枫曾经跟老师提起过换位置,当时老师没答应。到了高二,两人终于分开了,但坐在他后面的男同学经常讲废话,让他很苦恼。他感到小学、初中的时候学习是很快乐的,而在这里是这么的痛苦。回到寝室,白天的烦恼开始钻进脑子,他往往要想到半夜才能睡去,'妈妈,昨晚我又没睡好,听课又听不进去了。'他经常对我这么说。后来,我就注意到他开始经常用鼻子呼吸,说是要把思想吸进去。"

我征询小枫的想法,他直视地面,像挤牙膏似的叙述自己的问题,似乎理不出头绪该如何表达心中的苦恼,把母亲所讲的情况又重复了一遍。小枫的强迫行为看来跟他的性格和高一时不愉快的同学关系、学习环境有关。我让小枫做了一份强迫症自我诊断调查问卷,诊断结果表明,小枫的症状已属中度以上的强迫症状态。

为使小枫及其母亲消除疑虑,积极地面对问题,我首先向他们做了必要的解释:"小枫,你出现的症状属于强迫症,强迫症是可以治愈的,这需要一个治疗过程,这个过程需要时间和耐心,需要我们之间的相互配合及共同努力。"小枫的表情很认真,身子往前倾了倾,期待着我继续讲下去,"你的性格比较内向,凡事喜欢追求完美,不喜欢开放自我,不喜欢运动,使你的兴奋灶不容易转移,老是固定在一个想法上,你越想摆脱那些想法,精神能量就越集中在这上面,过分的注意反而使它更频繁地出现。你不喜欢同学碰你的东西,不喜欢把新鞋带进教室,不喜欢提早走进学校,其实是因为你在高一时同桌对你心理伤害很大,加上周围同学纪律不好影响你学习,你无意识中产生了讨厌同学、班级的想法,不想和他们有接触,后来就泛化到对整个学校的不喜欢。

"进入高三后,随着学习负担的加重,你的精神压力也更大了,由于成绩的退步,你开始变得不自信,内心充满了不安、恐慌,所以你会每讲一句话都会问'妈妈,我的话有没有讲错?'你平时的一些奇特行为就是来自于你内心的不安念头,是一种病理性的冲动。"

【辅导过程】

我查阅了大量有关资料,制定了心理咨询方案,经与小枫及家长的讨论,开始对他实施心理治疗。

第一阶段:采用"疏泄净化法"帮助其宣泄、倾吐内心的想法,实现"心理净化"。

从他母亲口中了解到小枫特别渴望能有人听他说说话。最初的几次,我都静静地听他倾吐压抑心中已久的苦闷,让其感情得到自由宣泄和释放。第四次在他走出心理咨询室时,我终于听到了一直等待着的话:"老师,谢谢你听我讲了这么多话,我感到似乎有什么东西被卸掉,有一种说不出的轻松。"

第二阶段:采用"思路切换法"和"生活疗法"交替实施,一方面阻断其无意义的想法,另一方面帮助其转移注意力。

"思路切换法"是行为疗法之一,其原理是:如果人的外在行为能通过抑制来加以阻止,那么,内隐的行为也能通过抑制来切换、改造直至消失。

我向他简单介绍了"思路切换法","当你脑子里出现不合理思想或观念时,就用力挥舞手臂并大声喊'停',以驱逐自己头脑中的强迫性思维观念。"在咨询室里练习多次后,小枫基本掌握了这种方法。

"生活疗法"是指有意识地把自己的生活和学习安排得紧凑而有规律,多培养些生活情趣,多参加文体活动,培养生活中多方面的爱好,以建立新的兴奋灶去抑制强迫症状的兴奋灶。我帮小枫一起制定了学习作息表,规定每天有一个小时的时间用于文体活动,由他母亲监督执行。当强行中止头脑中的强迫性思维观念后,要立即去从事需要高度集中注意力的各种活动,如打乒乓球、跑步等。

在这次咨询结束后,我给小枫留了一份作业,对照BECK3栏目记录表,每天及时记录下自己的各种强迫性动作及它们出现后的想法,同时写出大多数人遇到这些情景时的行为方式。

BECK3栏目记录表

日期	情景及动作	即时想法	常态行为方式
2002年12月3日	认真系鞋带,不准马虎	我把想法也系在上面了,如果没系好,就会觉得今天什么事情都做不好,就会有祸害降临	系鞋带是很平常的事,不需要很认真
……	……	……	……

后来小枫又进行了5次咨询。对照BECK3栏目表,我运用认知疗法,帮助其驳斥错误的、不切实际的思维方式,指导他接受自我,用一种新的理念取代它们。如"系鞋带不会有特殊的意义附在上面,与成功、失败、吉祥、灾祸……没有任何关联"等。根据小枫的记录和述说,他的强迫观念和行为出现的次数明显减少,他自己也感觉好多了。班主任反映他平时也能和其他同学说笑了。

第三阶段:采用"森田疗法"中的"顺应自然"和"为所当为"的治疗原理,以平常心对待症状,做自己该做的事。

这个阶段是巩固阶段。我跟小枫讲"森田疗法",讲什么叫"顺应自然",但并不要求他照做,只是让他参悟其中的道理。我鼓励他要对自己的强迫观念不做评判,不做抵抗,做自己应该做的事。就像感冒了,你仍带着感冒在学习,该干什么还是干什么,把它当作生活中的一部分,而不与之对抗。同时建议他母亲在节假日多带小枫到大自然里走走,体会什么叫"自然"。

我最后给小枫安排了两次催眠,用积极的暗示语言巩固他意识中新建立起来的合理认知和行为方式,希望借此可以更好地巩固已经取得的效果。

【咨询后记】

本个案辅导总的来说是成功的,经过三个多月的矫治,小枫基本上能控制强迫思维和行为的发生,情绪也有了改善,能静下心来学习。但要彻底根治这一症状,并非三个月可以完成,还须一年、两年甚至三年以上的辅导和来访者自身的不断调节。这个个案也给我们提出了这样一个思考:我们的老师尤其是班主任,是否应该真正走入学生的内心世界,认真倾听学生特别是那些性格内向学生的苦恼,让每个学生的心理症结得到及时的疏导?

【本案启示】

1. 强迫症属神经症的一种,如不及时进行治疗和矫正,极有可能发展成严重的心理疾病,使治疗的实施更加困难。本案例中,来访者的母亲是一位很细心的妈妈,能够及时发现并配合咨询,难能可贵。

2. 任何心理问题的形成都有许多复杂的因素,在辅导的过程中,要能够综合运用多种理论和技术,巧妙地将它们糅合在一起,才能取得一些效果。

【分析与点评】

本案例中的小枫的行为有"强迫性洗涤"的症状。通常来访者深感焦虑,主观上力图和强迫思维、动作对抗,结果反而越演越烈,也会使得症状扩大化。部分来访者性格有易焦虑、自信不足而又要求完美的特点,从而容易对日常生活事件发生强迫性质的心理反应。

辅导老师在咨询的过程中,用到了"来访者中心疗法"(如疏泄净化法)、"行为治疗"(如思路切换法)、"认知治疗"(BECK3栏目记录表)、"森田疗法"(如"顺应自然,为所当为"的精神),足见该辅导老师心理学理论和功底扎实。特别是运用"顺应自然,为所当为"的原则,正好能够疏通来访者对强迫思维和强迫动作的对抗。"生活疗法"是为了让来访者转移注意力,阻止强迫思维和动作的发生。而且,辅导老师在一开始能很好地运用"倾听"的技术,让来访者打开话匣子,情绪得到很好的宣泄。

但是,对于在辅导开始阶段,辅导老师直接告诉来访者"诊断"的结果是"强迫症",并用很专业的术语对症状形成的原因进行了解释,有给来访者"贴标签"的嫌疑。在前文介绍"倾听"技术时,我们着重强调,在咨询的初期,不宜急于给来访者下结论、贴标签。这些地方,值得反思。

(点评人:琚晓燕)

【问题延伸】

现在的孩子在独生子女的环境中长大,又在父母"望子成龙、望女成凤"的急切心态中接受着家庭教育,使得孩子很容易形成孤僻、谨小慎微的性格,并且容易有"完美主义"情结,这些都是强迫症形成的重要因素。古人说"顺其天性",也不失为家庭教育的一种境界吧!

(案例提供:宁波市象山二中 程赞红)

恐怖症、社交恐惧症、人际关系障碍等行为问题的辅导

对一名高中生学习恐惧心理的干预报告

【来访者资料及辅导过程】

来访者姓名小W，17岁，某中学高一新生，父母都是普通工人，有一个孪生弟弟在读高中。他成绩中上等，寡言少语。

在给高一新生上课时，我点名让学生回答问题。当我问到小W时，他站了起来，但不做任何回答。起先我觉得可能是问题太难了，于是我就进一步提示他，可他还是没有任何反应。我再次放低要求，把答案告诉他，并要他只回答"yes"或"no"。没想到他居然还是一声不吭。我有点生气地让他坐了下来。下课后，我把他叫到办公室。我问他是不是没听懂，他不回答；我再问他是不是不喜欢英语，仍无反应；最后我再问他是不是对我有意见，还是不开口。我只得再一次调整策略，既然他不说话，我就让他用点头或摇头来作答。他终于作出让步，开口说话了。原来，在初中时，有一次英语课上，老师让他回答问题，有个单词他发错了音，结果引得全班哄堂大笑。从此以后，他一上英语课就紧张，一回答问题就错，久而久之，他听到英语就头痛，看到英语老师就说不出话，更不用说上课回答问题了。

了解了情况后，我分析：小W一开始因为读错音被别人嘲笑，这造成了他心理上的紧张；而后每次回答问题总会想到自己前次的失误；为了避免再次犯错，他变得愈发紧张；紧张又造成了更多的失误，再次遭受嘲笑。从紧张→失误→被嘲笑→更紧张，形成了一个恶性循环。小W的自尊屡屡受挫，羞耻感和屈辱感不断加强，导致自我否定意识的形成与发展，表现为消极的自我评价。随着消极的自我暗示不断出现，智力水平逐渐下降，逐渐形成逃避现实、离群索居的孤僻性格和谨小慎微、容忍退让的懦弱性格。

小W的问题指向三方面：1.错误的认知系统；2.自我评价过低；3.人际关系的

障碍。

为了帮助小W面对现实,改变对自己的看法,使他能从学习的误区里走出来,得到同学们的尊重和理解,打消他的自卑心理、重建自信心,扩展看待事物的角度和深度,重树健康、科学和积极向上的人生观和世界观,我与小W进行了长期的交流,取得了小W的信任,并实施了以下辅导方案:

1. 与小W建立良好的关系,对他进行学习上的个别辅导,使其获得温暖、信任,进而了解其内心深处的想法。

2. 利用"暗示"技术,让他每天睡前对自己说三遍"我真喜欢英语"。

3. 利用"松弛"技术,让他在回家学习英语之前先松弛自己,做到呼吸松弛——冥想松弛——肌肉松弛,以消除自己的紧张感。

4. 利用"行为改变"技术。我和小W共同商定了一套有明确目标、有系统的行为改变策略,来逐渐改变他在课堂上不能有效学习英语的行为。

5. 鼓励小W与周围同学、朋友和老师多沟通,让他知道同学们对他是没有偏见的,也是没有恶意的。

整个辅导过程共分四个阶段进行:

第一阶段解决的是小W看到英语就头痛,不愿学英语、读英语这个问题。我让他自己在家里跟着磁带读单词、课文,这期间我上课不提问他,只是在课后了解一下他的自学情况。这一阶段为期一周。这个阶段进行得较为顺利。

第二阶段我想要解决小W在课堂上无法学好英语的问题。我要求他在课堂上集体朗读时,跟着全班同学大声读。这期间我仍不在课堂上提问他,但在课后向他单独提问。这个过程为期二周。这个过程一开始他有些不自然,但很快便适应了。

第三阶段我想让他在课堂上能回答问题。在上课前我先告诉他我在这节课上要提问他,并告诉他提问哪个问题,让他提前做好准备。这个过程为期四周。在这个过程中我发现一开始他很紧张,但当我提问时,他还是大胆地开了口。同学们并没有异常的反应,他开始放松了,而且还有些兴奋。后来每次上课前我还是告诉他要回答哪些问题,他已经一点都不紧张了。慢慢地,我不再在上课前提醒他,他也能回答问题了。

第四阶段我要小W提高学习成绩。在第三阶段结束后,我和小W作了一次交流。他对我说现在对英语已经没有什么恐惧感了,可是以前落下了很多功课,有些知识不太清楚。我对他前期的成绩作了肯定,也对他今后的学习作了指导,即让他每天抽取一定的时间复习初中的知识,同时学好新的内容,有困难的时候向老师、同学求助。现在的要求就是把学习成绩搞上去,期末消灭不及格。这个阶段为期一个学期。现在过了两个月,他的成绩已慢慢有了起色,信心也在逐步增加。

【咨询后记】

为期三个月的辅导后,小W消极的自我评价得到了纠正,小W变得活泼了,愿意与其他同学交流,也能积极参与班级活动了。消除了自卑心理后,他的其他学科的成绩也有了明显进步。小W变了,变得活泼开朗。这正是我所希望的。

【本案启示】

我们在教学中常常会碰到一些学科不平衡的学生。他们往往其他功课成绩很好,但某门学科成绩特别差。他们偏科的原因可能是多样的,但往往跟他们的某些经历有关。如有的学生可能被某学科的老师训斥过,那么他可能就此对这门学科丧失了兴趣;有的学生可能在课堂上有过不愉快的经历,如本案例中的小W,也会造成偏科现象。面对这样的学生,我们一定要作好深入细致的调查,弄清原因,对症下药。

1. 要抓住学生出问题的重点,并以此作为帮助学生认识自己、改变自己的突破点。

2. 不要对学生抱有成见,要坚信每个学生的本质都是愿意改变自己的、要求上进的。

3. 要一步一步地改变来访的学生的认知,尽量给来访者提供各种成功的机会,使其对自己的努力有成就感。

4. 在行动过程中,争取家长和其他教师的配合。

【分析与点评】

本案例使用了认知矫正和行为改变相结合的方法对有恐惧心理的学生进行了辅导。作为一名任课教师,他对待偏科的学生不是一味地给他补习功课,而是运用心理学的方法和技术,从认知和行为两方面促使学生对学习英语的恐惧慢慢消失,很值得每一位教师学习。

在具体的辅导技术的使用上,辅导老师首先从"打消他的自卑心理、重建自信心,扩展看待事物的角度和深度"作为突破口,建立良好的咨询关系。因为使用行为改变技术的前提是来访者要有改变的意向。其次,在运用行为矫正技术时,"我和小W共同商定了一套有明确目标、有系统的行为改变策略,来逐渐改变他在课堂上不能有效学习英语的行为"。这事实上就是一个"行为契约",在"契约"中要详细说明强化或惩罚的条件和强化物。在辅导中,遵循"小步子""适时正强化"的原则,从第一阶段跟磁带读,到第二阶段跟同班同学大声朗读,到第三阶段开始提问他,出现进步就及时强化,直到"期望的行为"即"回答问题时一点都不紧张"后,通过补课提高英语学习成绩,获得成就感来强化这一"适当行为",使这样的行为固定下来。

  辅导老师较成功地运用了认知和行为矫正结合的方法,辅导时耐心、细致,较好的心理学辅导理念是值得我们学习的。但本案例的辅导还可以有进一步改进的地方。辅导教师在实施行为矫正技术的同时,可以结合系统脱敏疗法帮助此来访者克服课堂回答紧张的问题。在本案例的陈述中,我们可以发现个案对于英语学科的恐惧主要来源于先前某次英语课堂中提问被嘲笑的刺激事件,辅导过程中我们可以运用认知疗法改变个案对创伤事件的一些看法,但仍需要帮助来访者建立合适的面对同样刺激情境克服紧张情绪的方式,而系统脱敏疗法是非常有效的。本案辅导方法中的"暗示"治疗、放松治疗都可以结合在系统脱敏疗法中。

(点评人:琚晓燕)

【问题延伸】

  中学生正处于心理发展不稳定的年龄阶段,自我否定意识更容易引起情感、情绪的巨大波动和思想观念的急剧变化,在特定的条件下,甚至酿成自伤、出走、自杀、凶杀等恶性事故。如果每一位教师都能像这位普通的任课教师那样,能够从心理学的角度对学生的心理发展状况进行分析,并适当运用心理辅导的理念和技术,也许很多问题就能迎刃而解!

(案例提供:湖州市南浔中学 沈晓岚)

一个爱说谎的孩子的转变

> 特殊的家庭、特殊的环境、特殊的个性,造成了他特殊的问题行为。特殊的老师、特殊的家教、特殊的辅导,改变了他的问题行为。这是一次特殊的经历……
>
> ——作者题记

【个案资料及辅导过程】

"全景图"

小虎是小学二年级的学生,生活在富春江畔一个普通农民家庭。他的家原来坐落在村子边缘,小虎四岁那年,父亲在村中央租赁房屋,搬家并经营小商店,从此常有许多人在小商店里看碟片、打麻将、闲谈。小虎的姐姐自幼上进心较强,各方面都很优异,老师也经常在她父母面前表扬她。父母总希望小虎也能像他姐姐一样刻苦学习,处处领先。然而小虎虽自小聪明伶俐,但非常好动。更让人头疼的是,他常常犯这样那样的错误,个性又较强,不愿正视自己存在的问题,缺少改正错误的内驱力。他总会寻找种种理由为自己辩解,甚至不惜说谎,有好多次在父母棒打之下才肯说出事情真相。随着年龄的增长,他渐渐养成推卸责任、说谎的"坏习惯"。

家庭"透视镜"

当我见到这位学生时,直觉告诉我,这个学生爱说谎的习惯确实必须尽快加以矫正了。

但是,"人之初,性本善",我相信小虎的问题行为并不是与生俱来的。正如"冰山"理论所讲的那样,人们往往只看到露出水面的冰,却不知这座冰山的水下部分到底如何以及这座冰山形成的原因和过程。露出水面的冰正像我们见到、察觉到的问题行为的外显部分,而行为的形成过程却是漫长的,原因也是多方面的。所以我决定对他的问题行为进行全面的了解和分析。

一个天气晴朗的星期六，我走进了小虎的"新家"。只见一堆村民正围在桌旁搓麻将，家中烟气弥漫，气味很呛人。他的父母见我来了，连忙从麻将桌旁迎上前来，不好意思地说："王老师，你来了。"接着把我引进厨房间。就在这个小小的厨房间里，他的父母向我诉说了小虎的故事和他们对小虎的期望、无奈和失望。原来，小虎的父母一直在对他"说谎"。当他刚刚学说话时，为了使他不哭闹，妈妈常常会拿"不要哭了，不然老虎会把你叼走的"之类的话吓唬他。当他稍稍长大，见识面渐广时，就明白妈妈一直在骗他，这些谎话也就不"灵"了。他父亲说："前几天，小虎拿了店里5元钱，我就大发雷霆，说要报告110，想吓唬吓唬他。然而小虎却不当回事，还笑嘻嘻地对我说：'把我抓去，你们还不急死，110是不会抓小孩的！'"

小虎的父母总希望按照自己的思维方式叫孩子怎样怎样。他们经常向他空口许诺，如："你把作业做完了，妈妈就奖给你一包巧克力。"当他做完作业时，妈妈就忘了自己的许诺。渐渐的，小虎觉得妈妈的话不可信，也就不愿听妈妈的话。于是妈妈就吓唬他："如果你再不好好写字、做作业，我就把你的手剁下来。如果你再去钓龙虾，我就不要你了。"

我告诉他们："这些话都是你们随口说说而已，但是小虎却以为你们真的会这么做，他是多么害怕呀！他知道万一他又犯了错，妈妈就会离开他、剁他的手指、又要他做一大堆作业。这不仅给小虎带来沉重的精神压力，客观上也为他学会说谎提供了前提条件，因为孩子不诚实几乎总是恐惧的结果。"

第一次"亲密接触"

在恐惧笼罩下的小虎忐忑不安。我主动去找小虎交谈，在辅导室里，我们有了第一次"亲密接触"……

"听邻居说，你父母经常打你，是吗？"

"是的，他们老是没事找事地打我！"他显得有些愤恨地说。

"那最近一次打你是什么时候？"

"昨天晚上！"

"他们为什么打你呢？"

"昨天放学后，小叔叔给了我5元钱，我就拿着钱去打游戏机。晚上被妈妈知道了，她硬说我的钱是从小店的盒子里拿的，然后就在我的手心上打了十多下。"他伸出手给我看。

我仔细地看着小虎那双娇嫩的小手，点点头说："妈妈不问清楚就打你是她的不对。她经常这样吗？"

"是的，妈妈打起来很痛的。有一次，我把爸爸刚买给我的卷笔刀弄丢了，我就骗爸爸妈妈说借给同学了。谁知被妈妈知道了，就用小竹竿打我，痛得我在地上打滚。"

"你骗了你的爸爸妈妈，他们很生气，所以才打了你，是吗？"

"是的。"他低下头沉思着。

"当时，你完全可以跟爸爸妈妈说，你是不小心把卷笔刀弄丢的，他们就不会打你了！"

"不是的，他们还会打我的。"小虎的眼眶开始湿润了，"我对他们说实话挨打，骗他们还是挨打。还是骗他们好，说不定就这样混过去了。大不了被他们知道，也不过是打一顿！"

当我问起他是什么时候学会说谎时，他却对我这样说："大人说谎为什么没人管，小孩说谎就要遭受大人的打。"于是他对我说他妈妈是怎样的不守信用，答应他的事情总是不做到。然后滔滔不绝地讲起碟片中的人是怎样骗人，怎样骗人才能安然无恙。他觉得骗人太容易、太过瘾了，于是他开始模仿影片中的人物蒙骗他人，从父母到长辈，到同伴，到邻居，其主要目的是向家人要钱，买各种各样新奇的物品，在同学面前炫耀。

"我爱说谎，是因为……"

小虎养成说谎的习惯与他父母的家教方式有很大关系，他的问题行为的矫正与其父母的教育措施的改变必然相关。人都有自我保护的意识，害怕受到惩罚的心理渗透于小虎的整个生活中。为了摆脱困境，保护自己，避免父母的盲目恶打，他总想方设法制造假象，行骗说谎，逃避责任。每次行骗成功，他总能免遭"灾难"，眼光中流露出一种成功的自得，从而在不同程度上促使其养成说谎的习惯。而欺骗失败后，挨打挨骂的情绪体验又从另一个侧面强化了他的行骗说谎习惯。从小虎的言谈中知道，他非常害怕让父母知道他"犯错"。开始，他还敢承认错误，但父母依旧要打他。这种粗暴的家教方式在很大程度上改变了他的思想观念，即认错也遭殃，不如逃避，能瞒过去最好，即使被父母知道，也不过是如此下场。

家教"小秘方"

我趁空闲时间找他的父母谈话,让他的父母意识到,孩子的问题行为的产生,他们也应负不可推卸的责任,必须配合老师进行教育。为此我给他的父母提了几点建议:

1. 父母要与孩子多多沟通(如经常问问孩子当天上了什么课,参加了哪些活动;当孩子要钱时,要问清楚是干什么的或向其他同学了解一下)。

2. 掌握小虎的心理动态,减少他可钻的空子,并密切与班主任联系。不能不分青红皂白就对小虎拳打脚踢,惩罚只能在表面上暂时使他改变,而不能使他心悦诚服,反而会强化他的问题行为。一旦发生问题,不可单纯采用惩罚措施,要马上与老师联系并依照老师的建议去做。

3. 千万不能对孩子空口许诺,答应孩子的事一定要实现。

4. 搬掉小店中的影碟机,渐渐减少小虎与不务正业的村民的来往,给小虎创造一个安静的环境,以利于他休息和学习。

家教"小秘方"果然起到了很大的作用。他的父母似乎看到了小虎的一线希望,非常愿意再与我配合。

"我听懂了故事……"

由于长期形成的思想观念,在短时间内想一下子改变小虎的思维方式是比较困难的,单纯的思想教育和灌输对于小学二年级学生来说,显得太成人化,难免有些空洞。所以我用"心理剧"来改变他的认知结构,根据小学生爱听故事的特点,从讲故事入手。当我讲完《狼来了》这个故事时,让小虎思考故事中的小孩为什么会被狼吃掉?人们为什么不去救他?并要求他体验小孩当时的想法、心理感受。接着我又问,假如老师像这个小孩一样骗你,你还会喜欢我吗?对我又会有什么看法呢?于是小虎明白了:说谎的人是不讨人喜欢、交不上真心朋友的。

过了几天,我又在语文课中让学生看图编故事《一缸金鱼》,然后让大家说说这是一只怎样的小花猫,如果你是这只小花猫的朋友又会怎样想、怎样做,想象一下今后的小花猫会不会有真心朋友,从而让学生讨厌这只欺骗朋友的小花猫。课上小虎虽没有发言,但我从他那惭愧的神情中知道他一定有所感悟。

我想,别人骗了小虎,他又有什么心理反应呢?让他亲身体会一下受骗的滋味,对于领悟骗人的害处是有帮助的。我故意叫小虎的同桌(女生)把他心爱的故事书放进自己的书包,并说没有拿过。看到的几个同学告诉了他,他马上对我说他的同桌将他的故事书放进了书包还说没有拿。

我若无其事地说:"是吗?"

他着急地说:"是的。"

我看了他一眼说:"她拿了你的故事书,还说没有拿,所以你很气恼,也很着急,对吗?"他点点头,几乎要哭出来。

我趁机说:"你讨厌你的同桌吗?"

他气愤地说:"我再也不和她好了,也不借卷笔刀给她了。她喜欢我的故事书就和我一起看好了,拿了别人的书还说谎!真气人!"

"所以你很生气、讨厌她对吗?"

"是的。"

"老师也很讨厌这种说谎的孩子。"

我告诉小虎,同桌偷拿他的书,并且不肯承认,只是我安排的一个心理实验,希望他能不介意。我告诉他说谎是一种不良的品质,撒谎行为是让人看不起的,撒谎的孩子是得不到别人的尊重和信任的。

小虎低下头沉思片刻,说:"我以前也骗人,那些人一定很讨厌我。"他看看我,似乎想从我的眼中找到答案。

我点点头,仍然专注地听着。

"怪不得小刚他们都说我不讲信用,很少跟我玩了。"

听到这番话,我心里一阵激动,我所期待的不正是这个吗?我拍拍他的肩膀说:"你很勇敢,敢面对自己的缺点。人人都有犯错的时候,犯了错误不要紧。重要的是不要老犯同样的错误,要勇于承认错误。犯了错误如果不承认,而是靠撒谎的方法来解决,总有一天会让人发觉,后果则会更加严重。"听完,小虎表示要下决心改掉这个"毛病"。

他的父母发现他变乖了

我用厌恶法、代换券,使他对自己的说谎行为产生反感,并强化他的良好行为。在他同意的情况下,我们制定了如下规定并写好决心书:如果推卸责任、说谎,就取消他放假的机会,每说一次谎就取消他半天的玩耍时间,并在他心爱的故事书上画上一只愤怒的脸,以便让他看书时提醒他。这样,"说谎"和"不能玩"之间建立了联系,一看到这张愤怒的脸他就会厌恶自己的说谎行为。而他每做到一星期不说谎就能得到一朵小红花,十朵小花就能换一朵大红花,而他可以用三朵大红花换取自己喜欢的玩具或其他物品。

从那以后,他父母电话里告诉我:小虎听话了,还能主动跟父母讲讲在学校里发生的事。他们也非常乐意与孩子交流。每次要钱物,总能向他们说为什么要,是用来做什么的。他们也向他的同学打听,发现他竟然没向父母撒谎。他的父母发现他变乖了,很感激我。

他不是沉默的羔羊

通过七个星期的矫正,小虎基本改正了说谎行为,但整个人变得沉默少言,积极性和主动性明显减弱。我决定为他开一次班会。在班会上,我说:"同学们,这段时间我发现小虎发生了变化,不知同学们有没有察觉?你们了解小虎吗?你们知道过去或现在的小虎有哪些优点吗?"同学们纷纷跑上讲台,他的优点写满了大黑板及所有的小黑板。这时,小虎忍不住流泪了,我也不由自主地掉下了眼泪。下课时,几个好朋友拉着他去做游戏,我的心情一下子轻松起来。

【咨询后记】

撒谎可以分为"有意撒谎"和"过失撒谎"。从以上的背景材料和分析看,小虎的撒谎行为属于"有意撒谎"。但他的"有意撒谎"又是"无意识"地渐渐养成的。父母不适当的惩罚,造成他严重的畏惧心理,只能用撒谎来逃避责任。他不能从正常的渠道得到他想要的东西,又只能通过撒谎来满足自己强烈的虚荣心和好奇心。他生活的圈子在耳濡目染中让他学会了撒谎。他的心理不成熟,自我判断能力又差,很容易受环境和父母的影响,模仿学习撒谎的本领。因此,本案应遵循"冰山理论",挖掘行为形成的深层次原因。本案辅导中主要通过认知疗法,改变他认知上的偏差;其后又通过"家教指导"、"理性疗法"、"行为疗法"等方法,从多个角度干预小虎的问题行为,使他逐步摆脱撒谎的困境。

【本案启示】

1. 本案例中,小虎问题行为的形成原因比较复杂。作为辅导者不能简单地从表面现象出发,而应该从各个角度去搜集形成来访者问题行为的真正原因。千万不能忽视形成问题的任何一个小小因素,应该综合各方面原因,全面考虑干预措施。

2. 孩子生活的环境对其影响巨大,应尽量减少孩子模仿不良行为的机会。

3. 我们应重视家庭教育对孩子的影响。孩子问题行为的形成往往和家庭教育有很大的联系。不恰当的家庭教育往往是形成问题行为的罪魁祸首。家长在日常生活中应与孩子多交流,多从情感上支持孩子,不要让他们成为"心灵孤儿"。

4. 撒谎行为的干预不能一蹴而就,行为疗法在后期的干预中效果明显,辅导者可以多尝试使用"行为疗法"。

5. 在选择干预措施的时候,我们应该根据学生的不同特点而谨慎选择,可能对小虎有效果的干预措施对其他学生就不一定适用。

6. 不能忽视孩子的突然沉默。当孩子成为"沉默的羔羊"的时候,应想方设法使他不再是"沉默的羔羊"。

【分析与点评】

人类的行为往往受到成长经验所积累的各种意识、无意识、潜意识等的影响。从心理健康的角度看,当出现无意识层次的心理防卫机制以消除自己焦虑的过程,撒谎也就成了习惯。这一过程一旦建立起来,人就会面不改色心不跳地出口成"谎"了。

心理辅导的第一目标是给来访者以"新的发展方向"和"新的出口",逐步改变来访者的认知,这是使人格的健康部分得以恢复的重要条件。本案例中的小虎有爱说谎的习惯,这源于他内心的焦虑,这与他父母的家教方式和家庭所处的外在环境有极大的联系。一个焦虑的孩子往往有一个焦虑的父亲或者母亲。此个案说谎的行为已经渗透到生活和学习的方方面面。辅导老师以自己的真情和信赖走进了小虎的内心世界,捕捉到小虎人格中向善的部分。

此案例中辅导老师利用个案辅导技术中的共情、尊重等情感反应无条件地接纳了小虎,使之产生心理安全感,与小虎建立良好的咨询关系。辅导老师还采用了家庭系统疗法的一些技术为家长提供了家教"小秘方",让父母与小虎一起成长,为改变小虎行为提供合力。还利用了创设情境让小虎体验自己受骗的感受,以改变小虎的认知。在咨询的中后期,辅导老师采用了行为疗法中的"厌恶疗法"和"代币制"技术获得了较好的效果。但是,我们可以看到,来访者的问题根源于家庭中不当的相互作用模式,如果这个惯性的作用模式没有改变,那么来访者的问题不会从根本上得到改善。因此,我们认为在进行个案个别辅导前进行几次深入的家庭系统会谈比较必要。借鉴家庭治疗的一些原理和方法,可以采用循环提问等方式让家庭成员有倾听彼此的机会,了解彼此的想法,增强家庭成员之间的互动;采用假设性提问的方式制定共同的家庭目标,让家庭和来访者一起成长。这样孩子的成长才不孤单,也不容易出现后来的"沉默的羔羊"的现象。

(点评人:林甲针)

【问题延伸】

行为疗法遵循"经典条件反射理论"和"操作性条件反射理论",认为人的行为可以通过后效来塑造。经过有意识地设置一些环境条件,使特定的行为产生后效,就可以轻松地塑造行为。在小学生中,孩子最喜欢的和适用的方法就是"行为疗法"。除了案例中的说谎行为可以用行为疗法进行干预外,其他如:考试焦虑、多动症、攻击行为、交往困难、学校恐惧、偷窃行为等问题行为都可以尝试使用"行为疗法"。

(案例提供:富阳市东图辅导小学　王忠玉)

严冬过后便是春
——社交恐怖辅导个案一例

【来访者资料及辅导过程】

一、来访者的基本情况

1. 包某,女,17周岁,某重点高中二年级学生。敏感多疑,消极自卑。

2. 父亲在她6岁时去世,记不起父亲,母亲改嫁好几次。跟母亲很少讲话,在一起的时间几乎没有。现在住大姐家,但是很讨厌大姐。

3. 在班级里,跟同学的交往很少,跟同寝室的同学也很少有交流,经常独来独往。

二、心理行为问题表现

1. 害怕见到别人的眼光,尤其是成绩比自己好的女生和形象比较好的女生。

2. 感觉与别人合不来,有一种孤独感。无缘无故地对某些地方很害怕,比如寝室、教室和家里。认为别人很坏,故意跟自己作对。跟男孩子不太敢讲话,认为自己分不清友情和爱情的界限。

3. 上初中时,在一个男老师上课时,看着他,脸就不由自主地红了,认为这个老师对自己很好。问老师题时,老师如果没听清,脸就红了。现在上一个男老师的课时,也会脸红,认为他对自己太好了。

三、情况的调查

我走访了她的几位班主任,几位班主任的评价几乎一致:

1. 敏感多疑,经常无中生有,浮想联翩,常有不切实际的幻想。时常觉得男同学对她有意思,其实根本没有那回事。

2. 孤独沉默,经常一个人独来独往,跟同学几乎没有交流,行为怪异,举止诡秘。

3. 情绪不稳定,经常莫名其妙地哭泣,问她原因,她也不回答。

四、心理分析

1. 从小父亲逝世,母亲改嫁几次,根本无暇照顾她,使她从小缺乏父爱和母爱,没有形成对人的信任感,总觉着自己是一个边缘人。

2. 困难的家庭环境和小时候的种种不幸,使她形成深深的自卑情结。

3. 父亲的过早逝世,导致恋父情结没有处理好,再加上家中没有其他男性,使她对男性充满种种神秘感,从而对男同学和中年男性教师很敏感。

4. 初中时学习很优秀,高中上的是省重点中学,大家都是佼佼者,因此成绩下降很多,内心有巨大的落差感。

五、辅导过程

1. 积极引导,最大限度地宣泄情绪

在分析了来访者的基本情况后,我认为解决她的问题的首要步骤是使情绪得以宣泄,减轻心理负担。因此,我一步一步地引导她,让她讲出对母亲、姐姐、同学的情感困惑,而我并不做任何评价。在讲述的过程中,她一边讲,一边哭,有时还出现短暂的停顿。由于我的引导,她讲出了许多从小到大成长过程中的困惑,讲到最后几乎泣不成声。

2. 分析问题产生原因,改变不良认知

在第二次来访时,包某脸上有了一丝笑容,我知道第一次的情绪宣泄起了一定的作用。但是咨询不能只停留在这一层次上,下一步就是帮助她分析心理问题产生的原因。

首先,我让她回忆上次咨询过程中提到的种种困惑,并帮助她剖析困惑产生的原因。比如她讲到见到中年男教师就会脸红时,我分析道:第一,正处于青春期的她出现这种现象是正常的。青春初期,情窦初开,加上教师在学生心目中的崇高形象,容易成为学生心中的暗恋对象。第二,从她个体发展角度来看,父亲过早的去世,使她的恋父情结没有很好地解决;又由于家中只有母女四人,无其他男性,从而使她对男性产生了种种神秘感。

其次,根据埃利斯的理性情绪理论,产生不良情绪的主要原因是不合理的信念而并非是事情本身,从而帮助她作认知上的改变。我先给她讲了理性情绪理论的基本原理,在她听懂以后,再教给她与不合理信念辩论的方法,并给她留了认知作业。

3. 应用系统脱敏法,改变不良行为

包某在第三次来访的时候,自述许多道理已经能想明白,但是还是改变不了害怕见到别人目光、看到男教师就脸红的习惯。因此,我确定下一个步骤是应用系统脱敏法,改变不良的行为。

首先,我向她介绍此种疗法,使之了解治疗的意义、主要过程和方法,消除她的顾虑和反感,并鼓励她尽量忍耐治疗中产生的恐怖情绪体验,能和我密切配合。

其次,教给她有效的放松方法。

再次,协助来访者发现引起焦虑和恐怖的情境,并帮助她确定引起焦虑的事件等级。她在我的帮助下确定了引起焦虑事件的等级:在乡间的丛林中→和一起长大的好朋友在一起→来到校门口→来到寝室里→来到教室里→和同学一起谈论→谈话的时候看着别人的眼睛→上课时,男教师让自己回答问题。

最后,帮助她循序渐进地练习各个情境。

4. 制定社交计划,将练习的效果迁移到现实环境中

经过五次练习,包某在第八次来访的时候,自述在寝室和教室的恐惧感减轻了,同时,在那个男教师的课上,只是偶尔才会脸红。但是,还是不敢跟同学主动交往,害怕同学说自己的变化真快。

可见,来访者虽然已经能够在虚拟情境中做到较平静地面对原来引起焦虑的场景,但是在现实生活中,仍然顾虑重重,突破不了自己设置的障碍。因此,有

必要帮助她制定切实可行的社交计划,一步一步恢复正常。

首先,告诉来访者,制定的计划一定要切实可行,不要定得太高,否则几次实现不了,便会失去了信心。

其次,计划制定以后,一定要严格执行,不得找借口推脱。

再次,每天晚上睡觉之前,都要记日记,分析今天的任务有没有完成,如果没有完成,应该怎么办。

最后,帮她制定切实可行的计划,叮嘱她两周以后再来。

5. 应用森田疗法,减轻关注程度,巩固治疗效果

两周过后,包某又来到咨询室,脸上带着笑容,语言声调都带着喜悦,自述现在好多了,敢主动与同学交往,还交了几个朋友,才发现原来活着是这么有意思。但是,有时候一个人待着的时候,总有一些奇怪的念头涌上心头。

可见,来访者已经恢复了相当的社交能力,但是由于她对自身的问题太关注,从而造成偶尔的疑虑或困惑,因此,有必要应用森田疗法,减轻她关注自身的程度,巩固治疗效果。

首先,我向她介绍了森田疗法的治疗原则、方法以及意义。

其次,我分析了她的人格特点,讲明应用森田疗法的必要性。

再次,我建议她将全部的精力用在学习上,制定一个学习计划,为自己确立一个目标,多参加班级和学校的活动,将关注自身过渡到关注外界。

6. 改变环境,创设和谐融洽的气氛

由于包某的个性原因,同学对她可能也比较冷淡,甚至有的同学可能对她持歧视的态度。在包某对同学的关系改善做出努力时,有可能碰到不愉快的场面。

因此,我向包某的班主任说明了她的情况,希望班主任能够给予协助,并且调动同班同学对包某予以帮助和关怀。之后,班主任给予了包某特殊的照顾,时常问寒问暖,使她倍感温馨;同学在她过生日的时候用班费给她买了一个生日蛋糕,并且和她一起过生日,包某当场留下了激动的泪水。

六、效果

1. 他评效果。据现任班主任介绍,包某现在情绪稳定,能够和同学融洽相处,见了老师会主动打招呼,比以前开朗多了。

2. 自评效果。包某认为自己改变了许多,再也不像以前那样独来独往,不但能和同学们在一起交流,而且还交了几个比较要好的朋友;见到男同学也不再那么拘谨,男老师上课脸也不会再红了;感觉天空跟以前不一样,蓝得那么美,

树木跟以前也不一样,绿得是那么鲜,感觉到活着是这么有意义。

在她给我的一封信中,最能看出她的体会:

当我想起点点滴滴,我的心里就有一股暖暖的感动。我不知道有多少熟悉或陌生的人帮助过我。我看到了自己,也看到了过去堕落的自己。那一幕幕,就如同一面面镜子,照着我的过去与未来,我不知道你们为我耗费了多少精力与心思。是你们给了我第二次生命。学校就是我的家,是我温暖的家园。你们都是我最亲的亲人。我为自己能享受这样的帮助而自豪,我从来都没有像现在这样感到温馨和温暖。

我就像一株刚刚度过冬天的小草,在明媚的春光里破土而出,一切都是那么新鲜、那么美好。空气中好像散发着泥土的清香,沁人心脾;阳光就像母亲温柔的双手,抚摸着我的脸庞;小鸟就像久未谋面的好朋友,叽叽喳喳地向我打着招呼。一切都是欣欣然的,到处都是那么生机盎然。

……

是这里,让我有了理想,有了目标……

【咨询后记】

虽然我把此来访者定性为社交恐惧,但是来访者的问题并不仅仅是社交恐惧,她还恐惧黑暗,还存在轻度的强迫症状等。可见,一个有心理问题的来访者,不可能只是一方面存在问题,他可能多方面都有问题。但是,我们不可能一下子把所有问题都解决,要抓住主要矛盾,解决主要问题。

【本案启示】

1. 任何心理问题绝非是一朝一夕形成的,来访者的早期生活经历及幼年的创伤对其日后的发展产生了深远的影响,但在当时由于压抑或者其他心理防御机制的作用,其心理问题只是以一种隐性的形式存在。当有一天压力达到临界点或者有突发应激事件发生时,来访者的心理问题便可能以显性的状态爆发出来。

2. 在帮助来访者解决其心理问题的时候,咨询者不应拘泥于心理咨询的某一流派或者某一方法、技巧,而应该根据来访者的实际情况,根据来访者的心理发展过程,实时地制定灵活的咨询方案。

3. 各个流派的方法和技巧各有利弊,结合起来应用效果可能会更好。比如行为主义的系统脱敏法,应用的时候效果很明显,做了以后马上可以看出效果,但是系统脱敏法很难从根本上解决来访者的心理问题。又比如认知疗法在改变来访者行为的时候可能会很慢,效果不太明显,但是一旦来访者通过认知疗法彻底改变了自己的不合理信念,所有的行为症状也会随之消失。

4. 为了巩固心理咨询的效果,咨询者有必要帮助来访者将咨询中的技巧和方法迁移到现实生活中去。因为心理咨询只是一个虚拟的社会场景,咨询者的接纳、关注、尊重的态度会促使来访者开放自己;但是现实生活中可能没有这样的条件,来访者在咨询中学到的技巧和方法就无法应用到现实生活中。

5. 一个有心理问题的来访者能够得以完全的恢复是一个系统的工程,仅仅靠咨询者的工作是远远不够的。可能某个环境引发或者强化了来访者的心理问题,但是来访者又很难脱离这个环境(比如家庭、班级等),而环境的某些因素又无法改变,来访者的问题就很难彻底解决。

【分析与点评】

精神分析理论认为,一个人在他成年后是否具有与他人建立信任和友好关系的能力,取决于他早年生活经历中的客体关系。一个始终能够得到充分并且恰当的关爱的孩子,就能够建立对生活和对他人的基本信任感,能够拥有基本的自信。反之就会产生缺乏安全感。缺乏安全感的人往往感到被拒绝、受冷落,感到孤独、被遗忘、被遗弃,对他人抱不信任、嫉妒、傲慢、仇恨、敌视的态度,表现出强迫性内省倾向,病态自责,自我过敏……

来访者包某父亲早逝,母亲改嫁几次,至今生活在与自己关系不是很好的姐姐家,她这种没有安全感的生活经历对其日后的发展产生了深远的影响而导致敏感多疑、无中生有、孤独沉默、独来独往、情绪不稳定的心理现状。

本案例的辅导老师认为该来访者的现状不是一朝一夕形成的,长期复杂的压抑或者其他心理防御机制的作用,使其心理问题只是以一种隐性的形式存在。当有一天压力达到临界点或者有突发应激事件发生时,来访者的心理问题便可能以显性的状态爆发出来。在辅导上不拘泥于心理咨询的某一流派或者某一方法、技巧,而是根据来访者的实际情况,根据来访者的心理发展过程,实时地制定灵活的咨询方案。咨询师通过埃利斯的理性情绪理论使来访者的认知产生一定的改变,并使用系统脱敏法,结合放松训练法治疗来访者的恐惧症,取得了较好的效果。社交恐惧症是神经症的一种,许多成功的治疗个案证明了系统脱敏疗法对治疗恐惧症有较好的效果。另外,咨询师还应用森田疗法的一些原理,减轻个案对症状的关注程度,创设和谐融洽的气氛来进行辅导。需要指出的是,辅导老师在对这个来访者的辅导过程中,忽略了对来访者家庭问题的探讨,而这可能正是来访者问题的根源所在。

(点评人:林甲针)

【问题延伸】

省重点高中的学生一般从小都是佼佼者,因此养成了一种养尊处优的心理习惯。他们渴求完美,不能接纳自己的某些缺陷;他们自尊心强,很难接受风光不再的现实;他们上进心强,不愿看到成绩下降的情况……

但是,强者如林的现实又不得不使某些人屈后位,巨大的落差感造成内心的不平衡,引发种种问题。尤其是早期生活经历比较坎坷或者幼年受到创伤的学生,在巨大的落差面前,更容易产生种种心理问题。

(案例提供:浙江省温州中学　刘鹏志)

他不再怕"鬼"了

【来访者资料及辅导过程】

一、问题的提出

初一学生小刚放学后,总是在楼下的天井里等父母回来,有时趴在摩托车的坐垫上写作业,有时与同学玩,待父或母一方回来后,他才跟着大人上五楼回家。小刚为什么不先上五楼回家,挂在胸上的钥匙小学时就已用上,为什么现在反而成了摆设呢?父母起先并不在意,也许是小刚贪玩吧,楼下有小伙伴;也许是依恋父母吧,盼爸妈回家,可以早一点看到爸妈。直到有一天,天已很黑了,又下着大雨,小刚仍站着底楼的楼道口等爸妈回来,夫妻俩这才感到儿子小刚出问题了。在爸妈多次耐心询问下,小刚才战战兢兢说出不敢一个人进家门是因为怕"鬼"。小刚也曾试着一个人回家,但刚到门口,就开始紧张,心跳加快,手心开始出汗,脑海里出现一开门会有个大"鬼"扑过来的画面,马上拔腿跑回楼下。这种现象已持续了两个月左右。父母在朋友的建议下,找到我这个心理辅导员。

二、分析原因

在我校青春聊天室,我与小刚有了以下的对话:

"小刚,每到放学你直接回家,可见你是个好学生,可为什么不进家门呢?"

"我当然想进家门,可是……"

"我想你一定有足够的理由,能说说看吗?"

"老师,我怕屋里有鬼。"

原来,小刚从小学三年级就开始接触"鬼"的故事,有时是听小伙伴们说,有时看一些关于"鬼"的连环画,但他一直没有怕"鬼"。小学五年级时,家中买了电脑,装上了宽带,但父母工作忙,没有指导小刚如何利用电脑学习,反而使他迷上了网络游戏,《传奇》中的僵尸皮包骨的形象令人毛骨悚然。后来小刚又学会了在网上观看恐怖电影,如《午夜凶铃》《咒怨》,之后"鬼"就开始影响小刚。偶尔,他晚上做作业时会害怕桌下有"鬼"出现而把腿盘起来,接着是睡前要往床底下用扫帚捅几下才放心。

两个月前的一天,小刚在恐怖片中看到一个镜头:一个"鬼"从上方向观众方向扑过来。当天晚上做了个噩梦,梦见"鬼"向他扑过来。被吓醒后,小刚再也没睡着,他蜷缩在被窝里,不敢闭眼,开着灯到天亮,又不敢告诉父母。从那天以后,他再也不敢一个人走进家门了。

三、矫正方法

1. 放松训练——渐进性肌肉松弛法

让小刚躺在柔软的床上,听录音磁带,随着音乐,注意指令要求,按顺序做全身肌肉的先紧张后放松的动作。

(1)睁开双眼并提眉,尽可能使前额有很多抬头纹,使额部肌肉紧张,再紧张,更紧张。

放松,恢复原状,慢慢放松,尽量使额部肌肉放松。

(2)皱紧眉头,皱紧鼻子。

放松,恢复原状,慢慢放松,尽量使眉间肌肉放松。

(3)嘴角向上翘,使脸部肌肉紧张,再紧张,更紧张。

放松,恢复原状,慢慢放松,尽量使脸部肌肉放松。

(4)咬牙使颚部、下颊肌肉紧张。

放松,恢复原状,慢慢放松,尽量使颚部、下颊肌肉放松。

(5)头向后仰,尽量向后仰,使颈部肌肉紧张,再紧张,更紧张。

放松,恢复原状,慢慢放松,尽量使颈部肌肉放松。

(6)双肩高高耸起,使颈部肌肉紧张,再紧张,更紧张。
放松,恢复原状,慢慢放松,尽量使颈部肌肉放松。
(7)握紧双拳,使手部肌肉紧张,再紧张,更紧张。
放松,恢复原状,慢慢放松,尽量使手部肌肉放松。
(8)屈手臂,使肱二头肌等肌肉紧张,再紧张,更紧张。
放松,恢复原状,慢慢放松,尽量使肱二头肌等肌肉放松。
(9)尽力吸气,使胸部肌肉紧张,再紧张,更紧张。
放松,恢复原状,慢慢放松,尽量使胸部肌肉放松。
(10)抱拢双臂,使背部肌肉紧张,再紧张,更紧张。
放松,恢复原状,慢慢放松,尽量使背部肌肉放松。
(11)腹部肌肉向上挺起,让腰部弯曲,使腰部肌肉紧张,再紧张,更紧张。
放松,恢复原状,慢慢放松,尽量使腰部肌肉放松。
(12)脚趾向上翘,伸展并紧张腓肠肌,再紧张,更紧张。
放松,恢复原状,再放松,更放松,尽量使腿部肌肉放松。

开头几次小刚随着放松磁带的指令做,正确学会肌肉紧张和松弛动作后,记住顺序,然后试着不用紧张松弛每组肌肉而达到自我放松。放松时,不断对自己暗示说:"放松。"

当小刚放学后要一个人进家门时,就对自己说"放松"而放松肌肉,暗示语作为一种条件反应,发展成为一个引起松弛的条件刺激。

2. 腹式呼吸

腹式呼吸也称深呼吸或放松呼吸,以一种慢节律方式深呼吸,达到极度放松的状态。

3. 系统脱敏法

让小刚学会放松法后,我和小刚一起建立恐惧刺激的等级。
· 听"鬼"的故事。
· 看"鬼"的连环画。
· 一个人走进贴有"鬼"的画的卫生间。
· 那个令小刚最怕"鬼"的镜头。
· 放学后独自一个人进家门,"鬼"出现了。

四、观察和记录

第一次:渐进性肌肉松弛训练(听磁带)20分钟,腹式深呼吸5分钟。

(共5次)

第六次:不听磁带,根据记忆依次放松肌肉20分钟,腹式深呼吸5分钟。
(共5次)

第十一次:边放松,边自我暗示"放松"20分钟,腹式深呼吸5分钟。
(共5次)

第十六次:边听"鬼"故事,边自我暗示,边放松20分钟;腹式深呼吸。
(共5次)

第二十一次:边看"鬼"连环画,边自我暗示,边放松20分钟;腹式深呼吸。
(共5次)

第二十六次:想象自己一个人走进贴有"鬼"画的卫生间20分钟,边暗示边放松。
(共5次)

第三十一次:想象那个最可怕的"鬼"的镜头20分钟,边想象,边自我暗示,边放松;腹式深呼吸。
(共5次)

第三十六次:想象放学后独自一人走进家门,"鬼"出现了,每次20分钟。
(共5次)

(小刚想象着抓住"鬼",原来是张画)

五、小刚不再怕"鬼"了

那天,小刚第一次独自进家门,爸妈站在远处。小刚先进行腹式深呼吸,然后自我暗示"放松",之后全身放松,开了锁,径直进了自己的房间。成功了!

【咨询后记】

据一项最新调查报告显示,中学生上网比例高达81.3%,有七成学生网民沉湎于网络丰富多彩的游戏、电影中。引人流连忘返的刺激情景,使学生们身不由己、欲罢不能。小刚就是其中的一员。

小刚的父母工作繁忙,不容易发现孩子的异常征兆,亦无法与小刚交流沟通,小刚经常独自在家,造成了情感交流的空白点,使小刚的网络成瘾顺理成章。

小刚年龄尚小,自控能力差,不具备自我管理能力,更不能进行情绪的自我调控,以至于形成恐惧症。

【本案启示】

1. 我接到小刚的个案后,在与其父母的交谈中得知小刚怕"鬼"并非源于认知上的问题,小刚懂得世上是不存在"鬼"的。于是,我采用了行为矫正的方法,从效果来看,当时的选择是正确的。

2. 对小刚采用渐进性肌肉松弛法,使他学会了紧张每组肌群后接着放松的练习。先是听放松磁带进行练习,然后是不听放松磁带自己做练习,最后学会随着自我暗示语"放松"直接放松。每个水平阶段训练5次,达到不断提高、不断巩固的状态。

3. 和小刚共同建立恐惧事件等级,共同商议系统脱敏步骤,提高来访者的主观能动性。

4. 小刚的父母均为知识分子,意识到问题的严重性后,密切配合,给孩子鼓励,提高咨询成功的概率。

【分析与点评】

很多人为自己的恐惧和焦虑问题向心理医生寻求帮助。恐惧的典型表现是一个人对一种特殊的刺激或刺激环境的害怕。当这种刺激存在时,这个人就会体验到不愉快的躯体反应,并采取逃避或回避行为。案例中,每当小刚试着一个人回家,刚到门口,就开始紧张,心跳加快,手心开始出汗,脑海里出现一开门会有个大鬼扑过来的画面,他马上拔腿跑回楼下不敢进入家门。

当一个孩子诉说害怕或恐惧某事时,说明这个孩子肯定有他在某事中体验到的不愉快的躯体反应。在案例中,心理辅导老师详细了解了小刚曾在恐怖片中看到一个鬼向观众方向扑过来的镜头,当天晚上做噩梦,梦见鬼向他扑过来,他被吓醒后,再也没睡着,蜷缩在被窝里,不敢闭眼,开着灯到天亮,又不敢告诉父母。

有很多的行为矫正方法用于帮助人们克服恐惧问题。案例中,心理辅导老师采用了放松训练和系统脱敏。放松训练对于应付紧张、焦虑、不安、气愤等情绪非常有用,可以帮助人们减轻肌肉紧张、减慢呼吸节律和心率,使双手温暖等。放松训练是减轻恐惧程度的方法之一,学习放松的方式很重要。案例中,心理辅导老师耐心地指导小刚学习使用渐进式肌肉松弛和腹式呼吸。在学习了放松法并建立了恐惧事件等级后,开始运用系统脱敏法。在系统脱敏法中,小刚是在想象着恐惧刺激的同时放松,并没有真正接触到引起恐惧的刺激。辅导老师与家长沟通,为来访者创设支持性的家庭环境,鼓励支持小刚逐渐暴露在真正引起恐惧的刺激事件前,帮助他最终克服恐惧。可以说,这位辅导老师对来访者的辅导目标明确、步骤清晰、系统而深入,达到了良好的辅导效果。

但是另一方面,在系统脱敏疗法之后,对来访者上网行为的后续辅导也非常重要。辅导老师的咨询后记中也提到,中学生存在许多不当的上网行为,对这些不当的上网行为需要进行引导,使学生对上网内容、上网方式具有自控能力。这在此案例中同样不能忽视。

(点评人:徐芸)

【问题延伸】

这则案例反映了现在中学生的普遍问题。尽管学校和家庭在尽力保护孩子健康的精神环境,网络却让老师和家长防不胜防。为孩子营造绿色、健康的成长环境是全社会的责任。同时,处于青春期的孩子自我管理和控制能力比较弱,在面对诱惑的时候往往束手无策,遇到挫折又没有足够的力量应对,容易出现消极、沉迷或退缩现象,因此加强青少年自我保护能力迫在眉睫。

(案例提供:温州市第十二中　何融融)

一例社交恐惧症的个案咨询报告

【来访者资料及辅导过程】

一、基本资料

案主姓名:燕倩(化名)

性别:女

年龄:19岁

籍贯:温州市区

学校与年级:温州某中学高三文科班

辅导者:该校心理咨询与辅导研究中心心理辅导专职教师

辅导时间：2001年9月7日至2002年11月20日

案主来源：因来访者对自身发生的情况感到恐慌，自我教育措施几近无效，自己来心理咨询中心面询。

二、主要问题概述

1. 同学之间关系不良。来访者显得孤僻、自卑、不合群，不敢和同学说话、讨论问题。常常对同学的一些无意的言语和动作过分敏感。来访者也不愿意跟老师说话，怕老师责备她现在的精神状态。

2. 学习成绩下降。来访者在文科，除数学基础较差以外，其余成绩原属班级中等水平，但学期初的模拟考试，其总分落至班级倒数第3名，数学与语文不及格。

3. 听课效果不佳。来访者上课时不敢抬头看黑板，不敢接触周围同学的目光，只是听到一句记一句，有不懂的问题也不敢问老师。

4. 教育无效，反应异常。来访者对班主任和家长的关心与教育都能体会到，但一到班级或上课的时候便又恢复原样。受到较为严厉些的批评，有异常反应，如逃课、胃痛、请假回家等。

三、背景资料

(一) 家庭背景

1. 家庭成员

父：44岁，高中毕业，行政单位公务员

母：41岁，小学毕业，个体户

妹：14岁，某中学初一学生

2. 个人成长史

来访者为足月顺产，未患过有提示意义的疾病，身体健康。4岁前由父母与外公、外婆共同抚养，4~6岁入幼儿园，表现未见异常。小学阶段各方面表现良好，学习突出，家长回忆当时她很喜欢跟男孩玩，喜欢打闹。顺利考入中学后，来访者性格有所改变，喜欢独处，也不再跟男孩子相互打闹了，学习成绩中等，顺利考入高中。

3. 家庭教育情况

父：热爱自己的工作，有很强的工作责任感，对来访者的教育也很尽职。但由于来访者高中寄宿在学校，每个月才回家一次，所以与父亲的交流明显减少。

来访者回家后有意不提及在校的不良表现。

母:来访者家庭教育的具体承担者和学校的联系者。对来访者姐妹关怀备至,给她们无微不至的关怀,但更多的是物质上的关怀,很少责罚来访者,对于来访者在校表现也有所了解,但缺乏家庭教育的手段。

(二)学校背景

1. 学校环境

普通中学,学习风气一般,寄宿制管理,学生对集体生活尤其是人际交往问题缺少经验。

2. 班主任的态度

(1)认为来访者性格内向,多愁善感,善解人意,做事也很认真,但容易被一些琐事所困扰。平时也很照顾来访者,并按来访者要求,将其座位调至教室最前排,周围学生座位也有意搭配。

(2)认为从高三开始,来访者不能适应紧张的学习生活,外界干扰过多,学习成绩下降,对于来访者诉说的困难不能理解,但对其更加照顾,也认为来访者心理健康水平略差。

(3)为教育来访者,经常与家长保持联系,但在家长面前更多的是表扬来访者的进步,使家长认为情况在不断好转。

3. 同学的看法

(1)少数同学认为来访者多疑、敏感,有些"毛病",不愿与她在一起,因而避之。

(2)一些同学认为高三学习生活紧张,因而忽视了与来访者的交往,也很少观察与了解来访者的一些异常反应。

(3)还有一些同学认为来访者人际关系不太好,但人细心、善良,有优点,还是一个好同学,只是有时来访者有意躲避与其他同学的交往,在说话时感觉很不自然。

(三)来访者自诉与测查

1. 自我评价

自己性格内向,自尊心强,做事都力求要有绝对把握,否则就不敢尝试,不爱和老师与同学交往,总感觉样样不如人。在班里很少有同学主动与自己交往,现在一到班里,心里十分的害怕,怕被同学看到自己的不自然,脸色通红,眼神惶恐,不敢抬头看别人。害怕进这个学校,害怕进班里,害怕班里的大部分同学,但又想跟他们处好关系。高三的学习生活更为紧张,可自己却有这么多事都没解决,紧张、恐惧、压抑的感觉使自己走向崩溃。

2. 关于自己的"病"

我知道自己是心理出现了危机,心理承受能力太弱,而自我心理调适水平低下,使自己的状态越来越差。我总是在责备自己,为什么别的同学都好好的,偏偏自己这么不幸,这么没出息。我很想把自己调整过来,毕竟还有时间,还有机会,还有关心我的亲人和老师,还有一位懂得怎样帮助我的心理老师。

3. 关于家庭

父母是一对相互理解与尊重的夫妻,他们辛苦地挣钱,还要供两个女儿上学,很不容易。父亲工作繁忙,但也经常询问自己在校的学习情况,还经常在百忙之中带领全家人出去郊游,能够尽到父亲的全部责任。母亲操持家务很精明,是一个朴素而善良的女性,她很关心女儿的身体、学习情况,经常与班主任保持联系。但父母更多关心的是怎样使自己过得更好,怎样把学习搞上去,对于我给他们讲的心理问题,他们却不明白、不理解,认为这应该像感冒一样,不出一个星期便会好的,况且我在家里表现得那么活泼,那样出色。

4. 心理测试

SCL-90:总分281分,总均分3.21分。阴性项目数19,阳性项目数71,阳性症状均分3.84。

因子得分

躯体化:3.00　　焦虑:3.40　　　　强迫症:2.15

敌对:2.67　　　人际关系敏感:3.67　恐惧:3.29

忧郁:3.41　　　偏执:1.83　　　　精神病状:1.70

四、分析与诊断

(一)传统观念的影响

中国人传统的道德观受礼义廉耻的束缚,在与人交往接触过程中,保持自尊往往是首要的,因而我国的社交恐惧患者在这种病态前,几乎都有"爱面子"、重视舆论对自己的评价、受不了他人的议论、不喜欢与他人交往等性格特征。可以认为,传统文化、道德观念的影响与国人社交恐惧症的发生有较为密切的关系。

(二)友情与归属感的缺失

来访者家庭气氛和谐,但在学校中,与同学尤其是同宿舍同学缺乏交流。宿舍同学不愿与她交往,并且要求将她调出宿舍,使来访者对集体的归属感或被接纳的需要无法得到满足。在个别同学的错误诱导下,少数同学开始讽刺、排斥来访者。这种情况造成来访者逐渐对周围同学与老师产生恐惧、不安,怀有胆怯心理,最后泛化到在一些公共场合都不敢抬头、说话等。

(三)成就缺失

来访者学习成绩中等,对语文、英语较感兴趣,数学基础很差。由于已是高三,来访者对自己的各门功课都看得非常重,但人际关系处理得不当,使来访者在学习上分散了很多精力,导致在模拟考试中优势科目不理想,数学成绩更是落后。这让来访者极其灰心与着急,最后形成一种恶性循环:成绩越不好越着急,越埋怨自己,越导致成绩下降。由于学业中无法得到成功体验,来访者心理始终处于一种低迷状态,心理承受水平也随之大大下降。

(四)躲避与参与的矛盾心理

在上述情况下,来访者产生对同学、老师、班级的一种躲避甚至恐惧行为。但来访者是高三学生,已进入青春中期,加之住校集体生活的影响,有迫切地想参与班级群体的意向,以从中找到归属感,获得承认与尊重,体验成功的愉悦与自信。但由于部分同学的拒绝与排斥,她的需求无法实现,从而产生剧烈的心理冲突并为之困扰。

(五)性格与不合理信念的结果

来访者性格内向,自尊心强,不敢冒风险,经常受环境和别人言行的支配,缺乏主动性,对社会顾虑重重,常怀有胆怯心理。来访者这一个性的发展,产生了很多不合理信念,最终导致不良情绪反应。例如,1."完美主义"的人际交往观,"我一定要使全体同学佩服才算有良好的人际关系";2. 对自己的否定性评价,"我总是样样不如她们","我不可能再有机会与同学和好";3. 对社会交往所作的否定性预期,"我做操时会不会失态","我吃饭时会留下不好的印象"。可见,有这样一些不合理的信念,在人际交往中就很难保持平和愉快的心境,来访者会为自己在别人面前说错了一句话而自责不已,会因为太在乎别人的评价而紧张不安。

(六)恐惧的结果

基本需要的缺失与剧烈的心理冲突,使来访者心理严重失衡,由此带来了行为的偏差,如不敢正视、脸红、手脚发冷等,而这种行为又加重了周围环境对她的拒绝。来访者每一次基于躲避群体的不当行为,都以得到更大程度的拒绝与嘲笑而告终。恶性循环的结果是来访者自信的丧失与心理的濒临崩溃,最后导致对周围同学与老师的恐惧,只有将自己封闭起来,减少交往,以求平衡但又无法得到平衡。

(七)诊断

因为来访者的性格因素,加上同宿舍个别同学对来访者的误会,产生了十分明显的负面效应,造成了来访者的心理伤害和适应困难,并由对个别人的不适应泛化为对周围许多师生的恐惧。目前的现状不仅是由于环境影响,更在于来访者的心理调节能力低,在交往中无法获得自尊自信的体验。

五、辅导策略与实施

(一)辅导策略

根据来访者的情况,需采用综合性辅导。由于该生智力水平中等,有较强的自尊需要,可运用认知疗法帮助其转变对自己的行为及对周围人的看法。针对其现有心理水平,采用分阶段脱敏疗法,从被动到主动,反复进行"恐惧—放松"的脱敏训练,逐渐消除其恐惧感。环境的协调对辅导成败尤为关键,需要适当改变环境,促使她更好地投入到集体生活中去。在适当时候,运用暴露疗法,使来访者突破恐惧的临界,最终达到恐惧状态的一种平衡,从而迅速减轻其心理困扰。

(二)辅导实施过程

1. 对来访者的个别辅导

(1)第一次面谈(9月7日下午)

来访者以前曾来过心理咨询室,对心理咨询的基本情况有所了解。因而,进入咨询室后,来访者很快就把种种困惑、矛盾都倾诉出来。近两个小时的咨询,辅导者从中了解到来访者本人很多的情绪和认知困扰,同时了解到他家庭、班级的一般情况。这次面谈,来访者由不敢说、惶恐到滔滔不绝、声泪俱下,结束时自认为好久没说过这么多话了,心情轻松了许多。辅导者已初步了解到有意义的资料并互相开始建立起信赖关系。

(2)第二次面谈(9月10日下午)

来访者进入咨询室时,情绪十分低落,但还是祝老师"教师节快乐"。本次咨询仍以来访者倾诉为主,澄清了一些事实:暑期高三同学补课时,由于某些原因,她晚来了几天,班里的两位女生有意讥讽她,并把丢失课本的责任强加给来访者,使来访者对两位女生产生反感,并有意躲避;其后几位女生又欲赶来访者搬离宿舍,更让来访者对自我的人际交往能力产生怀疑,虽然当时没有搬出,但以后一回宿舍,就有种不安全感,不敢说话,甚至睡眠质量也大大下降,导致情绪低落。

(3)第三次面谈(9月15日下午)

来访者反映最近状态越来越差,很害怕坐在班里,更害怕听到一些女同学的声音,总觉得那些人是针对自己的,而且学习成绩又有所下降,十分着急,抱怨自己状态为什么这样差。辅导者与来访者讨论如何改变现状,明确两点:第一,对同学的议论有时太过敏感。运用认知疗法,慢慢改变其错误的认知结构,提高其认知水平;第二,可以适当改变一下环境,请求学校单独调配一间宿舍,缓解其心理压力,提高睡眠质量。

(4)第四次面谈(9月24日)

来访者觉得自己正努力改变对周围不利因素的看法,但对那几位女生还是越来越害怕,上课不敢抬头,因为一抬头余光便能看到她们。上课状态很糟,很想回家安静一下(躲避)。辅导者对来访者继续进行认知调整,并开始教来访者采用分阶段脱敏疗法,首先进行放松训练。

(5)第七次面谈(10月8日)

来访者对放松训练已十分熟悉,这种训练对其紧张恐惧心理确实有所帮助。辅导者将来访者接触对象按恐惧程度分成3级,从低到高为:亲朋、户外公共场所的人、同学和老师。对其从被动到主动反复进行"恐惧—放松"的脱敏训练,使来访者逐渐消除恐惧感。

(6)第八次面谈(10月18日)

来访者情绪又突然低落,主要原因是该班个别女生因找不见东西,询问来访者是否见到,使其马上恢复到一种惶恐状态,脸色通红,手脚冰凉,虽然对方没说什么,但来访者已意识到对方在怀疑自己,使刚建立的一些咨询成果没能巩固。来访者不敢去做操,因为做操时自己在最前面,且旁边没有同学愿与自己成排站立;进食堂吃饭也成为困难,害怕对面坐有同学,害怕同学把自己的食物拿走,害怕同学议论自己吃饭的模样。分析原因:第一,前阶段基础尚未巩固,又发生突发事件;第二,来访者对班级的恐惧感在提升,而来访者本人对恐惧的处理处于十分被动的局面。辅导者与来访者讨论:第一,躲避同学值不值得?第二,自己不去吃饭,值不值得? 第三,对心理咨询要抱有期望的态度,了解问题的解决需要一个过程,并继续对其进行脱敏训练。

(7)第十次面谈(10月27日)

在这次咨询中,针对来访者的身体状况如胃痛、头痛进行心理分析,使来访者承认,这些只是躲避他人的借口,辅导者最终打消来访者找借口回家的想法。最后让来访者准备,在下一次咨询时对二十几位初一学生进行演讲与交流。

(8)第十一次面谈(11月10日)

针对来访者开展的演讲活动十分有效,与初一学生的交流很成功,增进了来访者人际交往的自信心,也在很大程度上改变了其现有的精神状态。再进行系统脱敏训练时,效果很好,来访者配合积极,并能迅速对所有情境进行放松。

(9)第十四次面谈(12月21日)

来访者近来在校情绪平稳,但对学习情况存有焦虑,没有形成一个好的学习习惯和学习方法。辅导者和来访者一起制订学习计划,并要求其写份保证书,交由辅导者进行监督,制定期末考试的考试目标。

(10)第十五次面谈(1月6日)

即将放寒假,来访者表明要利用寒假进行心理调适,也要及时对功课查漏补缺。辅导者建议来访者在寒假中顺其自然,并向她说明,利用寒假时间复习,因为春节的影响,估计效果不会太好,另外建议来访者加强锻炼,提高身体素质。

(11)第十八次面谈(3月9日)

本学期以来,来访者恐惧的程度和次数有了明显减少,但在班里还是很紧张,下课也不敢自由走动,对个别同学还是不敢正视,学习状态一直不太好。辅导者对来访者继续给予积极鼓励并进行系统脱敏训练,建议来访者将学习上的一些问题与老师进行探讨,求得老师的帮助。

2. 对来访者进行的一些认知行为治疗

(1)认知疗法。针对来访者每次出现的主要问题,分析其中错误的认知结构;帮助来访者调适符合自己心理状态的情感变化;针对来访者的行为,制订计划,进行系统化的细致改造,产生很好的效果。例如,来访者由于社交恐惧,不敢进食堂吃饭,经过认知疗法,使其改变害羞、盲目注重别人看法的行为,形成"我不去吃饭,就没有精力去学习,就没有精力去对付可能发生的事情,还伤害了自己,很不值得,管他呢,吃成什么样,就是什么样"的认知。

(2)系统脱敏疗法。针对来访者实际情况,对他采用分阶段系统脱敏疗法。将其接触对象按恐惧程度分成3级,首先对来访者进行放松训练,熟练后进行抗焦虑训练,针对恐惧情境从低级到高级、从被动到主动,反复进行"恐惧—放松"的脱敏训练,使来访者逐步消除恐惧感。15周后,来访者对班级的厌恶与恐惧大大减轻。

(3)暴露疗法。让来访者大胆暴露其最想隐瞒的焦虑、害怕和恐惧。如，让来访者对初一某活动小组学生进行现场演讲与讨论，共进行了3次，让来访者戴上胸前写有"我有社交恐惧症！请帮助我！"的牌子。在繁华市区发放一些明信片和宣传单。来访者由一开始极度害怕、不自然，到最后神情镇定，十分大胆，兴奋，形成很大反差。在进行了3次这样的训练后，社交恐惧程度明显减轻。

此外，还对来访者进行了相应的药物治疗。辅导者针对来访者一开始具有强烈的恐惧感，建议来访者在医生指导下，到医院配一些小剂量抗恐惧焦虑药物，如多虑平等，以帮助消除恐惧焦虑情绪和改善睡眠，有加快治疗进程的作用。

3. 与家长、老师的沟通与协调

(1)与来访者母亲的沟通。共面谈4次，书面通报2次。主要涉及四个方面：第一，了解情况；第二，表达对其关心来访者教育的敬意和其中苦衷的理解，同时指出其不必要的顾虑；第三，通报来访者的具体情况、辅导方案和进程，指导家庭对策(给予来访者鼓励，提供自主机会，多让家庭成员陪同去公共场合，来访者家庭辅导咨询)；第四，希望家长与老师尤其是班主任多沟通，争取老师的重视和支持，与辅导者相互配合。

(2)与来访者班主任的沟通。辅导者与该班班主任取得联系(10月20日)，向其分析了来访者的情况并介绍辅导方案，希望班主任能在课余多关心来访者，给来访者重新调换座位，及时肯定与鼓励她的每一点进步，创造来访者在群体中自我展示的机会，特别注重来访者自尊心的维护，避免个别同学的有意伤害。

(3)与高中部政教处主任的沟通。介绍了来访者的现有状况及辅导方案，请求给予来访者调换单独宿舍，允许来访者每星期回一次家，以帮助来访者恢复身体及精神状态，有利于避免诸多不利因素的刺激。最后学校同意，为来访者单独提供一间宿舍，并给予来访者每星期外出看病的权利。

六、结果与思考

和来访者第20次面谈(4月6日)后，辅导者与来访者约定以后来咨询的时间不再固定，建议来访者继续进行自我系统脱敏训练，个案进入追踪阶段。

追踪了解表明：第一，来访者在第二学期模拟考中除数学外，各科成绩都逐渐提高，在班里恢复到中等水平；第二，来访者对周围环境不再过于敏感，能够和同学一起做操，到食堂去吃饭，上课敢抬头听讲，并多次得到老师的表扬；第三，来访者和同学关系改善，可以主动与多数同学一起探讨问题，能被大多数同学接纳;第四,来访者与家庭关系更为融洽,家长也从仅关心来访者的学习转而更关心来访者人格的发展,并根据来访者的情绪、需要等采取教育对策;第五,来访者积极复习,进行高考前的最后冲刺,并能对高考的结果持平常心。在老师的建议下,来访者还参加了2003年的成人高考,考出395分的好成绩,这使得来访者心态更为平和;第六,在毕业前的同学留言及告别活动中,来访者发现许多同学对自己的印象并不是很坏,几乎全部同学都给予自己鼓励与支持,这让她的自尊心与自信心得以提高,达到一种获得进步与成就的平衡状态;第七,由于老师及家长的干预,使原来与来访者有很大矛盾的几位女生在毕业前分别与来访者道歉、和解,让来访者潜意识最深的一种心理危机渐渐消失,但恢复还需要一个过程;第八,来访者最后坚持参加了高考,虽然成绩不尽理想,但在家长的努力下,最终进入上海师范大学就读外语专业,通过跟踪调查得知,来访者在大学中表现突出,现为该班班长、宿舍长,能积极组织和大胆参与各项集体活动,与同学关系非常融洽,能参加学校组织的各种社团,并大胆发挥其特长。来访者现在的变化程度,让辅导者也感到惊讶。

【咨询后记】

本案中的来访者,性格内向,自尊心强,经常受环境和别人言行的支配,缺乏主动性,对社会顾虑重重,常怀有胆怯心理。随着来访者个性的发展,产生了很多不合理信念,最终导致不良情绪反应。根据来访者的情况,本来采用了综合性辅导。由于该生智力水平中等,有较强的自尊需要,辅导者运用认知疗法帮助其转变对自己的行为及对周围人的看法;针对其现有心理水平,采用分阶段脱敏疗法,从被动到主动,反复进行"恐惧—放松"的脱敏训练,逐渐消除来访者的恐惧感。另外与家长、老师的协调和沟通,设法积极改变其外部环境,也是帮助来访者最终改变的重要的积极因素。

【本案启示】

1. 高中生人际交往不良的问题比较多,容易对学生造成不良影响。应该及早培养他们发现问题和解决问题的能力。

2. 系统脱敏训练对社交恐惧的来访者非常有作用,但前提是操作科学、设置合理,并且要督促来访者坚持训练。

3. 家庭认知作业非常重要。凡不能坚持家庭作业者,辅导效果不是很差就是根本无效。

4. 不能简单地只是对来访者进行辅导，还需要家庭、学校的配合等多方面条件，才能让来访者有所转变。

5. 认知疗法改变其不合理信念也是辅导的关键。

【分析与点评】

本个案的辅导老师十分详尽地展现了其个案辅导思路和过程，从其辅导结果中可以看到辅导老师采取的各种辅导措施都对个案问题的解决起了帮助作用。在对来访者的辅导过程中，心理辅导老师事实上有意识地采用了认知行为取向的治疗方法。认知行为疗法因其治疗目标明确，在短期内即可获得预期疗效，特别是在社交恐惧、愤怒等辅导方面特别有效，近年来得到国内外心理治疗师的青睐。

认知行为治疗方案中通常包含以下几个主要成分：相关信息的讲解，认知的再建构，放松训练，实际演练。在案例中，辅导老师大致也是从这几个维度入手：首先，针对来访者每次出现的主要问题，指导她找出消极的不合理的思维内容，认清不适应的观念。在此基础上，帮助来访者摆脱这些消极思维，并且用更适宜的正性思维取代它。之后，辅导老师教导来访者进行放松训练。借由放松技巧的学习让来访者抓到自己放松时的内在线索，进一步利用这种感觉作为自己的放松目标。根据来访者对特定情境有害怕逃离行为的情况，辅导老师针对来访者的个别差异，设计出不同的练习方式，再搭配系统脱敏法，以渐进的方式克服来访者对特定情境的恐惧。在这几个步骤的辅导上，辅导老师耐心细致，和来访者积极讨论。在该过程中，辅导老师和来访者建立起相互信任、积极合作的关系，对双方而言，没有主动和被动之分，他们都是主动的投入者和参与者。在治疗过程中，辅导老师不仅要去除来访者的心理疾病，还使来访者成为一个学习者，使其掌握若干相关的知识和技能，以便能有效地应对未来可能会遇到的心理问题。

在本案的辅导中，辅导老师还用到了暴露疗法。暴露疗法的优点是来访者可以真正接触到恐惧事件，一旦来访者通过恐惧等级取得进步，就已经证明他可以成功地面对恐惧事件。但是，暴露治疗有一个缺点，就是它比系统脱敏法实行起来困难，而且花费更多的时间和金钱，还需要时刻注意来访者的反应，以便适时终止暴露。

此个案辅导成功的关键在于这位辅导老师在个别咨询之前,详细了解来访者的行为表现,收集了来访者班主任、老师和同学对其的反应和评价,并进行详细分析,这有利于全面而客观地观察来访者,对找出来访者问题行为的缘由很有帮助。该辅导老师还动用了家长、学校老师等各方面资源,获得他们的支持和配合,这对收集来访者情况、巩固辅导效果是非常有利的。至于将来访者调离原来寝室自己单独一个寝室的做法,在咨询临时应急时期可以尝试,但还是应尽量让来访者在原来的自然情境中去改变和适应。另外,还须指出的一点是,虽然本案的辅导老师制定的各种辅导措施和辅导方法有利于个案问题的解决,但是辅导老师对个案问题是否属于恐惧症的假设和判断,还是值得商榷。

(点评人:徐芸)

【问题延伸】

本案对来访者的治疗运用了认知疗法、放松训练、系统脱敏训练、暴露疗法及药物辅助等方法,不仅使来访者的症状完全消除,而且使来访者的人格也得到很大程度的改进和完善。个案研究再次提示:学校在关注学生学习成绩的同时,应该更加关注对学生人格的发展,对学生出现的心理困扰要及时发现,采取相应的教育措施。我们体会到,在学校对学生开展丰富多彩的心理健康教育,在学生中开设心理辅导活动课,对个别学生及时进行心理咨询或综合性的心理治疗,都对学生的身心健康成长具有至关重要的作用。

(案例提供:浙江省温州二中 关晔)

一名盲生恐惧症的个别矫正

一个人如果心里平稳安静,就能坦然地去面对任何事情。我的心哪,平稳安静,如同断奶的孩子在他母亲的怀中安然入睡。

——作者题记

【来访者资料及辅导过程】

一、基本情况

学生W,男,17岁。初中二年级学生,身高1.60米,体重51kg。左眼视力0.05,右眼视力0.01,外出能独立行走,在盲校学生中,他的视力是佼佼者。

二、问题概述

每当夜深人静的时候,该生总感到害怕,感到胸口很闷,似乎有什么东西压着他,心里常常想一些害怕的事,越想越怕,越想越睡不着,导致失眠。晚上,他不敢独自一人待在黑暗的地方,也不敢在黑暗的地方走路,总好像有什么在跟着他,心里常常有莫名其妙的恐惧感。平时,在陌生人面前,在陌生的环境中,不敢表现自己,很少主动与别人交往。

三、背景资料

该生来自于农村,父母亲都是靠种田为生的农民,他还有一个妹妹。因他是家中唯一的男孩,父母亲对他的期望很大,希望他能出人头地,不再做面朝黄土背朝天的农民。该生平时单独在黑暗的地方会感到害怕,晚上睡觉的时候会感到害怕,听别人讲一些吓人的事情以后也会感到害怕,村里有死人的时候更会让他害怕。该生学习成绩中等,平时少言寡语,基本能与同学相处。

四、个案分析

根据该生的表现,分析他产生恐惧的原因主要有:

1. 由于从小生活在农村,经常听村里人讲一些妖魔鬼怪的事情,在他幼小的心灵刻下深深的烙印。

2. 父母亲对他过高的期望,导致他过重的心理负担,生怕自己使父母亲失望,因此成绩不如意的时候总感到害怕。

3. 平时的交往活动较少,不会主动与别人交往,因此见到陌生人、在陌生的环境里总是胆小怕羞。

4. 除了学习书本知识以外没有更多的兴趣爱好,容易胡思乱想。

五、辅导措施及过程

训练方法主要采用认知训练和行为训练相结合,行为矫正主要采用系统脱敏法、肌肉放松训练、情景训练法等。

整个辅导过程为十周,分三个阶段:第一阶段一周,用认知训练法找出恐惧的原因,分析恐惧的危害。第二阶段八周,用系统脱敏法结合肌肉放松训练、情景训练法,矫正其怕生、怕黑等恐惧行为;第三阶段一周,巩固成绩,采用认知辅导,认识不恐惧的好处。

(一)第一阶段(一周)

首先向该生说明矫正的目的，让他意识到这种恐惧给他身心造成的危害，希望他能和教师配合，共同努力摆脱这种处境。他表示同意。然后每天抽出一定的时间接近他，和他谈心，消除他对教师的戒备心理，在轻松愉快的气氛中，让他无拘无束地畅谈自己的见解。通过交谈，我了解了他恐惧的原因。我把他的情况与学校的生活老师和家长沟通，希望得到他们的配合。他们也都表示愿意配合。

(二)第二阶段(八周)

主要采用系统脱敏法和肌肉放松训练、情景训练法，矫正其恐惧心理。

1. 肌肉放松训练

肌肉放松训练地点安排在会议室，时间是晚上7:00。肌肉放松训练采用的方法是循序渐进紧张放松法，"逐个放松身上的肌肉群"与"紧张—放松"相结合。我先让他坐在椅子上，告诉他尽量使自己坐得舒服一些，闭上眼睛。然后，让他伸出前臂，与我的握力形成对抗，体验肌肉紧张的感觉，保持10秒钟，然后尽量放松，体验感受上的差异。因为该生有一定的视力，我就同时做示范，使他不致感到不好意思，并告诉他，当不明白指示语的时候，可以观察一下我的动作，再闭上眼睛。

整个肌肉放松过程中，我尽量注意让他体会放松时温暖、愉快的感觉。训练过程中，我几次提示他"感到你身上的肌肉非常的放松"，"注意放松状态温暖、轻松的感觉"，"注意肌肉放松时与紧张时的感觉差异"。当时我录了音，并把录音带给他，让他听录音带每天练习1~2次。经过两个星期的肌肉放松训练，他已经能随心所欲地放松全身肌肉。

2. 建立恐惧等级表并进行矫正

等级	情境体验
九	死人
八	看了、听了鬼的故事以后
七	在黑暗中独处
六	晚上睡在床上
五	成绩不如意时
四	上台表演节目
三	处在陌生的地方
二	在众人面前讲话
一	大声

根据恐惧等级表，第一到第八等级安排孩子接触具体的环境，第九等级则引导孩子想象相关刺激。每一等级都结合肌肉放松疗法，让孩子产生最低限度的焦虑，尽量让孩子体会放松时的感受。当孩子适应第一等级后，再呈现第二等级，依此类推。在呈现时我特别注意控制呈现的速度和强度，因为当孩子面对呈现的刺激不能放松时，就不会收到好的效果，所以呈现的速度和强度完全取决于孩子的感受。

第一到第四等级结合了情景训练法，矫正其胆小怕生的行为。因为他的视力相对于盲生来说还比较好，我就让他担任副班长的职务，并且告诉他多留意同学中谁最需要帮助、班里哪些事他能做，渐渐他学会了主动去做一些事。凭着残余视力的优势，他一般都能比别人做得好，我就在班里及时地表扬他，他的心里就产生了成功的愉悦感，从而激励他再次去为别人、为班级做事。这样一次次的激励，使他感觉到自己也能给别人带来快乐，自己的存在有了一定的价值体现。其次鼓励他参加各种活动，如参加学校的运动会，课外活动时带领低视力同学打篮球等等。在这些活动中，他忘却了烦恼，非常投入地参与；在活动中，他也渐渐地学会了与别人交往。平时上课的时候，我也注意多让他回答问题，使他得到锻炼的机会。在有陌生人来校，或者是到一个陌生的环境，我就留意给他表现的机会。一段时间以后，他在不熟悉的环境中的表现也比较自然了。

对于第五等级，主要是说服其父母，让他们在孩子成绩不好的时候给予鼓励，不要给儿子施加压力，使他有很重的心理负担，让他有一个轻松的心理环境来面对学习。他的父母表示赞同，并答应平时不再用过分的话来刺激他。这样，在考试成绩不如意的时候，父母会和他一起分析原因，寻找差距，他的担心就渐渐消除了。

第六等级主要安排在生活处，让生活老师适当给他分配一些工作，如就寝后的寝室纪律检查工作；并嘱咐他睡前用热水洗脚，使他经过一天忙碌之后有倦意，容易安睡。我还教给他一些使自己入睡的方法，如不要把手放在胸口，用数数字、回忆一天来所学的知识、打算明天的计划等方法控制自己的思想不胡思乱想。如在半夜里醒过来，可以想一些愉快的事情，体会肌肉放松时的感受，也可以在心里反复对自己说：我现在很困，我很想睡觉，如果我想睡着，我一定能睡着。

第七等级的矫正，主要选择黑暗的地方，先让人陪他行走几天，边走边说一些使人愉快的事，然后让他独自行走，边走边唱歌或想一些愉快的事，尽量体会放松时候的感觉。这样一段时间之后也就慢慢适应了。

第八等级的呈现,先是在白天和他谈有关妖魔鬼怪传说的来源,使他认识到这些只是人的意识的问题;然后让他听相应的故事,适应之后再把听故事的时间推到接近天黑的时候,再推到晚上7:00,再推到就寝前。如此三次,他的感受慢慢平静,已经能适应这一等级。

对于第九等级,先是让他明白人死是怎么一回事,让他认识到生老病死只是一种自然现象,然后引导他想象死人的场面,结合肌肉放松疗法,尽量体会放松时的感受,最后顺利地通过了第九等级。

六个星期后,该生成功地通过了全部等级,我在班里表扬了他,他自己也感到很开心。

(三)第三阶段(一周)

巩固成绩,采用认知辅导,让他谈谈不恐惧的好处。

他说:多参加了一些活动,我感到自己的生活变得充实了,每天总有做不完的事,感到自己也能给别人带来快乐,同时我也感到很快乐。以前晚上总是睡不着,胡思乱想,现在晚上睡觉踏实多了,即使半夜里醒过来,我已经学会控制自己的思想,多想想一些有益的愉快的事,也就比较容易入睡,进入到放松的状态,人也特别爽,第二天上课也有精神。

我又一次在全班同学面前表扬了他的进步,同学们鼓掌表示祝贺,他也感到很高兴。

【咨询后记】

通过对该生恐惧行为的矫正,他对妖魔鬼怪、死人之类的事不再感到害怕了,增强了自信心,学习兴趣大大提高,为别人服务的思想也增强了。以前晚上常常睡不着,半夜里经常醒过来,得胡思乱想,现在能控制自己的思想,容易入睡,而且睡得比较安稳。通过参加各种活动,他的性格变得开朗、活泼起来,积极参加学校、班级的各项活动,在陌生人面前、陌生的环境中,也能比较大方地表现自己。

矫正行为结束后,我又对他观测了半年,他基本保持目标行为,很少出现反复,辅导效果较好。

【本案启示】

南非的行为矫正专家沃尔普认为,神经性焦虑、恐惧都是一种习得性行为,可以利用系统脱敏法来进行矫正。在整个训练过程中,系统脱敏法、认知训练法和情景训练法相结合运用,取得了比较好的效果。由此可见,要矫正盲生的恐惧行为,需要注意几点:

第一,系统脱敏法必须结合肌肉放松训练,使孩子能随心所欲地放松全身肌肉;

第二,充分收集资料,了解孩子恐惧的情境以及如何由条件制约历程衍生出对刺激的害怕,根据孩子害怕的程度,建立恐惧等级表;

第三,要严格控制每一等级的刺激强度和速度,根据孩子的真实感受,循序渐进,当孩子适应前一等级后再进行后一等级的刺激;

第四,辅导的过程比较长,系统脱敏法的实施也比较繁琐,需要教师耐心和细心。

【分析与点评】

在本案例中,来访者对"鬼"这一特殊刺激有不愉快的躯体反应,并影响了他正常的人际交往。辅导老师在仔细了解来访者的生活背景后,所采取的是一种认知行为取向的治疗。

在辅导过程中有几个亮点。首先,是时间表的制定。可以说,这位辅导老师对各个阶段时间的安排比较合理。先是进行认知层面上的指导,引导来访者认识自己的认知;再是运用行为矫正对其恐惧行为进行辅导;最后再进行认知上的整合。值得注意的一点是,这位辅导老师各个阶段时间的安排是建立在对来访者情况的充分了解和掌握的基础上的,如果对来访者的情况不甚清楚,最好不要盲目套用,因为来访者的情况在变,辅导老师的辅导时间、计划也要变化。其次,是辅导老师在进行系统脱敏时,对各个恐惧事件等级的建立。他所订立的九个等级安排合理,可操作性强。

此外,辅导老师在辅导过程中有几点值得我们思考。首先,辅导教师在收集来访者问题背景的时候,除了收集个案的生活环境、家庭情况以及个案的个性资料外,还可探索一些个案与症状相关的事件,整合个案对这些事件的认知看法,以便更好地与行为治疗相结合。其次,进行认知训练时,是否可以指导来访者对自己的不合理信念("鬼"的存在)进行驳斥。这比单纯让来访者自己谈恐惧的危害可能更符合认知治疗的原则。再次,辅导老师在制定恐惧事件等级时,是否和来访者进行过沟通。恐惧事件等级的建立必须和来访者共同来进行,否则,这只是辅导老师心中构想的恐惧事件等级,未必符合来访者的实际情况。另外,个案的一些压力从根源上看也可能与其父母有关,因此辅导老师若能在把握一些家庭治疗原理和方法的基础上,安排适当的机会促使个案与其父母之间的深入了解,或许能有更佳的咨询效果。

(点评人:徐芸)

【问题延伸】

由于生活环境和家庭的影响,确实有一些学生存在恐惧心理。前几天报纸上刊登了一则消息,说某校因为停电时,一个学生喊了一声:"鬼来了!"结果引起所有学生的恐慌和混乱,死伤了不少。造成这一悲剧有许多原因,但其中一个原因就是学生的恐惧心理,由于认知上的偏差而造成集体的恐惧心理。这一状况要求学校对学生加强正确的认知辅导。对于个别学生的恐惧心理,要找出产生恐惧的原因、恐惧的对象,建立恐惧等级表进行辅导,逐渐淡化其恐惧心理。当然,对于还未演变为恐惧行为的一些心理状况,如害怕、忧愁、自卑等较为普遍的心理问题,可以设计成心理辅导活动课,提高辅导的效率,减少和避免产生更大的问题。

(案例提供:浙江省盲人学校　张新华)

运用多种疗法调整"学校人际关系不适应"一例

【来访者资料及辅导过程】

一、来访者的基本情况

晓是一个我认识不久的学生,今年读八年级,算起来才15岁吧。初见她的时候,我就被她给震了一下,本应是让人看了很舒服的一个孩子,中等的个子,稍大的眼睛,健康的肤色,但是眼神竟是那样的黯淡无光,从中我几乎找不到生命的热情。在我眼里,她这个年龄,应该是一个拥有阳光灿烂般日子的孩子啊,但是从她的身上,我却只是读到了冷清、嘲讽、无奈、黯淡……

随着了解,我知道了晓在班级中几乎没有朋友,大部分时间都是独来独往的。据同学说,她不想找也找不到朋友,只是偶尔有极个别的人能和她交流一下。有的人说,她很反感自己的父母,她父母的关系不大好,老是吵架,而且还经常在她的面前吵,她说自己根本受不了这样的父母。而且,由于成绩不好,她曾经多次要求父母能帮助她找个家教,但是父母总是说她根本读不起来,不予理睬。开始的时候,她很在乎自己的行为、自己的成绩,也很在乎老师的看法、同学的眼光,于是想要通过自己的努力和父母的帮助,来实现自己的进步。但是,在这个过程中,她却发现自己是如此的孤立无援,于是她开始放弃了。在平时,她不愿意理别人,只是自己做着自己的事情;在压力大的时候,就表现出一些反常的行为,多疑、猜测、大叫等。我想她是想要发泄,想要得到帮助,可最终却引起大家的反感。久而久之,她还是继续这些行为,但是却再也不在乎别人的看法了,自己也变得更加孤寂、更加沉默、更加无奈了……

坐在我面前的时候,她的眼中充满了一种渴望,那里有一点火,我想这应该就是她展现出来的希望吧。我要把这点火星点燃,让它成为燃烧她生命热情的火炬……

二、心理行为问题表现

见到她这样的状况,我的心里更多的是沉重。原本应该享受快乐的孩子,现在只能独自为自己落泪,为自己感伤,怨谁呢?我无法找到某个方面的原因,毕竟原因是多方面的。我开始用自己的眼光审视她的行为,发现其在心理行为问题上的表现主要是:

1. 她对别人的眼光十分敏感。别人的眼光要是掠过她,她就会觉得自己可能有什么问题了,然后就会无端的紧张,既而出现猜疑、多虑的情况。我曾经有几次遇见她的时候,很随意的一个眼神掠过她,她就觉得我是在关注她了,次日,就会用纸条偷偷地询问,"老师,我是不是出什么事情了?"

2. 她常常无端在很安静的环境中发出惊人的大叫,一般都是在别人不注意的时候,或者是故意,或者是受到一丁点的刺激。有时候,她的惊叫吓着很多人,让很多人愤怒,而她却无所谓,甚至表现出冷笑的态度,就这样招来身边同学的反感甚至厌恶。

3. 她常常觉得自己和别人不合群,有一种孤独感。虽然有个别同学能够和她交往，但是她并不是很愿意经常和她们在一起，总觉得自己会受到伤害。她常常觉得男生对她有敌意，经常出现她和男生吵架的情况，而根本原因可能就是一些极小的误会。

4. 她对父母的态度表现出很无奈但是更无所谓的样子，仿佛他们不是亲人，而是自己身边的过客似的。讲述父母的错误和痛苦的时候，她没有难受，没有激动，很冷静，很自然，像是讲述他人的故事一样。

三、情况的调查

在开始阶段，她的叙述和我的了解构成了基本的认识。为了了解更多的资料，得到更确切的认识，我向她以前的几个老师，还有一些她身边的朋友和同学进行调查，得到的回应和了解基本相似：

1. 她孤独沉默，常常一个人来往，和同学之间深入的交流几乎没有，大家认为她的行为有点怪异，老师曾经号召大家帮助她，但是不少胆小的同学不敢和她来往。

2. 她敏感而多疑，常常觉得别人对她有敌意，常常觉得别人在说她的坏话，于是一直猜疑别人。

3. 她的情绪很不稳定，常常因为一些莫名其妙的事情而大哭。在哭泣的时候，无论谁劝，都不能起到任何作用。不过，往往是她自己过一段时间就好了。

4. 在日常生活中，她的行为有点夸张，常常有反常的行为出现。如有时候故意把大家吓一跳，或是无端地大叫大喊。但她自己却不觉得这是什么不对的行为，表现出来的态度是很无所谓的。大家很生气，老师也劝过，但是根本没有起到作用。

5. 由于她平日里表现怪异，有的同学用本地方言"癫人"来称呼她，有的甚至给她取了一个十分难听的外号"霉毒"，导致她对一些人有敌意，并常常用自己的方式来报复。

四、心理分析

从看到她眼中的那点亮光开始，我就一直为了点燃那生命热情的火种而做着不断的努力。在不断的了解中，我的思路开始清晰了，她的问题也逐渐明朗起来：

1. 由于家庭矛盾的不断爆发，父母在爆发的时候更无视她的存在，这就给她形成了自己是个家庭边缘人的认识，父母在她的眼里就是两个会在自己面前吵架的路人而已，而所谓的父母的慈爱在她的意识里由于很少甚至没有见到，就逐渐失去了这一概念。

2. 她成绩不佳想要寻求帮助,但是父母却用自己的冷漠和放弃来表示自己的态度。这对她的打击不仅仅是成绩上的,更是一种心灵上的,这种家庭爱的创伤很难在短时间内恢复。这些过程和行为,导致她对家庭、对自己都很失望,并由之产生一种很强的自卑情感。

3. 在家里找不到温暖的孩子,通常把目标指向学校,但是由于开始时大家并不了解她的具体情况,而产生了误解甚至敌视,让她感觉不到学校的温暖。于是,她在家和学校的时候都感觉到自己是个边缘人,感觉到自己是个多余的人,这样的想法导致了她常常对别人的行为产生怀疑和敌意。

4. 由于学习成绩较差,使她得不到成功的体验,形成了一种巨大的心理落差,从而开始冷漠地对待身边的人,从而也开始封闭自己。

5. 她在平时的自我审视和反思中,过于忽略对自己缺点的认识,自己眼中的自我是一个完全只有优点的人,于是心理上期待关注和现实中不被关注的矛盾,导致了一些超乎平常环境的行为。这也是让她自己无法走出困境的原因。

认识:晓的症状属于学校人际关系不适应。

五、辅导流程

根据她的自我求助和具体的现实情况,我已经基本完整地做好了了解工作。经过慎重考虑,我准备对她用心理咨询的方式进行调整。经过反复思考,我决定从以下六个阶段来实现这个调整过程:

(一)第一阶段

实施行为:运用"来谈者中心疗法",建立关系。

实施目的:和咨询对象建立良好关系,为咨询的顺利进行奠定基础。

实施过程:"来谈者中心疗法(client-centered therapy)"是由罗杰斯于20世纪40年代创立的。其主要观点是人都有能力发现自己的缺陷和不足,并加以改进。所以,心理咨询的目的,不在于操纵一个人的外界环境或其消极被动的人格,而在于协助来谈者自省自悟,充分发挥其潜能,最终达到自我的实现。

在这个阶段,我对她实行无条件的积极关注,关注生活中的任何事件和需要帮助的一切,认真地倾听,使她对我产生信任感,并与我建立了良好的信任关系。从她和几个身边朋友的交往来看,她应该不是一个原本就离群索居的女孩,她是因为受到了家庭的冷落、同学的嘲讽,才开始变得反叛和不合群。我相信只要给她创造一个充满爱心和关心的周围环境,她是能打开自己的心扉的。因此在这个前期的过程中,我尽量让她感受到我真诚的帮助,使她能够树立新的人际交往的信心,并简单地渗透了一些有关人际关系方面的具体注意事项和应对技巧。

实施效果:在接下来的时间里,她对我的信任程度明显升高,对于我的目光和注视,基本上没有产生猜疑,可以说开始建立信任。

(二)第二阶段

实施行为:通过建立的信任,积极进行倾诉的引导。

实施目的:这个时候虽然了解了很多的资料,但是真正的原始材料还是需要她自己倾诉,通过对倾诉的引导,实现精神放松、情绪宣泄。

实施过程:经过了一段时间的信任关系的建立,我认为我们之间已经有了一种比较好的可以实现咨询的关系了。在分析了她的基本情况后,我认为解决她的问题的首要任务是使她的情绪得到宣泄,减轻她的心理负担。于是,我就一步一步地引导她,让她讲出对父母的情感困惑、对同学的认识困惑,而我对她的观点不做任何评价。在讲述的过程中,她的情绪表现得比较激动,有的时候甚至掉下眼泪。特别是讲到自己家庭的时候,她泪流不止,几乎讲不下去。在引导之下,她讲出了许多自己在成长中的困惑和交往中感受到的问题。

实施效果:她把自己深藏的情绪开始宣泄,不仅让我得到了较多的原始认识,也让她自己放松不少。同时,这次调整行为在客观上也加深了我们之间的信任。

(三)第三阶段

实施行为:运用自我肖像法,分析心理问题产生的原因。

实施目的:通过对自我的认识,改变她对自我的不良认知,从而在意识上形成她对自我的基本客观认识。

实施过程:在这次来访中,她表现出比较好的状态,我想这和上次良好的交流不无关系。但是我并不满足仅仅停留在这一层次,这也不是心理咨询的目的,我应该引导她认识到问题的根本原因,分析产生问题的根源。于是,我让晓作了自我肖像法测验,让她更深刻地了解自己。在我的提问下,晓告诉我她是一个15岁的女孩,正在班上表述自己的观点,她喜欢漫画,讨厌一些自以为是的男生(平时在班级上嘲讽和打击她的都是一些男生),她将来想成为一个出色的人物。当我问及这个女孩有什么优点和缺点时,她脱口而出说她的优点是开朗、自信,但是她却想不出该女孩有什么缺点。

做完这个自我肖像测验后,我告诉晓,其实画中的女孩就是她自己。画中的女孩有较高的成就动机,但是她只是注意自己的优点,而忽视了自己的缺点,这就是现实中的她。她在交往过程中,经常看到别人的缺点,而不注意自己的不足,于是就给别人留下了难以相处的印象,然后,她在这个过程中表现出来的一些不良的行为,让别人对她的感觉出现了误差,从而导致了现在的局面。从埃利斯的理性情绪理论来说,产生不良情绪的主要原因是不合理的信念而并非是事情本身,于是我给她提供了一些基本的认识,帮助她形成人际交往的基本概念和认识,并且开始鼓励她大胆地进行生活中的尝试。

实施效果:通过自我肖像法的使用,使她顿时明白了自己一直以来难以突破困难的原因是什么。有了这关键性的突破,我开始将对她的调整从意识上转移到现实中,鼓励她在生活中尝试。

(四)第四阶段

实施行为:运用角色扮演法,让晓去扮演交往中主体和对象的角色。

实施目的:通过对不同对象的体验,感受不同对象的心理,改变不良行为。

实施过程:过了一周,她再次来访。她说很多道理现在自己已经明白了,但是还是不能在生活中使用,有的时候还是会对自己正在进行的做法产生奇怪的想法。

为了纠正晓在校的交友方式,帮助她形成一个基本合理的方式,我采取了行为疗法中的角色扮演法(role-playing)。第一回,我要求晓扮演她自己,而我则扮演一位向她求助的同学。我要求晓尽量做到态度和善、语气亲切。晓做得并不好,面容呆板,语气生硬,态度僵直,她泄气地说自己不知道该怎么做。于是,我便停下来,对她进行了一系列鼓励,等到她稍微有了信心,我们便重新开始。第二回,我来扮演晓,我让她来关注我是怎么做的。就这样,我们轮番扮演着不同的角色。在几次互动后,晓慢慢学会了如何做一个热情又不失自尊的人。

就这样,在内部的环境中,她已经学会了如何与人交往,我便开始鼓励她大胆地在外部环境中尝试做更多的交流。

实施效果:已经学会在内部环境中和人交往,而且也做到有一定的心得。开始准备现实中的交往。

(五)第五阶段

实施行为:开始为她制定一个具备一定强制性的人际交往计划。

实施目的:将她在内部环境中练习的效果迁移到现实环境中,并能为自己的实现改变奠定基础。

实施过程：在这一个多星期的交往中，我看到她小心翼翼、如履薄冰的样子，也看到她偶尔灰心丧气的样子。当她再次坐在我面前的时候，她也讲起了这种感受，说自己的心里还是有一种担心和害怕的情绪存在。我认为，这是到了行为矫正的发展阶段了。她现在很难突破自己的心理障碍，这个环节需要通过自己的强化认识和行为加强共同作用，以实现治疗效果的巩固。

于是我就为她制定了一个人际交往计划，运用这个计划达到突破自己心理障碍的目的。

首先，为她分析了这个人际交往计划的内容和如何在实践中实施；

其次，告诉她这个计划是可行的，并没有任何偏高，她肯定能在实践中靠自己合理地达到计划的要求；

第三，要求计划实施后，不得为自己找任何借口推脱，必须严格执行；

第四，每天必须要对自己的任务进行总结，分析自己的任务有没有完成，并对自己任务中未完成的部分进行反思和补救；

第五，在完成以后，自己可以开始制定更高要求的计划。

另外，我要求她尽量能对自己的交流过程进行反思和记录，并作为作业。

实施效果：在学校，基本能够实现和人的正常交往，她和父母的关系也开始有了转机。

(六)第六阶段

实施行为：通过教师的主导作用和家长的理解，为她改变周边的环境，包括学校中的班级环境和学校外的家庭环境。

实施目的：通过环境的改变，为她创设和谐融洽的气氛，从而为她在健康成长过程中，奠定身边环境的基本条件。

实施过程：在这个阶段的时候，晓已经基本能解决自己的交往问题了，她带来的作业也让我看到了她在交往方面的累累硕果，但是我仍感觉到她身边有几个问题不能不解决，这就是她身处的学校和家庭环境。

首先，我从她的班级入手，和班主任进行了交流，希望老师能多多协助，能够为她的健康成长创设一个比较和谐的环境，让一些同学能比较善意地对待她，不要用一些伤害性的语言来刺激她。为此，班主任特地开了个主题班会"让我们具有一颗柔软的心"，让更多的孩子去帮助她。她不仅深受感动，自己也感悟颇多。

其次，我致电她的家长，和他们讲了孩子心理健康的重要性，以及父母平时的言行对孩子成长的影响，并要求他们能为孩子的健康发展做一个优秀的父母。交流取得了良好的效果。

实施效果：通过和班主任、家长的联系、协调，环境得到了明显的改善，这也为她的健康发展打下了最坚实的基础，一切都在向良好的态势发展着。

六、效果

一段时间过后，晓在同学当中开始有了一些朋友，无论是上学、放学，还是下课，她的身边都有一些同学一起有说有笑的，有时候也能见到她和一些同学在友好地讨论着什么。若不是了解她的人，很难把她和以前那个黯淡的女孩等同起来。

就老师和同学的角度看来，在学习生活中，发现她不再像以前那样拥有强烈的猜疑心了，和同学之间的关系开始融洽，逐渐开始和更多的人交流。老师还反映，近来她的家长也开始到校了解她的学习情况，并探讨对策。家长也谈到她在家开始和家长交流了。大家都为她的转变而感到欣喜。

想问问她自己是什么样的感受，却在这个时候收到了她给我的纸条：

老师，现在我觉得和人交流的感觉真好啊。现在我开始有了自己真正的朋友，我在和他们一起交流的过程中，发现了自己过去的一些可笑的想法和可笑的认识，我也知道了其实在以前，我们之间的误会太多了。不过我相信，以后肯定不会出现这样的事情了，我保证。现在，和我最好的是林，我发现我们都有共同的爱好，我们都喜欢看漫画，我想，我们可以成为更好的朋友的。

和父母之间，我也发现当我和他们交流多了后，他们变得更加理解我了，而且也对我更好了。我现在感觉他们有时候也不容易啊，我能理解他们的难处了。

最后，还要告诉您一件事，现在每当我走在通往学校的路上的时候，我会发现自己的心情比以前愉快多了，我有着更多的期待了。有时候，我发现连天也似乎因为我的心情而变得更蓝了呢！我相信，我能很快乐地迎接我的人际交往的春天；我更相信，我那未来的春天一定十分的灿烂、诱人！

我想，这个时候已经不需要我对她再做什么了，她心中的那点亮光已经在她和我的共同努力之下被点燃成燃烧生命激情的火把了！现在，我唯一要做的就是为她祝福了！

祝福你，孩子，健康快乐！

【咨询后记】

晓的症状属于学校人际关系不适应。晓在学校受到同学们的误解和鄙视，但是她并没有采取积极的措施去应对，而是消极地逃避，或者使用外延的方式加以报复。这其中毫无疑问牵涉了她在家庭中得到的认识和感受。

这是个正处于青春期的女孩，她面临着"第二次心理诞生"，即逐渐脱离家庭形成自己的独立个性。这个时期的青少年正像婴儿为了吸吮乳汁本能地挨紧母亲一样，他们为了完成自我同一性的发展，需要寻找有关的他人——同辈伙伴的支持。在同辈伙伴中青少年可以得到一个巨大的信息来源,这些信息包括价值观、性别作用和可供考虑的选择等等。她还可以得到一个能与之相互作用的组织,在其中她可以评价和提高自己目前的地位,以获得进入成年社会所必需的素质。但实际上,由于追求独立的倾向和尚未真正具备独立的能力两种状态是并存的,他们虽然热衷于摆脱家长和老师,却很难真正的独立,于是往往是不自觉地以考核、凭借同辈们之间的相互支持和肯定完成逐渐脱离长辈的独立过程。

【个案启示】

经历了很长一段时间,终于做好了这个案例,回顾走过的似乎不算容易的过程,从思考中抬头,得到以下几点启示：

1. 中学生最易受到同龄团体的影响。当他们一旦遭受到同龄团体的排斥,将严重影响其心理的健康成长。班主任应该注意加强班级建设,形成良好的班级凝聚力,建立健康的同龄人的团体关系,满足学生对同龄人团体归属的需要。

2. 家庭是这个阶段学生的一个归宿,是孩子健康成长的基础。当这些未真正成熟的孩子在外遭受挫折的时候,家庭就是一个疗伤的场所,父母的爱就是疗伤的圣药。作为孩子的第一任老师的父母,应该关注孩子的成长,给孩子一个温暖的家,满足孩子对爱的希望,实现孩子的健康成长。

【分析与点评】

学校人际关系问题是在校学生普遍面临的问题,只是此案例中晓的问题更为突出和复杂。有句俗语说"冰冻三尺,非一日之寒",案例中晓的问题也是因为长期以来得不到家庭温暖,由此形成自卑、敏感、孤僻的个性特点。但个案的内心还是非常渴望得到关注和关爱的,个案尝试过各种"被社会允许"的方式去得到关注和关爱,可始终未能成功,于是转而使用冷漠、猜疑和排斥他人的行为方式,形成一种嘲讽、大吼等的人际攻击的方式,从而更导致了她在学校中的人际关系也得不到温暖和同伴的肯定,由此形成恶性循环。

这位辅导老师在个别咨询之前,详细了解来访者的行为表现,了解来访者周遭的老师和同学对其的反应和评价,并对此进行详细分析。这一点做得非常到位。在个案咨询之前要详细了解来访者的情况,同时也要了解其他人对来访者的看法,这有利于我们全面而客观地分析来访者的问题所在。

在个案的辅导过程上,这位辅导老师综合运用了多种咨询理念和方法,并择其所要选择一些适合来访者情况的方法进行咨询,说明这位辅导老师有着较强的理论功底和实际应用能力。这位辅导老师首先运用人本主义"个人中心疗法"的理念,与来访者建立一种真诚、尊重、温暖的关系。这种关系的建立非常重要。来访者的情感宣泄和改变都是建立在来访者和咨询者之间良好的信任关系的基础上的。在引导来访者倾诉和情感宣泄之后,辅导老师运用理性情绪疗法,让来访者领悟到其在人际交往中的不合理认知;通过角色扮演法,让来访者尝试如何进行适当的人际交往,并将此扩展到实际生活中去。这种"认知行为疗法"的取向,对于存在人际交往障碍的来访者来说特别有效,在国内外人际关系障碍的辅导方面,也是比较被推崇的一种方法。

此个案辅导过程中尤为出彩的咨询点在于其对来访者周边环境(包括学校中的班级环境和学校外的家庭环境)的改变。在后现代的咨询理念中,尤其重视系统的观点,即每一个改变的发生都是存在于其系统环境中的,一个改变可以引起另一个改变,甚至可能引起整个系统环境的改变;同样的,来访者的改变也需要其系统环境的支持。这种系统环境的配合对来访者的改变的持续效果必将是一个有力的保证。另外,焦点解决短期咨询中的奇迹询问、例外询问、评量性问句等技术对于这类低自尊的来访者探寻解决之道尤为有效,建议辅导老师在处理这类来访者时使用。

(点评人:张英萍)

【问题延伸】

处于青春期的学生,自我意识的发展也格外引人注意。他们特别关心他人对自己的看法,被人尊重的愿望比过去任何时候都要强烈,当遭受到误解、经历失败的时候,他们所体验到的挫折感也格外沉重。

晓正是处于这一关键期。她渴望得到同学的认可,但不幸成为班级同学取笑的对象。她的自我意识受到了严重的打击,使得她远离班级的同学,甚至用敌意来面对,成为大家眼中的"癫人"。此外,在学校受到冷落的她,在家庭中同样没有得到重视,于是双面的脱离让她产生了一些怪异的行为,并和他人格格不入。

在这个案例中,我们还可以看出环境对学生健康成长的影响力有多大。由于中小学生心理还不够成熟,他们具有模仿性强、好奇心盛、可塑性大的特点,作为老师就应该从学生心理健康的角度出发,为学生的健康发展创设一个良好的环境。

学生的心理健康问题在过去很长一段时间内被教育界所忽视。值得庆幸的是,现在的教师已经越来越重视心理健康教育在学校的运用。他们知道作为一个好的老师,仅关注学生的学业成绩是不够的,必须关注学生的全面发展,尤其是学生的心理健康问题。学校越来越关心心理健康问题,这也反映了我国教育正向人性化的方向发展。我们有理由相信,教育对象的健康发展,是教育可持续发展的最大动力!

(案例提供:温州市第九中学　方海东)

她爱笑了

> 生活是一面镜子,你对它哭,它便对你哭;你对它笑,它便对你笑。放掉包袱,笑对生活吧!
> ——作者题记

【来访者资料及辅导过程】

我任教初一年级的思想政治课,发现小静坐在最后一排,瘦瘦高高的个子,总是低着头,即使全班同学都兴趣盎然时,她也没什么表情,好像周围的事与她无关。与其他任课老师谈起,他们也有同感,这样的冷静似乎与她的年龄格格不入。

职业的敏感使我很想去了解她。

小静的班主任告诉我,小静性格内向,是独生女,家境一般,成绩一般,对集体活动不感兴趣。因为是刚接班,班主任对她也不是十分了解。我想我该找她聊聊。

一个星期三的中午,小静在学校吃饭。我主动去找她,没想到她并没有拒绝,随我来到了辅导室。

我轻声问她:"你有什么不高兴的事吗？好像最近不开心,我能帮你吗？"

她抬头认真地看了看我,然后认真地说:"老师,我想换个班,在这个班我没有朋友。"

我知道这是句实话,她真的很孤独。但学校不可能让学生随便换班,况且换班不一定能解决问题,更不能真正帮助她成长。

于是,我回避了她提出的问题:"你希望你的朋友是怎样的？"

她脱口而出:"朋友应该互相信任,互守秘密,决不能把朋友的秘密泄露给别人。"(说话有点激动)

我问:"你有这样的朋友吗？"

她回答:"有,曾经有过。"她声音哽咽了。

在断断续续的讲述中,我知道了发生在她身上的伤心事。小静在读小学四年级时有一个很好的朋友,两人无话不说。有一节课上,小静旁边的同学谈天,老师误解了小静,把小静也批评了一顿,小静很委屈,就与好朋友说了心中的不满。没想到老师知道了,老师又把她叫去教育了一番。小静认定是好朋友"出卖"了她,从此就不再相信朋友。加上这个朋友常在背后说她坏话(她感觉),她就更伤心了。一直到小学毕业,俩人就像对头,互不理睬。

等小静渐渐平静下来,我马上表达了同感:"好朋友变得互不理睬,的确令人伤心。小学四年级,大概十岁吧？这么小。"

小静抬起头,又低了下去,没说什么。

"那么现在你有好朋友吗？"

"可以说没有,同学在背后老要说我,根本就不把我当朋友,看不起我,所以我想换个环境。"

又是换班。我知道她是在逃避。我想应该从她的同学处了解一下,再说时间也差不多了,便对她说:"换班是件大事,你再考虑考虑,下周三我们再聊。这星期希望你多了解一下班里同学,并尽量参与到集体活动中去。好吗？"她点了点头。

第一次辅导下来,我感觉小静是一个十分敏感而又自卑的女孩,不信任别人但又渴望友情。看来小学里发生的那件事一直在影响着她与同学的正常交往。我一定要帮助她走出过去的"阴影",提高她对友情的更高认识。而且她的第一次配合使我对这次辅导很有信心。

接下来的一个星期,我找了小静的同班同学了解情况。从同学处得知,小静与同学没什么矛盾,只是从不主动与同学打招呼,上课常自己在嘀咕,发老师、同学的牢骚,大家觉得她怪怪的,不敢轻易去惹她。我又与班主任交换了意见,班主任很重视,专门召开班委会讨论怎样去帮助她。班委干部非常热心,纷纷献计献策。同时,在我的课上,讲到"挫折"这部分内容,我有意识地问同学:"人生道路上挫折难免,比如学习退步了、朋友间发生矛盾了、被人误解等等,假如是你,会如何对待?"大家说了许多,我看到小静虽然仍低着头,但她听得很认真,也很有感触。在我的鼓励下,她还回答了问题。虽然只是些小变化,我还是感到非常高兴。

一周很快过去了,这天又是中午,小静主动来到辅导室,叫我的时候脸上有丝笑意。

她说:"老师,我知道你关心我。我想问你,班长来问我喜欢与谁同桌,很奇怪,不知是为了什么?"

我想这是班委对她的热心帮助行动之一,我反问她:"你认为呢?"

她笑了笑:"看那样子,好像没有恶意。不过也有可能我的同桌不愿跟我坐了去告的状。"

我心里暗暗一动:这还是对同学的不信任。"你想想,有没有这种可能:大家觉得你不开心,以为你对座位不满意,想让你开心些?"

"不可能吧?我凭什么让大家来关心我呢?我从来不关心班级,不关心别人,成绩那么差,我只会遭人白眼。"

"是吗?你真的这么认为?据我观察你其实是在默默地关心这个集体的,而且大家也都很关心你。他们不明白你为什么那么不开心,为什么不喜欢参加集体活动?"

趁此机会,我又告诉小静:朋友是靠宽容理解和真诚坦率来维系的。真诚地对待他人便会得到同样真诚的心,如果把自己封闭起来,拒人于千里之外,是找不到朋友的。

她沉默了,过了好一会,她说:"可是我怕又会犯同样的错。"

"你是指小学发生的事吗?或许你们之间是一场误会,即便是真的,这也不是什么大错误,每个人包括老师都会犯错误。只要有一个人宽容理解一下对方,说不定早没事了。你说呢?"

"让我再想想,下次再来找您。"她这次没提换班的事。

隔了两星期,小静的班里包水饺,小静把煮好的水饺捧来给我吃,还悄悄地对我说:"老师,我想和那位同学讲讲清楚,可是她去外地读书了,我没有她的地址,怎么办?"

我挺高兴:"你能这么想,真为你高兴,能告诉我你想对她说什么吗?"

小静不好意思地说:"其实也没什么,只是觉得记在心里很难过的。"

我拍拍她的肩,说:"我相信你的同学和你一样,不会再记在心里了,过去的让它过去吧,开心地享受现在的生活和友谊。"

小静重重地点了点头,高兴地走了。

从那以后,小静没有来过辅导室。在以后的思想政治课上,我看到了她的笑脸,还能举手发表自己的见解。尽管不多,但每次我都鼓励她。一节体育课上,班里一位女同学受了伤,我看见小静扶着她去医务室。看到这些,我由衷地高兴。当然,还会看到她的愁眉苦脸。看来要真正帮助她学会处理人际交往中出现的一些问题,还需不断努力,这也是我工作的目标和价值。

【咨询后记】

小静的"格格不入"源于她小学时对好友的失望、怨恨,进而对友谊产生不良认知,对他人产生不信任感。因此,首先对她表示同感,取得她的信任很重要。在此基础上,与她共同讨论,并对她自己的看法进行检验,逐步纠正其不良认知,从而摆脱过去的"阴影",主动融入新的班集体,在新的环境中获得快乐和友谊。

【本案启示】

1. 来访者个性敏感多疑,看似冷静,对许多事无所谓,实际上非常在意同学对其的看法。及时沟通很重要,必要时要主动找她交流。

2. 来访者的过去经历是造成其不良情绪的根源。因此,让来访者倾诉这段经历很关键。在倾听过程中明白来访者的主要问题所在,便于辅导工作的进一步进行。

3. 来访者的问题是人际交往问题,可以争取班级同学、老师的帮助,共同来解决问题。

【分析与点评】

本案来访者是一位敏感、多疑、自卑、对友谊有不合理认知的初一女生,来访者因为其性格上的这些特点,加之她认为被好友"出卖"的情况,形成了对人际交往的不确定与不信任感,从而出现人际退缩的情况。对于此类具有同伴交往退缩的来访者,一般用认知行为治疗理论进行辅导比较有效。一方面在认知上帮助她改变不合理认知,另一方面在行为上进行矫正和塑造。从辅导老师的辅导过程及效果看,有几点做得比较好:

1. 运用无条件接纳和积极同理的态度对待来访者。比如文中提到"等小静渐渐平静下来,我马上表达了同感:'好朋友变得互不理睬,的确令人伤心'"。

2. 针对来访者对友谊的不合理认知和对朋友的不信任,以认知治疗理论为基础进行辅导,试图改变其不合理的认知。比如文中提到:"你想想,有没有这种可能:大家觉得你不开心,以为你对座位不满意,想让你开心些?"让来访者以合理的信念取代其不合理信念。

3. 积极鼓励来访者,这对于自卑心理强的她来说很有效。比如文中提到:"是吗?你真的这么认为?据我观察你其实是在默默地关心这个集体的,而且大家也都很关心你。他们不明白你为什么那么不开心,为什么不喜欢参加集体活动?"

但本案也有不足。辅导老师无意中用一些说服式的语言对待来访者的问题,缺少同理,从本质上讲,这样的辅导效果甚微。比如文中提到:"我相信你的同学和你一样,不会再记在心里了,过去的让它过去吧,开心地享受现在的生活和友谊。"希望各位辅导老师在以后的辅导中尽量避免这种价值干预式的辅导方式。同时,这类案例也可以采用完形治疗的一些技术来帮助来访者宣泄情绪,解决过去的未完成事件对她的影响。小学时好朋友的"背叛"对于来访者来说是过去的一个创伤,来访者一直没有机会向当初的好朋友表达她的感受和所受的伤害,因此可以采用"空椅法"让来访者和过去的好朋友进行"对话",从而让来访者真正宣泄对当初这个事件所压抑的情绪,并用换位思考来了解当初好友的想法,这对于来访者过去未完成事件的解决可能有更大的帮助。

(点评人:徐儿)

【问题延伸】

这只是一个简单的案例,但对于刚从事学校心理辅导工作的我来说,还是有许多感触。

1. 中学生中人际关系敏感的人较多,这与学生的自信心下降、猜疑心较强有关。作为老师,指导学生提高自信心、正确对待别人的议论、学会交流固然很重要,但更重要的是自己不要成为扼杀学生自信的"元凶"。教师要多一些鼓励,少一些批评,多一些赏识,少一些漠视,才能让更多的学生享受学习的快乐!

2. 学校心理辅导工作不仅仅是辅导老师的分内之事,所有老师责无旁贷。学生一般喜欢找自己熟悉的信得过的老师解决一些学习生活中的困惑,所以,每位老师都应该细心观察学生,热爱学生,了解学生的心理需要,真正完成教书育人的神圣职责。

3. 学校应注重在班集体中营造一种良好的氛围,使学生平等、愉快地学习、生活,使教育真正体现生命的尊严、价值,促进学生素质的提升!

(案例提供:富阳市新登镇中学 邵月萍)

青春期辅导

一个声称自己有病的学生

> 生活总是不像我们想象的那样一帆风顺,危机与转机常常结伴而来。我们因为害怕危机而躲在一边,机遇擦肩而过,危机却不会自动走开,不如鼓起勇气挑战自我,直面危机,或许我们生命的转折就在这里。
>
> ——作者题记

【来访者资料及辅导过程】

新学期开学后不久,我接到政教处李老师的电话,说高一的一位学生可能需要心理帮助,并简单地介绍了一下这位同学的情况。赵某是这届高一的新生,开学不到一个月,已经犯了好几次错误,这一次更离谱,竟然离家出走,整整一天没有回家也没有到学校来上课,把家长和班主任都给急坏了。第二天人倒是回来了,可是什么也不肯说,认错的态度很好,就是不愿意说出出走的理由。

当天下午我在政教处的办公室见到了这位同学和他的家长。他坐在办公室一角的沙发上,低着头,偶尔抬头向四周扫视一眼马上又低下去。给我的第一印象就是一个羞怯内向的男生。脸长得很清秀,皮肤有点黑却很健康,一双大眼睛透出一些疲惫和害怕的神色。李老师在向他和他的家长通报违反纪律与处分的情况,同时也把我介绍了一下,并对赵小明说如果有什么话在这里不便说可以到心理辅导室,并示意现在就可以。

当即,我就同赵小明一起来到了辅导室。我请他坐下,给他倒了一杯水后,我开始向他介绍心理辅导的一般流程,并强调了我们的保密原则。舒适和谐的环境使小明逐渐放松下来,不像刚进来时那样紧张了,并且也渐渐地对我有了一些信任。他开始说话了,说他以前就读的初中也有一个心理辅导老师,可是他从来都不敢去找他,以为去找心理辅导老师的都是有病的、不好的,因而什么事都藏在心里,从来不敢对人讲,即使是最好的朋友。其实他也没有什么朋友,因为人家都看不起他。接着期期艾艾地,用那种模模糊糊自己才能听得清楚的声音诉说起他在初中时期的一段"荒唐"事来。原来赵小明初中的时候,接受了同学的诱惑,接触了一些不健康的书籍,有过一段手淫史,而且不小心被别人知道了,因此他觉得到处都充满了危险,周围充斥着异样的眼光,从此他就变得沉默寡言,把自己紧紧地封闭起来,一心一意地投入到学习当中去。终于功夫不负有心人,他考进了重点高中。满以为到了新的学校、新的环境就会有彻底的改变,接下来的事实却让他大失所望,初中里的许多同学也都到了这所学校。这下子他又陷入了苦恼,又感觉到了周围的异样目光,觉得这下完了,又要让全校都知道了,同学不会再和他做朋友了,没有人会相信他。所以他就不愿意再待在学校里,又不敢和家里人说。昨天心里憋得实在难受,他出走了,可是,没钱更没有社会经验的他在外面的世界却一天也待不下去,只好又回来了。只是他没有想过家里人和学校会对他的出走如此紧张,因此感到很后悔。

事情开始有了头绪。他的心里有一块阴影,那就是初中的那段手淫史,那种肮脏感和罪恶感一直在折磨着他,自我封闭带来的孤独感更让他难受……有了以上的情况了解和初步分析,我向小明介绍了一些关于青春期心理卫生的知识,并向他说明手淫并不是一件罪恶的事,而是性发育期性生理需要的一种处理方式,只要正确对待就不会有什么问题。而且从现在的研究看来,手淫最大的危害不在于手淫本身,而是由对手淫的不正确认识引发的罪恶感和耻辱感。"真的吗?"他抬起头来,眼中闪着希望和兴奋。从进来到现在,他还是第一次抬头和我说话。我觉得事情有了一个良好的开端,看了一下时间,已经过去一个小时了,便对他说了一些勉励的话,并和他约定,如果心里有什么想法,一定要再到辅导室来。第一次谈话就取得了这样的效果,我感到似乎太容易了点,又有些庆幸问题并不像想象的那样复杂。

大约一个星期后的一个中午,赵小明找到了我,说他想退学。我吃了一惊,问他为什么。他显得很平静,说他还是摆脱不了心中的阴影,时刻都感觉到别人异样的眼光和不信任,而且这影响了他的学习。在上课时他不能专心听讲,老是想着别人会怎么看他,他们要是知道了他的过去,会不会对他说三道四,看不起他,等等。他一边还以不信任的眼光看着我,并打量着辅导室的设置,突然说:"我怀疑我那天对你讲的话被别人偷听了去。"我被弄得哭笑不得,引着他在辅导室转了一圈,并打开录音机让他到门外去看看是否可以听到里面的声音,最终他确认我和他的谈话不可能被人偷听,而我也再三向他保证我们的保密制度,他终于又开始了他的倾诉。

冰冻三尺，非一日之寒，自从上次和我谈过话以后，小明确实好像轻松了许多。在上次谈话中我关于手淫的介绍给了他排除罪恶感的信念和勇气，可是这个信念没有坚持多久，因为具有的观念是那么的根深蒂固；更重要的是，他很在乎别人的看法，很害怕别人知道他的过去。那也是他自己在极力回避的东西。在一个多月的学习生活中，他觉得自己和其他同学相处很难，别人在笑的时候总会觉得他们在笑自己；别的同学悄悄说话的时候就认为他们在说自己的坏话；总是觉得同学们看自己的眼光怪怪的，神经非常紧张，惶惶不可终日，学习没有信心，注意力无法集中。最后他说："我受不了，我不能再在这里待下去了，我要回家休整一段时间，最好是休学一年。我需要好好休息，我的病需要静养。"我没作任何判断给他下一个什么结论，而是就小明的休学理由特别注意帮助他在认知上澄清了几点：第一，同学们是不是都那么无聊，都来关注你的过去，自己没有事情要做？第二，你自己是否有足够的自信，坚信自己没有做错什么？第三，眼光是不是能真实地反映一个人的心理？有时候你在别人的眼里看到的只是你自己的主观意思而已。他默默地听着，脸色逐渐明朗起来，我知道他正梳理着自己的思绪，一些新的想法已在他的头脑中产生。

过了几天，赵小明第三次来到辅导室。出乎我的意料，他开门见山地重复了上次想要休学的念头，并且态度比前次更坚决。我没有立即作出反应。

沉默……这沉默使小明有些不安。

我决定换一种方式与他谈这件事——尽管有些冒险。我单刀直入地提了几个相当尖锐的问题：第一，如果你以心理有障碍的理由休学，那么将如何面对家里的亲友和邻居们带着问题的眼光？第二，休学结束后，还是要回到这个学校里来，还是要面对以前的同学，那时你又将何以自处？这时候，他又沉默了，显然他还未曾想得这么远过，他要逃避的只是现在而已。一会儿后，小明声泪俱下，痛哭流涕，并不时地说："我对不起妈妈……"我递给他纸巾，让他把眼泪擦干，又给他倒了一杯水，等他慢慢平静下来后，我开始和小明讨论起日常学习生活，让他来分析自己的学习状况，因为前一段时间的情绪不稳定，在功课上有哪些困难，并布置了一些任务，如对过去的学习生活做个总结，对将来的学习作个计划，并给自己订一个学期目标。另外，要他多参加集体活动，多向同学学习等。这一次的谈话可以说取得了实质性的进展。一周后的一次面谈，再次巩固了他已有的进步。

又过了几周，他在辅导室出现的时候，整个人充满了一种青春的活力。他告诉我,这一段时间以来,学习和生活都比较稳定,与同学之间的关系也改善了许多,经常参加集体活动,真正体会到了学校生活的乐趣,和同学们相处融洽,学习上也能够全身心投入,并感觉到了明显的进步。虽然和目标还有一定的距离,可是,现在的他充满了斗志,感觉精力很充沛。最后,他对我表示了感谢,并要我向他介绍一些心理健康的书籍,表示要学一点心理学,应用到今后的学习和生活中去。

经过五次面谈后,辅导过程基本结束,进入跟踪调查阶段。一段时间的追踪显示,赵小明基本恢复了对学校生活、学习的兴趣,对学校的各种情况适应良好,能与同学友好相处,学习上虽然还存在一些不足的地方,对比辅导前的状况已有较大的改观。

【咨询后记】

从小明的案例可以看出,他在青春期对性的懵懂与渴望受到了一些不良的引导与所受教育的冲突,在他的心里埋下了耻辱的印记,导致心理压抑,变得敏感多疑,升学后不能很快适应新的环境和新的同伴关系,导致了在学习上受挫。基于原本对性的非理性认知迁移到了学习和生活当中,对于学习上的不适应不能够合理归因,反而一直退缩、逃避,甚至不惜以休学作为逃避的代价。本案咨询的过程中除了适当使用同感等基本的技巧外,适时地挑战来访者,并引导来访者对自我进行分析和挑战,去面对问题并最终解决问题,除了在认知上澄清那些非理性的信念,更要以积极的情绪、积极的行为来挑战自我,挑战危机,重建青年人的激情和梦想。

【本案启示】

1. 来访者个性内向腼腆,敏感而又冲动,有出走的经验,逃避生活和学习,需要及时干预。

2. 来访者的青春期发展有关性的经验和非理性的信念是产生迁移的根源,它不停地使来访者感到不洁、耻辱,学习成绩的下降和同伴关系的紧张使得他更加的敏感、焦虑,因此一方面要把非理性的源头找出来,另一方面还需要尽快调整他的情绪以便能适应当下的学习和生活。

3. 在咨询过程中同感的技术很重要,挑战的技术运用更有效,非理性的信念要澄清,挑战自我,重建合理的信念更具有除旧革新的积极意义。

【分析与点评】

青春期性心理问题是青少年身心发展过程中的常见问题。青少年在缺乏必要的青春期知识的情况下，恰逢社会积存的一些不合理教育，受到一些不良刺激的诱惑，很大程度影响来访者对性心理问题的正确认识，从而出现自责、焦虑等心理，形成不良的自我概念。本案中的来访者就是由于这个原因，心中的害怕日渐泛化，出现逃学自弃等不良行为。

根据对来访者问题原因的判断，本案中的辅导教师首先消除来访者对这个问题的羞耻感，让来访者了解一些合适的有关青春期性问题的科学知识，这是非常必要的。虽然不会达到立竿见影的效果，但还是能明显降低来访者的焦虑水平。随后，辅导老师在咨询过程中对来访者的问题进行了合理的分析和解释，帮助个体化解心理的疑团，为后续的干预奠定基础。

在此个案的处理中，辅导老师在进行了几次咨询之后，决定"换一种方式与他谈这件事——尽管有些冒险。我单刀直入地提了几个相当尖锐的问题……"，这些问题对来访者困惑的改善有明显的帮助。事实上，辅导老师在建立了一种良好的咨访关系之后，对个案进行了面质。面质技术适用于咨询的中后期，在形成良好咨访关系的前提下，通过面质可以协助来访者探讨不一致的地方，进一步面对自己和了解自己，从而使咨询的进程更加顺利的发展。此外，在条件允许的情况下，辅导老师还可以运用自我剖析的方式，通过恰当的"自我暴露"，讲述自身的经验来帮助来访者化解困惑，更有效地促进来访者自我认识的转变。

(点评人：赵阿勐)

【问题延伸】

初中到高中阶段的学生是青春期生理和心理发展的关键期，也可以称为是第二次断乳期。在此阶段一方面及时和科学的性教育是必需的；另一方面从依赖向独立的发展过程中，适时地进行适应性辅导也很重要。面对不同的环境、不同的学习方式和学习内容上的复杂化和概括化，有的学生会表现出无所适从，或者退回到儿童期的幼稚与多变，并且为自己的种种不适应寻找借口，难以正确归因，从而导致自我同一感危机的出现，心理冲突加剧，变得敏感而多疑，甚至出现厌学情绪。所以，在高中学生入学后，应适时对他们进行适应训练，加强心理健康教育。班主任尤其要注意班级里每个学生的情绪变化，及时进行指导；学校心理辅导人员也应注意及时发现情况，及时与班主任和家长沟通，做好学生的适应指导工作。

(案例提供:浙江省富阳中学　汤勇鸿)

我是最耀眼的人

心中是花满目皆花,心中是草满目皆草。不妨在心中多种一些花,你会发现我们的周围可以变得如此美丽!

——作者题记

【来访者资料及辅导过程】
一、问题概述

强是我教了三年的初中生。初一新生报到第一天为别的同学抢座位打架而让我对强印象深刻。作为副班主任的我出面调解,当时强承认自己有错而另外一位学生始终拒绝承认打架有错,显得强还是懂道理的,起码不会是那种特别让老师头痛的学生。

然而我错了。

初一,电脑课,老师要求其不要乱动电脑设备,强不听,老师当众责备,他说:"我爸是乡长你能拿我怎样?不就一台破电脑嘛!"

初二,各科老师告状:抄作业,不写作业,上课吵闹,与老师顶嘴,给老师和同学起难听的绰号,穿奇装异服。老师们一致评价成绩中上的强:骄傲,目中无人,爱出风头,出言不逊,最不爱听批评,具有很强的逆反心理。

强喜欢和班中成绩最好的几个同学在一起,因为他觉得自己也属于这一列,他说:"我很强,所以他们喜欢和我一起玩!"而事实上那几位同学勉为其难地让他一起玩。

初二下学期,青春期特征在他身上得到最明显的体现——早恋!经常出现搂搂抱抱的镜头。强学习成绩直线下降,在班中只能处于中下位置。

二、干预措施

我就是在这个时候真正介入其中的。然而有过这么多的老师对他长时间苦口婆心的教育都无济于事,我能对他产生作用吗？我没有把握。

我把他叫到心理辅导室,"愿意与我谈一谈吗？"

"那要看你想谈什么！"他亮晶晶的眼睛直视着我,毫无一般学生对老师的畏惧,同时眼中带着一丝戒备和玩世不恭的笑意,让我觉得他已经开始嘲笑我们接下来要进行的谈话。

"初二下半个学期了,功课很忙吧？"

"还可以啦！"

"老师都说你很聪明,不过……"

"不过什么？"

"就是学习的心静不下来。"

强微笑地看着我,不答话。

"知道我指的是什么吗？"

"早恋嘛！"

"你确实很聪明！'恋爱'的感觉怎样？"

强的脸上立即浮现出满意的笑容说："很开心喽！"

"你觉得老师会怎么看？"

"不知道,随他们去！"稍稍地收起了一点笑容。

"同学们呢？"

"他们都羡慕我！"

"羡慕什么？"

"婷很漂亮,有本事的人才追得上,而且我是班里第一个谈恋爱的,同学们简直崇拜我,现在他们看我的眼神都不一样！"

"喜欢这种被人崇拜的感觉吗？"

"当然！"

"你觉得婷给你带来的快乐和同学们的这种崇拜给你带来的快乐,哪一种更让你满足？"

强皱起眉头想了一会儿问："这有区别吗？"

"两者只能选一个,要牺牲一个,更舍不得哪一个？"

他低下了头,过了一会儿说："应该是同学们的崇拜。"

"那么是不是只有恋爱才能达到这个目的？"

强低头不语。

"你觉得还有什么人能够得到同学们的崇拜？"

"成绩很好的人。"

"他们不仅可以得到同学们的崇拜,还有老师的赞扬,学校的嘉奖,家长也为他们自豪。你说是吗？"

"嗯。"

"想成为这样的人吗？"

"这很难。"

"是因为你能力不够？不够聪明？"

"不是的,要是我用功一点,考上重点高中一点问题都没有！"强抬起头,迫不及待地回答。

"为什么不试一试呢？我相信你能做到！"

强笑了笑,又低下了头。我没有再问他问题,静静地等待他。一会儿,他就抬起头又朝我笑,只是笑容里少了一点玩世不恭。我仿佛得到了一丝希望,拍了拍他的肩膀说:"你今天能和我讲这么多的心里话,我真高兴,谢谢你！你比我原来想的要好多了,看来我原来对你又误解了。"

"什么误解？"强好奇地问。

"以为你真的无药可救了。现在我明白了,你谈恋爱只是为了证明你很'厉害'的一种表现而已,其实好强本身是很好的,只是……"我迟疑了一下,因为他最恨别人说他的不是。

"只是方法不对！"没想到他接口说。

"你真的很聪明！去试一试好吗？"

"嗯。"

三、柳暗花明

第一次谈话就此结束。当时我注意到他是笑着走进教室的,不是因为高兴,我知道是因为他不想让其他同学以为是刚刚被批评回来的。坐在座位上的强只是发呆,什么都不做。我暗自想:能使他有所感悟吗？我的心里已经有一个声音在回答:会的！

然而在接下来的几天里,他依然我行我素,与婷成双成对地进进出出,在班里谈笑风生。唯一不同的是来告状的老师明显少了。我对自己说最起码他已经开始尝试了,不要对他放弃希望。我希望他能主动找我谈谈,可每次看见我,他就装作没看见,和一群男生嬉笑打闹。我不想勉强他,但我想可以在他尝试努力学习时,帮助他建立、强化成功感。于是在课堂里我开始逮着机会表扬他。有学生说我对强偏心,岂知我的用心良苦!但我知道强能够感受到,只要能帮助他,值!

两周后,期末考试成绩出来了,强是班里进步最大的一位。在他的班主任表扬他之后我在上课时又表扬了一番,同学们回头看着他,齐刷刷地给他鼓掌。当时的他反倒显得一副不好意思的样子,红着脸低下了头。

渐渐地我发现他和婷的接触少了。后来有一天学生告诉我说:"老师,他们俩早就分手了!"我哼着歌回到办公室高兴了老半天。那天放学时,强看见我便微笑地朝我走来:"老师快回家吧,要下雨了。"我拍了拍他的肩膀说:"谢谢你!我会的。知道吗?我真为你感到骄傲!"强挠了挠后脑勺,看了我一眼笑着走开了。在他炯炯有神的眼神中,我看到了真诚。

转眼到了初三,功课更紧了,还要上晚自习,通常学生们要到晚上八点半才能回到家。在如此繁重的学业之下,很多学生都出现了烦躁心理。强当然也不例外,特别是当他的成绩前进到班级第十名后出现了停滞,他显得特别的烦躁。在期中考试后的一天,强动手打了政治老师。当我急匆匆地赶到教室时,政治老师已经控诉到校长室。我看见强气呼呼地坐在座位上,我叫他,他不理。不一会儿,校领导、班主任和家长都到齐了。原来强在政治课上做数学作业,老师令其收起来,他不听,于是老师上前要去收他的数学作业,不料强一跃而起,挤住老师的脖子往黑板上推。女老师的力气根本不及个子高大的强。要不是有其他同学把他推开,后果不堪设想。于是父亲的巴掌、母亲的眼泪、班主任的严厉批评、校长的批评教育扑面而来,在众多压力之下,最后以他在全班同学面前向老师道歉而结束。我当时看着他心都凉了。他依然有神的眼睛看着大家,充满了困惑和愤怒。

在接下来中考前一个多月的时间里,强又出现了以前的一切。抄作业,不写作业,上课要么吵闹要么睡觉,与老师顶嘴,穿奇装异服,头上擦起了摩丝,并且经常粘在班里的另外一位女同学的身边,一副又在恋爱中的样子。

我找过他好几次,希望他能再与我到心理辅导室谈一谈,但每次他都不屑一顾地走开了。他已听不进任何老师的话。中考前一个礼拜,放学时我又叫住了强说:"快毕业了,老师找你最后谈一次好吗?"

他撇开头说:"老师,不用说了,没有用的!"

"好吧,我就和你说几句话好吗?"

"好吧。"

"我能理解你上次和政治老师起冲突的事……"

"我不想再提这件事了,老师!"强不耐烦地打断了我的话。

"好,你说的没错,我们是不应该提这件事了,已经是过去的事了,不应该还放在心上。中考还剩最后几天了,为了自己,不要放弃好吗?我祝你成功!"

"我会好好考的,老师我走了。"强拎起书包急匆匆地走了。我看着他的背影,心想这也许是我们最后一次谈话了。很明显强已经不再信任任何老师包括我。我很想帮助他,但是我的辅导对于他已显得那么的软弱无力。我有一种前所未有的挫败感。很快中考成绩出来了,强没有考上原来他所期望的也很有把握的那所重点高中,而是去了另外一所普通高中。我深深地为他感到可惜。不知进入高中后谁能安抚像狮子一样的强?

【咨询后记】

强是生长在一个乡镇干部家庭里的独生子女,他继承了父亲好强的一面。好强本是好事,但是对于并未形成完整人生观的初中学生来说,他们并不能真正理解"强"的意义。有时为了达到目的,他们不讲求方法与过程,急于求成;当短时间内无法达到目标时,又非常容易走向另一个方向的极端。对这样的孩子如果能加以引导(当他困惑时给他坚持的力量)和帮助(在他前进的路上给予信心和帮助),就会使他躁动的状态趋于平稳,从而健康成长。

【本案启示】

在强的身上出现了青春期年龄阶段可能会有的很多问题。早恋、殴打老师和一系列课堂不良行为,这些是他叛逆心理、易烦躁脾气和错误的未完全形成的人生观所引发出的表面现象。他把每一项不良行为演绎得那么淋漓尽致,是他极度的好强心理所致。

初一、初二的强用早恋和一系列课堂不良行为引起大家对他的特别关注,无非是为了体现自己是"很厉害的人"。对于他来说,只要能使别人感到惊讶并且用一种"崇拜"的眼神来看他,他就会觉得是一种成功,而事物本身的对错根本不在他的考虑范围。这是他错误的未完全形成的人生观所致。这也是属于成长中的青少年普遍出现的问题,只是在强的身上表现得更加强一些。这时就需要我们教育者的正确引导。

初三的强之所以会殴打老师,是因为当他的成绩进步到第十名后而停滞不前时,他出现了急躁情绪,当他认为有人阻碍他前进时便爆发了殴打老师事件,这是他极度的好强心理所致。当父亲的巴掌、母亲的眼泪、班主任的严厉批评、校长的批评教育扑面而来,在众多压力之下不得已在全班同学面前向老师道歉时,强认为颜面全失,之前在学习上的一切努力而获得的荣誉和赞扬顷刻之间不翼而飞,使他开始不再信任我对他的辅导,困惑的他再次迷失了方向。于是他重走老路——抄作业、不写作业、上课要么吵闹要么睡觉、与老师顶嘴、穿奇装异服、头上擦起了摩丝,重新陷入早恋之中。不能流芳百世就来个遗臭万年吧!这也致使我后来完全无法与他进行心灵交谈!

【分析与点评】

初中时期是青少年自我概念发展的关键期。这个时候的学生敏感、自尊心强,因此他们非常关注同学和老师对自己的看法,希望得到别人的肯定和赞扬。因此,青春期出现的很多问题行为如早恋、打架滋事、顶撞老师等,都与这个时期青少年渴望得到他人的肯定、寻求自我同一性有关。此案例中的"强"就是这么一个典型的青春期好强的学生,他渴望获得别人的肯定、同学的"崇拜",因此为别人抢座位、喜欢和学习成绩好的同学在一起、早恋等。这位心理辅导老师从肯定其内心真正的需要入手,并采取了各种方法激励、强化其成就动机,将其好强的心逐步引导到学习成绩上来,可谓用心良苦。然而最后学生反而变本加厉,辅导老师由此而产生强大的挫败感却值得我们深思。

首先,从处理方法上来说,这位教师做得不错,能同理学生的感受,与学生建立良好的关系,并从小处入手鼓励学生。然而,学生身边的系统环境,也就是整个学校的老师并没有为学生的改变创设良好的支持环境。试想,如果辅导老师能事先与跟来访者有关的老师都有所沟通,如果学校中的政治老师也能懂心理辅导的理念和方法,不是采取与学生直接对抗的方法,而是采取接纳和沟通的方法来引导学生的话,师生关系也不致演变成学生殴打老师的惨况。怎么和学生沟通、如何共同为学生建立一个逐步引导改变的支持性环境,不仅是学校心理辅导老师的必修课程,也是全校教师的必修课程。

其次,从来访者改变的复杂性和持续性来说,来访者的改变本来就不是一朝一夕的事。我们说"冰冻三尺,非一日之寒",学生既往形成的行为习惯和处理问题的方式不是辅导老师短短几次咨询就能改变的,这中间会有很多"反弹"的可能。在这个案例中,"强"虽然最后因为在全班面前向政治老师道歉而让自己的自尊心大受打击,从而大大影响了辅导的效果,但是这并不意味着前面的辅导对"强"没有一点效果。心理辅导的效果是潜移默化的,在进入高中以后,如果能加以引导,"强"还是有可能走出这段阴影并有所成长的。

最后,不得不提的是心理辅导老师的自我效能感的问题。不少辅导老师因为没有帮助到来访者,或者努力帮助来访者但因为其他原因而使辅导功亏一篑,从而产生极大的自我效能感低下和对于现实的无奈感,这是每一位心理辅导老师在成长过程中都会面临的和必须要解决的问题,否则很容易产生挫折感和职业倦怠。辅导老师要树立一个信念:你并不是万能的,并不是所有的个案你都能解决;当遇到无法解决的个案时,辅导老师需要适时进行转介,这绝不意味着你的失败,更不意味着你所做的没有意义——只要能帮助到一个人,那便是你的成功!

(点评人:张英萍)

【问题延伸】

强就像一个随时会爆炸的炸药包,引导得好必将发挥其才能,引导得不好却极具杀伤力。我眼看着好不容易走在正路的他被生生地拽下来,感到莫大的遗憾,那种无能为力使我感到非常的失败。

作为学校,对他殴打老师的处理应该说合情合理,这对于管理学生是必要的,毕竟没有规矩不成方圆。可是学校的处理对于心理辅导过程来说却是致命一击,因为心灵的改变本身就是十分脆弱的!那么我不禁要问:在这种情况之下,我们学校教育者到底应该怎样做呢?

(案例提供:杭州市第十五中学 傅之敏)

多给普通同学一点关爱

——关于一个高中文科女生的心理辅导个案

【来访者资料及辅导过程】

一、基本资料

来访者丝丝,女,18岁,高二学生。2002年8月入学,属于民办生(需交纳数万元择校费)。次年8月经文理分班后进入文科班学习。父亲在城乡结合部农村务农,无暇顾及子女的教育;母亲高中毕业考大学未取,早先在某林场做管理工作,近几年在城区某全托幼儿园做生活指导教师,晚上上班,负责小朋友起居,虽不是正式教师,但受幼儿园教学影响,懂得一些教育子女的方法,平时联系老师或参加家长会都由她代表,家中事务也基本上由她安排决定。有一个妹妹即将小学毕业上初中,来访者很少与妹妹相处,但姐妹感情融洽。

在老师眼中,丝丝学习态度较好,上课偶尔会开小差。分班后学习成绩在中等左右,各科成绩比较平均,考试中粗心的问题较为严重。字迹比较潦草,很有些男生的样子,大大咧咧。

丝丝担任寝室长,能组织日常内务,只是效果不够明显,寝室总因为一点点问题而评不上当月的星级寝室。丝丝是一个很独立的人,主观性很强,不容易接受和听取室友的建议,喜欢和别人开玩笑,有时会因玩笑过头而无意中伤害了他人,但自己并不知情。总之,似乎给人一种"高高在上,唯我独尊"的感觉。

辅导老师新接手这个班级,而她是全班57位学生中高一期末考试成绩最好的,学号排女生1号。九月初也即高二刚开学的第一次随笔中,她写道:"又是一个新的学期,新的学期在那么热的天气里开始了,然而心情却没有那么高的温度,走进了同样的教室,然而面对的却是一群陌生人,心中有一种陌(莫)名的失落感,一下子不知道该把自己放在什么位置。我知道我所要接受的是去适应一个新的环境。我并非不会适应,而且我相信我的适应能力应该不低,但我讨厌不停的(地)适应新环境。我喜欢我所熟悉的,但却不喜欢去熟悉的那个过程。我不喜欢一成不变,但更讨厌不断的变化。"类似情绪在新组成的文科班里并不少见,但大凡学生都能自我调适,在感到陌生的同时也会觉得这是一个塑造全新自我的机会,而且这种情绪似乎不该出现在1号身上。

她经常写一些随笔,如:

我是一个平凡的(得)不能再平凡的人,我的一切都很平凡,就像我的智力,我不聪明,但我从不承认我笨,所以我要成功,便要努力。高一时,我甚至认为高中便是我一个噩梦的开始。因为我掉进了深渊,虽说不是从山顶,但也是从山腰,一直往下,往下,到底……我从原本初中时那个自信、骄傲的人,变成了高一自卑、畏首畏尾的人。

即便我不向往成功,但我也不愿永处于失败之地;即便我不热爱阳光,但我也不想永沉海底。更何况,我是如此向往成功,如此热爱阳光。

所以,我告诉我自己,我要走出那阴影(指'协助'作弊一事)……那一场考试,被称作"作弊"。我是其中之一。我做的是一件我以为没有问题,但却是实实在在不可以的、不允许的事……我难过我的糊涂,更多的是可惜,是痛惜。难道我如此努力经营着的局面,就在我一次爬错一格之后,又要陷入黑暗吗?那个夜晚,我想得很极端,眼睛湿了,干了,又湿了。

我的成绩不需要向任何人交代,除了我自己。我觉得我很对不起自己。每日早睡晚起(晚睡早起),每个星期回家只一次,这一切的一切难道只是为了面对如今这一堆祸水吗?

虽说不该讲对不起父母,但我仍旧觉得辜负了他们的希望,他们给我的是最好的,即使他们自己办不到的,也会想方设法为我提供相对比较好的,然而我在做些什么……

同样一个教室,为什么会有人比我好那么多,我应该吗?我至于吗?我比他们笨吗?

从以上可以看出,随笔中负向的东西比较多。

二、问题描述

1. 平时表现温和,处理问题能力强,独立性强,与本班同学关系一般,没有特别亲密的朋友,笔者观察到她的好朋友是别班同学。

2. 高一期末成绩优异,进入文科班学习后,几次测验下来情况并不怎么理想,在班级列中等。

3. 随笔中经常写一些描述自己心情的文字,负面内容较多,诸如对自己不满意,信心不够。尤其是高二第一学期期中考试"帮助"一后进生作弊被发现后,情绪一度很低落,但平时掩饰得比较好。

4. 情绪波动大,有时很自信,有时又显得很消极,易走极端。

三、辅导过程及实施

(一)心理测试

1. 2003年11月,墨迹图(图形1)测验,来访者看到女巫,结果显示来访者正处于焦躁不安和寂寞的状态中。也许会和同学朋友吵架,即使自己常常是善意而且是不经意的,也会引起对方的误解。

图形1　　　图形2

2. 2004年2月,图形(图形2)测验,来访者看到森林,结果显示她对任何事都会以常识来判断,而不会有非常奇怪的判断。很容易相信人,而且不会和任何人吵架,时时都处于温和状态,非常好相处。

3. 请来访者写出头脑中最喜欢的几个词语,结果分别是:天大地大,没心没肺,有头无脑,心跳,结束。这是一个比较简单的主题统觉测验。我的分析是:来访者是一个心气很高的女生,有干大事的气魄与决心,但情绪波动大,属于具有三分钟热度的冲劲,想要突破,但时常不能坚持到最后,因而目前的学习和其他生活状况会有所改善,但变化不大,且自己不满意。当时来访者对此给予了"比较符合"的评价。而且这个分析与此后的性格测验基本吻合。

4. 2004年6月,荣格标准性格类型测验,结果显示:来访者具有独创性的思想和强烈的内驱力,通常只用以达到自己的目的,在对其有吸引力的领域,无论有无帮助,都具有一种良好的能力来组织工作并付诸实施;对事物持怀疑态度,好批评,独立,果断,时常固执己见;为了在最重要的方面上获胜,必须学会在一些不太重要的方面上作出让步,以思考的方式支配其外部生活,而以知觉的方式主导内心世界;是一个完美主义者,强烈要求自主,看重个人能力,对自己的创新思想坚定不移,并受其驱使去实现自己的目标;逻辑性强,有判断力,才华横溢,对人对己要求严格。在所有人中,这类人独立性最强,喜欢我行我素,面对反对意见,通常多疑、霸道、毫不退让,对权威本身毫不在乎,但只要规章制度有利于长远目标就能遵守。

(二)问题分析

1. 情绪波动大

来访者正值青春期,内分泌功能迅速发展,大脑皮层及皮层下中枢的兴奋度迅速增强和减弱,从而形成情绪波动不安,出现较多不合理认识和负面情绪,而且多数指向自己,尤其是对学业的不满意。

2. 思维易走极端

处于十八九岁年龄段的学生接触面较过去的孩子广得多,但经验不足,辩证思维发展不成熟,不善于一分为二看问题,往往抓住事物的一点无限夸大或缩小,自以为看到了事情的全部,极易出现以偏概全的失真判断,从而导致错误的结论,形成看问题片面性或绝对化的结果。自信时,不太乐于发掘他人的优点,喜欢做主导者;自卑时,过分看低自己,觉得自己一无是处,又不愿意与人交流这些情绪,更喜欢用文字的方式表达当时的心境,因而随笔中时常出现相关的内容。即好走极端。

3. 心理需求大，迫切

来访者外形上较普通女生高大，个性也显得比较大大咧咧，在高二的学习和日常表现都显得一般化，但是她更急切需要身边人，尤其是那些经验丰富、阅历深的老师给予更多的照顾与关注。

综合以上情况，来访者是一个心理问题不大，但急切需要长辈特别是老师关心的普通学生。这是青春期青少年普遍存在的问题。高中生尤其是住校生，他们的生活环境离不开学校，学习好又是他们努力的重要目标，许多情绪波动都来源于对成绩的不满意，艳羡他人又不会真心佩服，不懂得如何与周围人沟通等。她渴望有人能指出应该怎样调整，应该怎样合理地分析自己面临的状况，而这个人最好就是老师（特别是班主任）。因为在50多人组成的班级中，受老师关注亦是学习动力的重要来源，更重要的是她能从老师那里学到为人处世的正确方法。

(三) 辅导策略与实施

1. 对来访者的心理辅导

(1) 实施关爱，增强自信

适当提供一些提高各方面能力的工作，充分挖掘其优点。通过民主选举与推荐的方式，来访者当上了班里的生活委员，负责班委费的管理和住校生生活的联络。经常不定期地找其谈心、聊天。来访者喜欢用文字的方式记录下每一段时期的情绪变化，笔者就鼓励她多动笔，并给予特权，随时随地批阅，也用文字的形式和她交流，消除其思想上的顾虑。

(2) 减少不合理信念的产生，能正确对待挫折，合理归因

来访者是一个追求完美的女生，对自己要求高，对别人的要求也高，注重小事，力求尽善尽美。作弊事件发生后，她表面上表现得还比较平静，但内心里非常沮丧，觉得这件事绝对影响了她在同学老师心中的良好形象。加上学号1号又给她带来了无形的压力，来访者渴望通过自己的努力取得好成绩，但竞争的激烈、主客观不利因素的影响，都没能让她达到目标。通过笔谈和面谈，首先让她了解目前的心理状况，引导她认识到：失败是暂时的，如果持续努力肯定能带来理想的结果；不能时常看到自己不足的地方，要一分为二地分析自己的处境，减少诸如"我完了"、"为什么别人总比我好"这样绝对化的信念，同时也要充分认可他人的优点；建议多与同学尤其是本班同学交流心得，多和老师探讨怎样求

得最佳发展。

(3) 建立具体化的个人发展计划

既然1号不是来访者本人真实实力的体现，那么就指导她根据自己在班级中的实际水平确立学习奋斗目标。按照她平时的表现，争取中上的位置是可行的。指导她逐步养成阶段性总结的习惯，包括短时间内的学习情况、情绪变化等，总结得失，再制订下一阶段的计划；多主动参与班级活动，让自己赢得更强的归属感；偶尔还可以组织本寝室的同学出去郊游，增强彼此之间的了解，提高亲和力。

2. 与家长、任课老师及同学的沟通

(1) 与来访者的父母

多次与来访者的父母交谈，指导其父母除了对来访者的生活要悉心照顾外，平时更注意创设与孩子沟通的情境，多了解她与同学、室友交往的情况，教给一些与人沟通的技能。建议父亲利用工作之余常与女儿谈心，因为这种性格的女生更需要父母特别是平时无暇照顾她的父亲的关怀。

(2) 与来访者的任课老师

希望任课老师在课堂上替来访者适当地创造一些问题（来访者能力范围内可以解决的），增强其自信心。借助阶段性练习指导其明了自己的不足、他人思维上的长处，取长补短，争取更大的进步。

(3) 与来访者的同学

希望同学多多配合来访者主持寝室内务的各项工作，从小事做起，充分发挥团队协作精神，平时有想法多沟通，让她也明白周围人的心思。

【咨询后记】

经过数十次笔谈和面谈，来访者对自我和他人的认识合理度明显提高，与同学相处更和睦，平时开玩笑也能注意分寸，同学之间分歧明显减少（见前图形2测试结果）。消极情绪的调控能力提高，随笔中还写一些近期的心理活动，积极情绪增多。来访者的学习成绩随着各方面表现的日趋完善有了显著提高，且日趋稳定。高二第一学期期中考试列班级第37名，期末市统考上升至班级第15名，第二学期期中考试列班级第11名，高三第一次月考、第二次月考分别列班级第11名、第13名。

【本案启示】

学校教育中,我们往往因为精力不够或者从班级管理的角度,特别关注尖子生和后进生(尤其是双差生)。前者决定着班级的最高水平,后者表现的优劣直接影响班级行为规范的养成。久而久之,我们似乎形成了这样的概念:夹在两头位于中间的普通学生最好管(说穿了是少管,不用管)。因为普通学生行为规范无大问题,学习平平,起伏不大,也不用老师操心。殊不知班主任省心省力的同时,这些学生便从平凡转为平庸。他们也习惯了那种无人多过问、自己操心的日子。然而从上述案例来看,处于青春期的高中生,其内心都在经历着暴风骤雨般的变化,普通学生中存在的心理问题也不少。他们有心里话无人诉说,生活学习中碰到挫折没有人提供合适的调适方法,其实他们更渴望老师的关心与照顾。所以,班主任还应该关注这一群体。《成长——微软小子的教育》一书中提到:考试分数"第一名"与日后的成就之间不存在必然联系。事实上,微软人才中有1/3的人在学生时期处在第三至第十名的位置上。他们中间流行着"不必在意名次"的说法。这就表示,中上的学生发展潜力不可估量,有人还对此进行专门研究,提出"第十名"效应。如果我们能更多地发掘普通学生的能量,引导他们慢慢进步,那么发展前途是光明的。

说实话,如果来访者不是1号,如果来访者没有发生"协助作弊"事件,笔者肯定不会花那么多时间和她交流。这样看来,还有很多学生潜在的问题我们都没有发现。早在上世纪中叶马斯洛就提出人的需要层次理论。作为个体的人,作为教育的对象,任何一个都需要我们去积极关注,不能借口精力分散,时间不够而忽略。心理健康辅导活动追求干预性目标,更追求发展性目标,即从辅导老师干预引导被辅导学生,教给其合理调整心理状态的技能,到被辅导者能逐渐掌握自我分析、调控的能力,成为身心都健康的青年。就本案例来说,前段时期仅实现了第一个目标,后一阶段才涉及第二个目标的达成。因此,我们还要努力。

【分析与点评】

本案例乍一看,好像来访者并没有什么突出的问题,成绩优秀,积极上进,对自己严格要求,完全符合"好学生"的标准。但根据我们辅导的一些经验,往往正是这些"好学生"更容易产生一些追求完美的"绝对化观念"。这些学生会较容易因为一些微小的刺激事件而受挫十分严重,其根本原因在于他们未能习得一种对事件进行合理客观评价的方式,故较容易夸大一些事件对自己的影响。如本案例中的来访者就将自己帮助后进生作弊的事件视为自己一生中的一个"污点",久久难以释怀,由此引发了个案对生活环境压力的各种不适应。因此,对于本个案的辅导,运用理情疗法让来访者明白自身存在的一些不合理信念,习得一种与之辩驳的方法,对于改善来访者的问题来说非常重要。本案例中的辅导教师能运用这个方式进行,是非常合理的。

另外,在对此个案的辅导中,辅导教师还能结合众多心理测验的方式,如荣格标准性格测验、主题统觉测验等来帮助来访者了解自己的性格特点,这点值得借鉴。合理运用心理测试的方式,能帮助来访者更直接清楚地了解自己的一些特点,而这些特点往往造成个案问题的根源。个案是制造自己的问题的专家,也是解决自己的问题的专家。本案例中的辅导教师在让来访者了解自己的特点、整合一些不合理观念的基础上,还善于从她的随笔及心理测试的相关结果中,找到个案的"闪光点",即寻找到个案本身存在的正向力量加以发展,成功地帮助个案有效地改善了情绪不稳定、思维偏差大等身心发展不平衡引起的问题。

这位辅导老师兼班主任能够运用敏锐的观察力透过表象看事实的真相,并贯彻了"发展性辅导"的理念,即心理辅导要以正常的学生为辅导对象,借助由学校、家庭和社区所构成的辅导网络来实施,以发展学生的自我潜能,完善个人人格,促进学生个体最大的发展为终极目标。这也是我们每一位辅导老师应树立的辅导理念,把问题处理在萌芽状态,把工作的中心转移到促进大多数学生心理潜能的开发上,而不是一味地"亡羊补牢"。

(点评人:周贤)

【问题延伸】

随着就学压力的上升,许多家庭为给子女创造良好的条件,想方设法把他们送到城市中的重点中学学习。城乡差别正在不断缩小,但从前学习的基础、生长环境以及家庭成员文化素养的差别还是存在着,并影响着学生的成长。班主任和辅导老师应重视对这类学生的发展辅导。

(案例提供:湖州市第二中学 施晓红)

离异家庭、家庭教育问题辅导

老师,我该怎么办?
——离异家庭子女心理障碍咨询案例

【来访者资料及辅导过程】

自从学校开设了心理咨询室,每到星期二晚上我值班时,总有学生到咨询室进行心理咨询。有一天晚上7点钟左右,心理咨询室的门响了三下,推门走来两位男生。我定神一看,矮个子的容光焕发,一脸自信,面带笑容;高个子的低着头,无精打采,萎靡不振。我知道问题出在高个子的身上。

我非常热情地请两人在椅子上坐下,并感谢他们对我的信任。在两位学生整整沉默15秒钟后,矮个子催促高个子:"有事跟老师说,起先不是说好的吗?"

高个子看看天花板又看看我,面无表情地对我说:"老师,我是电脑班的高杨(化名),我觉得在校读书真没劲!"我轻声地说:"能说得具体一些吗?也许老师我能帮你。"高杨抬头看了看我,又看了一下矮个子同学,伤心地说:"同学们都打我!"当我听到这话时,感到非常吃惊,一是因为坐在面前的高杨个子至少有1.80米以上,而且五官端正,身材魁梧,是一个标准的男子汉;二是学校对于打架的事情一直管理得非常严格。看到我一脸诧异,他继续说:"高个子的人一抬手就打我的头,矮个子跳起来打我的头,真的,老师。"我说:"你想过反抗吗?""有!"高杨说,"但老师我怕被学校处分,因为每一次听到你处分打架的学生我都非常害怕,害怕下一个处分的对象就是我。"听到这里,我突然明白这个孩子缺乏自信心,缺乏摆脱目前这种不利情境的心态。

我说:"因为同学无缘无故打你,你很伤心,你打算接下来怎么办?"高杨说:"不知道才来问您!"我说:"心理咨询是让你自己帮助自己的,你想一下该怎么办。"他听我这么一说,从口里小心翼翼地说出:"老师,我不知道该怎么办。"

为了增强他的自信心,我给他提了一个建议:"你给经常打你的那个同学写一封信,说'人不犯我,我不犯人,人若犯我,我必犯人'。底稿留着,当下一次他再侵犯你时,你与他打架,然后再找我,处分他,而不处分你。"

我知道这种方法也许不对,但为了提高他的自信心,让他自己解决自己的问题,也只能出此下策了。

听到我这样建议后,高杨的脸上闪出一道笑容。他感觉到我接纳了他,掩饰不住自己内心的高兴,淡淡地对我说:"老师,我是不会打人的,不过得到你的支持心里很高兴。"我说:"那你怎么办呢?"他很自信地说:"相信我是有办法的,谢谢老师!"然后与那个同学一起离开了咨询室。

第二天上午早自修时间,我在校园里与高杨的班主任相遇,讲起了高杨。班主任说高杨是一个能够遵守学校规章制度的学生,与人交往较少,喜欢独来独往,胆子很小,从来不与老师打招呼和问好,也从来不与班里的女生说一句话。学习也较努力,但成绩中下。家里好像是他妈妈说了算的,班主任说从来没有与他爸爸联系过。他的妈妈开了一家商店,生意不错,家庭条件也不错,不过他妈妈对他的要求十分严格。

过了一个星期,一个周二晚上,他又来到了我的办公室,此时的高杨低着头不敢看我,什么话也没有说,眼里含着泪水。我以为他又受到了别人的欺侮,站起来轻轻地拍了拍他的肩膀,对他说:"谢谢你对老师的信任,老师知道你一定很难过,你愿不愿意告诉老师究竟发生了什么呢?"

高杨抬头看了看我,嘴角动了动,可话还没有出口,眼泪已从脸颊滑落了下来,他又一次低下了头。一定是什么事情深深地伤了他的心,使他难受。看来要帮助他解决问题,首先得让他发泄心中的委屈。我拿出了纸巾递给他,说:"老师知道你很伤心,有什么委屈就哭出来,会轻松许多的。"他的肩膀轻轻地抽搐起来,我第一次发现动情的男孩也会像女孩一样忘情地哭泣。

过了一会儿,他稍稍控制自己情绪,开始倾诉他的委屈:

"我爸和我妈离婚了,在我七岁的时候。我一直不知道他俩为啥离婚,我和我爸感情一直不错,而法院却把我判给我妈,凭良心说我妈也很爱我。

"在我八岁读小学一年级的时候,我爸曾到县第一小学来看我,到现在我还非常清楚地记得在学校门前的小树旁我爸抱着我哭了,眼泪打湿了我的脸颊。那天晚上回到家里,我妈拿着扫把柄在门口等我,看她一脸杀气腾腾的样子,我不知道什么地方惹了她。她用左手拉着我的右手,右手握着扫把柄,狠狠抽打在我稚嫩的屁股上,并且含着眼泪说:"打得让他心痛,让他下次还来看你!?"当天晚上我趴在床上,妈妈一只手拿着药,一只手轻轻地抚摸着我被她打伤的屁股,眼泪像断了线的珍珠滴在屁股上。我知道痛在我身上,疼在妈心里,当天晚上答应我妈,不准爸下次再来看我。

"记得小学三年级时,我爸在校门口等我,我头也不抬地回避了他,走了两百米后回头望亲爱的爸爸,他一个人孤零零地站在落日的余晖里……

"如今那棵小树也变成参天大树了,可我一直没有再见到我爸……"

听他讲到这里时,我突然明白了,同学们为什么会打他,他又为什么没有勇气反抗,我想从小学、初中各年级段肯定都有人在欺侮着他,问题的症结终于找到了。我小心翼翼地问:"你打算怎么办?"高杨说:"我也不知道,但我内心深处很想我爸,要找我爸。"我说:"那你就去找吧!"高杨又非常无助地说:"不行,我怕伤害我妈,我妈如果知道也饶不了我。"我说:"你已经长大了是吗?"高杨说:"我是长大了呀!"然后高杨接着说:"其实大人们的恩怨不应该再折磨着我,他们离婚了是他们的事,我有权利看我爸是吗?"

听到我赞成去看他爸时,高杨脸上又出现了少有的自信。"老师,能否让我在上课时请假,这样不会引起我妈的误会。"我说"行"。高杨还说其实在这以前已经打听到他爸的工作单位和电话号码。

第三天,星期五上午,他拿了一张请假单说要我批。我批准了,我知道他的请假目的。

第三个星期二晚上,从门缝里塞进来一张纸条:

林老师:

谢谢你那天给我的指导,点拨了我十多年的迷惑。我见到了我爸,倾诉彼此的思念,我知道他现在生活得很好,我放心了。当天我俩还干了一杯啤酒,从前天开始,我轻松了许多……

老师,我妈还不知道我去看我爸,你说该怎么办?

高杨

第四周的星期二晚上,他又来到了心理咨询室,精神状态较好,落座后笑着对我说:"老师,一直以来,压在我心头的是我妈反对我去看我爸,没有想到的是,我去看我爸后的第二天晚上,我把事情告诉我妈,妈妈只是淡淡说了一声'你长大了',并没有反对。谈话后的第二天中午她还悄悄问我:'他还好吗?'我如实告诉了她我爸现在的情况。如果没有老师你的鼓励,我想我是不会跨出这一步的。"对他有这样的认识我很高兴,为了与他一起探讨他受到别人欺侮的原因,我问高杨:"上次你说同学们欺侮你,你印象中最早发生这样的事是什么时候?"高杨沉默了一会儿说:"那是我读小学三年级的时候,开始有人欺侮我。一年级和二年级时我很活跃,与同学相处的也好。"我接着问:"你想过为什么吗?"高杨说:"一直以来我没有问过自己为什么,只是觉得自己不讨人喜欢。经过你这么一说,我想与我爸妈离婚的事有很大的关系。"高杨接着说:"我爸与我妈离婚后的一段时间,我的精神状态一下子到了崩溃的边缘,虽然还小,但对人对事的看法都不一样了,让同学欺侮一下也无所谓,不去计较。长期以后,同学打我就成了习惯,我被别人打也成了习惯。"我问他:"在这之前你有这样的认识吗?"高杨说:"没有。老师你说起之前,我从来没有想起这些事来。"我问他:"这几天还有人打你吗?"高杨说:"没有,只是我与他们还不能很好的相处。我只会关心我自己,很不想与他们玩,也不想与他们开玩笑,我认为讲那些话都是多余的。"我试探着问:"你认为人际交往重要吗?"高杨说:"重要是重要,可是我不习惯,总感觉到即便我努力了,人家不一定就认可我。"我说:"那你想改变目前这种交往现状吗?"高杨说:"老师,其实我做梦都想,只是不知道怎么做。"高杨有这样的思想转变让我非常高兴,于是我给他布置了作业,就是练习如何微笑着向人问好,并且按系统脱敏法制定了不同的等级。高杨同意了方案,并且付诸实施。

第五个周二的晚上,高杨准时到了咨询室,心态与以前比较明显好多了。我问作业完成得如何,高杨说自己正按老师的步骤认真履行。我又问近来是否还有同学欺侮他,高杨说自己近来每天笑容满面,主动与同学们交往,同学们也很喜欢他,再也没有人欺侮他了,偶尔出现欺侮现象也是很平静地与之说理,不会再有尴尬了,其实也就是同学们玩笑,大家挺好的。只是许多人都说自己变了一个人似的,有点不习惯,偶尔也感到有点尴尬。我鼓励他这正是他自己所想的结果,希望他继续努力。

这一次他只与我聊了十多分钟就走了。

一周后的周末,我借买东西机会到了市场找到高杨的妈——一个非常和蔼、能干的大姐。亮明了身份后,我与她说起高杨的心路历程,大姐非常内疚,说理解孩子并赞成他去看他爸。

一年以后,高杨去参军,那天去送行的有他的亲妈亲爹……

【咨询后记】

高杨因为父母离异后,自我感觉缺乏爱护和关心,导致心理意识发生歪曲、自我人格扭曲,最终导致与社会生活的不适应和自己内心的不适应。他把自己的真实思想、情感掩饰起来,试图与人保持严格的距离而产生了封闭心理,导致与同学关系处理不当。因为受到同学的伤害,又使他在人际交往中成功的体验少,失败的体验多,缺乏自信,总认为自己不行,缺乏交往的勇气和信心而表现出自卑心理,到最后即使受到别人的伤害也不敢反抗。这就是高杨的心路历程。

【本案启示】

1. 一个成年人的人际交往水平与自己早年的生活经历有密切的关系。

2. 长期缺乏安全感的人往往感到被拒绝、受冷落,感到孤独、被遗忘、被遗弃,对他人抱不信任、嫉妒、傲慢、仇恨、敌视的态度,表现出强迫性内省倾向,病态自责,自我过敏……

3. 在与来访者建立咨询关系上利用倾听、共情技术,让求助者感受到被接纳、尊重、信任,给予良好的人际支持,比较有效。

4. 心理咨询不是替人决策,而是帮人决策;心理咨询的首要任务是思想沟通,而非心理分析。

【分析与点评】

现今,随着离异家庭的增多,离异家庭的子女心理辅导问题也应该越来越引起学校和社会的关注。离异家庭的子女通常会出现自卑、自信心不足、打架滋事等一些问题行为。本案例中的高杨因父母离异,长期生活在缺乏父爱的环境中,再加上母亲的威严,而逐渐形成自卑心理,对自己缺乏客观正确的认识,低估自己,在交往中不自信,觉得自己不如别人,缺乏交往的信心和勇气。

本案例中,辅导老师的无条件接纳和同理使来访者感受到辅导老师对其的支持,并很快信任了辅导老师。因此,虽然这个接纳和同理显得有些偏向来访者,但是以玩笑的语气表达对来访者的支持,也未尝不可。也正是这种支持才能形成良好的咨访关系,使来访者能敞开心扉,和辅导老师说自己家庭离异的事情。辅导老师根据埃利斯的理性情绪理论,使来访者认识产生不良情绪的主要原因是不合理的信念而并非是事情本身,从而帮助他做认知上的改变,使他重新评估父母离异而调整交往的认识结构,提高人际的认识水平,获得一定的效果。此外,辅导老师还不自觉地运用了焦点解决短期咨询的理念,如在获悉来访者一直想见父亲又不敢见之后,问来访者"你打算怎么办"。这种将来访者自己视为解决问题的专家,以解决为导向的理念,与焦点解决短期咨询中强调来访者自己的力量、以目标为导向的咨询理念不谋而合。辅导老师在咨询过程中一直让来访者为自己的行为作决定,并积极鼓励他,这种做法值得肯定。

另外,在本案中,如果需要的话还可以使用家庭系统疗法和完形治疗的一些技术。一个家庭的成员之间的相互作用模式是经长久的相互作用习得的,不可能朝夕之间就得以改变。但是,家庭的改变又是系统的,一个成员的改变可以带动其他家庭成员的改变甚至是整个家庭系统的改变。在这个案例中,辅导老师除了去找家长进行沟通外,还可以请家长到咨询室,给来访者和家长一个当面沟通的机会。在此之前,当然也可以用完形治疗的"空椅法"、"角色扮演法"等让来访者先预演如何跟母亲说爸爸的事等等。当然,这些理论和技术并不一定要在咨询过程中使用,而是视咨询过程中的需要而定。

(点评人:赵阿勐,周贤)

【问题延伸】

子女在母体中诞生,母子关系具有一种天然的"生理联结",而父亲与子女的关系则必须通过社会情感接触才能逐渐形成,这就是所谓的社会情结。父亲在子女的心目中是"力量"象征,能促进孩子的人格发展;父亲在子女的印象中是"外在世界"的象征,从父亲工作性质和家庭角色中孩子间接体验到外部世界,萌发远大的志向。对子女来说,亲子关系是儿童最早建立、也是最亲密的人际关系,这种关系的好坏,不仅影响儿童的身心发展,而且也将影响儿童以后形成的各层次的人际关系。

(案例提供:温州苍南县职业中专学校 林甲针)

一个离家出走的女生

【来访者资料及辅导过程】

求助者赵某,女,18岁,汉族,温州某重点中学高三学生。赵某,出生在知识分子家庭,母亲是小学教师,父亲是中学教师。赵某自小聪明伶俐,又很乖巧,深受大人喜爱。现就读于一所省重点中学,还是学校的学生会主席。人格方面,有个性,有主见,很自信。身体健康,无重大躯体疾病,无传染病史,无家族病史,未因心理问题进行过咨询或治疗。此次前来咨询是由母亲和班主任老师陪同来的。她肤色白净,身材高挑,聪慧的眼神中充满着迷茫和绝望。表现出来的问题是离家出走。

一、问题陈述

因求助者情绪低落,有抵触情绪,不愿陈述,由其母亲代为陈述:赵某自小就是个天真、活泼又懂事的女儿,是父母的掌上明珠。在她读初二的时候,父亲喜欢上了跳舞,经常很晚才回家。父母开始吵架,到后来父亲有时整夜不回家。她很懂事,她爱这个家,她希望这个家回到从前的样子。她时常瞒着母亲,到舞厅里把父亲找回家。到高二时,父母最终还是离了婚。在此期间,她的成绩有起有落,落的时候可能是班里的第二十名左右,好的时候能考到全段前三名。班主任老师也同时反映,赵某是一个非常出色的学生,不仅成绩好,工作能力也很强,平时是老师的得力助手,在同学中很有威信。她还担任了学校两个社团的社长,工作开展得井井有条。就是成绩有波动,在她成绩下来时,找她谈了话后,成绩就会明显上去。该学生很聪慧,平时看上去也很开朗,有事基本上都会找班主任说。但是关于她父母亲的事,三年来从来没有提起过。

在她的班主任老师和母亲的陈述过程中,她始终没有说过一句话,眼睛很茫然地看着前方,偶尔看一下咨询师。从这点可以看出赵某有抵触情绪,但也有寻求帮助的愿望。

二、评估与诊断

根据赵某母亲和班主任的陈述,家庭的不和谐,即父母的离异引起的赵某的心理和行为问题最终导致她在离高考只有两个月的时候,带上50多元钱离家出走。赵某从小聪明伶俐,讨人喜欢,受人称赞,在她的生活中充满着鲜花和赞美,因而使她成长为一个有主见、有个性、很自信同时追求完美的女孩。父母的离异对她来说无疑是一个突如其来的沉重打击,让她尚不完全成熟的心理承受不了。她又是一个懂事要强的女孩,父母离异,家庭离散,原来安全快乐的港湾瞬间毁灭,这是她心头的痛啊。她不愿向别人说父母的事,因为她对父母、对家庭爱得太切,所以她把它埋在心里,埋得越深,对她的伤害也越重。

诊断依据:1. 判断正常与异常心理的三原则。求助者赵某的心理活动在形式和内容上是和客观环境一致的,即她的痛苦和焦虑的心境与客观存在的社会事件和生活状况是一致的;求助者知、情、意的表达也是协调统一的;求助者偏差的认知与痛苦的心境与过激的行为是统一的。个性的稳定性方面,求助者的个性确实发生了变化,原来是积极向上的,而现在却选择放弃学业,离家出走。但是在现实中,对她而言客观存在重大的应激事件,其变化是可以理解的。2. 其表现出的严重程度,精神痛苦程度强烈,社会功能没有受损,是负性情绪积累的一次爆发。

根据以上依据可判断求助者的问题属一般心理问题,可排除重性精神和心理障碍。

再依据以下具体情况:1. 求助者赵某有明显的生活事件为诱因,三年来父母关系不和,高二时父母的离异,对赵某来说是重大应激事件;2. 生活事件和求助者三年来的负性情绪对心理问题的发生均起重要作用;3. 以愤怒和焦虑情绪为主要表现,并产生了不恰当行为:放弃高考,离家出走;4. 伤心、痛苦、愤怒、焦虑的负性情绪持续了三年;5. 求助者心理问题的出现和表现形式与心理因素有着密切的联系,且无其他心理障碍的临床表现。故此诊断为一般心理问题,应激反应。

三、咨询目标的制定

咨询师和求助者共同商定了咨询目标。首先设定具体目标,即摆脱目前的伤心、痛苦、焦虑等不良情绪,这是近期目标,然后制定最终目标。行为和情绪的产生有赖于个体对情景和客观事件作出的评价,所以把最终目标定为改变求助者的认知模式,摆脱对家庭、父母的依恋,消除负性情绪的影响,促进心理的成熟和健康发展,达到人格完善。

求助者是一位智商极高的高三学生,对于心理咨询还有阻抗,但求助的愿望尚有。根据两个月以后就要参加高考的客观情况,应采取认知治疗为主的综合咨询方法。又因为赵某的心理问题的根源是家庭问题,所以同时做家庭咨询。

咨询方案实施前,告知求助者及其家庭成员咨询双方的权利和义务,要求求助者及其家庭成员积极配合,并按咨询师的要求完成作业。

与求助者约定会见时间为一周两次,并告知其费用情况。

四、咨询过程

咨询过程分四个阶段。第一阶段采用情绪疏导法,诱导求助者发泄自己痛苦的心情、愤怒的情绪，暂时摆脱苦闷、烦恼、焦虑情绪。第二阶段通过与求助者共同讨论分析，让求助者领悟到问题的根源在于自己的认知偏差、心理发展的不成熟。第三阶段是帮助求助者调整认知，让求助者认识到在人的一生中遇到矛盾挫折是常事，解决矛盾是不可避免的。第四阶段，认识自己的认知模式的特点和承受力脆弱的特点，在以后的生活中培养更健全的认知方式及更健康成熟的人格。

　　赵某一共咨询了四次。第一次咨询时，她不愿说，一直咬着嘴。咨询师采用疏导疗法和情感支持疗法。咨询师请她母亲跟她说小时候的典型事件，当她母亲足足讲了半小时，她终于放声大哭。有人说哭能消释百分之四十的抑郁情绪，不仅对年幼者效用显著，对于成年人也仍有宣泄功能。赵某痛哭之后开始倾诉，把自己心中所有的痛苦、愤怒都倾泻出来。咨询师引导家人向求助者提供了情感上的支持，让她明白爸爸妈妈虽然分手了，依然是她的爸爸妈妈，对她的爱一点都没有减退，慢慢地让她趋于平静。最后，咨询师给求助者留了作业，要她回去后，回忆小时候爸爸妈妈对她的态度，把重大事件记下来，下次来咨询时要带笔记。

　　求助者第二次来时，情绪明显明朗了许多，但是烦恼仍然存在。她向咨询师诉说着她依然不能释怀的痛苦，她说自己很爱爸爸妈妈，不愿他们分开。咨询师问她，爱一个人是不是意味着让他幸福？她回答：那当然。咨询师又让她试想：在她初二到高二的三年里，爸爸、妈妈在一起是否幸福？她苦想了一会儿，把头低了下来。她一直认为一家人在一起就是幸福的想法得到了破解，让她明白那个幸福只是她一厢情愿的幸福，她既然爱父母，就不能把自己的幸福建立在他们的痛苦之上。在求助者慢慢理性之后，咨询师又让她做换位思考，让她感受她出走后父母亲及所有爱她的人的感受。随后求助者的愤怒消失了，随之而来的是内疚，说现在自己很想对爸爸妈妈说对不起；痛苦感也趋于平和。

　　第三次，求助者是一个人来的。在这一次咨询中，咨询师对其进行承受失败和挫折的心理训练。咨询师为她准备了几个故事，让她在放松的状态下听。故事讲到主人翁在平静的生活中突然遭遇挫折，让她去感受，然后思考怎么做是最好的。这时的她非常冷静和理性。她回头想自己以前的状态，觉得真的不成熟，就对咨询师说，经过这次心理问题的调适，自己成熟了许多。

　　第四次，她主动对咨询师说，她还想参加今年的高考。咨询师看她情绪调节得比较快，想参加高考表明她对生活开始向积极的方面想了。咨询师对她进行了一些正面评价，和她一起分析了她的现状，一起安排了学习计划，最后告诉她,她的咨询可以告一段落了,如果有心理问题,随时欢迎。

赵某如期参加了高考并取得了非常优异的成绩,进入了重点大学。

五、咨询效果评估

求助者自我评估:咨询结束时,求助者痛苦和烦恼的情绪消除,心情也开朗了,开始思考发展性的问题。

求助者社会生活适应状态改变的客观表现:当年参加高考,并取得好成绩。

求助者周围人对求助者改善状态的评定:其母亲反映,赵某不再乱发脾气、摔东西了;与父母的沟通也多起来。

咨询师评定:根据咨询师的观察,求助者在情绪、认知和独立性等方面有进步,自我评价更客观,敢于面对困难。

【咨询后记】

从整个咨询过程来看,小赵痛苦的心情、愤怒的情绪与她所遭遇的社会事件有关。因此,对小赵的认知偏差进行干预之前,首先要向她提供足够的心理上的支持,即采用情绪疏导疗法和情感支持疗法,使她在大哭中将抑郁的情绪得以宣泄。认知偏差的干预也是本案的关键,咨询师引导小赵进行换位思考,让她充分体会她的父母及所有关爱她的人的心理,使她的心理脱离幼稚和不成熟状态,领悟到有关苦闷、烦恼、焦虑情绪的问题根源在于自己的认知偏差,培养健全的认知方式,有助于构建健康成熟的人格。

【本案启示】

1. 本案的求助者采取极端行为,不顾高考的临近而离家出走,与她经历的应激事件有关,所以向她提供足够的心理支持,采用情绪疏导和情感支持非常必要。

2. 求助者有追求完美的特点,有极强的自尊心和极大的自卑感。她不让身边的任何人知道父母的不和甚至离异,包括自己最信任的班主任教师,这与她早年的成功体验有关。

3. 求助者缺乏挫折感的体验,一遇到挫折就选择逃避。因此,对其进行承受失败和挫折的心理训练是必要的。

4. 求助者的心理问题的起因是家庭问题,所以在给求助者做个案咨询的同时,做家庭咨询很有必要。

【分析与点评】

此案例中的来访者是一位非自愿的成绩优秀的学生。对待非自愿的学生，咨询老师能与其家长合作，采用情绪疏导疗法和情感支持疗法，使小赵在大哭中使抑郁的情绪得以宣泄，这一点做得非常到位，为建立良好的咨访关系打了了基础。各方面表现优秀的学生在人格上往往有追求完美的倾向，其认知上往往存在一定的偏差，如不能接受父母离婚的现实。这不仅需要对其进行认知干预，同时也要进行面对问题时如何解决的相关心理训练。此例中，第三次咨询时，咨询师准备了一些故事让来访者感受及进行心理调适，这种做法尚可。但是我们认为，如果能让来访者思考父母离婚将来可能会面临的一些问题，并尝试如何面对和调适自己则更有针对性。

此案例中辅导老师做得比较成功的地方在于：

1. 能具体列述对来访者问题的诊断情况。我们可以知道，心理辅导一般针对一般心理障碍的来访者，凡有重性精神和心理障碍的，需转介给相关专业机构治疗。因此，我们学校心理辅导老师在咨询之前需明了我们的工作范围，对来访者作出一定的判断，看他们是否适合我们做心理咨询。这位辅导老师在这点上做得非常好。

2. 辅导老师以认知治疗为主，结合家庭治疗，共设计了四次咨询方案。从这四次咨询来看，这位辅导老师的设计还比较合理，从情绪宣泄入手，辩驳不合理认知、进行承受挫折的心理训练及帮助来访者制定以后的学习计划等，层层推进，有助于咨询效果的延伸。

但是，这个辅导案例也有一点需要辅导老师再加以斟酌。在第三次咨询进行承受挫折能力的训练中，是否有必要利用其他人的故事来训练来访者的挫折承受力。挫折是来访者自己亲身遭遇到的事，他人的故事无法让人感同身受，同时也无法达到真正训练来访者承受挫折能力的作用。因此，我们建议，可以让来访者设想在父母离婚以后的生活中自己可能还会面临怎样一些困难或令人尴尬的场面，并尝试着去应对。这种针对来访者自己未来生活可能遇到的挫折的设计可能更有针对性。

（点评人：张英萍）

【问题延伸】

现在的学生普遍存在缺乏失败和挫折承受能力的心理素质，特别是重点学校的学生,得到的从来都是表扬和赞美,在他们不够理性的思维中,成功是理所当然的,而失败总是始料不及。这一问题的根源是环境(包括家庭、学校)给他们提供错误的信息,使学生形成错误的观点,他们往往把世界简单化,甚至美化。要解决此类问题,在正面表扬和鼓励的基础上,进行必要的挫折教育是关键。这种教育最好是渗透到学校心理健康辅导活动课中。

家庭是学生接受教育的第一个课堂,伴随着学生的每一个成长环节,家庭教育对学生的健康成长至关重要,希望家长对挫折教育能引起足够的重视,那将会意义重大!

(案例提供:浙江省瑞安中学 蒋善津)

让孩子远离冷漠的伤害

> 若要享受登山的乐趣,我们必须走到山上去。山,就在我们的眼前,它永远不会离开自己的位置向我们走过来。为了享受登山,我们只有抬起自己的腿走过去。面对生活,也同样如此!
> ——作者题记

【来访者资料及辅导过程】

老师,我心理不正常

已经过了初秋,淅淅沥沥的一场秋雨,一下子把午后的校园安抚得安安静静。孩子们都躲进了教室,往常人声嘈杂的大操场忽然间清静得如一块塞北的草原。

屈指算来,我们的心理辅导室成立已经快一学期了,孩子们从先前的好奇渐渐地变成了如今的平静,来这儿瞧热闹的人少了,抱着咨询之心的人多了。

送走最后一位孩子,我望望窗外,雨仍在下,似乎更大了。快上课了,我想不会再有人来了吧,合上记录本,正要拉门回去,忽然门口闪现出一个略带惊慌神色的女孩。她,个儿矮矮瘦瘦,扎着两根小辫子,脸上长着些雀斑,一双小眼睛一闪一闪,不时闪过一丝丝的紧张和惶恐。我弯下身子,拍拍她的肩膀,轻声问了一句:"欢迎你,有什么事可以帮助你的吗?"

这孩子抬起眼皮,看看我,说:"老师,我自我感觉有些心理不正常。"

我吓了一跳,还从来没有孩子说自己"有些心理不正常"。我再次看了看这位个儿瘦瘦的孩子,拉她坐了下来,说:"怎么会呢?老师看你挺可爱的。"

这时,上课的预备铃声响了,孩子紧张地站起身来。我坐下来,对她说:"没关系!待会儿我会给你老师打电话解释的。你先坐坐,我还不知道你的名字呢。"

她用手拉了拉衣角,小声说:"小敏(化名)。"

我伸过手去:"很高兴认识你!要不,我们这样吧,后天我值班,你会来吗?"

小敏点点头。

等她走后,我记下了这么几个词:小敏,女,大约四五年级,紧张而有点大胆。

我为什么要来到这个世界?

星期四的中午,我刚走进辅导室坐下,门外就响起了脚步声。我连忙起身拉开虚掩的门,发现小敏已经站在门外了。我对她友好地笑了一笑,说:"欢迎你来!"

坐到椅子上后,小敏却显得沉默了,她低着头,牙齿紧紧咬着嘴唇,很久都没有说话。

我为她冲了一杯茶,说:"来,先喝杯水吧。"

小敏接过茶,小声地问:"何老师,会有人知道我来过这里吗?"

我笑了笑,说:"怎么会呢?再说,已经有很多同学来过了。我们到这里只是随便聊聊天,像朋友似的。你说呢?"

小敏点了点头。

我问:"现在上课还好吧?"

小敏摇摇头。

我把椅子拉近了一点,说:"哦?能说得具体点吗?"

"唉!"小敏叹了口气,说,"我上课经常不能集中注意力,对老师的提问,即使自己心中早已明白,也不想举手回答。"

我接过话题:"嗯,有很多像你这么大的孩子都有这样的感觉。"

"是吗?"小敏舒了一口气,接着说,"下课的时候,看到同学在一旁玩耍、聊天,总觉得他们好像同自己不是一个世界的人,并认为那是在浪费时间。当身边的人遇到不顺心的事情时,不知怎么的,自己心里却会有一种莫名其妙的快乐。老师,我这样是不是不正常?"

"你能这样实实在在地把自己的想法告诉老师,说明你很正常呀。还有其他问题吗?"

"我怀疑自己耳朵好像有问题。"

"为什么你有那样的感觉?"

"因为,我……"小敏有些犹豫了。

我把真诚的目光投向她,说:"作为大朋友,我很想听听。"

小敏迟疑了一下,说:"因为我经常听不到爸爸妈妈或者同学在叫自己,整天提不起精神。走在马路上总觉得身边的汽车像黑影一样,无声无息。还有……看到班上的男生,我会想他们以后会怎么死去。"

"人总是要死的,你想到这一点也很正常。你喜欢和班里的同学谈心吗?"

"不喜欢。他们不理解我。"

"你从哪里看出来?"

"班级一起搞活动,比如秋游、野餐的时候,虽然自己很想参加,但我担心同学们不会要我同他们一组,所以……"

"家里人呢?"

"爸爸妈妈很少问我的学习和生活,只有在考试后,才偶尔问一下考得怎么样。我有时会怀疑自己到底是不是爸妈亲生的!"

"能谈谈你家里的人吗?"

"听说我出生后,爸妈就吵了一架——只因为我是个女孩……后来他们就把我扔给了乡下的奶奶,自己进城了……大约八九年后,或者是他们实在担心奶奶太老的缘故,或者是要我照顾六岁的弟弟,于是他们把我接到了城里。"

"哦!"我长长地叹了一口气,问,"能谈谈你以前的事情吗?"

小敏却沉默了,过了很久,她都没有说一句话。我朝她微微一笑,说:"谢谢你这么信任我,下次我们一定能聊得更多,你说是吗?"

经过第一次的交谈,我对来访者的情况也渐渐清晰起来。我初步判断,小敏的表现带有冷漠心理的一些特征,这包括:行为表现方面对集体生活环境不适应,对周围发生的事不闻不问、漠不关心;身体状况方面常出现一些幻觉,如听力的弱化等;人际关系方面有孤独感和失落感;以及对生活的怀疑:我为什么要来到这个世界？只是,她为什么对家人和自己的过去不愿启齿？

我决定先向她的老师了解一番。

从主动打招呼开始

经过班主任的介绍,我大致了解了小敏同学的情况。小敏的父亲是外地一所职高的教师,是个典型的工作狂,能为工作需要舍去家庭,事业上颇有建树。他很少关心家庭,平日在家时间不多,对己对人都严格要求,极其疼爱儿子,儿子的一切需要往往都尽力去满足。母亲是本地某小学的教师,她有比较严重的"重男轻女"封建思想,平日极其溺爱儿子,却较少过问女儿的事。弟弟是本地某小学二年级学生。小敏幼年在乡下随奶奶生活,直到读三年级时才和父母住到一起。

我决定在对小敏的经历有一个比较完整的认识后,再采取一定的干预措施,现在的辅导重点是确立起友好、信任、坦诚的咨询关系。

只可惜,到了我们约定的时间,小敏却没有来。过了两天,我请人捎了一张卡片给她,上面写了几个字:什么时候你有空?

小敏终于如约而来。这次,她带来了一本多年的日记本,我翻了几篇阅读后,发现她的文笔挺优美。我说:"看了几篇,感觉很像小作家的手笔。"她脸红了。

沉默了一阵,小敏开口了:

"读小学一二年级时,因为父母不在身边,班内的同学常常讥笑我是没有父母的野孩子。我认为唯一对我好的亲人是我奶奶,可惜她现在死了……如果我不来城里的话,她也许不会被水淹死了。奶奶总是在我被人欺侮的时候,出来保护我……到城里读小学后,因为自己的普通话说不好,同学都学我的样子取笑我。在学校里发生的事,我从来不敢告诉老师或奶奶。读五年级后,我的成绩有了很大的进步,同学对我的看法才有了改变,但我自己总觉得他们是假的。

"能到城里来读书,乡下的同学都很羡慕我——也许他们那是嫉妒我。但是我的心里却一点都不高兴:这么多年来都是奶奶在照顾我,可我却在她身体不好的时候离开了她。后来她就被水淹死了……

"四年级的时候,我终于有了一个可以说得来的知心朋友,可是,她后来因为父母换工作去了另外一个城市读书,渐渐的我们就失去了联系。现在,大家似乎都在忙各自的事,没有人会真的来关心你。"

我静静地听她说完这一切,了解了她的内心想法和她的成长经历与困惑。

我决定先帮助她正确了解自我,淡化心灵的阴影,消除因奶奶死亡而产生的自责感。

"你奶奶对你很照顾啊!"我说,"如果你奶奶在世的话,我想她一定很想让你和你的爸爸妈妈活得快快乐乐的。你说呢?"

小敏点点头,流泪了。

"其实,有时候我们的父母把我们寄养在奶奶或者外婆家也一定有他们的难处,他们也是迫不得已呀。在你同你的奶奶生活的时候,你爸妈经常来看你吗?"

小敏点点头,说:"有时来。"

"我想,你爸妈一定是爱你的。有时候,我们的行为确实不能改变一切,但是,只要我们认真做了,一定会有回报的。"我问,"你回家时,见到你的爸妈,你会主动地和他们打招呼吗?"

小敏摇摇头。

"那么——"我说,"就让我们从同爸妈主动打招呼开始吧。"

和小敏商量后,我决定先培养她主动参与他人活动的意识和习惯,并列出了一张计划表。

第一周:主动向认识的人打招呼,可以是呼名问候、谈论天气状况,甚至微笑。

第二周:每天主动与不同人交谈累计不少于半小时。

第三周:能每天邀请一人参加自己的事情或主动参与同学的活动。

望着这张表,小敏笑了。我问:"能做到吗?"

"能!"她肯定地点点头。

初步的诊断分析

送走小敏,我对这个案例进行了初步的分析。我想,来访者的情况,可能源于以下几个原因:

(一)自我认知的失调

1. 自幼相伴的自卑情绪

来访者幼年曾被父母托养于奶奶处,更由于幼年时期经常遭受同龄人的嘲笑,内心有被"父母遗弃"的心理情绪。另一方面,离开奶奶与父母一起生活后,又由于"被父母溺爱的弟弟"的存在,进一步加深了她与父母之间的隔阂。从心理学的角度来看,加入父母生活圈的这一事件,并没有使来访者因为与父母空间距离的接近而改变双方心理上的距离,相反,因为弟弟的存在,双方的情感障碍加大了,来访者的内心自卑感加深了。

2. 内心深处沉重的罪恶感

来访者视奶奶为自己唯一的"保护人"和"同情者"。奶奶的离世,令她感到失去了自己利益的捍卫者,生活的孤独感油然而生。由于奶奶是在她离开之后不幸溺水死亡,导致来访者自我犯罪意识的形成与发展,认为自己对奶奶的死亡负有不可推卸的责任。随着消极自我暗示的不断出现,来访者自我封闭的心理进一步加剧,怀疑自己的存在是一种罪恶。

(二)人际关系的障碍

1. 渴望亲情又无法享受亲情的矛盾

对亲情的渴望是每一个正常人最基本的心理要求。本案中,来访者自幼与众不同的生活经历使她无法完全享受到一个自然人基本的亲人之爱,长时间的失落与绝望,令她对家庭成员充满怀疑与敌意。

2. 渴望交往又不敢主动与人交往的矛盾

有自卑心理的人,与人交往时往往过分注意他人对自己的评价。本案中,来访者幼时受他人嘲笑留下了心理阴影,转学后又因为语言表达的原因不能较好地与他人沟通,使得她与人交往时缺少一个健康、开放的心态,自我防范心理过强,因此不能正确地处理人际交往时产生的问题。这些因素都促使她形成了沉默、封闭、冷漠的个性品质。

(三)生活环境的压抑

1. 从个人生活的经历看,来访者在家庭生活中处于被冷落的位置,家庭生活的不和谐与受挫,使她对家庭及家庭成员产生扭曲的认识。这些不良因素使得来访者的个性长期受到压抑,逐渐形成离群索居、郁郁寡欢的封闭心理。由于缺乏被关爱的情感体验,最终使来访者既无关爱他人的自觉意识,又不知如何关爱他人。

2. 被群体忽略感是自卑心理患者较明显的特征之一。来访者在学校生活中,明显地表现出失去自我位置的迷茫与苦闷,它主要表现在人际交往中强烈的孤独感。由此导致对人冷淡,甚至敌视,对他人的不幸幸灾乐祸。

几项工作

来访者的封闭冷漠心理有着一个长期的形成过程,考虑到来访者内心的认知存在较严重的偏差、与人交往缺乏较正常的情感体验等因素,因此辅导过程以积极关注来访者的内心世界、取得相互信任与同情为起点。

我主要做好三方面的工作:

(一)帮助她树立正确的自我概念,重塑良好的自信心,调整对人的认识与看法,同时卸下不必要的心理负担。

(二)采用多种形式的联系方式(如家访、电话联系、书信互递等),与家长沟通,主要涉及内容为:

1. 家庭教育与生活的情况了解;
2. 来访者当前心理状态的介绍;
3. 家庭教育策略的指导,旨在满足来访者关爱的情感需要;
4. 研究心理调整策略。

(三)教师行为干预:以班主任为干预支点,以各任课老师为若干层面协同进行支持性辅导,以便创造适合来访者心理调整的良好环境。

在对小敏进行辅导的同时,我又积极做好一些外围的工作,争取给她创造一个比较合适的生活和学习环境。

1. 处理好来访者与父母及弟弟的关系,调整家庭成员间的人际关系。我通过家访,与来访者父母谈了她幼年寄居奶奶家的经历,委婉地指出幼年时期的那段经历给他们的女儿心灵上造成的创伤,说明小敏现今的心理状态及治疗要点。其父母对女儿幼年的经历给她带来如此深的阴影表示吃惊,并保证今后会多给女儿情感上的关爱与生活上的关心。这样,通过家访,得到家长的积极配合,消除了与来访者之间的隔阂,有利于家庭氛围的改善。

2. 创造和谐的班级氛围,减轻来访者在班级内的孤独感和自卑感,使其获得自我价值的体现,认识到个人的力量。

3. 根据她语言表现能力强的特点,我与其班主任商量,请她担任语文课代表,并利用每周三读报写字课时间来指导同学写日记。这样,以来访者的作文优势为突破口,获得了一个让她与同学们展开平等对话的切入点。后来的事实证明,这样做的结果,一方面使来访者发现了自己的个体价值,找到了个人在班级中的位置;另一方面,使来访者能够以开放的心态接纳自己、包容他人,有利于她与同学间关系的改善。

【咨询后记】

从以上的背景资料和分析可以知道,小敏的冷漠(如听觉的错失、孤独不合群等表现)既源于童年自幼相伴的自卑心理,更形成于就读小学后人际关系的失调和学习环境的压抑。她的心理问题是家庭、学校以及社会等各种综合性因素长期作用的结果。因此,本案例采取了综合治疗的程序:在对小敏本人进行认知干预,帮助其纠正不良认识,建构吻合社会现实的认知水平的同时,还努力同小敏一道协调各种人际关系圈,借助协调交际圈的工作,深化认知干预的成绩,辅导她学习并掌握基本的社交能力,重新取得自己的价值定位,打破冷漠心理的阴影,获得生活的阳光。

【本案启示】

其一,小学生作为权益弱势的一群,成人是否应多关注他们的内心世界?更大程度地看重他们易被成人忽略的情感体验?

其二,校园环境建设中,是否更应该关注儿童生活空间的温馨?学校是否有责任将儿童的校园生活尽可能营造得多姿多彩?教师是否有责任让儿童体验到学习是幸福的?

【分析与点评】

辅导老师对个案的处理总体上比较合理,并且取得了一定的效果。具体来讲有以下几点做得较好并值得借鉴:

1. 对个案的问题及其原因把握较正确。从以上的个案记录中,我们可以发现这位辅导老师拥有正确的辅导理念,以友好、信任、坦诚的态度对待来访者,全面了解来访者情况后做出诊断,将个案的问题总结成自我认知失调、人际关系障碍以及生活环境的压抑,比较正确地把握了个案存在的问题,并在此基础上确定辅导步骤和内容,使整个辅导过程分析合理,循序渐进。

2. 方法得当,合理地运用了多种辅导方法。辅导老师采用理性情绪疗法来帮助来访者调整不合理的认知,树立正确的自我概念,去除对过世的奶奶的"负罪感",对来访者在班级中人际关系的改善也起了帮助作用。另外,辅导老师还和来访者父母接触,通过来访者家庭环境的改善来帮助个案获得更大的力量,此方向非常正确。因为由个案的自陈记录中,我们可以发现个案早期与其父母之间的关系可能是构成个案症状的重要原因。所以采取家庭治疗的方式,可能使我们对此个案的辅导效果事半功倍。本案例中的辅导老师还能针对个案存在生活环境压抑这一点,运用焦点解决的理念,帮助来访者找到内在正向的力量,并加以发挥和运用,有效地改善了来访者的自我概念,增强了其对生活环境的适应能力。

3. 利用多方面的资源帮助来访者。来访者的问题来源于家庭关系及其早期经历,辅导老师在处理这个来访者时,不仅对她本人进行辅导,也和她的家长及班主任老师进行了适当的沟通,使来访者有了有效的改变。

此外,辅导老师在整个辅导过程中也存在着一些不足。比如辅导老师在引导来访者改变不合理认知时,用一些传统说教的方法,比如"其实,有时候我们的父母把我们寄养在奶奶或者外婆家也一定有他们的难处,他们也是迫不得已呀",这种价值干预有时候会让来访者产生反感。这也许和我们的辅导老师在专业技能上训练还不够多,不自觉地用以前传统的德育方式来对待来访者有关。

(点评人:徐儿)

【问题延伸】

案例的辅导,总的来说是成功的,效果也较明显,来访者多年形成的冷漠心理经过近一学期的辅导有了根本性的改变,亲子关系、个性品质得到了较大程度的改变。但也应看到,青少年的价值观和认知体系正处于一个不稳定的阶段,冷漠心理的克服与消除是一个渐进和长期的过程。当主客观因素产生不和谐甚至冲突时,内心的阴影常常会卷土重来——幼年时期形成的敌意、排斥及自卑情绪更具有破坏力。

(案例提供:富阳市永兴双语小学 何黄海)

离家的小燕子又回来了
——一例离家出走的女孩个案干预报告

【来访者资料及辅导过程】

初次见到小燕是在新年开学的第二天。那天中午,我在心理辅导室值班,闲来无事正听轻音乐,只听见一个清脆的女孩子的声音:"老师,我可以进来吗?"

"当然,请坐。"我起身给她递了杯纯净水,趁她双手接水的时候顺便快速观察了她一下,发觉这是一个很清秀的女孩,齐耳的短发掩饰不住她略显疲惫和焦急的神色。这应该是一个很开朗的孩子。

"老师,我不是女流氓。"这样简单直接的开场白使我非常惊讶:"能告诉我你遇到了什么麻烦吗?"

小燕的口头表达能力很好,我倾听着她的叙述,根本插不进话。

小燕出生在一个非常复杂的家庭。十多年前,她妈妈不顾家人的反对与一个生意人私奔到兰州同居,当她妈正怀着七个月大的小燕时,与男方吵架,无奈之下返回富阳。当时家人都劝告她妈不要这个孩子算了,她外公甚至以不认这个外孙女儿为要挟,但这一切都无济于事,她妈妈一意孤行生下了小燕。应该说,小燕的出生就是一个悲剧,是一个私生女。当她三岁时,她妈与一个离异的司机结婚,男方带一个七岁的男孩,一家四口生活在一起。她妈为了取悦于男方及家人,让女儿住在不足四平方米的阁楼上。她从小承包了一切家务,哥哥有错误也时常赖在她身上,父亲从不管她,她妈一有不顺心的事也时常发泄在她身上,小燕从小没少挨打。每次受了委屈,她只有孤单单一个人躲在阁楼里哭泣。

进入小学是她最开心的时候,因为老师的关心、同学的帮助,她格外喜欢待在学校里。每天天没亮她就逃离家门,每天傍晚都磨磨蹭蹭,帮同学搞卫生,帮老师干杂事,她都觉得很愉快。尽管有时放学很早,她都要磨到天黑才到家。家在她眼里是个可怕的地狱,她越来越不喜欢回家,迫于要吃饭、睡觉才不得不回家。在那时,她幼小的心灵里就发誓:要尽早离开这个家。

小学四年级的一天,同班同学过生日,邀请她参加生日晚会,在闪烁的烛光中，她看到别人家的父母对孩子的呵护，想想自己的身世，她当场泪流满面。

在说这些话时，小燕的泪水充满眼眶："那是我第一次给别人唱生日歌，我从来没有过过生日，而别的同学每年都过，还有很多好玩的礼物。"听到这些话，我的眼睛湿润了，这样缺少父母关爱的孩子，心里要承受多大的委屈啊！我默默地递给她纸巾，继续听她叙述。

四年级暑假的一天，一位同学邀她去家里玩。因为同学的父母出差去了，两个小家伙玩得兴高采烈，忘乎所以，不知不觉到了晚上十点多，既怕回家晚了母亲要骂，又禁不住同学的请求，所以当天就留宿在同学家了。第二天回家，可想而知，面临的是父母的一顿暴打，但是小燕对于打骂已经习以为常，反而坚定了这样的信念：以一顿挨打换取一天一夜的快乐，值得。

在以后的日子里，小燕开始寻找一切机会外出，并向父母撒谎留宿在同学家，同时绞尽脑汁编造各种理由骗留宿同学的父母。时间一长，东窗事发，同学家不再欢迎她留宿。已经习惯逃离家庭在外过夜的小燕必须寻找新的落脚点。于是网吧、游戏房成了她眷恋的好地方，慢慢地染上了吸烟、喝酒等坏习惯，结交了一些不三不四的朋友。没钱了，先是向母亲要，然后发展到偷家里的钱，终于在走投无路的情况下为了几块钱与社会青年睡在了一起。

这时，我仔细端详了小燕，她非常平静，使我想到这样一句话："有些人脸上有太多太多的微笑是因为心中有太多太多的泪水。"我心里不禁暗暗感叹！

在叙述这些往事时，小燕的话里充满着矛盾："我不明白自己为什么这般活着，我只有这样麻木自己，放纵自己。"

"你总共在外过夜有多少次了？"

"大概二十多次吧，最长一次有一星期。"

"你都睡在什么地方呢？"

"无所谓，只要有人愿意收留我。大部分是朋友家。"

"为什么不睡在同学家呢？"

"由于我时常旷课，同学们渐渐疏远我了。"说完这句话，小燕停顿了一下，慢悠悠地说，"也有一些同学在背后说我坏话，说我是阿飞、坏学生。我不在乎，我不是小流氓。"

"平时老师对你怎么样？"

"班主任对我很好，常常帮我补课，和我谈心，有两次住在她家，我很高兴。我也很想学习，很想有个快乐的家，可是我怕回家，一走出校门，那些朋友在等我,我就身不由己地跟他们去玩了。"

"今天你怎么想到辅导室来了呢?"

"其实,我上学期就想来了,我已经是初中生了,我知道再这样下去我就完了,我要真正变坏了。老师,我该怎么办呢?"

面对小燕,我的心情非常压抑。由于是第一次接触,关键是与她建立良好的关系。我对她的处境深表担忧,对她的心情表示理解。分手的时候我们约定:明天到她家去家访,后天她再到辅导室找我。

我知道小燕的离家出走是因为亲情的缺失,她对家庭产生不安全感,这造成了她归属的需要与爱的需要都得不到满足。她本能地将争取这种满足指向了社会中的一些不良群体。所以必须与家长沟通,让他们给予其关爱。

她妈妈接待了我,从她的叙述中证明小燕的情况基本属实。她妈抽着烟,在烟雾缭绕中不停地向我诉苦,抱怨孩子的不听话、生活的烦恼、命运的不公平,最后表示,对孩子其实是疼爱的,只是恨铁不成钢,希望老师能多教育教育她,帮助帮助她,并答应以后不再打骂女儿,内心也不希望女儿长期流浪在外。

第二次面谈时,小燕明显开朗了许多,说这两天母亲对她很好,没有再打她。我知道这是一个良好的开端。小燕从小到大所受的委屈都闷在心里,一直没有向人宣泄,其本身就形成一个心理障碍,所以,我尽量让她多讲话,感受她生活中的悲与喜。因为我给予她足够的尊重与信任,并不像别的成人对她歧视,所以她非常喜欢到辅导室来和我聊天。

在以后的辅导中,我慢慢地开始注意调整她的心态。我认识到她所面临的困难很多,她的行为反应也是很自然的,通过与家长、班主任、任课教师的沟通,尽量为她营造一个宽松、温馨的大环境,让她改变以往自暴自弃、放纵麻醉自己的错误认知,使她确信自己也会有能力去克服当前的困难。

我协助她制定了以下生活规则:每晚睡在家里;每天回家时向父母问好,离家时道别;断绝与社会青年来往;戒掉烟酒等。每星期一向我反馈上周执行情况。她愉快地接受了。但是在执行过程中还是有几次违规。

"第一次向爸妈问好,很别扭,我憋了好一会儿才说话,他们很高兴的样子。"小燕红着脸,一脸喜悦地说。

"你做得真不错,你很勇敢。"我真诚地表扬她。看得出她父母这一次是彻底改变教育子女的方法了,这将会给辅导带来很大的帮助。

"可是还有同学打电话来叫我去玩,尤其是以前的朋友,说得我心猿意马,想出去玩。"

"你能克制自己不去玩，做得很对！但是以后别人再打电话来，怎么办好呢？"

"要么这样子。"小燕犹豫了一下，"我骗他们身体不好。"看得出她对以往的朋友还是有些依依不舍，内心充满着矛盾。

我抓住机会趁热打铁："每次都说是身体不好，行不行？"

"这倒是不行，他们会怀疑的。"小燕抓着头发咕哝着。

终于，她鼓起勇气，坚定地说："以后电话我不接，要是找我，就叫我妈说我不在，那他们就没有办法了。"

"这个办法真好。"我感到由衷地高兴，"能做到吗？"

"当然能。"她坚定地说。

我马上拨通她妈的手机，请她接电话商量一下。母女之间的交谈有说有笑，非常愉快，看得出母女之间的关系现在很和谐。"我妈晚上买啤酒鸭给我吃。"小燕喜滋滋地说。

5月8日是小燕的生日，我提前一天打电话给她妈说起这件事，她妈惊呼："真是对不起，以前我太自私，全忘了，这一次隆重地补过来，真谢谢老师的关心。"

那天我没有赴约，只送了件小礼物给她，以便多给她和家人相处的机会。

次日的小燕欢天喜地，整个人变成了一只快乐鸟，可以想象昨晚的家庭生日会。

我决定实行第三步干预措施了。

"你们什么时候期中考？"

"下星期五。"小燕是个聪明敏感的孩子，马上悟出苗头来了，"老师，我以前落下的功课太多了，我要努力补回来。"

于是我帮助她制定了详细的学习计划，并联系班主任帮她找了位数学辅导老师，因为数学一直是她的薄弱学科，另外找了一位学习成绩好的同学帮助她，让她感到同学之间的友情。

期中考后，她的成绩居班级中下，两门课及格了，有很大的进步，班主任在班上表扬了她。我及时鼓励她说，学习是一个漫长而艰辛的过程，需要不断地努力，不断地付出，才能收获成功的喜悦。

在接下来的几次辅导中，我帮她一起理清了以往发生的事情，找到了引起内心冲突的深层原因,让她不再觉得自己是孤苦无援的,对今后的生活渐渐产生期待。我很少对小燕的心理问题作分析判断,更多的时候是一起对她的生活经历作认真地回顾,让小燕回忆并思考自己对生活中的负性事件所做出的判断与反应是否恰当。有时候她回忆往事非常痛苦,但是分析过后都给她带来心理上的成熟,从而更加勇敢地面对现实。

半年多来,小燕从没在外留宿,生活趋于正常。由于她父母的关心与爱护,改变了以往的教育方法,营造了较为和谐的家庭环境,使得她对生活充满信心。因为心情稳定、愉快,小燕的学习成绩进步很大,同学关系也日趋良好。我相信,照此发展,小燕会有个美好的未来。

【咨询后记】

从与小燕的交谈和家访中可以了解:小燕的离家出走主要是因为亲情的缺失。她的问题应看成是生理、心理、家庭、社会诱发性因素复杂的互相作用的结果。小燕从小到大所受的委屈都闷在心里,一直没有向人宣泄,其本身就形成一个心理障碍,她觉得很无助,生活很渺茫,但心底又在抗争,不甘自暴自弃。我们辅导的目的就在于提高她的应对能力和自助能力,在克服危机中获得成长。所以,我给予她足够的尊重与信任,感受她生活中的悲与喜,适时注意调整她的心态,通过家长、班主任、任课教师的合作,尽量为她营造一个宽松、温馨的大环境,让她改变以往的错误认知,使她确信自己也有能力去克服当前的困难,调整行为,走出生活的阴影。

【本案启示】

1. 来访者聪明、敏感,尽管离家出走多次,却也知道自己"已经是初中生了,再这样下去要完了,要真正变坏了。"所以辅导的开端不错,有良好的辅导基础。

2. 来访者的早期生活经历使她不断体验到了抑郁、焦虑、仇恨等不良情绪,因此要尽可能地给予关爱、理解,更多的辅导时间应该是一起对她的生活经历作认真地回顾,让她回忆并思考自己对生活中的负性事件所做出的判断与反应是否恰当。

3. 帮助来访者理清以往发生的事情,找到引起内心冲突的深层原因,对今后的生活产生期待,这一点很重要。

4. 协助制定规则,布置行为改变作业,并监督执行情况,允许反复,使她的情绪、行为得到调控,并趋于理性化。

5. 必要时应给予来访者学习和生活技巧、人际交往等方面的辅导,使其增强自信心。

6. 必须家访,获得家长的帮助。

【分析与点评】

在本案中,来访者是一个长期经受家庭暴力、多次离家出走、处于青春期的问题女生,辅导老师对本案的处理总体上比较合理,取得一定的效果,但也存在着一些不足。本案成功之处主要体现在以下几个方面:

1. 辅导老师以无条件积极关注、尊重的态度接纳来访者,使来访者在信任、安全的环境中充分表达内心压抑已久的创伤性事件和恐惧情绪。

2. 针对来访者的特殊性,辅导老师以"来访者中心"和"行为主义"为辅导的理论基础,协助来访者制订生活计划和学习计划,帮助来访者回顾并思考自己在负性事件中的反应行为的恰当性。

3. 积极的家庭沟通。来访者的问题来源于家庭暴力和疏忽,辅导老师在处理个案时,与家长进行了适当的沟通,使家长改变了对来访者的态度。这一点在这个案例辅导中做得尤为出彩。

本案中不足的地方主要有以下几点:

1. 在用行为矫正法协助来访者改变问题行为时,缺少循序渐进的过程,这有可能加大改变的难度,让来访者无从下手。

2. 辅导老师的有些行为在一定程度上已经超越了辅导范围,比如说,辅导小燕如何过生日、送生日礼物给来访者等等。在辅导效果相同的前提下,辅导老师尽量不要过多地干预来访者辅导之外的生活。这样一方面会导致来访者对辅导老师的移情和依赖,另一方面加大了辅导老师的工作量。

3. 来访者的问题非常复杂且根源很深,辅导老师仅家访一次,对改变家长的态度难以有很好的效果,最好是能让家长一起到咨询室,进行几次系统的家庭会谈,可能效果会更好。而且在本案中始终没有提及父亲的反应和改变的程度。

4. 如果有时间和精力,建议辅导老师在一段时间后做一次追踪调查,看看来访者的辅导效果保持得如何。

(点评人:徐儿)

【问题延伸】

青少年时期是一个充满心理危机的阶段,学生中的心理问题往往是积少成多,积轻成重的,由很小的问题发展到不可收拾。所以在这漫长的变化过程中、在他们默默的期待帮助中,我们辅导员应该及早介入,对心理问题作出准确分析判断,帮助他们成熟心理,从而更加勇敢地面对现实。这会影响他们的一生。

(案例提供:富阳市富春中学　张荣灿)

对创伤事件的辅导

她从哀痛中走来

> 如果说,有一个人群的气质能够塑造整个国家未来的气质的话,那么拥有最接近这种能量的人群,应该是青春期的孩子。他们对爱的认识、爱的能力和爱的需求,决定了这个国家爱的生机。或许每个青春期的孩子都会在期望爱和怀疑爱之间痛苦地徘徊,我们教育工作者所要做的就是适时地将他们从这徘徊中引领出来。
>
> ——作者题记

【来访者资料及辅导过程】

数月噩梦,日渐消瘦

诗诗在初三下学期时已是形容枯槁,苍白的脸色、消瘦的脸庞,使她的眼睛看起来特别的大而无神。我想,几个月后的中考还不至于使学习一直很轻松的她累成这种样子。那天傍晚放学,她刚好来问我试卷上的一个问题,我讲解完后百般疼爱地看着她说:"诗诗啊,你最近怎么看上去很憔悴?是不是有什么事情发生了?老师看了很心疼哎。"

她很委屈地瘪了瘪嘴说:"俞老师,我最近几乎天天晚上做噩梦,每次都从噩梦中哭醒,而且哭得歇斯底里,醒来时整个人像虚脱了一样,一般要继续哭上很长时间才能慢慢缓过气来。"

天!这么说,几乎是每天没好觉睡,这对于一个正处青春期的女孩是多么残酷的事实!我捋捋她单薄的肩膀关切地问:"天呐!每天都这样的折磨,你还真能挺过来。你能跟我说说一般做的都是哪类噩梦吗?"

诗诗的眼泪在眼眶里打转了:"每次的梦境都差不多,基本上是小时候生长的环境中发生的事情,大致情景不外乎两种:在小时候的某个地点,我和大哥哥一起玩,玩着玩着,大哥哥突然没了……或者,在大哥哥的病床上,大哥哥与我一起回忆往事的情景。"

"这样的现象大概是从什么时候开始的?"

"去年冬天一直到现在。"诗诗说话的声音都哽咽了,泪水夺眶而出,"每天噩梦连连,老师您看我都瘦成这样了……我已经近一个月不大吃饭了……"

哦,可怜的孩子!我用手臂揽住她肩,触碰到她瘦弱躯体外的空荡荡的衣服,感到格外的心疼。她所讲的这些躯体反应必然与梦境中的大哥哥有关,我想这肯定不是三言两语能讲完的。我揽着她在傍晚宁静的校园中一圈一圈地踱步,她跟我谈了足足两个半小时,内容庞杂、线索纷乱。

复杂的背景

(一)小时候的生长环境

诗诗家与杭州的一户人家是好几代的世交。那户人家有个儿子长她八岁,她叫他"大哥哥",小时候两人经常在一起玩。大哥哥一直都很照顾她。晚上两人也经常睡在一起,都是大哥哥拍着她入睡的;有时半夜惊醒,大哥哥就边拍她边讲故事给她听直到她再次入睡。俩人无话不讲。后来,大哥哥考上北京的一所大学(据她说,填志愿的时候也是听从她的意见的)。结果过了一年左右,出了交通事故,在北京的医院进行治疗,病情差不多开始稳定。因为怕她担心,大哥哥要求转到杭州来继续治疗。转过来以后,不幸在一次治疗中被感染,最终死了(正当她读小学五年级时)。整件事情,她非常自责,因为她认为,如果不是她硬要大哥哥上北京的大学,他就不会被撞;如果不是为了她担心,大哥哥也不会转院,也就不会被感染……

(二)小时候到现在的家庭背景

诗诗的爷爷原是某县的县委书记。爷爷家规很严,大事都由爷爷说了算。在她记忆中,父母天天忙于应酬,连幼儿园接送都是由她小姨等人代劳。虽然现在因为她初三了,她父母待在家的时间多起来,至少能够保证在她晚自修结束回家时家里有人,但她与其父母交流得比较少,不大进行沟通,对其父母有戒备感。其父、母现在分别就职于银行和税务局。

其伯父是一位叛逆性很强的人,与爷爷家里的很多规矩格格不入,几近脱离父子关系,后去了英国,努力创业,终于打拼出一片天地。伯父有一子一女,子现在爱丁堡留学,女也在国外留学。诗诗的主要倾诉对象是大伯的子女。

(三)学校生活资料

初三的学习生活对诗诗是不构成压力的。她成绩挺不错,更何况其父母早已有这样的打算:只要她通过英语雅思考试(她对此已胸有成竹),等她高三毕业,就送她到英国留学。所以,她完全不存在像其他学生那样的对考重点高中和考重点大学的担忧。能否考上重点高中最多只关系到父母的面子问题。

她与班里同学的交往很融洽,平时大家与她聊天也感到轻松愉悦,大家都觉得她脾气好,愿意与她相处。但她觉得他们很幼稚,所以她真正内心的东西从不告诉他们,只跟她大伯的女儿说。

在各种线索中寻找核心原因

从诗诗的发病时间(去年冬到现在)、她的严重的自责及她对已逝大哥的哀痛的后遗症来看,应该是抑郁倾向,可采用哀痛危机干预。

诗诗是从去年冬天开始发病的,而她的"大哥哥"是三年前过世的。两件事情有这么长的时间间隔,看来,除了这件事对她的影响外,很有可能还有其他事情的影响。因此,辅导时还需挖掘与之相关的事实。

她的童年阶段,父母对她关心太少,她的最亲的"大哥哥"离开了她,她缺少安全感。随着青春期的来临,心理生理发生了变化,以前被压抑的记忆重新爆发,自责的倾向引发抑郁,辅导时要注意疏导,让其宣泄,引发积极情绪,多与人交流。

诗诗不能从真正意义上与周围同学进行心灵沟通,是因为她觉得其他同学幼稚。她的这种想法主要有两个原因:

一是因为她一直都觉得她的那位大哥哥性格内敛,即使遇到很伤心的事,也是把它放在心里,决不流于表面。而其他同学则不然。她记忆当中,大哥哥一生中只哭过两次。大哥哥的妈妈是难产死的,也就是说大哥哥从未看到过自己的母亲。他的爸爸生意做得比较大,小时候有一个女性与他们父子生活在一起,对他也很照顾。"但毕竟不是亲生母亲,感觉是不一样的。"后来,爸爸娶这位女子之前也先征求过大哥哥的意见,大哥哥很高兴地说"好"。但是,大哥哥与诗诗单独相处时讲起这事,讲着讲着掩面哭了。第二次哭是有一回诗诗发高烧很厉害,大哥哥以为她可能要死了的时候。诗诗对这两次哭记忆深刻,能细致地描绘出当时大哥哥的神态动作等。

还有一个原因与她的阅读经验有关。她很小的时候,就经常看一些军事政治类的书籍,柏拉图、卢梭、卡夫卡等人的作品也老早就接触了。那时她有很多字都还不认得,都是边看边翻字典的。我问她是感兴趣而看还是觉得枯燥而强迫自己看的。她说,大部分是感兴趣而看的,只有少部分是枯燥但强迫自己看的。她也说不上来究竟为什么感兴趣,可能是家庭的遗传因素,及受她爷爷的影响。爷爷的书橱里大部分是这类书。她记得爷爷在她很小的时候就对她说:"你面前摆着的是两条路,一条经商,一条从政。"

因此,就这两个原因去改变她周围的其他同学,显然是不可能的,只能引导她从另外的角度重新审视同学,如引导她融入毕业班浓郁的学习氛围中,使她从同学间的互帮互助中感受到班集体的温暖。

建立信任与理解,然后采用哀痛危机干预

对诗诗进行辅导,得先对诗诗的情感世界了解得清楚真实,因此与诗诗建立完全信任的关系非常关键,要使她能畅所欲言,对过去有关事实能倒豆子般地倾诉出来。我对她所叙述的事情及现状表示深切的同情和理解,并让她感受到这份理解和关心。(一般,抑郁倾向者虽不愿主动与人交往,但被动接触良好,愿意接受同情和支持)作为一位她的任课老师,我不光关心她的学业,对她的遭遇的真情流露,使她感受到我把她的求助很当一回事,非常诚恳地在帮助她摆脱这个困境。青春期的女孩特别是处于初三中考前夕敏感时期的女孩,对异性情感问题往往羞于或害怕向老师透露,怕引来老师的责怪。我却理解并肯定了她对大哥哥的情感以及她对大哥哥的认知(如大哥哥确实很优秀等),这使她减轻了不少心理负担,也为有一位理解和同情她的长辈而感到欣慰,这使她产生了很大的求助欲望,使后来的辅导过程有了她的积极配合。

虽然有了理解、尊重和信任,但是目前诗诗强烈的躯体反应却让她忧心和怀疑。于是我明确告诉诗诗,这只是一种普通的躯体反应,会完全消除,只是时间问题,只要与我积极配合,很快就会好的。我还告诉她,有些问题我会请教有关专家后再来科学地帮助她。这样讲过以后,她的焦虑情绪明显地缓解了很多。

采用哀痛危机干预,首先得适当转移她的注意力。她除了与我谈她的过去,也很愿意与我谈论她对未来的设想,于是我将其注意力引向未来。现在对她最有吸引力的是高三以后的英国留学,而且她首先要面对的是考重高。因此我提醒她努力将注意力从对过去的怀念中解脱出来,把现阶段的重头戏放在对中考的准备工作上。因为该女生平时学习生活中的自控能力较强,所以对她在这方面只需提醒,强调利弊关系,引导其对美好未来的憧憬即可。

我还借口初三体育升学考以及她的身体状况虚弱需要健身,让她每天坚持进行体育锻炼,实质上是为了转移她的注意力。约三周后,由于每天坚持体育锻炼,她的脸色红润了许多,睡眠也好了些。据家长说,她的午睡质量特别好,胃口比以前好了些,有一次竟然吃了满满一大碗萝卜炖肉骨头。

在实施以上转移注意力措施的同时,我还注意扩大她的情感宣泄范围,改变她局限于对已故大哥哥或远在国外的伯父子女的情感寄托范围,将她的主要社交圈引向同龄人。虽然她与同学的关系处理得较好,但只是生活上的泛泛之交,很难使她体会到更深挚的友情。于是,我与她的班主任进行了沟通,建议班主任给她换位置,让她与一个外向型的并对她有好感的女孩子M同桌。成绩好的诗诗的到来,M那一带同学自然举双手赞成。诗诗很快融入M周围浓郁的学习竞争氛围中去了。以前诗诗一直是自己独立思考,思考不出来,要么问老师,要么搁在一边。而与M他们坐在一起之后,她很明显喜欢上了这种讨论式的学习生活,在对习题的争辩中体会到了共同奔向目标的快乐和学习竞争中培育出来的友情。这种崭新的学习生活转移了她很多的情感注意。

我还打算在与她闲聊的过程中挖掘她的情感替代者,这需要从她的亲近人物中寻找代替,比如她的父母或其他亲近的人(这个有待在今后的咨询中挖掘)。

再咨询,再辅导

约三周后,又进行一次咨询。在这次交谈中我寻找出了一些新的信息。

诗诗希望能离开现在这个环境,挣脱父母给她设定好的路,到英国换一个崭新的环境,重新生活。

她认为父母现在对她的关心是短暂性的关心,是因为她初三了,是一个关键时期而留点儿时间给她。父母应酬全是为了他们自己,现在不得不减少应酬绝对是因为他们希望她以高分考入重点高中,来赚足他们的面子。她在日记中这样写道:"这种虚伪的爱,对我来说是没有意义的。"

她大伯的女儿是一个貌美而有才气的女孩,年龄大约二十四五岁。在其高中阶段,曾经历过一段受到伤害的情感历程,从此再也没有爱上过第二个男性。为人相当张扬,爱怎么着就怎么着。身边男友不断,但没对哪个动过真感情。而且找的男友个个比她大很多岁,因为她喜欢经历丰富的人。比如,她现在的男友有49岁,北京人,有妻儿。她的行为方式对诗诗有很大影响。

对这些新的信息,我进行了分析:她怀疑父母对自己爱的真实性,她渴望能拥有像大哥哥对她那样的关爱,但是大哥哥不在了。因为怀疑父母对她的爱是假的,所以她渴望挣脱现在的家庭状况。而大伯及其女儿叛逆的性格又是她精神的寄托。因此必须淡化大伯及其子女对她的思想影响,有必要在她的亲近人物中寻找代替。而父母是最关爱子女的,所以当务之急是纠正她对父母爱的错误认知。

看来,我需要与诗诗家长取得联系,让他们努力改变家庭环境,大量减少应酬,把绝大部分心思花在孩子身上,加强与孩子间的交流,积极与孩子沟通。当然,在与她家长交流时,我主要讲诗诗晚上做噩梦的问题,情感问题撇开不讲。我还对她的家长进行了方法指导:家人的关爱可以使她缓解一些焦虑;注意孩子的体育锻炼;加强平时孩子的饮食营养。以上这些都从为了她在中考中能取得好成绩的角度谈,完全撇开了诗诗的青春期综合征的情况。

对诗诗做噩梦的真正原因,我不跟家长谈,以免引起家长的误会和紧张,而适得其反,只说是由于天气、身体、睡觉的环境等原因,并指导了一些有关保证良好睡眠的方法。

诗诗家长很通情达理,也很关心诗诗,从他们焦虑的眼神中我读出了他们对诗诗深切的爱。当然,我与诗诗家长的交流,是不能让她知道的。

约两周后,已可以看到如下效果:

诗诗的睡眠状况有明显好转,胃口也有明显好转,听体育老师说,诗诗体育三项测试中的两项成绩也有明显进步。

她父母与她之间的交流开始多起来了。

她从未跑过800米,那次800米升学考试,其母也来助威。当她跑到终点时(这是她第一次跑完800米,她认为已经超越了她的极限),所有痛苦、委屈的情绪随着泪水崩发了,很有一种扑到母亲怀里的冲动,但最终没有抱着母亲哭,而是抱着外班的一个好友哭了。看来还需进一步巩固已有的成效。

面对面辅导为主线,抓住教育契机为辅线

约两周后,我对她再一次正式辅导。这一次,主要是倾听她诉说现在的家庭状况、与双亲间的关系。然后旁敲侧击,使她认识到,自己在觉得父母不关心自己的同时,自己是否关心过父母呢。比如,"你说你妈妈竟然到现在还不知道你最喜欢吃的水果是荔枝,而不是苹果,那你知不知道你父母最喜欢吃的水果是什么呢?"她沉默了一会儿,说:"真可悲。"我引导:"接下去,你试着去关心父母

看看,或许会有很多新发现的哦,到时我们再聊聊,怎么样?"

同时,我又与家长联系,如果诗诗对他们有关心的行为哪怕只是些许的关心,他们就马上从言语、行动上对她的关心有积极的反馈。

除了这些,抓住平时每一个教育契机也起到了不可低估的作用。有次上课,我借机讲到丰子恺的漫画"烹鳝",说道"母鳝鱼为了保护肚子里的众多鱼卵,情愿将自己的头尾浸入沸汤之中,直至死亡;护子心切而将腹部弯起,得以避开滚热的汤水。周豫看到这一幕,呆呆地不知在原地站了多久,泪水不自禁地潸潸流个不停,寻思鳝鱼犹舍命护子,自己对母亲,却仍于孝道有亏。周豫感慨之余,发誓终身不再吃鳝鱼,并对母亲加倍地尊敬与孝顺……"诗诗感动得哭了……

一次在课上讲到学生对过生日现象的困惑,我谈了我的看法:"二十多个春秋过去了,父母真正给我过生日有三次,送我礼物有一次,至于请朋友吃饭,那是从来没有过的事。我也无所谓过不过生日。说实在的,我的出生日,确实是我母亲的受难日,我妈疼得休克过去了,差点儿难产。每次看到照片上妈妈曾经青春的窈窕身姿,再对照现在发福的身段,我就感慨妈为我的出生付出太多了:难看的妊娠纹、突变的体形、突出的小肚腩,以及今后的更年期等等。在我后来成长的道路上,母亲付出的不仅仅是我生日那天受难那么简单……从我进大学后赚到第一笔钱开始,每每我的生日,我首先想到的是如何精心地为我妈妈准备礼物……"此时此刻,诗诗若有所思。

过了约一个月,我与诗诗又进行了推心置腹的交流,她发现除了大哥哥,这个世上还有这么多人关心她,至少父母是。躯体症状也差不多消失了。

【咨询后记】

从以上的背景资料和分析中,可以得知诗诗强烈的躯体反应来源于她过去的经历,即复杂的家庭背景、从小与父母的疏离、大哥哥的失去等,随着青春期的来临、心理生理发生变化之际,这些被压抑的记忆重新爆发,自责的倾向引发抑郁,形成青春期综合征。辅导的时候要注意她的宣泄和对她适时的疏导,引发她的积极情绪,帮助她多与人交流。在最初的倾诉过程中,呈现于我面前的关于她的成长的背景相当复杂,因此,在各种纷杂的事情中理清相关的线索至关重要,这直接关系到对诗诗症状的定位。在整个干预过程中,比较棘手的是逝者已已,如何转移她的情感获取点是难点,毕竟她与父母的情感疏远不是一天两天的事,而是从小到现在十几年的淀积、甚至定型。因此,在采用哀痛危机干预时,我对她的辅导是三管齐下——对她本人,引发她倾诉宣泄,引导她转移注意力;对家长,进行亲子关系的系列辅导;对她的同伴环境,进行了适当的调整,引导她融入新的同伴环境中去,并使她体验到与同伴交往中新的乐趣。这样,她的认知逐步趋于理性化,渐渐消除了躯体反应。

【本案启示】

1. 求助者的个性中有孤独、敏感、抑郁的倾向,她陷于对死者的眷恋之中,且无力应付死者已不复存在的世界。这种哀痛危机造成的后遗症是抑郁症。抑郁症患者会表现出自责、自罪、自卑、退缩,对前途失去希望,沉湎于以往的丧失,食欲、睡眠及生理动力都可能发生变化。长此以往,可出现人格退化。求助者沉浸于对逝者的极度哀痛中而不能自拔,并有数月噩梦、不太吃得下饭等躯体反应,及早进行哀痛危机干预是很有必要的。

2. "哀痛危机干预"属于"心理危机干预"的一个方面。"哀痛危机干预"的基本原则是,帮助来访者较顺利地完成必要的哀痛过程。咨询者应当明了的是,求助者感到前途茫然和困惑,是由于她无力控制和安排自己。因此,对求助者遭遇表示恰当的同情和尊重,肯定她哀痛的合理性,能使求助者在情感上找到一定的依托,从而使哀痛情绪得到自然而合理的宣泄;暗示她强烈的躯体反应只是普通的躯体症状,只要积极配合辅导就行了,这是给她如何控制自己的情感指明了方法,使她有能力安排自己的行为。

3. 求助者对家庭亲子关系不合理的认知,往往是童年时就形成的家庭模式所造成的,因此,改变求助者的家庭情感氛围在本案中起到了关键性的作用。亲子关系是双方的,如果求助者积极的付出却得不到父母及时、明显的回应,将收效寥寥,甚至还会适得其反。因此,必须对其父母进行细致的家庭辅导。

4. "大哥哥"的事是本案的突破口,在尽快改变她的错误认知、使她摆脱自责的同时,需营造良好的班级环境,发展比较广泛的同学友谊,以淡化"大哥哥"在她心中的地位,在新发展的友谊中寻找情感的支点。

【分析与点评】

本案中的来访者是一位失去感情至深的"大哥哥"、亲子互动不良、悲痛的初中女生,辅导老师在处理本案时有以下几点做得较好并值得借鉴:

1. 辅导老师对来访者的问题做了深入全面的了解和掌握。她从来访者做噩梦、厌食等表面问题入手,逐渐深入了解在来访者身上所发生的创伤性事件、家庭亲子关系状况及其内在的人格特征。这是辅导成功的主要前提。

2. 辅导老师的处理方法比较合理,并且取得了一定的效果。在了解到来访者的核心问题后,辅导老师实施了危机干预的措施,从转变来访者的注意力、加强身体锻炼、扩大情感宣泄面、试图寻找新的情感替代者等途径来帮助来访者脱离目前的状态。

3. 来访者的问题与不良的亲子关系有着密切的联系,辅导老师积极与家长建立关系,进行必要的亲子辅导,这对来访者的改变起到了重要的作用。同时辅导老师还积极改进来访者在学校的互动,这使来访者有了更有效的改变。

4. 在辅导中,辅导老师将同理、适度的自我暴露、积极关注等专业技能运用得很到位。比如,向来访者讲述自己对母亲的理解和体谅。

在整个辅导过程中也存在着一些不足。首先,咨询关系没有明确建构,辅导老师更多地停留在语重心长的班主任角色中。其次,咨询过程缺少时间限制,每次咨询时间一般在40分钟到1小时之间,而辅导老师更多以推心置腹的交流来做咨询,过长的咨询反而会影响咨询效果。另外,在处理悲痛事件的来访者时,可以结合完形疗法,对宣泄积压的悲伤情绪效果更好。本案例中对"大哥哥"这个哀伤事件的处理,可以运用完形治疗的一些技术,如心理剧、空椅法、梦境法等等,帮助来访者处理过去的未完成事件。

(点评人:徐儿)

【问题延伸】

步入青春期的孩子,渴望有被别人爱的强烈需要。"被别人爱",包括父母的爱、同一年龄阶段同伴的爱、老师的爱等,这三者对渴望爱的青春期孩子来说,缺一不可。同伴在这个时期,尤为重要。得到同伴的认可,得到同伴的尊重,得到同伴的爱,正是她非常渴望的。当得不到同伴的爱时,他们必然会将"被爱"的重心不自觉地转移到其他两者身上。因此,青春期孩子如果碰到亲人去世、同学去世、朋友丧失等突发事件时,就会表现出不同程度的失落、不安全感、哀痛,甚至抑郁。对于这类学生,改变他们不合理的认知、寻找情感的转介点,是解决问题的关键。在"哀痛危机干预"的同时,也可以设计以此为主题的心理辅导活动课或注意抓住平时的一些偶生的教育契机来引导,提高辅导的效率。

(案例提供:浙江广播电视大学富阳学院 俞尤棠)

我想跟着妈妈"去"
——记对一个学生的"悲伤辅导"

> 有些人脸上有太多太多的微笑是因为心中有太多太多的泪水,而学生的泪水始终是我心中的一面湖水。
>
> ——作者题记

【来访者资料及辅导过程】

琴家里原有四口人,爸爸、妈妈、哥哥和她。一个冬天的晚上,妈妈意外掉进河里冻死了。这突如其来的骨肉分离,让他们全家痛不欲生。爸爸、哥哥和琴从那个晚上开始沉浸在自责和痛苦之中。他们自责没有照顾好最亲的人,兄妹自责没让妈妈过上舒坦的日子。妈妈走了,她是在劳累中走的。琴告诉我,他们三人从此在一起时都沉默着,互不说话,再也听不到欢声笑语,再也没了其乐融融的氛围。他们家在农村,靠爸爸打工挣钱过日子。现在爸爸整天在家发呆,做工的情绪也没有。哥哥和琴都在念高中,眼看就要辍学。琴不知如何是好,她在信中写道:"妈妈走后,生活和学习都没了希望,我想跟着妈妈'去'"。

一、起

接到琴的第一封来信时,她没告诉我家里发生的事情,只是说有很多心理问题想请老师帮助。这是她从同学那里打听到我的通信地址后,试探性地给我写的第一封信。她在信中说:"我有很多事想跟你说,可又不敢说,也不知该怎么说,怕你会看不起穷人家……若你愿意接受我这个心理有困难的学生,那就请你给我写封回信吧,以后我会把秘密告诉你的……"

接到琴的来信,我立即给她写了回信,赞赏她的勇气,鼓励她大胆地与亲人、同学、老师交流,不管现实有多么困难,人总是要面对现实生活的。我愿意和她交朋友,一起去面对现实、面对困难、接受挑战。穷不可怕,怕的是没骨气、没志气,自己瞧不起自己才是打垮自己的最大敌人。只有相信自己,才能够最终帮助自己,勇敢些,将那些压得自己喘不过气来的一切都抛到九霄云外,因为明天的太阳仍然升起。

我的回信发出没多久,很快收到了琴的第二封来信,信中将家里发生的不幸告诉了我。她在信中说:"自从妈妈走后,我每天对着河发呆,真想跳下去陪妈妈,我真得好想妈妈,一想到妈妈我就想哭,今晚又是一个不眠之夜了……"

在学校,当同学们谈论妈妈时,她想回避但又忍不住要把家里的事告诉她们。她担心与同学说了妈妈的事之后,同学会疏远她。她也想让自己开朗些,像平常人一样生活,让别人感觉不到她是一个失去母亲的人,可她又怕别人说她是一个没良心、没感情的人。琴心理矛盾着、自责着。一方面在亲人面前经常装出笑脸,不让爸爸、哥哥为她担心;一方面内心却很痛苦,希望得到别人的同情和理解。

另外,由于妈妈的去世,经济上越来越困难,琴和哥哥面临辍学的可能,她无助、无奈,心里很困惑。

二、承

接到琴的第二封来信后,我决定到她所在的学校去看看她,现在她非常需要老师、长辈们关心和帮助。琴见到我时,果然感到很意外,很激动,眼眶里含着泪花。

我首先让她说说妈妈。她说:"妈妈在的时候,家里虽不富裕,可我是一个开心果,一家人在一起笑声不断……"在她尽情诉说的基础上,我启发她回想妈妈对自己有什么期望,引导她从悲痛、自责中走出来,用好好做人、好好学习,以实现母亲的期望来充实自己,转移对母亲的思念。接着,我鼓励琴回家与父亲、哥哥交流自己的想法,互相鼓励,面对生活,因为这是已故母亲的愿望。

她给我的初步印象:坦率而开朗,敏感且多疑,情绪不稳定。

在征得琴同意后,我与她所在学校取得了联系。学校很重视,很快做出反应,一方面为琴减免学费,一方面派学校心理辅导老师对她进行跟踪辅导。在亲属、学校和社会的资助下,琴的读书问题终于解决了。

我对琴的心理干预产生了初步的效果。她写信告诉我,当天回家后,按照老师的方法与父亲、哥哥的长谈产生了效果。他们终于把憋在心里很久的话说出来,互相得到了理解,大家都感到心里轻松了许多。爸爸也外出工作去了,哥哥也安心学习迎接高考了,并表示不管考得上考不上都不会影响自己的生活目标。琴回学校后也发奋努力学习,心情开朗了许多,同学关系有所改善。

三、转

　　半年后我又收到琴的来信,她非常激动,情绪也不稳定。在信中她诉说了自从学校给她减免部分学费后,她经过半年来的努力学习,最终因为学习成绩优秀得到了奖学金。当时,她非常高兴。因为她怀着为家里减轻负担的愿望努力再努力,最后成功了。可是在新学期开学时,学校给予减免的学费却减少了一半,她一时不知如何是好。她认为自己家里很贫困,平时一点收入也没有,现在又要交很多学费,这钱从何而来?她感到困惑,考得好反而减免少了,还要再用功读书吗?她现在甚至有点不想上学了,觉得读书没什么意义,觉得好无助,感到很茫然。

　　我立即给她回了信。我首先祝贺她通过自己的发奋努力拿到了奖学金,这是值得自豪的。我为她骄傲。关于学校减免学费的事,她有想法,心里感到茫然无助,以致否定自己的发奋努力而取得的成果等,我站在她的立场上表示谅解。她能够告诉我,说明她很想听听我的看法,想调节自己现在的情绪。于是我用理性情绪法和她讨论关于拿奖学金的看法,"下半年的努力目的是什么?是为了拿奖学金?奖学金得到了应该开心,证明只要自己发奋努力,自己是能成功的。我们在思考问题的时候,不能因为一件不称心的事而将所有的事全盘否定。这样的话,我们就会因为自己的非理智想法而使自己陷入痛苦、茫然之中。如果我们这样想:比我困难的同学还有,学校将减免的另一半再去帮助一个困难的同学,让他和我一样能继续读书,这也是一件好事。虽然我很需要这笔钱,但为了帮助同学我应该想办法自己解决困难。这也是让我在成长过程中的一次磨炼,我要学会承受挫折,勇敢地面对困难,继续努力,拿到更多的奖学金,以证明通过自己可以帮助自己,不是更好吗?

　　"假如我们在遇到挫折时,能用理性情绪来思考问题,调整自己的情绪,那么我们就是一个乐观积极,敢于面对困难与现实的人,最后就会迎来光明的前途,达到成功的彼岸。相反,如果我们在遇到挫折时,退缩、怀疑、自责,放弃一切努力,那么我们就会永远沉迷在痛苦、压抑的漩涡里,改变不了现状,只能永远叹息人生了……"

四、合

再次收到琴的来信时,我感到她在成长,而且发现她的字里行间流露出把我当作她最亲的人。琴在信中多次提到:"妈妈还活着的时候,我可以跟她谈谈我的烦恼,她会帮助我解决,会说一些鼓励我的话,有时还会抱抱我,我感到很幸福、很温馨、很满足。我好想好想重温那段日子,我好想让妈妈再抱抱我。我没有干爸干妈,所以你对我的关怀,真的让我很高兴,你就像妈妈一样关爱着我。你能送我一张照片吗?"

我再给她回信时,一方面对她能学会调整认识和情绪而感到高兴,另一方面我特别关注她的哥哥的情况,询问她哥哥的近况,让她感到我不仅关心她一个人,我还会关心她的哥哥。我鼓励她要向哥哥学习,和哥哥一起克服困难,独立地去面对现实,迎接挑战,实现自我。

我告诉琴,她是一个懂事的女孩,我非常喜欢她,我会永远关心她的。只要有什么事需要我帮助,我一定会尽力的。同时我相信她也能够学会去关心他人、理解他人,因为:"你们一定是好样的。你们的妈妈一定会感到欣慰的。老师也会因有你们这样的好学生而感到高兴。"为了能让她感到安慰,我寄了一张照片给她,并把我的联系电话告诉她,让琴感受到老师的关爱就像妈妈一样永远。

【咨询后记】

琴现在即将面临高考,她在学习上继续发奋努力着,情绪比较稳定,与同学、老师和亲人的关系也比较融洽,逐渐学会关心他们,经常在电话里告诉我他们的近况。琴在磨炼中成长起来了。

【本案启示】

学校心理辅导与其他领域的心理辅导应该是有区别的。学生在成长过程中遭遇重大挫折的时候,作为心理辅导老师,首先,要让学生感受到你的关爱和温馨。在这个案例中,我就是这样做的。我先让她感到虽然妈妈离她远去,但人间的关爱和温情无处不在。老师就像妈妈那样在无私地帮助她、关爱她,使她确认"周围处处亲人在"。其次,要引导情绪波动的学生,不能产生依恋和依赖,要理智地面对挫折、面对现实,从中学会认识自我,调节自我,完善自我,学会从他助向自助转变和升华,最终能独立地去面对现实的挑战。

【分析与点评】

"悲伤辅导"是协助人们在合理时间内,引发正常的悲伤,并健康地完成悲伤任务,以增进重新开始正常生活的能力。其终极目标是协助生者处理与逝者之间因为失落而引发的各种情绪困扰并完成未完成事务。"悲伤辅导"要遵循四个原则:1. 增加失落的现实感;2. 协助来访者处理已表达的或潜在的情感;3. 协助来访者克服失落后再适应过程中的障碍;4. 鼓励来访者向逝者告别,以健康的方式,并坦然地重新将感情投注在新的关系里。

在本案中,辅导老师虽然没有用专业的方法严格遵循"悲伤辅导"的原则,但是根据自己有限的理论和经验,成功地进行了悲伤辅导,并和以上提到的原则不谋而合。例如,鼓励来访者和父亲、哥哥进行长谈,表达和宣泄出那些潜在的情感,接受现实;并在辅导的后期,为学生提供各种信息和帮助,用自己人本主义的精神鼓励、感化来访者,使来访者以健康的方式重新将感情投注在新的关系中。

改进之处在于,可运用角色扮演技术、空椅子技术引导来访者向逝者真正的告别。这样的技术会让来访者的情绪宣泄得更加彻底。另外,本案例中的来访者可能对辅导老师产生了某种程度上的移情,因此我们认为辅导教师若能在辅导过程中适当地增加这方面的处理,以减少来访者在结案之后对辅导老师的依赖,可能会更好地帮助来访者得到真正的成长。

(点评人:琚晓燕)

【问题延伸】

我们每一个人,在一生中都会遭受许多无法避免的失落,例如父母、兄弟姐妹、配偶、儿女的死亡或离异,离开你所喜爱的工作或朋友,失去身体的健康,失去宠物,甚至失去未来的美梦等,都会带给我们或周遭的人伤感哀恸。所以,学校心理辅导中要关注这些学生。"悲伤辅导"不及时,那种创伤将在学生的心灵中很难愈合。建议对这些学生以团体辅导的形式予以引导。

(案例提供:湖州市教育科学研究所　陈晓英)

随风潜入夜　润物细无声
——对一个女生"心病"的干预

【来访者资料及辅导过程】
一、基本资料

来访者名雨(化名),女,某某中学高中生,19岁。雨的亲生父亲在她11岁时就已去世,妈妈后来与现在的继父组成了新的家庭。继父只知整天在地里干活,对雨的学习几乎不管不问,更谈不上精神上的鼓励。母亲只读过小学,主要从事家务或给私人企业打打工。弟弟读初中,比较顽皮,但脑子灵活,学习成绩较好。雨原来住在一个山脚下,独门独户,但房屋破旧,已不能住人,现借住在别村(寄人篱下)。家里有三台最简单的织布机,但因为织不出较高质量的布已停机。雨的妈妈给别人打工,一天只能挣七八元钱。继父的能力只局限于从事农田劳作,维持着家庭一年的生计口粮。

雨在小学三年级前各方面表现较好,曾任少先队小队长,多次被评为三好学生、优秀少先队员。小学三年级,雨的亲生父亲去世,重组了现在的家庭。继父对雨一家存有戒心,凡是他带来的一切东西都用锁锁着,从不给雨零花钱用,更谈不上从精神方面关心雨。雨缺少父爱,在同学们炫耀自己的父亲时,只能暗暗伤心或干脆一走了之。雨原来有一个经济资助人,因车祸而不幸离世(原教育局副局长)。失去了经济支柱,在家庭经济十分困难的环境里,雨常常受到不良的刺激。雨的妈妈在不顺心时,常唠叨说不让雨继续学习,认为书读出来也是嫁给别人家,女儿毕竟是女儿嘛,读过高中也就够了,已经对得起女儿了。雨曾想和妈妈谈谈,却找不到机会,妈妈也不理解女儿的心。

雨在高中阶段的学习不够稳定,好的时候处在年级十几名,差时处在年级第五十名左右。在成绩处于低谷时自卑心理更明显。

雨有了自卑心理后,在班级里不愿和同学交往,也没有一个知心的朋友,心里有不快时很想找个人聊聊,却没有让雨信任的同学。

二、问题描述及分析

1. 雨缺乏自信，情绪不稳

雨智商不低，其成绩不稳主要由于家庭变故、经济困顿而产生不良情绪所致。升入高中后，家庭经济更加拮据，妈妈的不理解、成绩的不稳定、学生间竞争的激烈，致使雨情绪浮躁、自卑。

2. 雨与父母缺乏沟通

继父在家只会默默地干活，在精神上很少关爱雨，从不过问雨的学习成绩、学校的生活状况。雨自认为缺少父爱。母亲对雨的爱是藏于内心的，她不善言辞，在心情好的时候，表现出把自己的全部希望寄托在女儿身上，满心希望女儿能考上大学；一有不顺就不高兴，把无名之火发到雨身上，甚至不让雨继续读书。雨曾想与母亲谈谈，母亲却不领情。

3. 交友的困惑

雨在初中时曾和一位男生建立了友谊，但她认为那时自己不懂事，在现在这样的境况下，不想和他继续保持那层关系。但男生不肯。雨曾几次想和他断绝那种朦胧的关系，每次看到他那要堕落的样子又心软了。

三、辅导过程

(一)整体策略

根据雨的情况，需进行全面的综合性辅导。从个体来讲，应从产生学习不稳定的根源入手，帮助雨正确认识自己，激发雨的自信和成就动机，激励雨在学习上培养坚忍的意志，满足其尊重的需要，进而进行情绪辅导、社交辅导、自我意识辅导，达到平稳情绪、调整认知的目的。从环境方面来讲，要协调学校和家庭两个系统，特别是改善家庭支持系统。

(二)辅导实施的具体过程

1. 运用朱建军的"意象对话"进行辅导

"我走在一条小街上，街上是来来往往的人，好像跟我都没有关系，他们看都不看我一眼……前面过来一个……哦。但她不漂亮，个子也矮……"这是我用"意象对话技术"和这个女学生对话时，她所看到的意象。

有时候，我们并不是很清楚自己的内心世界，甚至于也说不清楚自己的内心到底是个什么样子，所以用了这个叫做"意象对话技术"的方法。因为我们的潜意识是用形象来进行思维的，用这种方法可以很清楚地看到自己内心的一些东西。

雨的内心看到的自己是一个"不漂亮的矮子"，这表明她有一种被忽略的感觉,不光是被别人忽略,她自己也同样忽略了自己。她的内心已明显地表现出来,她觉得自己像一个"不漂亮的矮子"。

"你可以停下脚步,仔细看一看,这个'不漂亮的矮子'有什么特点?"我问雨。

"她的五官是挤在一起的,衣着褴褛。"说到这里,雨开始变得不自在起来。

"你可以放松一点,试着让自己不要那么紧张,在想象中,你可以告诉她,你很喜欢她,想跟她做朋友,也希望她跟你做朋友。"

等了一会儿,雨说:"我说了好几遍,她点头了,现在我看到她的五官变漂亮了,换了一身衣着,她说她没有朋友,她很孤独。"

"你去握住她的手,告诉她,你愿意成为她的朋友,问问她,为什么她会没有朋友?"

"因为自卑,不敢跟别人交朋友。"说到这里,雨开始流泪。

我问雨,为什么她觉得自己很自卑。雨的回答很简单:"因为家境差,个子不高,学习也不理想。"

哦,雨虽说不上是美女,可也是端庄秀丽,双眼皮的眼睛炯炯有神。我告诉雨:"你跟她说,你个子不高没关系,比你矮的姑娘多的是,你的个子矮正好突现你的脸型美。"

我让雨跟这个想象中的不再是"不漂亮的矮子"道别,雨说:"她拉着我的手,依依不舍,她不想让我走,而且她现在也不僵硬了,有一点笑的模样,但我要走,让她有一点伤心。"

我问雨此刻有什么感觉,她沉默了一会儿,说:"好像我也有一点伤心,就像是一个很好的朋友离开了,我从来没有这种感觉……"

雨在意象中,头一回和自己靠得这样近,她内心的自己,是个被忽略的、不自信的人,这样的意象,可以帮助她学会关爱自己,树立自信。

我们的学生都很重视友谊,渴望有知己的朋友,有好的学习成绩能让同学们瞧得起。但是,有些学生发现,他们要得到友谊是一件不容易的事情,学习成绩好坏也有多种的因素。这些人往往把原因归结到自己的缺点上,从而强化了自己的自卑。越是自卑,越是不敢交往,结果越是孤独,越是对自己否定。就像这个学生一样,最终她感觉自己是不被人关注的矮子(个子矮象征着自卑)。而他们不知道一个道理:实际上别人对你的态度,不仅仅取决于你的"条件",更多的是取决于你自己看待自己的态度。如果你自己对自己十分接纳,虽然也知道自己有缺点,但是仍旧爱自己,那么,你在和别人交往时,你的态度就会在无形中传递出这样一个信息:"我是一个可爱的人,我有自信,我会在学习上取得成功的",这样你就会自信、主动,也就会得到别人的接纳,在学习上也就有了自信和动力。反之,假如你觉得自己是一个不值得理睬的人,别人就很自然地不会理睬你,仿佛你会用一种无声的语言告诉别人:我是不值得交往的,我是没有价值的,我不是读书的料。

如果你接纳自己、喜欢自己,那么,你个子矮就是浓缩的精华,你现在的成绩不理想是因为你的成功比别人晚点,你所有的一切都是优点,而且,你身边的人也会渐渐这样认为。

2. 几次面谈

(1)第一次面谈(2001年10月18日)

雨倾诉。

我心里很烦,不知道该做些什么,上课时常常想起家庭的现状,想起妈妈那句不让读书的话,想到弟弟以后读书还要用很多的钱,我就产生不想继续读书的念头。从内心上说我是希望继续读书的,现在社会没有文化是不行的,就连当兵、招工都要求高中学历。我想自己有能力把学习成绩提上去,但一想到家,我又犹豫了。这样的矛盾冲突,我不知道怎么办,也没有一个解决的办法,所以希望得到辅导。

辅导者从雨的表述中看出其学习的潜能及学习的愿望,及时地给予肯定,并让雨从长远和眼前两个方面去权衡利弊。"假使现在就辍学,走上社会去挣钱,虽然能一时解决家里暂时的困难,但不是解决问题的根本办法。如果自己今后有了出息,从长远的角度看是绝对有利于家庭的,这样就能更好地回报母亲的养育之恩。"以此帮助她辨清方向,树立自信心。辅导者这次是以倾听为主,适时性地点拨。雨在面谈结束时认为自己已明辨今后的方向。

(2)第二次面谈(2001年11月3日)

雨先说自己上课时能集中注意力了,学习的兴趣也有了,而后谈了父母的情况:

父亲一点也不关心我,对我学习的情况不管不问。继父不像个男子汉——把自己带来和母亲结婚的东西都锁在箱子里,好像有什么宝贝似的,把我们当作外人看。母亲没日没夜地劳作,都是为了我和弟弟,我深感歉疚。但母亲不愿和我交流,很多次,我曾主动去关心她,但得到的回答是,你读好自己的书,我的事你别管。

当时我和她讲了这样一个事实：

任何一个父母都是关爱自己子女的，只不过表达的方式不同。你父母的知识水平不高，哪会用大道理来教育你？他们认为家里干活是他们的事，而读书是你的事，无须要问这问那的。

之后辅导者与雨共商如何改变这一现状。首先要她去理解。"父母也有自己生活的烦恼，但他们又能得到谁的理解？你是家庭中的一员，而且你的知识层次在家里是最高的，你不去理解他们，难道要让旁人去理解？"其次让雨站在对方的立场去考虑问题，换个角度去看看同一个问题所产生的不同的结果。再次用贝克理论疏导，使之认识到自己不良情绪的产生不是事件本身引起的，而是她自己的认知角度或方法引起的。这次辅导主要目的是调整雨的思维角度，坦然接纳家庭的每位成员，排除干扰因素，全身心投入到学习中去。

(3) 第三次面谈(2001年11月25日)

雨面临着第一次模拟考试，出现焦虑，担心考不好。我和她一起分析模拟考的目的和作用。过后她认识到了"模拟考试主要是让学生逐步适应会考试题和考试环境，同时也是为了帮助学生和老师了解知识掌握情况，是查漏补缺的一种手段，不用紧张。只要曾经努力过，就无悔了，不要总是想结果会怎么样"。雨在考试焦虑初步缓解、情绪初步得到控制时愉快地走出咨询室。

(4) 第四次面谈(2001年12月2日)

这次雨蹦跳着来找辅导老师，说是来向老师报喜：这次模拟考试她的成绩有进步，各课之间也比较平衡，说自己有信心读好书了。这时辅导者告诉雨："学习成绩好坏的决定因素有很多，但是情绪是最重要的因素之一。你的情绪稳定了，就学得进、记得牢。你已尝到了成功的喜悦，继续朝前走吧！成功在前面等着你呢！"

(5) 第五次面谈(2002年1月12日)

雨向辅导者讲述与异性朋友相处的问题。

我在初中和一男生有了爱慕之情，但那时自己不懂事。现在我们都处在关键时刻，我不想和他保持那层关系，但又怕他承受不了。我曾试过和他断绝那层关系，但当我看到他那伤心的样子我又不知怎么办了。

辅导员告诉她："大家都在集中精力复习迎考，和男生在一起研究学习问题很正常，但应以不影响学习为前提。你也应该把主要精力放在学习上。"辅导者同时也要求班主任安排几个女生主动与她接近，让她们在一起谈论学习，以淡化来访者对那个男生的关注。在这个过程之中,辅导者巧妙地用史登·柏格的健康爱情三角理论(①情绪成熟;②经济成熟;③关系成熟)加以巩固,并教她婉拒的方法。

A.拒绝对方时,要理解和尊重对方的感情。在拒绝对方时,要将心比心,珍惜对方对你的尊重和信任,爱护对方美好而又纯洁的初恋之情,尊重对方的人格,尽可能减轻对对方的刺激。这样做,你不会失去什么,能得到的是对方对你的无比感激和大家的敬佩。

B.拒绝对方时,态度要明确而果断。在拒绝对方时,就要有"快刀斩乱麻"的作风,要态度明朗地给对方一个答复,不行就是不行,一次把话讲清楚,决不含糊其辞,缠缠绵绵,否则就会给对方带来更大的苦恼和心灵上的创伤。在行动上,也要尽量减少接触,尤其是单独接触。

C.拒绝对方时,要讲究方式和言辞。在拒绝对方时,可以用书信、朋友转达、打电话等方式,但不管用哪种形式,都要把要说的话事先琢磨好,言辞既要明确又不失诚挚,既果断又不失委婉。

(6)第六次面谈(2002年2月20日)

雨这次来主要是讨教和母亲沟通的方法。辅导者授之以天时、地利、人和之法,让雨认识到只要从理解的角度去谈就会成功。

(7)第七次交谈(2002年3月6日)

雨报告自己的转变情况,自认为一切正常。

3. 与班主任、家长的沟通与协调

(1)与班主任:辅导完毕,及时把谈话的主要内容告知班主任,使班主任了解雨的思想状况、忧愁烦恼,配合辅导者做好工作。建议班主任能主动关心她,为她建立一个温暖的小集体。

(2)与雨母亲:向她了解雨小时候的成长过程;对她能让女儿继续读书表示敬佩,同时对她的家境表示理解;提醒她关心女儿的成长、学习;转达雨很想与母亲交流的愿望;肯定雨在校的表现;希望她能理解懂事的女儿。

【咨询后记】

和雨经过七次面谈后,雨的班主任、任课老师反映她进步大,像变了个人:充满了自信,上课能全神贯注地听课,学习劲头很高;做事果断,关心集体,受到同学的好评。

雨与母亲沟通成功,有事能坐下来商谈,家庭充满温馨的气息。雨与同学相处和睦,男女同学关系发展健康。2002年雨考上了浙江某重点大学,现在已是预备党员了。

【个案启示】

本个案总的说来辅导干预是成功的,效果是明显的。这要感谢家长及老师的协助和支持。

本个案再次提示:自信和情绪好坏是学生学习成绩好坏的重要因素,中学生心理上的障碍常常直接影响学习成绩。辅导者应有针对性地进行辅导,辅之以生活辅导、自我意识辅导、认知方式辅导等。在指导与异性交往时,要引导得法。家长对孩子的教育也要得法,对孩子要有适当的评价,既要关心他们的生活,又要关心他们的学习,这样才有利于孩子的成长。

【分析与点评】

在本案中,辅导老师很好地运用了多种治疗方法相结合的方式,如"意向对话"法、贝克的认知疗法等。尤其是运用"意向对话"的方法,对有自卑心理的雨进行辅导,让雨接近和了解自己的自我概念,实属辅导中的亮点。

意向对话法是我国著名心理学家朱建军创立的。这一技术创造性地吸取了心理分析技术、催眠技术、人本心理学、东方文化中的心理学思想等。它通过诱导来访者做想象,了解来访者的潜意识心理冲突,对其潜意识的意象进行修改,从而达到治疗效果。

因为中小学生想象力较丰富,所以此法比较适合在学生中运用。但在"意向"的解释上,辅导老师需要有比较扎实的精神分析理论功底,更需要充分了解来访者的背景,方可进行说明,万不能主观臆断。在类似这样的案例中,咨询师也可以运用完形治疗的梦境法、角色扮演法等技术来帮助来访者接近真实的自己,并达到自我的统整。

本案例不足之处在于辅导老师对于辅导没有系统规划,在第五次面谈时还进行了与异性朋友相处问题的辅导。需要提醒老师们的是,在心理辅导过程中,辅导进行几次、计划进行哪方面的辅导等都是有规划有系统的,切勿没有解决好主要矛盾就被来访者牵着鼻子走转而探讨其他方面的问题。我们尊重来访者要为自己的行为负责任,但同时辅导老师在辅导过程中的引导地位还是不能被忽视。

（点评人：赵阿勤）

【问题延伸】

　　青春期学生懵懵懂懂的感情、与成人和同辈的沟通，都成为困扰他们心理健康发展的因素。特别是对于"早恋"的学生，正确的引导才是良策，切不可乱加干涉，反而弄巧成拙。

（案例来源：浙江省桐庐第二高级中学　李建华）

十七岁那年的雨季
——一个优等生自我意识发展的辅导个案

【来访者资料及辅导过程】

　　又到了8月30日，这是一年一度的高一新生报到的日子，也是我教师生涯的开始。

　　一个，两个，三个，我接待了一个又一个即将成为我学生的高一新生；填表、交费、注册，一遍一遍重复地进行每个新生的报名程序。

　　不久，我的动作被一个甜美的女声打断："老师，其他班有人去领书了，我们也去领书吧。"我抬头一看，是一个长得挺可爱的女生，用一个"小"可以概括她的外表：小个子、小眼睛、小鼻子，笑起来还有一个小酒窝，在左半边脸，据她后来说，这叫不对称的美。这就是小雨，在我当班主任的第一天给我留下深刻印象的女孩。

　　"好的，你们几个跟她去教材室领，就说领高一(8)班的书。"我让站在旁边的几个男生跟她去领书。

　　过不多久，同一个声音再次响起："老师，有的班开始领住校生的生活用品了。"

　　我知道，又是小雨，于是说："好，每个男生寝室派两个代表把全班住校生的东西都领来吧。"

"……噢！"听得出，她的积极性不是很高，我看了她一眼，说："小雨，你跟他们一块去吧，别领错了。"

"得令！"

我笑了，在场的其他同学也笑了，她也不好意思地笑了。

又过了一会儿，"老师，我们班的劳动工具可以领了。"我不抬头就知道又是"不安分"的小雨。我手头还在进行着报名工作，笑着说："小管家，休息一下吧。"我让班上的一个男生去领工具。

忙碌的一天总算过去了，晚上十点我去寝室看住校生，小雨把我拉到一边，悄悄地说："老师，你真随和，我想跟你交朋友。"

"我还以为我们已经是朋友了，你今天帮了我不少忙，真是谢谢你。"

"你真的这么想？"小雨惊喜地问道，我重重地点了点头。

第一次接触，小雨给我的印象是一个活泼、开朗、热情的阳光少女。然而，以后的多次接触和一些同学的反映，让我发现她的表现与我想象的不太一样。她平时比较独立、内向，与同学的接触较少，常常会为一些小事闹情绪，有时一个人躲起来偷偷地哭泣。但有一两次却显示出像"人来疯"的一面，与同学玩得很疯，还喜欢对同学撒娇。我发现她学习非常刻苦，刻苦到了苛刻的程度。据室友反映，从开学以来她从来没有到食堂吃过饭，都是在小店里吃方便面、面包一类的东西。她认为花时间去排队然后再吃饭太浪费时间，节约下来可以多做好几道题。晚自修结束后，其他同学都冲回寝室去，而她要等到熄灯铃响前两三分钟才匆匆离开教室。我找她谈了话，跟她说高中三年，学习是细水长流的，像她这样做，身体会吃不消，生了病就得不偿失了。她听了我的话，以后就在用餐高峰过后再去食堂，但学习还是一如既往地努力。

第一次月考前，她主动来找我。

"老师，我很担心这次月考。这是高中里的第一次考试，我怕会考砸了。"说话时始终低着头，手上把玩着挂在胸前的胸卡。

"你复习得怎么样了？"

"差是差不多，但我担心考试时我会失常。"说到这里，声音有些哽咽了。

"没关系，轻松上阵！你原先的基础不错，进入高中后，学习又很努力，老师相信你的实力和能力。"我拍拍她的肩膀说道。

"谢谢老师。老师再见！"说完，她乖巧地走了。

考试结果出来后,小雨考到了班里的第10名,而她的入学成绩是班里的第15名,因此我在班上表扬了她。在表扬时,我发现她听了没有一丝的喜悦,反而有点忧郁,我想可能是女孩子比较害羞的缘故。

没想到她又一次来找我:"老师,我有事想找您谈谈。"

"好啊,什么事想跟我说?"我放下了手中的笔。

"老师,其实你不应该表扬我的。"接着她就沉默着。

"怎么?同学说你了?"我急切地问。

"不是的,他们都对我很好,但我认为我不值得表扬。"她的声音很轻。

"为什么?跟你考进来的成绩相比,有了不小的进步。"我感到很奇怪。

"但我的数学没考好,别人都说,高中里数学很关键,不管学文、学理都要把数学学好。"她急忙解释。

"你的数学考了84分,已经相当不错了,我们班的最高分也只有91分呀。"

"但小云考到了87分,我们以前是一个班的,她比我差,现在她的成绩上来了,但我还在原地踏步,'逆水行舟,不进则退',我的成绩还是不行。"她若有所思地说。

"但你的总分要比她好多了,你还从15名进步到了第10名。"

"没有用,我总觉得那是我运气好,而我不会每次都有好运气,下次我就会……"

这样,无论考试结果是好是坏,她都不开心。随着学习压力的增大,她的情绪也越来越低落,越来越不稳定。经过一段时间的接触,我对小雨的印象与第一次相比有了明显的不同:小雨对自己的要求非常严格,特别是学习上,对自己制定了较高的目标,而且不允许自己有任何的失败,每次即使是达到了目标,也很没自信,怀疑只是因为自己的运气好,觉得很不踏实。但在我和各任课教师看来,她的成绩相当不错,不仅考进二中的重点班,而且几次考试下来,名次都比较靠前。

像小雨这样的优等生,学习上勤奋刻苦,有较强的上进心,又乖巧听话,文静内向,遵守纪律,不可能惹是生非。作为老师就往往会关注他们的学习,帮助他们在学习上进一步发挥潜能,而忽视了他们的内心需要。他们有了心事,往往藏在心中,在同伴面前还要假装若无其事,到一个人的时候却十分伤感。小雨就会在独处时流泪不已。我想,若是我不去帮小雨解开这个结,她也会太太平平地完成三年的学业,顺利地进入高校学习。但高中阶段学生的自我意识发展水平不高,对自己无法形成一个客观而全面的认识和评价,很多时候由于不能悦纳自己,这会使他们产生极大的心理困扰,如果不加以引导和帮助,随着学生年龄的增长,就会严重影响到他们的心理健康,进而影响到今后的学习、生活和工作等方方面面。

于是,我试图首先解开造成小雨这种心态的原因。我从几个途径进行了解:通过家访、电话、在家长来校时约见等形式了解小雨的家庭背景和成长过程;向同校的小雨的初中同学了解,小雨初中时的一个好朋友提供给我许多极其有用的信息;向现在的任课教师、班内同学特别是小雨的同桌和室友了解情况;从与小雨的日常接触、谈话和每周都写的随想录中探究她对自己、他人和社会的看法及心理活动。

我了解到小雨来自一个单亲家庭。在她5岁时,父母离婚,父亲是一个没有责任感的人,从此没有在小雨的生活中出现过,据说到北方做生意去了。母亲很少谈起父亲,但也不过分贬低父亲,认为离婚了,日子还要过下去,抛开过去才能过得更好。因此小雨对父亲的态度是不爱也不恨,"父亲如果出现在我面前,我也不认识,他对于我来说只是一个名字,是一个陌生人,谁会去爱或去恨一个陌生人"。母亲是医院的牙科医生,知识分子,有能力让女儿过上衣食无忧的日子,但由于工作繁忙,有强烈的事业心,女儿又比较乖巧,从小成绩优秀,加上一个人抚养女儿比较辛苦,因此,对小雨的关心往往只是物质方面,比较在意女儿的成绩,对女儿的精神方面关心不够。

出生于单亲家庭使小雨很懂事、很自立,有较强的自理能力和自尊心,按她自己的话来说,"我不想被人说,我不如人家是因为我是单亲家庭的孩子"。母亲在事业上是女强人,做事雷厉风行,不善于在女儿面前表达自己的爱,小雨记忆中搂着母亲是小学二年级以前的事。父母爱的缺失,导致小雨平时经常独处,偶尔会向同学、老师撒娇,渴望同学的友谊和老师的关怀,同时对自己很没自信,认为自己本身不讨人喜欢,只是因为成绩好,大家才喜欢自己,所以要使大家继续对自己有好感,只能靠努力学习,保持优异的成绩。母亲对小雨寄予很高的希望,自己已打消了再婚的念头,只想把女儿培养成人,好几次对小雨说,"你是我的精神支柱。"亲戚中以女性居多,经常跟小雨说:"你要争气点,你妈培养你读书不容易。你妈前半辈子这样了,你要让她后半辈子有依靠。"这些话,给小雨带来了很大的心理压力,她对自己的要求,特别是学习上的要求过高,因为只有考上好的大学,才能给母亲争光。而小雨从小到大一直都很争气,成绩名列前茅,初三班主任说她考上富阳中学没问题(这是全市最好的学校),但中考前小雨太过焦虑,白天老头痛,晚上常失眠,懂事的她怕母亲担心,没有把此事告诉师长,最终中考失利,没能考上富中,大大出乎众人的意料,母亲也略感失望。小雨非常内疚,自认对不起母亲多年的养育,不知多少次泪湿枕巾。从小品学兼优的表现和家庭的希望也培养小雨追求完美的性格,九年的求学历程一直顺风顺水,使她无法接受自己的失败,抗挫折能力很低。进二中后,她发誓要好好学习,甚至要比考上富中的同学成绩还要好,把成绩看得过重,成绩成了她情绪好坏的晴雨表,中考的失利又使她的自信心大受打击,认为最终主宰自己成绩的是运气。

随着高中学习节奏的加快,小雨这种苦读的学习方法越来越占不了优势,反而导致她注意力减退,学习效率下降。学习对她而言变得很吃力,成绩当然也有所退步,12月份月考成绩退到全班23名。眼看着小雨情绪日渐低落、烦躁,越来越难自控,我正打算帮助小雨时,又出了一件意想不到的事。

一天,因为一件小事,她的情绪十分低落。中午,教室里只有七八个同学,小雨坐在第一排自己的位子上暗自神伤,她无意中回头一瞥,发现最后一排一个男生正在瞪着她,她吓坏了,赶快回过头来,但为时已晚,从那一刻开始,只要她闭上眼睛就看见那个男生的脸,正瞪着眼看着她。几天后,发展为只要停下来,不写作业,不思考就会出现那张脸,那双眼睛;再过几天,听课时、聊天时,几乎随时随地就会出现那一幕。我发现她日渐消瘦、苍白,提醒她要注意身体,她听后"哇"的一声大哭起来,嘴里含糊不清地说着:"我要休学……我要退学……我怕……"我了解情况后,找到那名男生问明原委。那个男生是一个高个子,浓眉大眼,表示从来没有瞪过她,相反很佩服小雨的学习努力,羡慕她的成绩。那天可能只是在发呆,根本没看到小雨在看他。

我把这一情况反馈给小雨,她哭着直摇头,"老师,不是这样的,他大概怕你批评才这么说,不管怎么样,我怎么也抹不去那双眼睛。"她妈妈赶到了学校,提出带女儿回家住几天,我同意了。我大致能分析出小雨出现这一心理障碍的原因:家庭中爱的缺失,特别是父爱的缺失,加之自尊心强,自信心弱,使她较少与男同学接触。快期末考试了,这是高一第一学期最重要的一次检测,小雨的心理压力不断加大,已到崩溃的边缘。这次的这双眼睛,给她的心理造成了强烈的震撼,但也成了她不自觉地逃避考试的"挡箭牌",因为她可以对自己说,这次考试我是被迫放弃的,这样妈妈就不会失望了。

于是我每天打电话给她,问她今天做了什么事,电话里她很开心地告诉我做了些什么事,提到回校,她就直哀求不想看到那个男生;她母亲也说除了晚上要做噩梦,白天小雨的情绪很好,每天都在自学功课。我把对小雨的分析告诉她妈妈,希望得到家长的支持。她妈妈十分通情达理,说要尽力帮助女儿。接下来我在一次电话中对小雨说:"快期末考试了,同学们也都很想你,希望你能回来参加考试,这关系到以后分班。"我这样说,就使小雨不能一口回绝我的提议。

"我也想回来考试,但我不想看到他,我怕他。"小雨犹豫地说。

我心中暗暗叫好,只要她不抵触我的建议,接下来我就有办法"引"她来学校。

我用商量的口吻说:"你看这样好不好,你来考试,我让教务处特批,让你在办公室里考,我来监考你,保证你看不到他。"

"……好吧。"她想了一想,答应了。

到了考试那天,她妈妈特地请假陪她来到学校,看上去小雨的情绪状态不错,我打趣道:"妈妈陪你来考状元了。"说完,三人都笑了。

我马上话题一转:"小雨,我已经给你安排好了,就坐在我的办公室考试,不过我想办公室里老师进进出出的会影响你答题,要不你到考场去考,我让人把你们分别安排在两幢楼里,保证你看不到他,好吗?"

她妈妈说:"老师考虑得真周到,小雨,要不你试试看……不过最终你拿主意,妈妈不勉强你。"

小雨当时浑身微微颤抖,皱着眉头考虑了一会儿,点点头:"好吧!"

第一天考试顺利结束了,小雨在考试时一切正常。我暗自高兴:有门,我的方法对头了,明天再接再厉。

第二天一早,小雨又由妈妈陪着来到学校,我请母女俩到办公室休息,问小雨昨天这样考行不行。

"我考试时,一点儿也没想其他事,只有要考的这一门课的念头,答得很顺手。"小雨兴奋地说,看得出她昨天考得很好。

我趁机说道:"我想你不看见他,考时就不会分心,我们高一都在一号楼考的,要不你回来考?我安排你和他在同一考场,但他坐在最后,你坐在靠门口第一排,这样你们就不会碰面了,好不好?"

经过昨天的考试,小雨的自信心大增,"好的,我试试。"

第二天考试又很顺利,小雨在交卷时远远地看到了那个男生,但她说没以前那么害怕了。我又提议:"每天让你妈妈来来回回送你来考试,她也挺累的,要不你今天就睡寝室里吧,最后一晚了,晚自修到我办公室自修,行吗?"

这次小雨答应得比较爽快:"行,我也有许多天没见同学了,挺想他们的。晚自修在教室里吧,反正我坐在第一排,看到后面同学的机会很少。"

第三天,她主动来到我面前,笑着说:"老师,我想今天你大概会对我说,让他坐在我能看到的地方考试,是吗?"

真是个聪明的女孩,我反问道:"那你的意思呢?"

"我昨晚就想好了,当时可能他真的是在发呆,我平时跟他没什么接触,他没理由会恶狠狠地瞪我,他也挺可怜,莫名其妙被我怕了这么久,以后有机会我还想跟他道歉呢。"

"你能这么想太好了,那么今天让他坐在你前排吧。"

"老师,你早计划好了?"小雨假装生气,嘟着嘴说。

"那是,否则怎么会我是老师,而你是学生呢?姜还是老的辣。"我看她心情不错,能跟我开玩笑了,于是我也开起了玩笑,我们两人都笑了。

笑完,小雨突然正色地说:"老师,谢谢你!"

"别谢我,下学期我要安排你害怕的人坐在你后面。"不经意地我把自己的打算流露出来,也算是给她一个心理准备。

"没关系,我期待跟他成为朋友。"

很快第二学期开始了,我知道在上学期期末我只是治标但没有治本。通过日常接触和交流,我发现她主要的问题在于自我意识方面。她不能正确认识自己,总是给自己定下较高的目标,完成了就归因于运气,失败了就归因于自己努力程度不够,或自己不聪明,从而使她不能悦纳自己;另一方面她对他人的要求也相应提高,使她觉得生活是如此的灰暗。有了上学期的基础,小雨对我十分信任,我俩的关系融洽,这是我开始干预工作的一个良好的基础。我经常在与她的谈话中调整她的认知,或在她的随想录中写下一些励志性、指导性的语句,主要的思想为:

"人的烦恼不在于事件本身,而在于他对这件事的看法。"

"对于考试,我们要'在战略上藐视敌人,在战术上重视敌人',就是考试前我们要充分重视它,认真复习,但考完后,就别太在意,失败是成功之母嘛。"

"学校教育培养的不是天才,当然也不是庸才,是要培养人才,所以你来学校接受教育,就会有朝一日成为人才,记住'天生我才必有用'。"

"分数并不等于是能力,检验一个人能力的方法与手段有很多,考试只是其中的一个。对考试要有一颗平常心,只要自己努力了就行了。"

"人活着不是为和别人比,'强中自有强中手',而是要和自己比,比进步。不管怎样,要完整地认识自己,愉快地接受自己,包括优点和缺点。"

为了增强她的自信心,我努力给她制造成功的机会,让她多多体验各种成功。根据她语文基础好的特点,我推荐她参加富阳市环保征文大赛,她一举获得一等奖,全富阳只有四人。针对她自理能力强的特点,我让她当班里的劳动卫生委员和财产保管员。她工作时一丝不苟,赢得了同学和老师的一致好评。我还让她参加或组织班里的活动,比如演讲比赛、辩论赛等等。另外,我让她多找找自身的优点,要她学会用心理暗示的方法增强自己的信心,比如:"小雨,我能做好这件事。""今天我的心情是愉快的。""我有信心,这次考试难不倒我。"

为了增强小雨的抗挫折能力,我介绍她阅读一些书籍,从书中人物的事迹中得到启示,同时在她身边的人和事中寻找学习的对象。当时,班上成绩第一、担任学习委员的那位同学家境十分贫寒,父亲早逝,母亲是一名精神病患者,正在接受住院治疗,他又不愿意住在亲戚家寄人篱下,只能住在一间摇摇欲坠的土房里,自己打理生活,每月靠亲戚接济的200元生活。由于该生有强烈的自尊心,不想让同学知道他的情况,我只能在尽力帮助的同时,替他保守秘密。在征得该男生同意后,我把他的情况告诉了小雨。她得知后,惊呆了,在随想录中写道:

"当得知学习委员的情况后我被震撼了,以前只有在书上看到过自强不息的人,仿佛离我的生活很远,没想到在我的身边就有在逆境中奋发的人。他是真正的强者,跟他相比,我是弱者,一有事就躲进自己编织的壳里的弱者。同是单亲家庭,我拥有如此优越的生活条件、疼我爱我的妈妈,我应该很满足了。看来,不是这个世界对我不公,而是我对这个世界要求得太多了,我真是个贪得无厌的人!"

看得出,这件事深深地震撼着她的心灵,使她走出了死胡同,不再钻牛角尖,重新审视自己,也审视周围的人。

小雨的心理问题很大程度上是源于她的家庭,主要是母亲,因此必须双管齐下,对她的家庭也进行干预。上学期期末的那件事也让她母亲开始思考改变与女儿的关系以及教养方式。母亲感叹道:"事业与女儿相比,女儿更重要。事业不行,我还能活下去,因为女儿是我的希望;女儿不好,我等于活着没有了希望。"我与小雨母亲保持着热线,经常进行电话联络,或在学校或家访面谈。从中我了解到了小雨在家的表现、家长对学生的理解程度,小雨的母亲则了解到了女儿的在校表现及心理状态。我建议她改变教养方式,多抽时间陪陪女儿,多与女儿谈心、沟通。在学习上,尽量不要给她压力,一旦她考差了就多安慰她。妈妈采纳了我的建议,尽量将自己的休息日调到与女儿一致,跟女儿逛逛街、聊聊天,有时间还到野外走走。有一次小雨告诉我:"别人说我和我妈像姐妹,不像母女,我真开心。"

又过了一个学期,小雨已不再把学习成绩看得比一切都重,逐渐认识到生命的价值;在看待自己的问题上,不光是看到缺点,也看到优点。整个人充满自信,充满青春的活力,不再像以前那样把所有时间都花在学习上,吃饭也有规律了;成绩没有下降,相反的,还略有提高,在全班稳居前十名,偶尔成绩略有起伏,也不会成为她的困扰;比以前更开朗了,没人再看到她一个人哭泣;与同学关系更和谐了,被同学昵称为"小苹果"。高一学年结束时,在选择读文还是读理的问题上,她毫不犹豫地选择读理,她的理想是和妈妈一样,做一名出色的医生。总之,她的自我意识有了较好的发展。

【咨询后记】

通过对小雨的辅导,发现外在教育力量只有内化为学生的内在需要,才能取得最佳的辅导效果。她的不良情绪体验来源于童年的经历、家庭环境的影响,特别是由于她还处于青春期自我意识的同一性形成的关键时期。这三方面的共同作用使得她的自我意识产生偏差。对学生的辅导应多管齐下,全方位地动员一切力量共同配合进行,但主要依靠学生自己。相信学生有能力教育好自己,自己走出困境,教师只是一个引导者,不能代替学生的作用。因此,本案采用了行为改变技术、认知干预技术、榜样学习法等方法帮助小雨完善自我意识,从而使她的情绪、行为得到改善,并趋于理性化。

【本案启示】

1. 来访学生的个性中有敏感、不自信、抑郁的倾向,已影响到她的学习和生活,并且单靠自己的调节无法解决问题,这时需要辅导老师的介入。

2. 来访学生的早期生活经历、从前的求学过程及个性中的缺陷形成了自我意识的偏差,但反映出来的往往是对学习的焦虑,因此要尽可能把非理性信念的核心找出来,不能就学习问题进行辅导。

3. 辅导老师要在辅导过程中设法弄清来访学生的情况和遇到的事件,尽可能使时间、地点也精确,特别是要了解当时来访学生的内心想法是什么,这样才能选择纠正的正确方法。

4. 中学生处于生理、心理、社会化全面发展时期,因此对来访学生某一问题的辅导应是多方面的,如学习方法、人际交往、生涯指导等方面的辅导。

5. 学生自我意识的偏差往往与家庭有关,因此在辅导过程中必须取得其家庭,特别是父母的支持,家庭氛围的改变能够使辅导事半功倍。

【分析与点评】

对优等生心理问题的关注是心理辅导老师比较忽视的一环。大多数教师认为优等生一般学习优秀、乖巧懂事,不怎么会出现心理障碍;然而社会上爆出的不少关于优等生因不堪学习压力而自杀的事件提醒我们,优等生的心理健康问题值得引起我们学校和心理辅导老师的高度重视。

此来访者因为早年父母离异,从未曾得到过父亲的关爱,母亲又因为忙于工作对来访者的关心显得有些力不从心,因此个案感觉到生活中缺少关爱。母亲对来访者过高的期望与高中繁重的课业压力的双重交织,使来访者感到十分吃力,在拼命努力却始终未能达到理想要求的情况下,便产生一种逃避性的想法。但这在她内心是不被自己所允许的,于是她借用偶发性的"受瞪视"事件为借口,形成症状,逃避压力。

对此来访者的辅导,辅导教师从三个维度入手:首先对于小雨的考试焦虑以及由此引起的对班上一位男生的恐惧,辅导老师采用系统脱敏的方法,逐步从行为上消除小雨对于那位男生的恐惧,从而慢慢克服对考试的焦虑。辅导老师循循善诱的引导可谓用心良苦。行为的改变是治标不治本的,关键还在于改变来访者对自己的认知。因此辅导老师通过激励性的语言和心理暗示的方法,调整来访者对于自我和考试的认知,从认知上调整对自己的看法。最后,辅导老师还进行了家庭系统干预,与家长沟通为来访者创设支持性的家庭环境。可以说,这位辅导老师对来访者的辅导比较系统而深入,达到了良好的辅导效果。

但是我们从上述的案例可以看出,来访者在归因方式上存在不合理信念,如她认为考试成功是自己的运气,考试不成功则是自己努力不够、能力差。因此,在让来访者建立合理的自我意识之前,运用理性情绪治疗的方法,辩驳来访者心理上存在的不合理信念,让其认识到其不合理信念对其情绪和自我概念的影响,从而因势利导地强化其成功经验,鼓励其进行积极的自我暗示,效果会更好。同时，也可以使用焦点解决短期心理咨询中的"寻找例外"等技术帮助来访者自己建构解决之道。

（点评人：张英萍）

【问题延伸】

现在的中学生大多是独生子女，优越的生活条件、顺利的求学过程，致使他们抗挫折的能力往往都不是很强。中学阶段是一个人自我意识发展的关键时期，学生的自我意识主要通过他人对自己看法的内化和与他人进行比较的过程而逐渐形成。作为优等生，他们在学习上往往一帆风顺，若有心理问题，很少是学习方面的，大多集中于自我意识方面。他们的智力水平都较高，对问题观察细致、思考深入，在青少年群体中，他们通常处于核心地位，而被高度重视，因此，他们往往比同龄学生更敏感、早熟，加之较差的抗挫折能力，他们的心理问题可能会隐藏得更深，更加复杂和难以解决。教师要有锲而不舍的精神和良好和专业知识，及时发现，及时采取措施解决问题。在平时，教师除了关注学生的学习成绩，关心他们的身体健康之外，应更多地关注学生的心理健康，引导学生正确地认识自我、悦纳自我，从而能更好地管理自我，最终实现超越自我，成为独一无二的人。

（案例提供：浙江省富阳市第二中学　马夷虹）

生涯辅导

亮出最精彩的我

> 每个人都向往自食其力,但在前行的路上会有一条条岔道出现在眼前,令人迷茫,令人思索,但只要我们掌握了职场生存之道,就会明白自己的追求,亮出最精彩的自己。
>
> ——作者题记

【来访者资料及辅导过程】

小云是我任教的礼仪班的学生。她相貌秀丽,文文气气,学习努力,成绩中上,担任班中的宣传委员,写得一手漂亮的好字。课余我们时常会交流对一些问题的看法。在一次又一次的交谈中,她渐渐地把我当成一个能倾听和接受她的思想和感受的人。有一天,她一脸苦恼地出现在我面前。原来面临着毕业,职业的选择成了急迫而不可逃避的现实。最近她心神不宁,总觉得压力特别大,常有一种莫名其妙的恐惧感,一会儿感到自己在职校似乎什么也没学到;一会儿又觉得自己仅仅是个职校生,工作肯定很难找,担心自己能力差,不能适应社会,很怕用人单位看不起自己;一会儿又感到如果工作待遇太差,比自己条件差的同学工作找得比自己好,心有不甘……她紧张焦虑,心理负担越来越重,吃不好,睡不香,上课也没心思。最后,她说:"老师,别人遇到事情都能应付自如,我却不知该怎么办!我是不是太没用了?"

听完她的述说,我决定从她的最后一句话开始引导:"我觉得在遇到困难时,不闷在心里,能找老师说,单就这一点来说,你就是一个聪明的女孩。"看着她慢慢平静下来,我希望小云能客观地看问题,并由她自己来感悟、解决。我问她:"你周围的每个同学在择业时都能应付自如吗?"

"没有。说到实习找工作,小琴她们也说很烦呢。"

说完这句话,她似乎意识到了什么。于是,我和她一起探讨,帮她理清思路:职校生由于心理尚未完全成熟,社会阅历少,在择业中受到的影响和制约远大于成年人。在择业心理上受不稳定的自主意识和外界影响会产生许多矛盾,有相当一部分职校生在就业过程中会出现这样或那样的问题,这是很正常的。但问题的存在会不同程度地影响着他们的就业成功。

"小琴她们有没有紧张焦虑到吃不好睡不香?"我接着问。

"那倒没有,只是平时说到找工作的时候,她们也会说很烦、很担心。"

"那为什么你的感受会那么强烈,以致影响到正常的生活和学习呢?"我希望她自己来揭示问题背后的问题。

她沉默了,看得出她在用心思考。想了一会儿,她抬起头,试探着问我:"老师,我这人是不是挺矛盾的?"说完这句话,她把身子朝我这里倾了一下,显然她急着等我的回应。但我没有立即给出答案,我想由她自己来思考和判断。

"为什么你会这么想呢?"我继续帮她理清思路。

"因为,没毕业时盼望着早点毕业工作,现在面临着毕业,又没有将要踏入社会的喜悦和兴奋。一方面觉得自己仅仅是个职校生,工作肯定很难找,担心自己能力差,不能适应社会,很怕用人单位看不起自己;另一方面又感到如果工作待遇太差,不甘心。"

"为什么会这样呢?"我继续鼓励她思考。

"可能和我这个人的脾气、性格有关吧?!"

"我比较优柔寡断,遇到事情总患得患失,而且特自卑。"

她继续谈到初中时,她的成绩还是比较好的,那时的她比较自信,对未来充满信心和许多美好的憧憬。毕业前,她想考普高应该没问题,还想努力一把,去冲冲重高。可现实和她开了一个玩笑。由于过分紧张,在考试中发挥失常,别说重高,她连普高的分数线都没上。无奈之下,她进了职高。看着昔日的同学一个个上了普高,她心里有说不出的难受。她妈妈也觉得她进了职高太丢人,让她平时不要去妈妈的工作单位。后来有一个上了重高的同学给她寄来了一张明信片,上面写着:"你我将走上两条完全不同的道路。"她感到更加自卑。现在她和初中的同学几乎断绝了来往。在职高里,她虽然也当了班干部,每天虽然和大家一起嘻嘻哈哈,但内心深处一直瞧不起自己。

从小云的自述和非言语表征所提供的信息,我基本断定了她的苦恼来自于就业心理冲突:重视自身价值的体现,但又不能正确认识自己。职校生的自我意识日趋完善,对自我存在的意义有了较深的思考,迫切希望通过自身的努力得到社会的认可,体现自身的价值。但她们的人生观、价值观还没有完全定型,幻想成才路上一帆风顺,缺乏应对各种变化的心理准备,加上社会环境的影响,往往不能客观正确地认识、评价自己。像小云就是自我评价太低,自卑心理重,在择业时感到无法掌握自己的命运而焦虑。克服择业自卑感的最好办法就是学会正确地认识自我和评价自我,在实际行动中确立"我能行"、"我一定能干好"的信心。充满自信心,是职校生择业成功的前提。

我们商定接下来的辅导主要先解决这样一个问题——怎样更好地认识和了解自己。

我拿出纸和笔,请她在纸上写出心目中的自己是一个什么样的人。她写道:"我是一个职高的女生。""我是一个自卑的人。""我将要毕业,心中充满困惑。"写到这里,好长一段时间,她没在纸上写任何字,求援地看着我,表示不知道写什么。我建议她可以从生理(包括身高、体重、外貌、身体机能和状态)、心理(包括气质、性格、智力、兴趣、需要、情绪、价值观、意志品质等)、社会(包括学业、角色、地位、职业等)三方面来进行思考。

她考虑了一下,写了自己的特点,并写了她想要从事的职业有文员、秘书、收银员、话务员。在此基础上,我继续鼓励她结合实习老师讲的胜任文员、秘书、收银员、话务员等职业应该具备的条件,整理出自己的优势和差距。

她整理出来的优点有:身材高挑,形象较好,声音甜美,普通话标准,已经获得普通话二级甲等证书,这在职校生中是很难得的;应用文写作较好,有秘书中级证;担任班级中的宣传委员,写得一手漂亮的好字;任班干部工作锻炼了能力,工作认真负责,能吃苦耐劳,诚实守信;平时注重行为礼仪规范等。看到纸上写了这么多的优点,小云的脸上惊喜和狐疑参半:"老师,我有那么好吗?"看到我肯定的神情,她露出了笑容。

她也整理出了自己目前的状况与将要选择的职业之间的差距有:不够自信;英语口语不够流利;阅读有关英文信息时,速度不够快;电脑打字平时一般用智能ABC输入法,打字速度较快,但现在用人单位一般要求用五笔字型输入,这方面她用得很少,虽然已经开始练习,但每分钟只能打到20多个字,这与目前一般单位要求每分钟打到60个字以上的标准还有很大一段距离,接下来应该在这方面好好下一番工夫。

经过自我剖析,她对自己身心、学习等主要素质的长处和短处有了比较客观的了解。我也提出了希望:既不自卑,也不自傲,能悦纳自己。她很乐意地认同了。

接着我们讨论了职业选择应该考虑的影响因素。在这里,我没有把影响择业因素直接告诉她,一如既往地让她自己去思考。最后,她得出了这样的看法:

应根据自己所掌握的专业知识技能,从自己的兴趣、气质、性格、能力、价值观出发,考虑社会需求状况,重在发挥自己的最大潜能和优势,重在追求自我实现。在择业目标上,作为职校生要理智定位,既不过高,非自己力所不能及,又不固定僵化,而应当充分考虑社会需求和自身实际,进行适时调整。最后她说:"选择什么样的职业,不仅要考虑自己想干什么,而且要清楚地意识到自身就业条件,考虑社会需求状况。我想招聘情况我可以到实习带队老师那里去了解了。"

第一次的辅导,重在调整她的自我认知,改变她的非理性观念,使她学会正确地认识和评价自己,调适择业性焦虑。但我想这次尽管她已经知道了从哪些方面来认识和了解自我,但要把这种认识进一步深化,并落实到行动中,可能尚需时日。我希望她不断地调整自己的心态,能朝着自我调节、自我成长方面迈进,真正树立起自信心。

由于课程结束,毕业班的同学开始实习,这之后我没再见到小云。半个月后的一天,她又来了。她说这段时间,她的心态有了很大的好转。她也去参加了三次面试,但每一次面试总是无疾而终,所以到现在为止,其他同学陆续地找到了工作,可她还"八字没一撇"。看得出,她心里很着急。

"每一次失败后,你的心理感受如何呢?"我问。

"我很困惑,对自己也很失望。"听了这句话,我觉得我第一次的辅导没有完全达到预期的目标,还应该继续帮助她勇敢地面对自己的问题,使她逐渐地学会揭示问题背后的问题,自己来感悟、解决。

我问她:"你有没有想过这个过程可能哪里出了差错?原因何在?"

于是,我们一起回顾了前三次面试的情况。她特别提到最近一次面试。本来她正好在逛街,负责安排实习的老师打电话告诉她:有一家银行分行招聘一位接待文员,请她去面试。刚好她所到之处离这家银行分行不远,翻翻带的包,早几天去应聘时带的简历也在,虽有点弄皱了,但应该不成问题。她想事不宜迟,以前自己磨磨蹭蹭,被别人捷足先登了,这次无论如何要赶快过去。到了公司,找到负责人,说明来意,递上简历。她发现公司负责人在有点皱的简历上抚了一下,这时她后悔不该交上有点皱的简历,心里立刻七上八下。又看到负责人抬头上下打量了她一眼,这时她也意识到自己不该在穿得不是很得体的情况下匆忙赶来。(那天,她穿了一套休闲装,裤子肥肥大大,披着的头发上别了好几个可爱的卡通小发夹,随身的拎包上贴了好几个偶像明星的头像,还挂了几个小动物挂件)此时,她心中充满了懊悔,失去了自信。接着,应负责人的要求,她作了两分钟的自我介绍,由于有前两次面试的经验,她觉得自己说得还挺不错的。但当那位负责人用流利的英语提问她时,她一下慌了神,对后面的提问,她也不知怎么回答了。"兴冲冲地去,却三句话就被人打发了。和以前的每次面试一样,好不了多少。"她这样总结道。

"三次面试都碰壁、失败了,你有没有想过问题出在哪里呢?"

听了我的提问,她沉默了一会儿,回答道:"我觉得我还是那么矛盾,一方面,我急切地想找到工作,一方面有工作时,我又磨蹭,以致失去了良机。这次我又走了一个极端。很想得到这份工作,匆匆忙忙地赶去,准备不充分。归根结底,可能还是自信心不足吧!"

"假如下次再去面试,你觉得应该怎么办?"

"事先做好充分的准备,树立自信!"

"你觉得应该从哪些方面去准备呢?"我继续鼓励她思考。

她想了想,说:"我觉得接下来,我要在英语上下点工夫。同时,我还要把握好求职面试的注意点和技巧。"

我肯定了她的回答。接下来,我们谈到了面试技巧。职业选择是一门艺术,只有把握住职业选择的艺术技巧,才能在社会职业这一大坐标系中确定自己的最佳位置。具体的求职技巧包括面谈技巧和书写求职信技巧。面谈是用人单位与求职者最理想的沟通方式。对职校生来说,通过面谈,可以进一步了解用人单位的概况以及用人意图;对用人单位来说,通过面谈,可以了解被择人员的就业观、个性特点等方面情况。职校生要学会推销自己,通过面试取胜。

接着,她自己结合三次失败的经历,总结了这么几点:

1. 争取留下良好的第一印象。因为第一印象好,容易获得较高的评价。这就要求,一要注意仪表美。衣着装束以整洁、大方、自然为宜。作为文员,在衣着上要给人以干净利落、不拖沓的印象。像这次头发披着,戴着个性化、可爱的头饰和挂件,就会给人有个性、不随和、不成熟的感觉。二要有礼貌。进门要问好,告辞道再见,坐姿端正,表情自然,面带微笑。打招呼要用礼貌用语,称呼要得体,最好能知道并记住谈话者的姓名。三要有诚意。面谈前约好时间,可提前一点时间到达指定地点,切勿迟到。像这一次应先打个电话告知一声。在面谈前最好先侧面了解一下择员单位的概况,如何时建立、现规模怎样、发展方向等。四要尊重别人。招聘人员说话或提出问题时,要用心去倾听,微笑、点头示意领会,并积极认真地回答,切忌心不在焉或答非所问,不轻易去打断招聘人员说话。

2. 实事求是地推荐自己。在面谈中,择业者要学会正确推荐自己。一是要充分反映自己的情况,具体、详细地介绍自己的长处、特点,表现出自己一定能胜任工作的自信心,使招聘单位对你产生信任感;二是对自己的不足和弱点也要实事求是地陈述,给人以谦虚谨慎、坦率诚实的感觉,使用人单位乐意接受你。像这次过分夸大自己的优势和长处,是经不起考量的。

3. 善于把握谈话的内容和艺术。在面试中,双方的谈话内容是最为实质性的东西。用人单位是否接收求职者的主要依据是谈话的结果,择业者是否善于推销自己也主要在谈话中体现。谈话内容一般由招聘人员掌握,但求职者也可事前作好充分准备。谈话时要放松,神态自然,态度从容;讲话条理要清楚,意思要表达完整;语言简练,不啰嗦。面谈时要尽量用最快、最简洁的方法打动对方,只要把话题引到自己熟悉的领域,交谈就能占据主动。

谈到这里,我们进行了模拟面试。由我扮演招聘人员,提了几个面试中经常会遇到的几个问题,如:"请你作个3分钟的自我介绍,好吗?""请问,你来应聘之前,对我们单位熟悉和了解吗?""我们这里工作很繁杂、很辛苦,待遇也不高,你如何看待这个问题?"并就她的回答给以指导。

交谈后,我还借给她几本有关求职面试的书,让她回去看一看,学习别人的经验,做到随机应变,懂得谈吐方式和态度要因时、因地、因人而异。

这次辅导后第七天,她给我打来了电话,开心地告诉我,她已经在一家通信集团找到了接待文员的工作,公司通知她第二天去上班。我分享了她的快乐和喜悦,也由衷地祝贺她。

一个月后的一天,她又一次来到了我这里。她谈到了工作后的经历和心境。

她说:"刚开始工作时,很开心。但工作后,觉得一切都变得不再单纯。尤其是同事关系。上班的第一天,经理把我介绍给原来的一位财务文员,让我们以后多多合作,并让我多向她请教。可她的态度不冷不热,弄得我非常难堪。后来的日子里,我总是先和她打招呼,主动地帮她打扫办公室卫生、打水等,但她还是很少和我说话,更别说在业务上对我指点了。看到她,我就发憷。另一方面,我还处在实习期,我不知道领导是怎么看我的,心里总担心别做错了事情。这些常常让我感到疲惫和不安。"

从她的倾诉中,我听出她遇到了职校生走向社会经常会遇到的社会角色适应问题。在倾听的过程中,我表示了理解,并和她一起探讨"角色调适,重新定位"的问题。

"你觉得工作后,你自己的角色发生了变化?"

"从原来的学生变成了公司的职员、同事、下属等。"她接着讲道,"社会角色增加了,要真正扮演好每一个角色,的确应该比原来累。来到一个新的工作环境,我想应学会主动地去适应新的环境,将自己融入新的环境中。遵守规章制度,积极主动地做事,踏实做好本职工作,做到能吃苦、肯学习、会变通、不懒散、不推诿、任劳任怨、谦虚谨慎、待人有礼,尊重领导和同事,以诚待人,主动和同事友好相处。我这样想了,也这样去做了。但我到现在还没有看到明显的效果。"

从她的谈话中,我感觉到她的成长。我肯定了她的做法,并鼓励她继续这样去做。

接下来的日子里,我们时常通电话,鼓励她一如既往地去做。终于,由于她积极的工作态度,在待人接物中彬彬有礼,办事灵活,受到了经理的表扬。慢慢地她觉察到那位财务文员是一个外冷内热的人,她们开始相处得融洽起来。至此,小云感到了真正的轻松和快乐。

也许,在前进的道路上,她还会遇到这样或那样的不顺心,但我想,经历了一番波折后,她会不断成熟,逐渐学会应对就业道路上的风风雨雨。

【咨询后记】

从以上的背景资料和分析中,可以得知小云的苦恼来自于就业心理冲突、择业心理定位不准、求职面试心理调适不当以及社会角色适应不良等问题,之所以产生这些问题,主要原因在于:职校生的自我意识日趋完善,对自我存在的意义有了较深的思考,迫切希望通过自身的努力得到社会的认可,体现自身的价值。但她们的人生观、价值观还没有完全定型,幻想成才路上一帆风顺,缺乏应对各种变化的心理准备,加上社会环境的影响,往往不能客观正确地认识、评价自己。而在就业之前,她也缺少必要的、有针对性的就业指导。因此,在个别辅导中,重在帮助她调整自我认知,掌握必要的求职技巧。通过促其感悟,助人自助,使她调整心态,积极应对,并塑造成功就业的心理品质。

【本案启示】

1. 职业的选择对职校生来说是一件至关重要的大事。在现实生活中,职校生由于年龄比较小,在就业方面心理准备不足,所以,在面临职业选择时会产生茫然、困惑、矛盾、不知所措等心理状态。她们一方面对即将从事的职业有着种种美好的憧憬与期待，另一方面又对即将从事的职业的岗位要求、职业职责不甚了解。在走上工作之前或之后，他们会遇到许多问题、许多困惑。对职校生进行就业指导是很有必要的。

2. 毕业班学生大多有就业心理冲突、择业心理定位不准、求职面试心理调适不当，以及社会角色适应不良等情况，但具体到每个人，这些问题的产生又有其个体差异性，如果能有针对性地进行个别辅导，将有助于问题的解决。

3. 在个别辅导中，辅导者应做一个良好的倾听者，善于从来访者的自述和非言语表征中尽可能多地获取所提供的信息，帮助来访者调整自我认知，促其感悟，助人自助，自我成长。

4. 必要时应给予来访者求职技巧、人际交往等方面的辅导，使其增强自信心。

【分析与点评】

生涯发展议题是青少年时期重要的发展任务之一。职高生正处于生涯成长阶段后期和探索阶段前期，这一阶段的主要任务是发展自我形象，发展对工作世界的正确态度，并了解工作的意义。对于职高生来说，如果能在种种生涯探索活动中更好地认识自己，掌握其人生的目标与方向，则对其以后的发展有积极的影响。

本案例中的来访者小云正面临职业生涯的一次抉择，对自己的职业兴趣、职业能力缺乏足够的认识，对专业的性质、特点、学习内容、就业去向也不甚了解等问题使得她的生涯意识较低，择业主动性较低，不能去独立面对困难和问题。

辅导老师在了解小云处在这样一个特定阶段后，对其进行了一系列符合她实际情况的辅导。首先，辅导她进行自我认识。辅导老师没有直接告诉小云她是怎样一个人，而是引导她思考自己是怎样一个人，并鼓励她思考其人生目标和方向，以及自己的兴趣和能力所在，为其接下来的求职做好铺垫。其次，针对来访者的面试失败经历，指导她从形象、谈吐、态度等方面进行改进。可以说，辅导老师为小云了解自己、了解工作、掌握求职技巧做了很多工作，也为小云的成功就业做出了很大的贡献。

此外，值得一提的是，职高生的生涯辅导工作并不是靠辅导老师的个别指导就能完成的。学校教育不仅应担负职业技能传授的责任，更应担负生涯辅导与教育的责任，把生涯辅导与教育的面铺到全校。

(点评人：徐芸)

【问题延伸】

一个人能否顺利就业并取得成就，在很大程度上取决于本人的职业素质，职业素质越高，获得成功的机会就会越多一些。职业素质是个人对社会职业了解与适应能力的一种综合体现，其主要表现在职业兴趣、职业能力、职业个性及职业情绪等方面。影响和制约职业素质的因素很多，主要包括受教育程度、实践经验、社会环境、工作经历，以及自身的一些基本状况（如身体状况）等。很多毕业班的学生对于"具备什么样的职业素质是最受欢迎的"这个问题所知甚少，因此，也可以设计以此为主题的心理辅导活动课，提高辅导的效率。

(案例提供：杭州人民职业学校　章彩华)

参考文献

中文部分

1. Edwin C. Nevis 主编,蔡瑞峰、黄进南、何丽仪译. 完形治疗观点与应用. 台北市:心理出版社,2005
2. 陈宏仁. 沟通分析概论,现代心理治疗理论. 台北市:幼狮文化公司,1985
3. S.Zaro 著,陈金定编译. 咨商工作实务. 台北市:心理出版社股份有限公司. 2000
4. Garald Corey 著,陈金燕等译. 咨商与心理治疗理论多元文化观点[M]. 台北市:五南图书出版有限公司,2000
5. 陈金定著. 心理咨询技术. 北京:世界图书出版公司,2003
6. 陈均姝. 完形治疗中梦工作的理论与技术. 辅导季刊,2003,39(3):1~17
7. 苏珊·丹尼森、柯尼·来特著,陈庆福等译. 儿童游戏治疗活动设计. 广州:广东世界图书出版公司,2003
8. Garald Corey 著,邓玄藏等译.咨商与心理治疗理论与实务[M]. 台北市:双叶书廊有限公司,2003
9. 方观容. 漫谈游戏治疗. 学前教育研究[J],1997,12(5):13
10. 傅宏. 认知—行为治疗理论的新进展[J]. 南京师大学报,2000(6)
11. Insoo Kim Berg & Yvonne Dolan 著,黄汉耀译. 焦点解决咨商案例精选. 台北市:张老师文化事业股份有限公司,2003
12. 黄惠惠. 助人历程与技巧. 增订版. 台北市:张老师文化事业股份有限公司.1998
13. Gerald Corey 著,李茂兴译. 咨商与心理治疗的理论与实务. 台北市:扬智文化事业股份有限公司,1995
14. (德)诺期拉特·佩塞施基安,李顺伟等译. 积极家庭心理治疗[M]. 北京:国际文化出版公司,1990
15. 林家兴,王丽文著. 心理治疗实务. 广州:广东世界图书出版公司,2003
16. 林佩瑾. 时间限制游戏治疗对"国小"生活不适应儿童治疗过程与效果

之研究[D].台湾暨南国际大学硕士论文,2003

17. Eliana Gil 著,林巧羽译.游戏的治愈力量——受虐儿童的治疗工作[M].台北市:心理出版社,2005

18. 林正文.认知行为治疗——用历史故事诠释的一项尝试[M].台北市:五南图书出版有限公司,2001

19. Terry Kottman, Charles Schaefer 著,梁培勇等译.游戏治疗实务指南.台北市:心理出版社,2001

20. 梁培勇.游戏治疗的理论与实务 [M].广州:广东世界图书出版公司,2003

21. 刘焜辉编著.咨商与心理治疗新论.台北市:天马文化事业有限公司.2000

22. 刘勇.团体游戏治疗:借鉴与应用[J].华南师范大学学报(社会科学版),2004,2:109

23. 刘哲宁,姚树桥.认知行为治疗[J].中国临床康复,2002(21)

24. Heidi Gerard, Kaduson, Chailes , E·Schaefer 著,刘稚颖译.儿童短程游戏心理治疗[M].北京:中国轻工业出版社,2002

25. 钱铭怡.心理咨询与心理治疗.北京:北京大学出版社,1994

26. 邱德才.TA 的咨商历程与技术.台北市:张老师文化事业有限公司,2002

27. 邱学青.游戏治疗在我国特殊儿童教育实践中的运用.中国特殊教育[J],1996(3)

28. Richard S.Sharf 著,石林译.心理咨询与治疗的理论与实践[M].北京:中国轻工业出版社,2000

29. 施香如.从完形治疗法的观点谈咨商过程中的"觉察".咨商与辅导,1993(91):31~34

30. 田世崇.儿童中心游戏治疗历程研究——以一位具社会畏缩行为儿童为例[D].台湾新竹师范学院硕士论文,2003

31. 汪新建.当代西方认知行为治疗述评[J].自然辩证法研究,2000(3)

32. 吴就君编译.家族治疗的理论与实务.台北市::大洋出版社[M],1986

33. 吴秀碧编.角色扮演在辅导上的应用,台湾"教育部",2000

34. 萧文.心理咨询与治疗高级研修班培训资料.未出版

35. 谢秀芬. 家庭与家庭服务. 台北市:五南图书出版公司[M],1986

36. 许维素等著. 焦点解决短期心理咨商. 台北市：张老师文化事业股份有限公司,2003

37. 许维素著. 焦点解决短期心理治疗的应用. 台北市：天马文化事业有限公司,2003

38. 杨波,刘宣文,张英萍. 焦点解决短期咨询与学校心理辅导. 重庆大学学报(社会科学版),2005(3):136~140

39. 杨惠甄. 游戏治疗在特殊教育之应用. 国小特殊教育[J], 2000(1)

40. 叶贞屏. 小学校园中的游戏治疗. 咨商与辅导[J],,1994(99):11

41. 叶贞屏. 受创的幼苗——谈游戏治疗对被虐待儿童之应用. 初等教育学刊[J], 1992(9)

42. 张德聪等. 咨商技术. 台北市:空中大学出版社,2001

43. Sherry Cormier,Paula S. Nurius 著，张建新等译. 心理咨询师的问诊策略. 第 5 版. 北京:中国轻工业出版社,2004

44. 张莉莉. 焦点解决治疗模式在青少年咨商中的应用. 咨商与辅导,1999(150):17

44. 曾文星,徐静. 心理治疗:理论与分析 [M]. 北京:北京医科大学中国协和医科大联合出版社. 1994

45. 卓纹君. 完形治疗的现状与未来——完形治疗国际会议的所见、所闻与所感.辅导季刊,2002,38(4):72~78

英文部分

1. Bonnington, Stuart B.. Solution-focused brief therapy: helpful interventions for school counselors. School Counselor, 1993, 41(2):126~127

2. Chris R. Brewin. Cognitive Change Processes in Psychotherapy. [J]. Psychological Review, 1989

3. Drew Westen. Commentary: Implicit and Emotional Processes in Cognitive-Behavioral Therapy. [J]. Clinical Psychology: Science and Practice, 2000

4. Gerald, Corey, Theory and Pratice of Couseling and Psychotherapy. Monterey Ca:Brooks Cole,pub,Co,1982

5. Gingerich, Wallace J.. Solution -focused brief therapy: a review of the

outcome research. Family Process. 2000, 39(4):477~498

6. Ingeborg Stoble et al. Solution-focused approaches in the practice of UK educational psychology

7. Kral, Ron. Family therapy in the schools. Guidence & Counseling, 1990, 5(3):19~31

8. Littrell, John M., Malia, Julia A.. Single-session brief counseling in a high school. Journal of Co unseling & Development, 1995, 73(4):451~458

9. Michael R. Wydo. Cognitive-behavioral therapy: the truth behind the allegations. [J]. Journal of Rational - Emotive & Cognitive - Behavior Therapy, 2001

10. Roslyn Redpath & Michael Harker. Becoming solution-focused in practice. Educational Psychology in Practice.,1999, 15(2):116~121

11. Wallace J. Gingerich, Todd Wabeke. A solution-focused approach to ment al health intervention in school settings. Childrence Schools, 2001, 23(1):33~47

后 记

如何培养、提高学校咨询员和广大中小学教师的咨询理念与技能,是我国学校开展心理健康教育工作特别是实施发展性辅导中亟待解决的关键问题。为此,我们于2001年起就开始着手相关的理论与实践研究,并先后申报了教育部重点课题"中小学教师心理辅导理念与技能形成的实验研究"(DBB010528)、教育部专项任务项目"我国学校发展性辅导模式的研究与实践"(03JD880013)和浙江省教育厅科研项目"精微咨询训练模式对教师辅导技能形成的实验研究"(20030675)。本书就是这些课题的研究成果之一。

本书是集体创作的成果,由刘宣文任主编,踞晓燕、张英萍任副主编。其中心理咨询技术篇的第一章由踞晓燕撰写,第二章由踞晓燕、骆一伟撰写;心理咨询理论发展篇的第一章由张英萍撰写,第二章由徐儿撰写,第三、四章由赵阿勐撰写,第五章由徐芸撰写,第六章由张英萍、曹伟华撰写;心理咨询技术应用——个案精选篇由钟志农老师负责收集与筛选,其作者与点评人已分别署于每个个案后。全书由刘宣文、庞红卫、踞晓燕提出写作框架,其中第一编由宋晓兰统稿,第二编由张英萍统稿,第三编由周贤统稿,最后由刘宣文定稿。

特别感谢台湾政治大学心理系钟思嘉教授,在与他相识、相知的过程中,或聆听他的课程,或向他索取研究资料、请教学术问题,或与他促膝畅谈、甚至"尼克尼克"……时刻都能感受到一位咨询心理学家的人格魅力!他还在百忙之中,匀时作序,使本书增色不少,点点滴滴让我们受益终生!特别感谢浙江师范大学研究生院副院长、教育部重点课题"中小学教师心理辅导理念与技能形成的实验研究"主持人李伟健教授,从课题研究的设计到本书的策划、撰写,自始至终给予了大力指导与支持!

特别感谢浙江省教育科学研究院院长方展画教授、浙江省心理健康教育指导中心办公室主任朱永祥对本书撰写的大力指导与帮助！特别是庞红卫老师从策划、组织本书的选题、内容架构到本书的定稿、出版，提出了很多富有建设性的意见！感谢宁波出版社的领导对本书的出版给予的支持，特别是陈静编辑在编审工作中提出了许多有价值的建议，付出了艰辛的劳动。

从研究到成书，参考了国内外大量的文献资料，在此谨向这些作者表示由衷的感谢！

编　者

2006 年 6 月

图书在版编目(CIP)数据

心理咨询技术与应用/刘宣文主编.—宁波：宁波出版社，2006.9(2025.4 重印)

ISBN 978-7-80602-969-5

Ⅰ.心... Ⅱ.刘... Ⅲ.心理卫生—咨询服务 Ⅳ.R395.6

中国版本图书馆 CIP 数据核字(2006)第 020807 号

中小学心理健康教育教师专业培训系列用书

心理咨询技术与应用

主　　编	刘宣文
责任编辑	陈　静
责任校对	陈　钰
出版发行	宁波出版社(宁波市甬江大道1号宁波书城8号楼6楼　315000)
经　　销	新华书店
邮购电话	0574-87286804
印　　刷	宁波白云印刷有限公司
开　　本	787mm×1092mm　1/16
印　　张	28.5
插　　页	4
字　　数	470 千
版　　次	2006 年 9 月第 1 版　2025 年 4 月第 15 次印刷
标准书号	ISNB 978-7-80602-969-5
定　　价	36.00 元

如发现缺页、错页、倒装等印装质量问题,可直接向承印厂调换。